湘桥年鉴

2024

XIANGQIAO YEARBOOK 2024

潮州市湘桥区地方志编纂委员会 编

中州古籍出版社
·郑州·

图书在版编目（CIP）数据

湘桥年鉴．2024 / 潮州市湘桥区地方志编纂委员会编．--郑州：中州古籍出版社，2024. 12. -- ISBN 978-7-5738-1724-2

Ⅰ. Z526.54

中国国家版本馆 CIP 数据核字第 202428QZ32 号

XIANGQIAO NIANJIAN（2024）

湘桥年鉴（2024）

责任编辑　王士松
责任校对　吕兵伟
美术编辑　赵启航

出 版 社　中州古籍出版社（地址：郑州市郑东新区祥盛街 27 号 6 层　邮编：450016　电话：0371-65788693）
承印单位　广州市中福彩印有限公司
开　　本　889 mm × 1194 mm　1/16
印　　张　19
字　　数　580 千字
印　　数　1—300 册
版　　次　2024 年 12 月第 1 版
印　　次　2024 年 12 月第 1 次印刷
定　　价　160.00 元

潮州市湘桥区地方志编纂委员会

顾　问：曾俊喜

主　任：李树南

副主任：邱灿华　陈　榆

成　员：丁旭桂　丁度华　王丽敏　王　群　尤宇鹏　卢宝德　成建鹏　向　胜　庄　宁　庄　锰

刘少鹏　刘　丹　刘伟炜　刘　冰　刘燕淳　孙少鑫　苏洽亮　李伟勇　吴礼武　吴　莉

佘常光　余焕湘　余鹏程　张映浩　张禹群　张　璐　陈达光　陈旭湘　陈孝询　陈贤德

陈明程　陈　洁　陈晴婴　林子辉　林少敏　林丽如　郑天扬　郑　璇　钟　淳　钟　斌

洪灿亮　洪美芳　黄玲丽　黄奕锐　黄晓钦　黄鸿坚　辜伟程　谢伟荣　谢丽丽　谢淑川

蔡卫彬　蔡维煜　翟军仕　黎建春　魏　昱

潮州市湘桥区地方志编纂委员会办公室

主　　任：苏　婉

工作人员：林　哲　曾　佳

《湘桥年鉴》编辑部

主　　编：陈　榆

副 主 编：佘常光

特邀编审：庄学荣

总　　纂：苏　婉

编　　辑：林　哲　曾　佳

封面设计：郑　鹏

编辑说明

一、《湘桥年鉴》是潮州市湘桥区人民政府指导编纂的地方综合资料文献，每年出版一卷。《湘桥年鉴》以马克思列宁主义、毛泽东思想、邓小平理论、“三个代表”重要思想、科学发展观、习近平新时代中国特色社会主义思想为指导，坚持辩证唯物主义和历史唯物主义的立场、观点和方法，旨在全面、系统、准确地反映潮州市湘桥区自然、政治、经济、文化、社会等方面的基本情况，为读者了解和研究湘桥区提供基本资料。《湘桥年鉴》的编辑出版工作由潮州市湘桥区地方志编纂委员会负责，具体事务由《湘桥年鉴》编辑部承担。

二、《湘桥年鉴（2024）》记述时限为2023年1月1日至2023年12月31日。

三、《湘桥年鉴（2024）》采用分类编辑法，框架结构分为类目、分目、条目三个层次。

四、《湘桥年鉴（2024）》全书设年度关注、区情概览、大事记、中共潮州市湘桥区委员会、潮州市湘桥区人民代表大会、潮州市湘桥区人民政府、政协潮州市湘桥区委员会、中共潮州市湘桥区纪律检查委员会　潮州市湘桥区监察委员会、民主党派、群团组织、法治、军事、自然资源·生态环境、应急管理、经济综合管理、财税·金融、水利·公路、城乡建设、农业·农村、工商业、文化建设、教育·科技、社会生活、镇街概况、附录、索引类目，全面记述2023年湘桥区政治、经济与社会各个方面的情况和信息。

五、本年鉴材料由境域内各承修单位提供，并经承修单位领导审定。个别统计数字与区统计局可能不一致。全区的主要统计数字，以区统计局的统计资料为准。

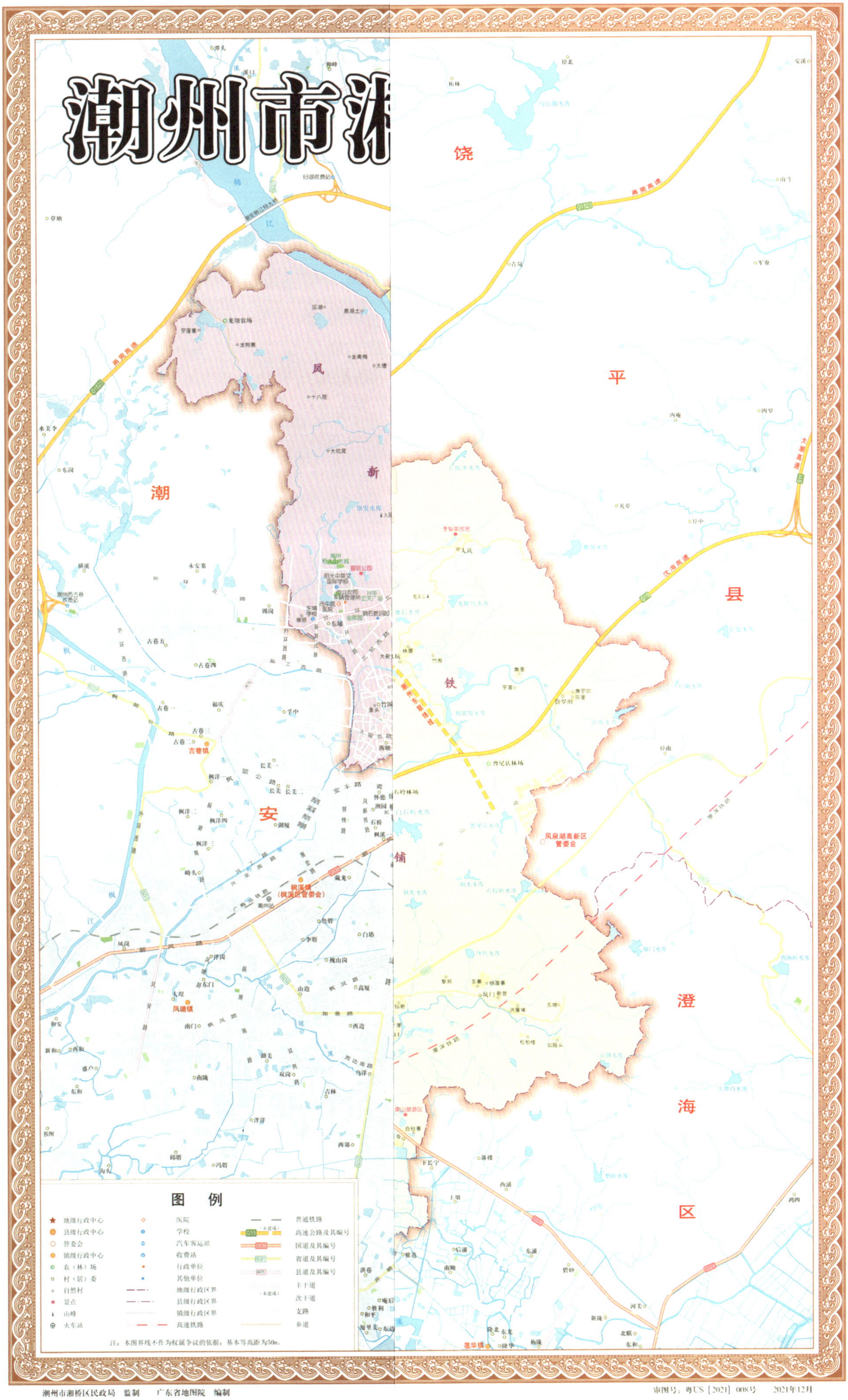

潮州市湘桥区民政局　监制　　广东省地图院　编制

审图号：粤US〔2021〕0083号　2021年12月

湘桥名片

- 广东农村小康达标市（县、区）
- 全国婚育新风进万家活动先进区
- 全国青年中心先进县（市、区）
- “十五”全国家庭教育工作先进区
- 全省残疾人工作先进区
- 全省残疾人社区康复示范区
- 全省平安建设先进区
- 中国历史文化名街（潮州太平街义兴甲巷）
- 首批全省“法治县（区）”先进单位
- 广东省林业生态县（区）
- 第二批“全国阳光计生行动示范单位”
- 广东省创先争优活动先进县（市、区）
- 中国民间文化艺术之乡
- 全国义务教育发展基本均衡区
- 广东省教育强区
- 广东省社区教育实验区
- 广东省文化旅游融合发展示范区（潮州古城）
- 全省“十大海丝文化地标”（宋代笔架山窑）
- 广东省推进教育现代化先进区
- 广东省全域旅游示范区
- 中国美食百佳县市
- 广东省旅游度假区
- 广东省历史文化街区（旧西门街历史文化街区、南门义兴甲历史文化街区、许驸马府历史文化街区、太平路历史文化街区）
- 广东省城市基层党建示范区创建单位
- 国家级夜间文化和旅游消费集聚区（潮州古城）
- 国家级旅游休闲街区（牌坊街）
- 广东省文物保护利用示范区
- 广东省儿童友好示范区
- 广东省潮汕文化（湘桥）生态保护区
- 广东省食品安全示范县（市、区）
- 广东省健康县（市、区）

（不完全统计，截至2023年12月）

“百千万工程”

▲2023年4月7日，湘桥区启动“百县千镇万村高质量发展工程”（区新闻中心　供）

▲2023年8月30日，湘桥区举行“金融助力百千万高质量发展工程”政银村合作签约仪式（区新闻中心　供）

▲2023年12月，湘桥区举行“百千万乡土人才工程”区级乡土人才颁证仪式，为遴选出的676名区级乡土人才颁证（南方＋　供）

▲“百千万工程”典型村——意溪镇坪埔村
（意溪镇　供）

▲“百千万工程”典型村——城西街道古美村
（城西街道　供）

▲“百千万工程”典型村——凤新街道高厝塘村　（凤新街道　供）

▲“百千万工程”典型村——官塘镇顶乡村
（官塘镇　供）

▲“百千万工程”典型村——桥东街道社光村
（桥东街道　供）

大事要闻

▲ 2023年1月16日，中国共产党潮州市湘桥区第七届委员会第五次全体会议召开　　（区新闻中心　供）

▲ 2023年3月22日，湘桥区第七届人民代表大会第三次会议召开　　（区新闻中心　供）

▲ 2023年7月24日，中国共产党潮州市湘桥区第七届委员会第六次全体会议召开（区新闻中心　供）

▲ 2023年3月3日，湘桥区举办“驻·聘联通”工作动员大会（区新闻中心　供）

▲2023年2月24日，湘桥区召开全区高质量发展大会　　（区新闻中心　供）

◀2023年9月25日，湘桥区被颁平安广东建设“一星平安鼎”荣誉
（区档案馆　供）

▲ 2023年，湘桥区医疗纠纷人民调解委员会被司法部授予“全国模范人民调解委员会”称号　　（区司法局　供）

▲2023年3月26日，湘桥区举行潮州市湘桥区疾病预防控制中心（潮州市湘桥区卫生监督所）挂牌仪式（区新闻中心　供）

主题教育

▲2023年11月2日，湘桥区组织收看收听学习贯彻习近平新时代中国特色社会主义思想主题教育专题党课　　（区新闻中心　供）

▲2023年10月20日，湘桥区开展区领导同志主题教育读书班集中学习活动　　（区新闻中心　供）

▲2023年10月20日，湘桥区在铁铺镇大坑村“革命母亲李梨英”故居开展主题教育现场教学活动　　（区新闻中心　供）

经济发展

▲ 2023年10月25日，参加香港潮州市同乡总会成立五十周年纪念暨第二十六届会董就职典礼会员联欢大会 （区新闻中心　供）

▲ 2023年9月20日，湘桥区成立狮头鹅发展协会 （区新闻中心　供）

▲2023年12月30日，在“首届桥东街道杨桃文化旅游美食周”活动中，六亩村委和合作社与电商公司、汕头市佰家餐饮管理有限公司举行助农签约仪式 （桥东街道　供）

▲湘桥区国家佛手果综合示范区 （区新闻中心　供）

▲2023年2月19日，湘桥区召开旅游住宿行业高质量发展座谈会（区新闻中心　供）

▲2023年4月29日，湘桥区举办首届潮州（磷溪）卤鹅文化周活动　（区新闻中心　供）

▲湘桥区官塘工业园区——恒洁卫浴有限公司　（官塘镇　供）

民生实事

▲2023年8月23日，潮州市湘桥区2023年慈善文化周启动仪式　（区委统战部　供）

▲2023年1月10日，湘桥区举办“为善才会好”春节前慈善慰问活动　（区委统战部　供）

▲2023年12月12日，湘桥区民政局在区民政局婚姻登记服务中心举办“潮爱出发，湘亲相爱”集体婚礼　（区新闻中心　供）

▲2023年12月14日，韩山师范学院附属实验小学揭牌仪式分别在湘桥区桥东中心小学和社光小学举行

（区新闻中心　供）

▲ 2023年4月15日，湘桥区举办食品安全副校（园）长聘任大会

（区市场监管局　供）

▲ 2023年3月8日，湘桥区在意溪中学举行“小平科技创新实验室”揭牌仪式

（区新闻中心　供）

▲ 2023年8月7日—11日，湘桥区妇联“湘艺湘趣”暑期潮绣体验班在谢秀华潮绣馆举办

（区新闻中心　供）

▲ 2023年4月9日，湘桥区青少年劳动教育实践基地揭牌启用

（区新闻中心　供）

全民健身运动

▲2023年9月23日，“大美潮州·活力湘桥”湘桥区全民健身运动会开幕式在官塘镇光正实验学校举行（南方+　供）

▲2023年，湘桥区举办中小学生高质量运动会　（区新闻中心　供）

▲ 2023年10月15日，“大美潮州·活力湘桥”2023年湘桥区全民健身运动会村BA篮球赛在桥东街道下津村文化体育广场举行 （区新闻中心 供）

▶ 2023年10月4日，“大美潮州·活力湘桥”湘桥区全民健身运动会——“百千万工程”欢乐运动会在意溪中学开幕 （区新闻中心 供）

▲ 2023年10月21日，“大美潮州·活力湘桥”湘桥区全民健身运动会——“庆丰收·促和美”农事运动会分会场赛事在铁铺镇仙岩村举行 （区新闻中心 供）

文旅融合

▲◀2023年3月，潮州市湘桥区与泉州市鲤城区举行丝路友好城区共建签约，缔结为丝路文旅发展合作联盟　（区新闻中心　供）

▲8月20日，2023年潮州市湘桥区工业旅游示范点授牌仪式在广东泽洲工艺品有限公司举行　（区新闻中心　供）

▲湘桥区民俗活动——磷溪镇溪口村正月十六夜“穿蔗巷”　　（磷溪镇　供）

▲2023年春节古城活动　　（区文旅体局　供）

▲2023年7月“邀你学艺”暑期文化艺术欢乐营培训班　　（区文旅体局　供）

绿美湘桥

▲湘桥区磷溪镇仙美村俯瞰　（磷溪镇　供）

▲2023年9月11日，湘桥区7个带农镇街设立林业工作站。至此，全区各镇街加挂林长办牌子　（区新闻中心　供）

▲湘桥区意溪绿美生态小公园　（意溪镇　供）

目　录

CONTENTS

年度关注

区情概览

大事记

中共潮州市湘桥区委员会

潮州市湘桥区人民代表大会

潮州市湘桥区人民政府

政协潮州市湘桥区委员会

中共潮州市湘桥区纪律检查委员会
潮州市湘桥区监察委员会

民主党派

法　治

军 事

自然资源·生态环境

应急管理

经济综合管理

财税·金融

水利·公路

城乡建设

农业·农村

工商业

社会生活

镇街概况

附录

索引

年度关注

湘桥区一调委会、一调解员荣获国家级称号

2023年10月8日，全国调解工作会议在北京召开。会上，潮州市湘桥区医疗纠纷人民调解委员会荣获全国模范人民调解委员会称号，潮州市湘桥区太平街道开元社区人民调解委员会主任朱桂曼荣获全国模范人民调解员称号。湘桥区多措并举，坚持和发展新时代广东“枫桥经验”，不断完善社会矛盾纠纷多元预防调处化解机制，以共建、共治、共享推进市域社会治理现代化发展。2023年度全区开展民间纠纷排查7816次，受理各类纠纷案件827件，调解成功826件，协议金额3528万元，调解成功率为99.8%。

用好“茶+调解”，工夫茶里出功夫 湘桥区以太平街道设立的居民议事厅为模板，在全区范围内全面推行“茶+调解”模式，以便民为原则，在全区各村（社区）中选取地理位置便利、环境清静、氛围舒适的地点，结合潮州传统“工夫茶”特色，着力打造富有地域特点的村（居）民议事厅，在“和、敬”的茶文化氛围中开展调解，打破传统调解过程的拘束感，运用“茶文化六步调解法”，使邻里矛盾纠纷在“唠家常”中迎刃而解，在潜移默化中消化。2023年底，全区建成村(居)民议事厅179个。比较有代表性的议事厅有：义兴居委会的慢居、雪居，开元社区的双忠宫、开福楼，义安社区的唐伯元故居，桂坑村的24小时村(居)民驿站。

加强组织建设，培树调解新品牌 充分利用现有的调解资源，围绕重点工作和中心工作，突出因地制宜建设和个性化管理，坚持“应建尽建”，建立一批切合实际、各具特色的行业性专业性调解组织。2023年底，全区在医疗、婚姻家庭、物业、商会等多领域成立行业性专业性调委会，逐步形成“纠纷内部自行解决，矛盾行业自行处理”的“自助式”纠纷处理模式，同步培育各级“乡村和事佬”，选任各村（社区)作风正派、有威望、口碑好的群众，以充实基层调解力量。截至12月底，全区设立人民调解组织196个，在册人民调解员1072名，选任“乡村和事佬”1750名，培育“法律明白人”487名。

实施“三个促进”，锻造调解“先锋队” 通过建章立制，实现人民调解员培训工作制度化、常态化。实施“以带促教”，充分运用法律资源，调动村（社区）法律顾问挂职基层调委会副主任，将调解纠纷、业务培训纳入法律顾问服务内容和范围，以专业人员培训“传、帮、带”促进调解员专业素养的提高。实施“以案促培”，收录辖区20个成功调解的案例，编撰《湘桥区人民调解案例汇编》，供全区调解员学习借鉴，全面提高调解技巧。实施“以评促学”，积极落实“以案定补”，组织开展“以案定补互评互学”活动，进一步提升调解员调解能力和档案规范化制作水平。

（区司法局）

潮州“革命母亲”故乡
成为中组部组织振兴试点单位

湘桥区把推动落实“百县千镇万村高质量发展工程”、乡村振兴工作贯穿于“红色村”建设的全过程，围绕铁铺镇大坑村在土地革命战争时期遗留下来的多处革命史迹，打造以“革命母亲”李梨英旧居为中心、土地革命战争时期“四红遗址”组成的红色人文景观。2023 年，大坑村被定为中央组织部红色村组织振兴试点单位。

焕新革命旧址　讲好红色故事　李梨英旧居原为 2 间瓦房，已倒塌，2008 年 9 月在原遗址上重建。2010 年和 2014 年，为更好地开展爱国主义传统教育活动，传播“革命母亲”李梨英十年游击战争和十年地下工作的感人事迹，铁铺镇两次对旧居进行主体修缮并完善配套设施，包括修筑通往旧居的水泥路、修建停车场以及购置课桌椅等。旧居展陈面积 50 平方米，展线长度 3 米，含展品 223 件，是“潮州市爱国主义教育基地”“潮州市中共党史教育基地”“湘桥区党员干部党性教育基地”。

串联“四红遗址”，追寻革命足迹　大坑村“四红”遗址是指大坑村内的红军古井、红军机械修配厂、红色戏台和红军医院。其中，红军古井遗址位于大坑村李梨英故居的东南边池墘，历史上李梨英常用这口井帮助红军熬煮汤药、做饭、洗衣服等；红军机械修配厂遗址位于大坑村田墘书斋，曾为红军和游击队的武装器械保障作出重要贡献。1935 年，机械修配厂就遭到反动派严重破坏，只留下一座石门框和三根石柱、半截墙垣；红色戏台旧址位于大坑村寨埕，历史上革命同志常利用此地开展革命宣传，后有反动派于戏台旁砍杀革命者示众，“红色戏台”得名于此；红军医院遗址是一个位于大坑村北面马鞍山饭包石下的大石洞，因其掩蔽到位且可容纳 100 多人住宿，1931 年被用于革命伤员藏身和治疗之所，直到 1935 年部队撤离，红军医院仍安然无恙。

（铁铺镇）

首获省“一星平安鼎”
湘桥区坚持和发展新时代“枫桥经验”
破解多元城区精细治理难题

2023 年 9 月，湘桥区以连续六年平安建设考评优秀的成绩，首获平安广东建设“一星平安鼎”，成为全省 4 个获此荣誉的县区之一。湘桥区将辖区划为古城文旅区、城乡融合区和新城发展区，创新多元城区“543”（“5”即坚持“五治融合”，塑造古城平安善治新形象；“4”即推行“四化共治”，创建城乡网格管理新模式；“3”即打造“三个平台”，构建新城和谐镇村新局面）精细治理工作法，因“城”制宜、精准施治，提升平安建设和社会治理成效。

坚持“五治融合”，塑造古城平安善治新形象 湘桥区针对古城文旅区节假日客流量大，治安管控、公共安全、道路交通等方面压力陡增的治理难题，以“五治融合”（旨在通过政治、法治、自治、德治和智治5个方面的融合，实现社会的和谐稳定和发展）破题，提升古城精细化治理效能。强化“政治引领”凝聚合力。构建“现场为主、后方支撑、区域执行”扁平化指挥体系，高效处置节假日期间应急事件。健全“党委建在社区、支部建在小区、党小组建在楼栋”组织网格，统筹47个小区（巷）党支部力量打通治理“神经末梢”。强化“法治保障”筑牢根基。在古城部署治安巡逻路线9条和固定执勤点14个，建立“义警指挥中心”和平安驿站3个，联动“湘桥义警”志愿队，实现治安巡防“动静结合、专群结合”。强化“自治强基”共建共治。创新“居民议事厅”治理模式，推广“茶文化六步调解法”，成立“诉前调解古城工作站”，推动矛盾纠纷就地调处化解。强化“德治教化”互帮互助。在古城区成立“24小时志愿服务队”，实现“全天候”志愿服务不打烊。强化“智治支撑”激发活力。联结古城大小街巷平安视频、社区网格和“最小应急单元”，“一网感知”古城态势，实现应急处突“一触即发”。

推行“四化共治”，创建城乡网格管理新模式 湘桥区针对城乡融合区公寓出租屋、外来人口多，治安管理难度大，区域警情相对高发、基层警力不足的治理难题，以“四化共治”（即人员管理“数字化”、治安管理“联防化”、综治中心“聚能化”、网格管理“精细化”）破题，盘活城乡治理资源。人员管理“数字化”。大力推动“一人一码”“一屋一码”，加强公寓出租屋入住人员排查管理，清查各类安全隐患。治安管理“联防化”。健全联防应急机制，组建治安协防队伍27支，建设“应急小单元”135个，打造“1分钟自救、3分钟互救、5分钟增援到位”快速反应圈，提升区域应急处置水平。综治中心“聚能化”。运用“粤平安”云平台提升综治中心聚合能力，推动公检法司等“6+N”（“6”指综合网格及法院、检察院、公安、司法等基层政法力量和“粤平安”社会治理云平台等信息化支撑平台，“N”指其他综治力量）力量下沉进驻，健全“中心吹哨、部门报到”机制，实现“一站式受理、一揽子调处、全链条服务”。网格管理“精细化”。整合基层党建、综治、城管等各类网格，实现“联合接访、联合调处、联合帮扶”，在网格内就地化解矛盾、精准消除隐患。

打造“三个平台”，构建新城和谐镇村新局面 湘桥区针对新城发展区涉征地拆迁、涉农涉土、涉劳资纠纷等重点领域矛盾纠纷多、调处压力大的治理难题，以“三个平台”（即打造“一站式”纠纷调处平台、打造“村联企”联动共治平台、打造“智村治”数字维稳平台）破题，推动矛盾纠纷就地调处化解。打造“一站式”纠纷调处平台。打造“1+6+N”（“1”指综治中心，“6”指综合网格及法院、检察院、公安、司法等基层政法力量和“粤平安”社会治理云平台等信息化支撑平台，“N”指其他综治力量）一站式矛盾纠纷调处工作室，建立会商研判、“直通车”、信息通报共享等三项制度，细化主动排查、强化事前预警、提前调处干预，最大限度防范化解各类矛盾纠纷。打造“村联企”联动共治平台。引导各村广泛联结新城各方单位，构建“共建共治共享”联席会议、乡贤咨询委员会等共建平台，共同助力平安乡村建设。打造“智村治”数字维稳平台。新城各村因地制宜，通过创新“村级三务直播”模式，设立“村民议事日”，打造“阳光三务”（党务、村务、财务公开），建设“数字乡村”综合信息平台等，调动村民参与村级社会治理，提升平安乡村建设水平。

（区委政法委）

湘桥区获评广东省文物保护利用示范区

湘桥区坚持“保护为主，抢救第一，合理利用，加强管理”的文物工作方针，加大文物保护力度，提升文物利用水平，让更多的文物保护成果惠及民众，在文物保护与旅游发展、文化保护和城市建设上形成良性循环，有效促进文旅深度融合。2023年2月20日，广东省文化和旅游厅核定湘桥区为广东省文物保护利用示范区。

加强组织领导，保障工作落实 湘桥区成立以区长任组长，分管领导为副组长，各相关部门为成员单位的“潮州古城文物保护利用示范区建设领导小组”，有效推动文物保护利用工作，确保各项工作顺利开展。依托《潮州国家历史文化名城保护规划》《潮州市古城区控制性详细规划》《潮州历史文化名城保护条例》，按照《潮州古城文物保护利用示范区建设方案》，明确工作目标、示范区域、保护措施和利用计划，进一步构建一套完整的保护体系，为古城的整体格局和历史风貌得以保存延续提供组织保障和制度保障。

创新工作方法，加大保护力度 湘桥区完善“四有”（有保护范围、有标志说明、有记录档案、有专门机构或专人管理）机制，规范文保工作。对区域内各级文物保护单位和未定级的不可移动文物加挂保护标志和保护牌，发放《潮州市湘桥区文物保护宣传手册》和告知书。省级以上文物保护单位已划定并公布保护范围和建设控制地带。开展文物点修缮，推动“百家修百厝（祠）”工程。全力配合市推进下东平名人故居文化综合体、百花台民俗文化综合体建设和镇海楼等文化地标建设工程，完成柯柏年（李春涛）旧居布展工作。积极发动社会贤达支持“百家修百厝（祠）”，让古建筑在修缮中重新焕发古韵。唐伯元故居是全市首个由民间筹集资金捐建的古宅修复工程。加强消防安全管理，构筑文保安全防线。配合市文广旅体局实施潮州老城古民居文物消防安全工程，大力提升区内国保单位的消防安全等级。加强革命文物保护，激活红色资源。湘桥区积极开展省级文物保护单位申报工作，李厝祠、柯柏年旧居等4处文物点被列入省级文物保护单位。涵碧楼、黄埔军校潮州分校旧址、扶轮堂、柯国泰烈士旧居、柯柏年旧居等文物点于2021年被核定公布为广东省不可移动革命文物。打造博物馆品牌，丰富文化内涵。湘桥区博物馆于2021年初修缮完成并正式对外开放，以“博物+非遗”“博物+课堂”的形式开启多元文博新时代。积极推进区域“博物馆之城”创建工作，全区有30家展览馆、艺术馆、大师工作室、名人故居列入“潮州博物馆之城”系列馆，通过创建“博物馆之城”系列馆，不断挖掘文物利用示范区域范围内特色文化资源，传承文化遗产，保住文化基因，丰富示范区的文化内涵。

有效整合资源，推动文旅融合 湘桥区坚持以文物保护为引领，积极探索“文物+保护+创意”路子，充分挖掘特色“潮文化”，彰显独具魅力的区域文化内涵，潮州古城文物旅游品牌初步形成。编制《潮州古城文物保护利用示范区创建工作方案》，推进文物保护和活化。加强古城保育活化，助力区域经济发展。重视文保单位保育活化，合理规划，科学修缮，开展与文物建筑保护相适合的文化创意、休闲旅游、文化体验等特色经营活动。整合古城丰富的历史文化旅游资源，加强串联整合，全力打造潮州古城历史文化游径（涵碧楼—李厝祠—李春涛故居—牌坊街—广济桥—韩文公祠），该游径被列入第一批广东省历史文化游径。旧西门街、南门义兴甲、许驸马府、太平路四个历史文化街区被公布为第二批广东省历史文化街区。推进古城微更新项目，提升文旅设施服务功能。着力保护城市肌理，焕发古城街巷生机活力。坚持修旧如旧，古城改造项目从设计到施工充分听取专家意见，在保留古城肌理的基础上进行更新改造，融入现代元素，使得古城更具历史层次感。加强历史文化街区管理，提高潮州古城智能水平。建成并实行牌坊街及周边街巷智能交通管制，以可视化后台操作加前端人员服务，实现古城区智能化管理，进一步改善和提升市民游客出游体验，提供古城宜居、宜业、宜游的旅游品质。推出官方旅游小程序“潮州古城全域旅游导览”，以小程序为主要功能载体，致力于潮州古城导览，为游客带来更好的旅游体验，提高潮州古城智慧化、智能化水平。

（区文旅体局）

同心共创“食安区” 托起舌尖“大民生”

——潮州市湘桥区被命名为“广东省食品安全示范县”

2017 年，湘桥区被正式确定为广东省食品安全示范县（区）首批创建试点单位。六年来，湘桥区全面落实“党政同责”和“四个最严”要求，以保障人民群众“舌尖上的安全”为目标，压实创建责任，激发全民参与的积极性，推动辖区食品安全整体状况持续向好。2022 年 8 月，湘桥区正式提请省食品药品高质量发展委员会评价验收，于 2023 年 8 月 25 日被命名为“广东省食品安全示范县”。

守土尽责不松劲，统筹谋划开好局 湘桥区坚持党政同责，成立由区党政主要领导分别任组长和常务副组长的“创建广东省食品安全示范县（区）工作领导小组”，34 个成员单位覆盖食品各相关领域。推进队伍建设，构建起区、镇（街）、村（社区）三级联动的网络化监管格局，全区有食品安全和农产品质量安全协管员 12 名、信息员 173 名，有包保主体 11009 家、包保干部 688 名；全面推进食品安全“两个责任”工作机制，压紧压实食品安全属地管理责任和企业主体责任“两个责任”。2023 年辖区全年督导完成率为 100%，督导问题发现率为 2.1%，督导问题整改率为 100%，承诺书上传率为 100%，食品安全总监和食品安全责任员配备率为 100%；健全考评督查，将食品安全纳入综合目标考核评价体系，截至 2023 年，连续 4 年获得市级食品安全年度综合评议考核 A 级等次。

真督实查不懈怠，综合施策守底线 湘桥区持续强化食品安全监管。实施分级监管，全年完成 10087 家食品经营单位评级工作，其中食品流通环节 4598 家、餐饮服务环节 5489 家；落实民生实事食品抽检工作，从 2017 年食品每千人“0.88 批次”监督抽检 515 批次，提升至 2023 年食品每千人“5.5 批次”监督抽检 4226 批次，食品抽检合格率稳定 97%以上；推进 30 家农贸市场食用农产品快检工作，三年完成食用农产品快检 31.8 万批次，不合格产品处置率 100%；严厉打击食品安全领域违法犯罪行为，2020–2023 年全区市场监管系统共立案查处食品领域违法案件 452 宗，罚没款约 329.89 万元。

多重把关不缺位，协同共治保安全 湘桥区纵深推广“食安快线”“食安员抽考”等应用软件，全覆盖完成食安员继续教育和抽考工作，不断提高餐饮单位食品安全管理水平。打造亮点示范，积极培育优质农产品品牌。在全市首创“食品安全副校长”长效机制，选任9名市场监督管理所副所长担任食安副校长；推行区、基层所分级智慧监管，区域内214家高校、中小学、托幼机构全覆盖实施“互联网+明厨亮灶”。落实网络订餐平台食品经营资质备案，及时掌握入驻第三方平台的食品经营主体花名册和平台监测数据。2023年举办“查餐厅”直播整治行动4场次，现场曝光问题，要求限期整改，累计观看点击量约9.47万人次。

规范提升不断档，守护食安进古城 湘桥区维护经营秩序，及时制定《2023年促进湘桥区食品安全高质量发展工作方案》，重点整治古城区域，明确要求所有食品标明出产单位；引导商家减少拆零售卖“潮州三宝”，改为标准包装售卖。细化食安抽检，将古城区100批食品安全抽检任务细化分配到牛肉丸（牛筋丸）、“潮州三宝”、甘草水果等具体产品中，从严整顿不符合食品安全标准产品17批次。防范安全风险，推动古城区食品安全责任保险投保工作，已有13家餐饮服务单位投保。

宣传引导不走样，食安创区入人心 湘桥区普及食安知识，持续开展“食品安全宣传周”“党政一把手谈食安”“查餐厅”直播行动、“食品安全人人知”网络知识竞赛，配合潮州电视台拍摄9期食安专栏，邀请专业讲师覆盖9个镇（街）开展食品安全宣讲会，充分扩大宣传阵地。广泛征询意见，在区人民政府网站发布“关于食品安全问题的调查问卷”，面向社会广泛征集创建广东省食品安全示范县（区）的有关问题及意见建议，得到广大市民的积极响应。接受社会监督，聘任区人大代表、区政协委员作为食品安全社会监督员参与实地调研，有力构建群防群控工作格局。

（区市场监管局）

湘桥区在全市率先完成镇街林业站设立和林长办挂牌

湘桥区高度重视林业生态基础建设，全面推进“一长两员”（林长+基层监管员、专职护林员）森林资源源头管护机制，构建人与自然和谐共生的绿美湘桥样板。2023年9月11日，湘桥区在全市率先完成镇（街）林业站设立和加挂林长办牌子，其中，7个带农镇（街）设立林业站，9个镇（街）全部加挂林长办牌子，标志着湘桥森林资源保护能力和管理水平迈向更高水平。

坚持履好职，以林长制促林长治 完善区、镇、村三级林长组织体系，及时调整更新“一长两员”名单并完善公示牌，设立三级林长529名，聘用护林员52名，落实监管员165名，2023年各级林长巡林超2000人次。建立挂点挂片联系制度，召开全区林长制工作会议13场次，签发绿美湘桥生态建设、森林防灭火、松材线虫病防治等5道林长令。强化督查督导，整理编制林长制工作简报18期，印发松材线虫病防治等涉林督查专刊7期，交办函7份。健全“林长+警长”“林长+检察长”协作机制，形成保护森林资源和打击涉林违法犯罪行为的强大合力。

坚持造好林，拓展城乡绿美空间 制作《绿美湘桥绿化操作指引》，深入推进绿美村庄、古树村庄等6项创建工作。开展全民爱绿、植绿、护绿行动159场次，购买和接受树苗捐赠超14.6万株，建设“巾帼林”“青年林”等主题林7片。利用“四旁”“五边”（宅旁、村旁、路旁、水旁；山边、水边、路边、镇村边、景区边）见缝插绿，累计创建市级绿色社区 20 个，100%完成“绿美校园”建设，打造绿美住宅小区 93 个、口袋公园 8 个、“四小园”（小菜园、小果园、小花园、小公园）887 个，建成“绿美村道”325 条。提前完成林分林相改造提升造林 106.67 公顷、森林抚育 76.67 公顷的年度任务。打造“一江两岸”景观带，完成古城区“创森”绿化改造工程设计，配合建设潮人公园等一批绿地公园和生态廊道，已建绿道 49.1 千米、碧道 7 千米，中心城区绿化覆盖率在 40%以上，达到创国森标准。

坚持护好林，确保林业生态安全 加强林业执法，用好市第一、二批下放镇（街）158 项、94 项行政执法职权，2023 年查处擅自改变林地用途 2 宗；在全市率先完成 2013—2022 年森林督查案件查处整改任务，整改率为 100%。加强森林资源管理，办理林木采伐许可证核发 4 项，完成 65.67 公顷批准采伐公益林的更新改造任务。加强有害生物防治，统筹各类资金 965 万元用于 1600 公顷松材线虫病疫木防治，深入开展“即死即清”疫木清零行动。加强生物多样性保护，动态排查认定、保护古树名木（含古果树），全覆盖投保在册 360 株古树，视频监控一级古树 15 株，加强穿山甲、水凤凰等珍稀濒危物种保护，全年全区尚未发生涉野生动物违法犯罪行为。

坚持用好林，共享绿美生态福利 培育林业龙头企业，玉瑶山庄被省认定为“南粤森林人家”，推荐紫莲森林公园申报省级森林康养基地。2023 年前三季度全区林草产业总产值同比增长 30%。突出“一村一品”，种植佛手果 666.67 公顷、嘉宝果 133.33 公顷。投资超 830 万元建设茶叶市级现代农业产业园 133.33 公顷，紫莲茶旅公园获评市最美茶园，优化提升绿色生态旅游精品线路 2 条。

（区自然资源局）

大力发展特色效益农业
推动农业与文化旅游深度融合

2023 年，湘桥区围绕强龙头、补链条、兴业态、树品牌目标，建设涵盖佛手果、青枣、茶叶等特色产业的省、市级现代农业产业园 5 个。进一步利用韩江东岸“古城后花园”的农文旅资源优势，大力发展特色效益农业，实施“旅游 +”“生态 +”，推动农业与文化旅游深度融合，促进区域经济协调发展。

以农为本，多业融合催生产业兴旺 湘桥区按照“一核四区一带”的总体布局抓好佛手果产业园扩容提质建设；成立创建沉香省级现代农业产业园筹备工作领导小组，依托广东棋楠香生物科研有限公司建设集沉香树种植、深度加工、产品展示、康养旅游为一体的现代农业产业园。

以旅为形，资源整合尽显田园乡韵 湘桥区依托社光村共享农场、高厝塘村湿地公园、坪埔村二队闲间等“网红景点”，整合紫莲森林生态度假村、玉瑶山庄、千果山等大型景区资源，优化完善“一江两岸休闲游”湘桥文旅精品线路，积极申报“乡村四时好风光”全国乡村旅游精品路线。借助桂坑村、坪埔村等乡村天然的山地、草甸地理优势和古驿道、滨河步道自然风光，着力构建“一日比赛，多日停留；一人参赛，多人旅游；单人竞赛，多人消费”的“体育＋旅游”消费模式，探索一条“以景观助赛事、以赛事造景观”的体旅融合发展路径。

以文为魂，内外兼修打造美丽乡村典范　湘桥区擦亮12块国字号、省字号文化金字招牌，依托潮绣、手拉朱泥壶、工夫茶、潮剧等丰富文化资源，打造深度互动体验型产品，与传统观光休闲项目双线发力。活化利用红色资源革命遗址81处，持续开设潮州大锣鼓、铁枝木偶戏、灯谜会猜等民俗文化活动，实现观光潮州向体验潮州转变。采取多元化宣传手段，线上通过直播宣传将传统特色文创标签及品牌打向全国，填补景区数字文旅游览空白；线下大力举办非遗文创“大客厅”等系列文化活动，着力推广文创、文艺、文体等丰富产业，拓展文旅客源市场,树立湘桥文旅品牌新形象。

（区文旅体局）

添绿增彩　扮靓湘桥秀美山川

2023年，湘桥区深入践行习近平生态文明思想，认真贯彻落实省委、市委关于深入推进绿美生态建设的工作部署，压实各级绿美生态建设责任，全力推动绿美湘桥生态建设取得新成效。

“见缝插绿”，打造高品质生态游憩空间　湘桥区完成绿美湘桥生态建设示范点设计，探索“自然恢复＋人工修复”的方法，在桥东笔架山片区实施8个斑块项目绿美提升220.8公顷；统筹设计北部片区万亩绿美生态屏障，实施9个斑块项目绿美提升。筹集资金约228万元用于2023年森林质量精准提升工程（林分林相改造暨油茶种植项目），合理配置种植油茶及红锥、木荷、枫香等乡土阔叶树种，展示森林多层次多色彩的动态美。完成区“创森”绿化改造工程项目设计，打造古城“一巷一主题、一巷一植物”绿美示范点。

“留白建绿”，打造高颜值生态宜居城区　湘桥区实施好城乡一体绿美提升“六个一”工程，2023年组织植树活动159场次，购买和接受捐赠树苗超14.6万株。在沿飞天燕矿区、产业园区等地植树超6.3万株。倡导全区师生每人种植一棵花木累计超7.7万株，100%完成114所中小学校“绿美校园”建设。打造绿美住宅小区93个。在绿化基础上加强彩化，提升沈海高速湘桥段景观林带15千米，新建甬莞高速湘桥段景观林带13.33公顷；建成“绿美村道”325条、绿道49.1千米。截至2023年12月底，中心城区绿化覆盖率在40%以上，达到创建国家森林城市标准。

“守绿护绿”，打造高标准生态文明标杆　坚持精细护绿，在占全市5.9%的林地上，打造“国家级森林乡村”2个和“广东省森林乡村”4个，分别占全市的8.6%和10%。100%完成2022年66个森林督查案件查处整改工作，发动社会资金约500万元生态修复一处历史矿山。压实全区148个森林防火网格管理责任，2023年区、镇、村三级529名林长共巡林2546次，全区森林实现“零火情”。成立区生物多样性保护中心，成功救助穿山甲、蟒蛇、猫头鹰等国家保护动物。全覆盖投保全区360株古树。统筹各类资金965万元，用于1593.33公顷超3.7万株松材线虫病疫木防治，防治率在85%以上。

“蓄势活绿”，打造高效益生态资源家底　优化提升绿色生态旅游精品线路2条，依托区域内紫莲山、玉瑶等7个自然公园以及桥东街道社光村、官塘镇顶乡村等7个省、市级文化和旅游特色村发展绿色休闲旅游产业，助力 2023 年全区实现第三产业增加值增长 7.2%。持续推进 5 个现代农业产业园和 19 个“一村一品”项目提质增效，打造十大特色农业产业示范基地，打响茶叶、水果等一批“粤字号”品牌。支持棋楠香公司扩大沉香种植基地，打造年产值 10 亿元的沉香全产业链。

（区自然资源局）

政企“驻·聘联通” 共促高质量发展

2023 年，湘桥区把优化营商环境摆在全区工作的突出位置，建立政府工作部门与企业“驻·聘联通”工作机制，充分发挥政府机关和企业各自的职能作用，凝聚共识，形成合力，奋力打造潮州高质量发展主引擎和高端产业培育主平台。

推动干部驻企到位，服务向下有延伸 在全区遴选机关优秀年轻干部担任驻企服务员，“一对一”结对联系区域内规模以上企业 141 家，通过“沉浸式”入厂区、下车间、进班组，当好企情调研员、政策宣传员、问题协调员、党建指导员，及时反映企业发展中遇到的用工、用地、用电、用气等急难愁盼问题，精准帮助企业用足用好各项惠企政策措施，真正打通服务企业“最后一公里”。

推动顾问履职到位，服务深度有拓展 聘请 184 名企业高管担任 21 个政府工作部门的经济顾问，通过广泛开展调研、评估、论证等工作，在政府部门重大决策、项目论证、政策法规制定等方面提供客观、专业和有建设性的意见和建议，帮助政府部门更加精准地感知企业发展需求，提高涉企决策的科学性和可行性，用实施的举措回应企业的关切和期盼。

推动日常跟进到位，服务管理有规范 落实驻企服务员规范登记工作周记，全面掌握企业的运作机制、管理方式、发展方向、市场竞争等，为企业提供帮助和支持。由区工信局、区委组织部适时牵头召开工作汇报会，用“盯关跟”的工作方法“清单式”解决企业反馈的各类难点、堵点问题，一抓到底，助力企业健康运营和项目落地见效。与企业建立亲清政商关系，做到“有事服务、无事不扰”，确保企业正常运作。

（区委组织部）

区情概览

基本地情

【建置沿革】 今湘桥区属地在春秋时为百越之地。

秦统一中国，始建郡县制，今湘桥区境域属南海郡；汉为南海郡揭阳县地。

东晋咸和六年（331）析揭阳地置海阳县，今湘桥地域属海阳县；义熙九年（413）分东官郡、立义安郡，今湘桥地域属义安郡海阳县。

梁置东扬州，后改称瀛州，今湘桥地域属瀛州之义安郡。陈永定年间废瀛州，今湘桥地域属义安郡海阳县。

隋开皇十年（590）废义安郡，省海阳县，在义安郡境置义安县，今湘桥地域属义安县；开皇十一年（591）在义安郡境立潮州，潮州得名自此始。历唐至清，今湘桥地域均属潮州海阳县。

民国3年（1914），因与山东省海阳县同名，海阳遂改为潮安，今湘桥地域属之。

民国19年（1930）10月，实行分区自治，潮安县分8区，今湘桥地域大部属第一区（中山区）；民国29年（1940）潮安实行新县制，把原8个区合并为5个区，今湘桥地域大部直属潮安县政府管辖。民国35年（1946）1月，潮安县裁区缩编，设20个乡、镇。今湘桥地域为在城镇（包括长仁镇、里和镇、艮德镇、东关镇）之全部及南厢乡、西厢乡之部分。

民国38年（1949），潮安置8个区，今湘桥地域为附城区的全部以及仁和区、荣意区的一部分。

中华人民共和国成立之初，潮安行政区划及名称仍沿袭旧制。1950年，潮安原8个区按顺序改为第一、二、三、四、五、六、七、八（区），今湘桥属地为第一区；同年7月改为城关镇，置桥东、西关、南关、北关、第一、第二、第三、第四、第五、第六10个办事处。

1953年1月，城关镇、意溪镇以及城关镇郊的厦寺乡和宫后村从潮安县划出，设立潮安市；同年7月，改称潮州市，为省辖。下辖第一街道、第二街道、第三街道、第四街道、第五街道、第六街道、第七街道。

1956年1月，第六街道（意溪）撤销街道建制，划归潮安县管辖；潮安县的沙洲乡、吉街乡划归潮州市管辖。

1958年11月，撤销潮州市建制，原所辖行政区改设城关镇人民公社，下辖湘桥、西湖、金山、太平、南春5个管理区。

1959年7月，城关镇人民公社改为潮州镇（副县级，隶属潮安县）。1960年9月，潮州镇5个管理区改称分社。

1980年，从潮安县析出潮州市，恢复潮州市建制，隶属汕头地区。辖区为原潮州镇，潮安县的镇郊公社以及意溪公社的下津大队，磷溪公社的卧石、社光、六亩、黄金塘4个大队。下辖第一街道、第二街道、第三街道、第四街道、第五街道、城东公社（1981年12月改称桥东公社）、城西公社。

1983年7月，潮安县并入潮州市。

1989年1月，潮州市归省直接领导，并享受市（地）一级经济管理权限。1990年1月，潮州市定为副地级市。

1991年12月，经国务院批准，潮州市升格扩大区域（地级市，划入饶平县），原潮州市的区划为新设置的湘桥区和新恢复的潮安县。

湘桥区于1992年4月23日正式挂牌办公。1992年5月，从潮安县的枫溪镇划出陈桥、凤山、花园、大新乡等13个管理区和古巷镇东埔管理区，设立湘桥区凤新街道。

1995年12月，凤新街道的池湖、蔡陇2个管理区划归枫溪区管辖。

2013年6月28日，经国务院批准，将潮安县（2013年7月改为潮安区）的磷溪镇、官塘镇、铁铺镇三镇划归潮州市湘桥区管辖。

根据潮州市人民政府《关于进一步加强凤泉湖高新区（潮州经济开发区）建设和管理若干问题的决定》精神，从2017年1月1日起，将湘桥区铁铺镇人、财、物整体移交凤泉湖高新区党工委、管委会管理。

2020年1月1日，根据潮州市人民政府《关于印发〈关于深化潮州凤泉湖高新技术产业开发区管理体制改革的若干意见〉〈关于深化闽粤经济合作区（潮州）、潮州港经济开发区管理体制改革的若干意见〉〈关于深化潮州新区管理体制改革的若干意见〉的通知》，铁铺镇回归湘桥区管理，湘桥区人民政府原委托凤泉湖高新区管委会行使的区级经济和社会管理权限全部回收。凤泉湖高新区管委会不再管理铁铺镇经济和社会管理等事项。同时，根据文件精神，潮州新区实行区园融合，委托湘桥区管理。

2021年3月2日，潮州市人民政府批准同意湘桥区撤销湘桥街道、西湖街道、金山街道、太平街道，合并新设立太平街道；同意撤销南春街道、西新街道，合并新设立西新街道。5月22日，湘桥区先后在太平街道办事处（湘桥区太平路庆云里1号）、西新街道办事处（湘桥区环城西路17号）举行新设立的太平街道、西新街道揭牌仪式。

【地理位置】 湘桥区总面积325.33平方千米，境域介于东经116°33'36"—116°49'39"、北纬23°46'10"—23°34'3"之间，东与饶平县、汕头市澄海区交界，西与潮安区相连，南与潮安区、汕头市澄海区相接，北与潮安区、饶平县接壤。地貌北部高，南部低，自北向南倾斜，由山地、丘陵、平原逐渐过渡。主干河道韩江自西北向东南斜穿境区。

【自然条件】 湘桥区属南亚热带海洋性季风气候，雨量充沛，气候温和，夏长冬短，日照充足。年平均降水量1668.3毫米，年平均气温22.6℃，年平均日照1996.6小时，春、夏、秋三季盛行东南风，冬季为偏北风，极少霜期。

2023年，湘桥区耕地面积1682.36公顷，粮食种植面积3807.67公顷。林业用地1.47万公顷，森林覆盖率为45.9%，活立木蓄积量72.15亿立方米。全区现有森林公园7个，其中省级森林公园3个，市级森林公园2个，区级森林公园2个，是广东省林业生态县（区）。重要矿产资源有“飞天燕”高岭土（瓷土矿）、花岗岩和黄蜡石等；土特产有潮州工夫茶、潮州菜、潮州小食和橄榄、佛手果、黄皮等；主要旅游景点有牌坊街、广济桥、广济楼、开元寺、义兴甲历史街区、许驸马府、己略黄公祠、海阳儒学宫、西湖公园、饶宗颐学术馆、下东平路305号名人故居、笔架山、别峰山、石庵、淡浮院、紫莲森林度假村、千果山旅游区等。全区有文物点156处（204点），其中全国重点文物保护单位7处（20点）；列入各级非物质文化遗产项目64项。

【行政区划】 湘桥区为潮州市的中心城区，2023年辖5个街道4个镇，分别是太平、西新、桥东、城西、凤新5个街道和意溪镇、磷溪镇、官塘镇、铁铺镇4个镇，共55个社区和120个行政村。2023年末，全区户籍人口51.84万人，常住人口57.84万人，常住人口城镇化率为89.1%。出生人口3878人，出生率为7.6‰，死亡人口4193人，死亡率为8.2‰，自然增长率为–0.6‰。

（湘桥年鉴编辑部）

经济社会发展

【经济情况】 2023年，湘桥区推进“六大重点攻坚”，经济综合实力稳步提升。全区实现地区生产总值317.59亿元，同比增长0.2%。工业投资、技改投资分别增长2.7%和23%，社会消费品零售总额增长3.2%，一般公共预算收入增长5.9%。高规格举办全区高质量发展大会暨招商引资项目签约仪式，构建“1+2+12+N”联动招商引资工作体系，全年洽谈招商项目472个，签约项目98个，总投资超55亿元。新增入库规上企业9家、限上企业30家。国内税收收入增长4.5%，占全市比重超三成。规范住宿、餐饮等行业管理，古城区税收收入翻两番；官塘片区牛肉产业税费收入增长15倍。组建区项目策划生成工作专班，策划生成项目55个，总投资106.76亿元。湘桥区储备粮库完工投用，官塘桥闸重建工程等项目有序推进，29个市级重点项目超额完成年度投资计划，投资额47.59亿元。统筹333.33公顷工业用地规模用于发展重点产业园区。实施“工改工”94.67公顷，完成农村闲散土地整备23.43公顷、土地收储125.75公顷，均超额完成市下达任务。此外，全区实现规模以上工业增加值39.03亿元，其中先进制造业增加值10.34亿元，占比26.5%。制造业增加值54.96亿元，占地区生产总值比重为17.3%。新登记市场主体增长19.4%，市场主体总量超4.7万户，完成“个转企”96家，获评市“四梁八柱”企业15家，新认定科技型中小企业52家，高新技术企业增至69家，专精特新企业增至33家，省级企业技术中心企业增至9家。

【文旅融合】 2023年，湘桥区以“绣花功夫”推进古城保育活化，配合市推进镇海楼复建，潮州交通旅社——中央秘密交通线中转站项目建成，下东平路名人故居文化综合体建成开业，古城花灯展等非遗展演成功举办，“活化潮州古城 激发文旅消费”获评省2023年度文旅促消费案例，湘桥区获评省文物保护利用示范区、潮汕文化（湘桥）生态保护区。6个夜间集市等旅游“夜经济”持续升温，焰火秀、民俗文化巡演等文化盛宴火爆出圈，春节期间古城区单日客流量创下超24万人次的历史新高。《非遗里的中国·广东篇》《京师列传·唐宋八大家(韩愈篇)》《文脉春秋》在湘桥拍摄并在央视黄金时段播出。培育发展“工业＋旅游”新业态，打造工业旅游示范点23家。与泉州鲤城等7个地区缔结丝路文旅发展合作联盟，推出“福桥联动文化游”，借助“深潮文化节”拓宽非遗产品销售渠道。酒店客栈接待海内外游客161.1万人次，同比增长84.5%；限额以上住宿业、餐饮业营业收入分别增长56.6%和69.5%。

【社会民生】 2023年，湘桥区坚持财力向民生倾斜，民生支出占地方一般公共预算支出超八成。市、区十件民生实事全面完成，居民人均可支配收入稳步提升。就业形势稳中向好，城镇新增就业2641人，“粤菜师傅”“广东技工”“南粤家政”累计培训超4800人次。启动广州新华学院潮州实验学校等学校项目建设计划3个，发动社会力量向城基实验中学捐赠办学场所。成立区疾病预防控制中心，实现村（社区）公共卫生委员会全覆盖，“食品安全副校长”创新机制获上级肯定并大力推广，湘桥区获评省健康区、省食品安全示范区。社会保障体系不断健全，全区基本医疗保险参保率稳定在95%以上。完成特殊困难老年人家庭适老化改造258户，改扩建综合养老服务中心6家，建成长者食堂10家、长者发屋8家，发动爱心企业为276名听障人士捐赠助听器，低保、特困供养、残疾人、孤儿养育等底线民生保障更加有力。创建国家卫生城市工作持续推进，顺利通过省级现场评估，爱国卫生运动深入开展，人居环境持续改善。深入推进重大事故隐患专项排查整治，抓好道路交通、消防、森林防灭火、防灾减灾等领域工作，安全生产形势稳定。常态化推进扫黑除恶斗争，累计打掉涉恶犯罪集团2个、普通涉恶团伙13个，接报刑事警情数同比下降9.4%，刑事破案数、刑拘人数、治安案件查处数、行政处罚人数实现“四个同比上升”，社会治安形势持续向好。湘桥区获颁平安广东建设“一星平安鼎”。在全市率先设立镇（街）“1+6+N”一站式矛盾纠纷调处工作室、1个人民调解委员会和1名人民调解员荣获全国模范；4个村（社区）获评省民主法治示范村（社区）。

（湘桥年鉴编辑部）

▲湘桥区天水路航拍图　　（林文强　摄）

大事记

1 月

5 日，湘桥区政府召开党组（扩大）会议，传达学习习近平总书记在中央农村工作会议上的重要讲话精神、省委经济工作会议精神，深入分析全区经济运行、项目建设、园区建设及产业投资有关工作，对 2024 年经济工作进行研判部署。

10 日，湘桥区纪委监委、潮州市唐伯元文化研究中心在唐伯元故居联合举办“颂唐伯元、倡廉政风”诗书暨非遗作品展。

11 日，湘桥区组织收看收听全国、全省、全市安全生产电视电话会议，后召开全区 2022 年安全生产总结暨 2023 年第一季度防范重特大生产安全事故工作会议，贯彻落实全国、全省、全市电视电话会议精神并部署全区下阶段安全防范工作。

是日，湘桥区召开离退休干部通报会，通报 2022 年全区经济社会发展情况以及 2023 年的工作思路，向离退休干部致以新春问候和祝福。

是日，湘桥区举行干部荣誉退休仪式。

12 日，湘桥区召开创建国家卫生城市工作推进会，总结 2022 年全区创卫工作成果，深入分析工作中存在的问题和不足，并研究部署 2023 年创卫工作。

13 日，湘桥区委常委会召开会议，传达学习习近平总书记在中央农村工作会议上的重要讲话精神，研究全区贯彻落实意见。

16 日，中国共产党潮州市湘桥区第七届委员会第五次全体会议召开。区委书记曾俊喜代表区委常委会向全会作工作报告；区委副书记、区长李树南就经济工作作专题讲话。

是日，湘桥区委宣传部和惟滨壶艺工作室联合在牌坊街举办“我们的中国梦 文化进万家”2023 年迎新春文化惠民活动。

18 日，湘桥区召开区政府 2023 年度第 1 次常务会议，深入学习贯彻党的二十大精神，按照区委有关工作安排，研究部署疫情防控、春节前后安全防范、2023 年春节古城管理等有关工作。

19 日，湘桥区委常委会召开会议，传达学习习近平总书记 2023 年新年贺词和省委常委会会议、市委常委会会议有关精神，研究全区贯彻落实意见。

23 日，湘桥区在牌坊街商圈党群服务中心门前举行“魅力古城 文化共享”——2023 年新春非遗集市启动仪式。

是月，央视栏目组“听乡音过大年”走进潮州古城牌坊街——载阳茶馆拍摄“潮心‘湘’印听乡音 同心筑梦共奋进”新春贺年活动，记录潮州民俗文化。该节目于 1 月 23 日（大年初二）在央视三农直播间播出。

26 日至 27 日，湘桥区文化旅游体育局和湘桥区教育局联合举办“大美潮州·活力湘桥”2023 年潮州市湘桥区贺新春象棋公开赛。

28 日，湘桥区组织收看收听全省高质量发展大会并召开分会场分组讨论会议，组织党政企有关人员围绕推动高质量发展的4个主题开展讨论。

是日，湘桥区召开韩江“一江两岸”风貌管控和违建整治工作会，传达市委、市政府主要领导有关批示精神，总结2022年“两违”整治工作情况，深入分析工作中存在的问题和不足，研究部署全区风貌管控、违建整治下一步工作。

30日，湘桥区组织收看收听十五届市纪委第三次全体会议第一场大会。

2月

1日，湘桥区在凤新街道高厝塘村湿地公园举办“非遗闹元宵 普法园游会”主题法治宣传活动。

3日，湘桥区政府召开全体会议，深入贯彻落实党的二十大精神，全面贯彻落实省委全会、省委经济工作会议、全省高质量发展大会、市委全委会以及市政府全体会议精神，落实落细区委七届五次全会各项工作部署，回顾总结2022年全区经济社会发展情况，研究部署2023年第一季度经济工作。

4日，中国共产党潮州市湘桥区第七届纪律检查委员会第三次全体会议召开。

5日，2023年潮州市庆元宵焰火秀在古城区韩江两岸上演。

9日，湘桥区委常委会召开扩大会议，听取各镇（街道）党（工）委书记和部分区直党委（党组）书记抓基层党建工作述职并现场开展评议。

10日，湘桥区召开区政府2023年度第2次常务会议，传达学习市委书记专题会议、市政府全体会议和市政府主要领导莅临湘桥调研座谈会有关精神，研究全区贯彻落实意见。

11日，湘桥区委领导班子召开2022年度民主生活会。

12日，湘桥区举办高质量发展大会暨招商引资项目签约仪式。区委书记曾俊喜传达省、市有关会议精神并讲话；区委副书记、区长李树南主持会议。市政府副秘书长黄庆明、三环集团董事长张万镇、区人大常委会主任黄伟涛、区政协主席蔡少贤出席会议。会上，各镇（街）主要负责同志和市有关单位负责同志、区有关单位主要负责同志，优秀企业经营者代表、乡贤代表、协会代表、商会代表、村集体代表等作表态发言，同时播放有关视频短片。会议为区政府聘任的经济顾问颁发聘书，并授予潮州凯普生物化学有限公司等企业“2022年度湘桥区纳税大户”称号。会上，湘桥区与第一批6家企业集中签约。

15日，湘桥区召开“群英荟萃·筑梦湘桥”——湘桥区展翅计划大学生就业创业暨青年人才座谈会。

16日，湘桥区召开区委政法工作会议，传达习近平总书记对政法工作的重要指示和中央、省委、市委政法工作会议精神，总结2022年全区政法工作，分析工作形势，部署2023年政法工作。

是日，湘桥区召开全区政法系统党风廉政建设工作会议。

19日，湘桥区召开旅游住宿行业高质量发展座谈会，邀请部分民宿行业专家、优秀企业代表作分享交流，着力推动全区旅游业高质量发展。

22日，湘桥区召开全区税收工作会议，深入贯彻落实党的二十大精神以及中央、省委经济工作会议精神，按照全市税务工作会议要求，总结2022年税收工作，部署2023年税收重点工作任务。

23日，湘桥区召开全区创卫工作会议，总结2022年全区创卫工作，对2023年创卫工作部署。

23日至24日，湘桥区妇联举办以“强基增效为高质量发展蓄势赋能”为主题的基层妇联“领头雁”培训班。

24日，湘桥区委常委会召开会议，传达贯彻习近平总书记对政法工作的指示和中央、省委、市委政法工作会议精神，研究全区贯彻落实意见。

26日，湘桥区在义安路凤城文化广场——唐伯元故居举办2023年湘桥区南粤春暖暨就业援助月招聘活动。

3 月

1日，湘桥区组织收看收听潮州市镇（街）书记抓党建促乡村振兴（文化振兴）“排头兵”比学活动。

2日，湘桥区召开区政府2023年度第三次常务会议，传达学习贯彻习近平总书记对内蒙古阿拉善左旗一露天煤矿坍塌事故的重要指示精神和李克强总理的批示精神，以及全国全省全市安全生产电视电话会议精神，听取全区安全生产工作情况汇报，并部署安全生产、乡村振兴、经济发展等工作。

是日，湘桥区召开全区政企“驻·聘联通”工作动员大会。

是日，湘桥区召开违法建设治理工作推进会，传达全市违法建设治理工作推进会议精神，听取全区2022年违法建设治理工作汇报，对2023年重点工作进行部署推进。

3日，2023年湘桥区学雷锋全民志愿服务月在区新时代文明实践中心正式启动。

4日，湘桥区新时代文明实践中心和区文化旅游体育局在意溪镇紫莲生态旅游度假村联合主办“为你朗读”分享大会。分享会以“读山水”为主题，通过“美景+朗读+非遗”模式，促进文化和旅游深度融合，展现湘桥文旅新风貌。

是日，“大美潮州·活力湘桥”湘桥区纪念妇女节“第一健康杯”趣味运动会在凤新街道高厝塘湿地公园举行。

6日，湘桥区妇女儿童工作委员会、湘桥区妇女联合会、湘桥区工商业联合会召开“巾帼聚慧 共谋发展”女企业家代表谈高质量发展座谈会。

7日，湘桥区召开各界妇女纪念三八国际妇女节113周年暨表彰大会，表彰获评“湘桥区三八红旗手”“湘桥区三八红旗集体”、2023年湘桥区“最美家庭”的个人和集体。

是日，湘桥区在意溪中学举行“小平科技创新实验室”揭牌仪式。副区长刘可然出席活动并为实验室揭牌。这是全市第一所成功入选全国“认定授牌”类“小平科技创新实验室”拟建设学校。

8日，湘桥区委常委会召开会议，传达学习贯彻党的二十届二中全会精神，以及省委常委会会议、市委常委会会议精神，研究全区贯彻落实意见。

13日，湘桥区召开组织工作会议，传达学习全国、全省、全市组织部长会议、老干部局长会议精神，回顾总结2022年组织工作，部署2023年工作任务。

是日，湘桥区妇儿工委、区文明办、区妇联、区教育局联合举办南粤家教家风大讲堂——湘桥区家教家风工作者培训讲座，邀请广东省家庭教育研究会副会长、广东省家庭教育讲师团成员、韶关市家庭教育指导服务站负责人、广东省妇女维权与信息服务站（韶关站）家庭教育专家谭嘉作专题宣讲。

15日，湘桥区召开七届区政府第22次常务会议，学习自然资源部办公厅关于修订《土地卫片执法图斑合法性判定规则》的通知，研究全区贯彻落实意见，听取两违整治工作、撂荒耕地及复耕复垦工作情况汇报，并作相关部署。

是日，湘桥区举办扎实推进文化强区建设主题分享会，邀请首届广东省友谊奖获得者、马来西亚槟城古迹信托会主席、湘桥区文化顾问、湘桥区海外联谊会第二届理事会顾问林玉裳女士作专题辅导报告。

16日，湘桥区召开巩固拓展脱贫攻坚成果工作推进会，深入学习贯彻党的二十大精神，传达学习中央农村工作会议精神及有关文件精神，听取2022年相关工作情况汇报，研究部署下阶段工作。

17日，湘桥区委常委会召开扩大会议，传达学习贯彻习近平总书记在全国两会上的重要讲话精神和全国两会精神，以及省、市有关会议精神，研究全区贯彻落实意见。

是日，湘桥区关工委、区教育局、区妇联、太平街道党工委联合举办“秋晖讲堂”。讲堂邀请广东省普教系统第一批正高级教师（教授）、教育部“国培计划”专家、广东省特级教师郑莹作专题培训。

是日，湘桥区南春中学在市人民广场举办“南园桃李美术展”开幕式，首次集合展示师生和历届校友的作品168幅，以艺术之美展现南春中学四十多年来的艺术教育成果。

20日，湘桥区召开七届区政府第二十三次常务会议，听取“百县千镇万村高质量发展工程”建设宜居宜业和美乡村、推进绿美湘桥生态建设工作等情况汇报，并部署相关工作。

是日，湘桥区召开2023年区委统一战线工作领导小组会议暨全区统战工作会议，传达学习全国、全省、全市统战部长会议和省委、市委、区委常委会会议精神，总结2022年全区统战工作，研究部署2023年度工作。

是日，湘桥区召开港澳委员、外地商会代表“大招商 强发展”座谈会。

21日，政协第七届潮州市湘桥区委员会第三次会议在湘桥区党政机关会堂开幕。

是日，湘桥区召开全区政府投资项目策划生成工作会议，贯彻落实全国两会和全市政府投资项目策划生成工作会议精神，强调要进一步理顺工作机制、强化组织保障，加快谋划实施一批优质重大项目，以大项目拉动大投资、推动大发展，为湘桥高质量发展注入新动能、提供新支撑。

是日，湘桥区政协组织港澳和外地商会政协委员到广东凯普生物科技股份有限公司、广东金源光能股份有限公司、韩江湿地公园等开展经济高质量发展专题走访调研，实地了解企业生产经营情况，探讨推动湘桥高质量发展的具体思路和举措。

22日，湘桥区第七届人民代表大会第三次会议在区党政办公楼一楼会堂开幕。

是日，政协第七届潮州市湘桥区委员会第三次会议圆满完成各项议程，在区党政机关会堂闭幕。

是日，由广东省水利厅指导，潮州市湘桥区人民政府、广东省韩江流域管理局、广东粤海飞来峡水力发电有限公司潮州枢纽分公司主办，湘桥区教育局承办，潮州市水务局、潮州市教育局、湘桥区水务局等单位共同参加的“激漾青春秀湘桥，相约枢纽护韩江”大型水情宣传教育活动在全国首届十大最美水工程——广东省潮州供水枢纽举办。

23日，湘桥区第七届人民代表大会第三次会议圆满完成各项议程，在区党政机关会堂闭幕。

是日，湘桥区召开区委人才工作领导小组会议，深入学习贯彻党的二十大精神，贯彻落实市委“1+1+8”（第一个“1”指《中共潮州市委 潮州市人民政府关于加快新时代人才强市建设的意见》，第二个“1”指《中共潮州市委关于加强党管人才完善人才工作领导体制机制的实施意见》，“8”指高青人才引进、创新人才培养、优质服务保障、平台团队建设、潮籍乡贤回归、人才资源汇聚、荣誉表彰激励、人才引育宣传等8个“韩江人才计划”专项制度）人才制度体系，审议通过有关人才政策文件以及2023年全区人才工作任务清单，讨论研究2023年全区人才工作重点任务。

24日，湘桥区召开全区巡察工作会议暨七届区委第三轮巡察动员部署会，深入学习贯彻习近平总书记关于巡视工作的重要论述精神、全市巡察工作会议暨十五届市委第三轮巡察动员部署会有关精神，动员部署七届区委第三轮巡察工作。

是日，湘桥区在桥东街道社光村召开“创国卫学先进”现场会，学习先进村的经验和做法，实地观摩找差距，推动各村（社区）在“比学赶超”中谋发展。

是日，深圳市福田区委书记黄伟率队到湘桥区开展对口帮扶协作调研交流活动。

26日，湘桥区召开古城区三大行业规范管理座谈会，深入学习贯彻习近平总书记视察广东视察潮州重要讲话重要指示精神，传达学习贯彻市委相关会议精神，对古城区纳税纳统和市场价格秩序规范管理工作进行部署落实。

是日，湘桥区召开税收工作会议，听取全区税收工作汇报，分析研判税收形势，谋划部署下一阶段税收征管重点工作。

27日，湘桥区组织收看收听市委农村工作会议暨全面推进“百县千镇万村高质量发展工程”促进城乡区域协调发展动员大会。

28日，湘桥区召开人力资源和社会保障事业高质量发展暨社保扩面征缴工作会议。

29日，湘桥区组织收看收听全省、全市森林防灭火工作会议，会后召开会议，贯彻落实上级会议精神，并对清明节前后森林防灭火工作作具体部署。

是日，湘桥区疾病预防控制中心举行揭牌仪式。

30日，湘桥区委召开人才工作会议，深入学习贯彻党的二十大精神和全国两会精神，认真学习领会习近平总书记关于人才工作的重要论述精神，全面落实党中央决策部署和省委、市委工作要求，研究部署湘桥人才工作。

31日，湘桥区委书记曾俊喜主持召开区委理论学习中心组学习（扩大）会议，深入学习习近平总书记在新进中央委员会委员、候补委员和省部级主要领导干部学习贯彻习近平新时代中国特色社会主义思想和党的二十大精神研讨班开班式上的重要讲话精神。

是日，湘桥区统战系统召开专题座谈会，传达学习习近平总书记在全国两会期间的重要讲话和全国两会精神，研究全区统战系统如何贯彻落实工作举措，推动全区统战工作再上新台阶。

是月，湘桥区被确定为广东省首批儿童友好示范区，潮州市潮響鼓社、潮州市湘桥区快乐幼儿园被确定为广东省儿童友好基地。

4 月

3日，湘桥区退役军人事务局和区委党史研究室联合在区实验学校举办以“讲述湘桥英烈故事·传承革命红色基因”为主题的教育活动，缅怀革命先烈的丰功伟绩，弘扬爱国主义精神。活动邀请市委党史研究室聘任专家、湘桥区地情（史志）专家陶永庆作专题授课。

6日，湘桥区召开医保基金监管集中宣传月动员部署会，加强湘桥区医疗保障基金监管，强化定点医药机构和参保人员的法治意识，着力营造全社会关注并自觉维护医疗保障基金安全的良好氛围。

是日，湘桥区委召开农村工作会议暨全面推进“百县千镇万村高质量发展工程”促进城乡区域协调发展动员大会。会议深入贯彻党的二十大精神，认真落实中央农村工作会议精神，贯彻落实省委、市委农村工作会议暨全面推进“百县千镇万村高质量发展工程”促进城乡区域协调发展动员大会精神，部署推进全区“三农”工作和“百千万工程”，着力推动全区农业农村现代化和城乡区域发展跃上新水平，加快高质量发展步伐。

是日，湘桥区召开治乱治污誓师大会。会议通报河浦溪段水污染应急处置情况，部署为期2个月的“乱污”企业（场所）综合整治行动。

是日，湘桥区召开2023年全区卫生健康工作会议，深入学习党的二十大精神和习近平总书记重要讲话重要指示精神，认真贯彻落实省、市、区高质量发展有关会议精神，传达2023年全市卫生健康工作会议精神，总结2022年全区卫生健康工作，安排部署2023年工作任务。

9日，湘桥区青少年劳动教育实践基地在磷溪镇西坑村揭牌启用。

是日，湘桥区新的社会阶层人士联合会第一届第二次会员大会召开。

10日，湘桥区召开全区2022年村（社区）创卫考评颁奖座谈会，表彰2022年度创卫工作的先进村（社区）。

12日，湘桥区召开专题会议，听取园区建设和瓷泥产业整治提升工作汇报，分析存在问题，研究部署有关工作。

是日，湘桥区人大在区法治文化公园开展《立法法》宣讲活动，邀请市人大常委会法工委副主任庄瑾瑜作专题宣讲。

17日，湘桥区组织收看收听全省传达学习贯彻习近平总书记视察广东重要讲话重要指示精神干部大会。

18日，湘桥区委常委会召开扩大会议，同时套开区委理论学习中心组学习会，传达学习习近平总书记视察广东重要讲话、重要指示精神及省委常委会（扩大）会议、市委常委会（扩大）会议有关精神，研究全区贯彻落实意见。

是日，湘桥区委常委会召开会议，传达学习习近平总书记在中央党校建校90周年庆祝大会暨2023年春季学期开学典礼上重要讲话精神及省委常委会会议、市委常委会会议有关精神，传达学习省委书记黄坤明莅潮调研指示精神以及市委常委会（扩大）会议有关精神，听取区人大常委会、区政府、区政协、区法院、区检察院党组工作汇报，听取区“百千万工程”工作开展情况汇报，研究全区贯彻落实意见及下一步工作。

是日，湘桥区组织收看、收听潮州市优化营商环境暨民营经济高质量发展大会。

19日，湘桥区组织收看、收听全市传达学习贯彻习近平总书记视察广东重要讲话重要指示精神干部大会。

23日，湘桥区召开加强五一期间古城管理工作会议。

24日，湘桥区组织收看、收听全省、全市关于三防、安全生产和消防工作暨第二季度防范重特大生产安全事故工作会议，会后召开会议，贯彻落实全省、全市会议精神，分析研判安全形势，部署相关工作。

是日，湘桥区总工会邀请“广东省五一劳动奖章”获得者、湘桥区城西中学校长林国平为工会干部和教师代表宣讲党的二十大精神。

是日，湘桥区海外联谊基地太平街道潮響二十四节令鼓文化馆揭牌成立。

25日，湘桥区邀请革命老红军罗爱民长子、国家航天局退休干部罗亚滨在意溪中学作“讲革命故事 传红色基因”专题宣讲。

是日，湘桥区在区新时代文明实践中心举办“诵读经典”新时代文明实践活动，邀请武汉大学教授易江作题为“读《习近平走进百姓家》，谈家风家道幸福生活”的专题讲座。

26日，湘桥区召开七届区政府第二十五次常务会议，传达学习习近平总书记对北京长峰医院发生重大火灾事故作出的重要批示和省委常委会会议、省政府党组（扩大）会议精神，全省、全市安全生产和消防工作暨第二季度防范重特大生产安全事故电视电话会议精神，研究全区贯彻落实意见，听取有关工作情况汇报，部署安全生产、消防安全、古城管理、条例贯彻等工作。

27日，湘桥区召开绿美湘桥生态建设工作推进会暨区林长会议，深入贯彻落实习近平生态文明思想，全面贯彻党的二十大精神和习近平总书记视察广东重要讲话、重要指示精神，听取相关情况汇报，研究部署下一阶段工作，以建设绿美中心城区，为湘桥现代化建设提供绿色支撑。

是日，湘桥区召开乡村振兴年度考核工作推进会。

是日，湘桥区召开经济工作专题会议，深入分析全区一季度经济发展形势，研究部署下一步工作。

28日，湘桥区委常委会召开会议，传达学习习近平总书记对北京长峰医院发生重大火灾事故作出的重要批示和全国、省、市有关会议精神，听取全区安全生产工作汇报，部署下一步安全防范工作。

是日，湘桥区在牌坊街举行“优质商户”暨“湘桥佳居”授旗仪式，进一步规范古城区旅游市场经营秩序，促进古城区商户和民宿客栈健康发展。

是日，湘桥区“品至味卤鹅 享文化潮州”首届潮州（磷溪）卤鹅文化周活动在磷溪镇溪口七村启动。

29 日，湘桥区桥东街道社光村举办首届乡村振兴嘉年华暨“中国美丽休闲乡村”授牌仪式。

5 月

1 日，湘桥区“弘扬红色文化 振兴乡村产业”主题活动在意溪镇锡美村举办。

6 日，潮州市首个县（区）级退役军人创业孵化基地——湘桥区退役军人创业孵化基地在官塘镇韩东特色产业科创园揭牌成立。同时，湘桥区退役军人事务局与韩东特色产业科创园现场签订共建合作协议。

8 日，湘桥区召开全区第一季度经济形势分析、固定资产投资暨重点项目和六大重点攻坚推进会，深入贯彻落实习近平总书记视察广东重要讲话重要指示精神，全面贯彻落实全省、全市一季度经济形势分析会议精神，深入分析研判全区经济运行状况、面临的形势和存在的突出问题，对下一步工作进行再调度、再部署、再推进，全力以赴推动经济发展提速提质。

是日，湘桥区举办第七批区级非遗代表性传承人证书颁发仪式暨区级非遗代表性传承人培训班。

9 日，湘桥区组织收看、收听市委理论学习中心组专题学习会。

10 日，湘桥区组织收看、收听潮州市创建国家卫生城市工作会议。

是日，湘桥区住房和城乡建设局组织召开住宅小区物业管理工作集体约谈会。

11 日，湘桥区召开专题会议，全面复盘五一节日期间古城管理工作情况。

是日，湘桥区召开 2023 年“最美医生”和“最美护士”表彰大会。

15 日，湘桥区召开创建“省级健康促进区”工作推进会，梳理分析创建工作中存在的突出问题和薄弱环节，并对有关工作进行动员部署。

16 日，湘桥区组织收看、收听全市重大事故隐患专项排查整治 2023 行动动员部署专题会议。

是日，湘桥区在磷溪镇塘边华侨学校举办“用心点亮读书梦想 助力乡村教学振兴”教学多媒体设备捐赠仪式。

17 日，湘桥区召开创建国家卫生城市工作会议，深入学习贯彻习近平总书记视察广东重要讲话、重要指示精神，贯彻落实习近平总书记对爱国卫生运动作出的重要指示，以及全市创卫工作会议精神，总结 2022 年创卫工作成效，动员全区全力完成各项目标任务。

是日，湘桥区召开“交通安全整治提升年”工作部署大会，深入学习贯彻党的二十大精神和习近平总书记关于安全生产工作的重要论述精神，全面部署“交通安全整治提升年”工作。

18 日，湘桥区委政法委、区法学会、区人民检察院、市公安局湘桥分局、区教育局、区妇联等单位联合在城南小学开展“以法之名 共护未来”为主题的青年普法志愿者法治文化基层行活动。

是日，潮州集德福利会、湘桥区残联联合在潮州集德福利会大院举办助残爱心慰问活动。

22 日，湘桥区计划生育协会召开第五次会员代表大会。

是日，湘桥区纪念毛泽东“5·23”讲话 81 周年“和美乡村·湘桥风采”美术书法摄影展在市人民广场文化长廊正式开展。摄影展共展出作品 120 件，展期从 5 月 22 日持续至 5 月 26 日。

23 日，湘桥区召开七届区政府第 26 次常务会议，传达学习上级有关文件、会议精神，听取相关工作情况汇报，研究部署全区重大事故隐患专项排查整治2023行动、乡村振兴、招商引资等工作。

是日，湘桥区政府举行第四届法律顾问聘任仪式，聘请陈少桦、许业俊、肖帆、刘泰祥、宋迈生等5位律师为新一届法律顾问，并与律师们签订法律服务合同。

是日，湘桥区司法局联合区普法办在区党政机关会堂举办“美好生活·民法典相伴”暨推广“茶文化六步调解法”专题培训班，邀请广东新佳律师事务所律师陈旭东和潮州市人民调解员协会会长沈飞章作专题培训。

26日，湘桥区委常委会召开会议，传达学习贯彻习近平总书记关于开展主题教育的重要讲话精神和上级有关文件会议精神，研究全区贯彻落实意见。

是日，广东南方软实力研究院、潮州市人才驿站与湘桥区委宣传部联合举办文化溯源赋能湘桥高质量发展专题座谈会，邀请具代表性的文史专家、非遗传承人、市志办专家以及湘桥区有关单位同志，围绕如何发掘潮州优秀文化为高质量发展蓄势赋能，交流想法思路，分享研究心得。

是日，湘桥区在凤城公园青龙古庙举办“潮心‘湘’印汇侨力‘湘’聚故里同筑梦——马来西亚潮人寻根之旅暨文化周交流活动”。

31日，湘桥区召开专题会议，传达学习上级有关会议精神，听取第二季度经济工作情况、“房地一体”农村不动产登记发证等工作情况汇报，研究部署下一步重点工作。

是日，湘桥区在城南中英文学校举办“今天我入队 向习爷爷说句心里话”主题队日活动暨新队员入队仪式。

是日，湘桥区残联、区妇联、区文旅体局和区教育局在集德启智学校联合举办“为爱添翼 放飞梦想”——“慢飞天使”趣味运动会。

是月，在“六一”国际儿童节前夕，“护眼助学 新阶同行”爱心公益活动走进“美丽侨村”官塘镇石湖村。市新阶联、区新阶联和社会热心人士向石湖小学捐赠护眼教室及移动舞台建设改造费用；石湖小学向捐赠方表示感谢并回赠锦旗。

6 月

1日，湘桥区组织收看收听全省河湖长制林长制工作会议。

是日，湘桥区举行“百县千镇万村高质量发展工程发展标兵”比学活动（第二期）。

是日，湘桥区与深圳市福田区举行医疗结对帮扶合作协议签约仪式，进一步推动医疗对口帮扶合作，促进湘桥医疗事业实现高质量发展。

是日，“湘遇·湘约”·乐在古城六月嘉年华活动在府学旧地文创园启动。

是日，香港潮州同乡会总会会长沈振虎、荣誉团长庄学海率队到湘桥区拜访。活动人员参观陈伟南文化馆，深切缅怀香港潮州同乡会总会永远荣誉会长陈伟南先生；随后到湘桥区政府召开座谈会，观看湘桥招商引资宣传片，听取相关情况介绍，畅叙桑梓情谊，共谋湘桥高质量发展大计。

5日，湘桥区召开纪念延安双拥运动80周年座谈会暨全区双拥工作会议，传达学习上级有关会议精神，研究部署创建省级“双拥模范城”相关工作。

是日，湘桥区在意溪镇中津村举行2023年“6·5”环境日系列宣传活动启动仪式暨“齐治扬尘 净享呼吸”户外宣传活动。

6日，湘桥区举办“遇见湘桥·寻访高质量发展”——2023年媒体采风活动启动仪式。

8日至9日，美国华人总商会会长程远、广东省潮州商会总会长刘荣海率团到湘桥区考察。

14日，湘桥区启动防汛Ⅳ级应急响应，各级各相关部门领导干部加强指挥调度、工作人员巡查检查，切实采取各项防御措施，全力保障人民群众生命财产安全。

15 日，湘桥区委常委会召开会议，传达学习全省、全市防汛工作视频会议精神，部署端午节前后安全管理相关工作。

是日，湘桥区委召开区委理论学习中心组学习（扩大）会议，深入学习习近平总书记视察广东重要讲话、重要指示精神，动员全区广大党员干部更加自觉地把思想和行动统一到习近平总书记重要讲话、重要指示精神上来，把学习宣传贯彻工作引向深入。

20 日，湘桥区文化旅游体育局、区消防救援大队在太平街道许驸马府联合举办文博单位消防安全标准化管理培训班。

21 日，湘桥区召开七届区政府第 27 次常务会议，传达学习《广东省住房和城乡建设厅关于实施“百县千镇万村高质量发展工程”建设高品质县镇村的工作方案》等文件精神，研究全区贯彻落实意见，听取有关工作情况汇报，部署高质量发展、征兵、耕地保护、优化营商环境等工作。

22 日，湘桥区召开“6·30”助力乡村振兴活动动员会。

25 日，湘桥区委常委会召开会议，传达学习习近平总书记对宁夏银川市兴庆区富洋烧烤店燃气爆炸事故作出的重要指示精神和省、市领导有关批示精神，部署下一步安全防范工作。

是日，湘桥区委常委会召开扩大会议，传达学习省委十三届三次全会精神以及市委常委会（扩大）会议精神，研究全区贯彻落实意见。

是日，湘桥区“节约集约用地 严守耕地红线”主题宣传活动走进磷溪镇。

29 日，湘桥区在区中医医院举行以“传承创新中医药，助力健康湘桥高质量发展”为主题的纪念活动，深入学习贯彻习近平总书记关于中医药工作的重要论述，着力促进中医药传承与发展。

是日，湘桥区举行 2023 年“6·30”助力乡村振兴活动仪式，深入贯彻党的二十大精神和习近平总书记视察广东重要讲话、重要指示精神，贯彻落实省委十三届三次全会精神，进一步动员社会各界积极参与“百县千镇万村高质量发展工程”，助力全面推进乡村振兴。

30 日，湘桥区在凤新街道陈桥村新埔文化广场举办“星级文明户”现场交流会暨“党的声音进万家”文明实践活动。

7 月

1 日，湘桥区在区党政机关大楼会议厅举行“光荣在党 50 年”纪念章颁发仪式。

2 日，古城区“撤桶并点”垃圾分类启动。

5 日，湘桥区召开全区经济分析会暨“六大重点攻坚”工作推进会。

是日，湘桥区召开专题会议，听取上半年经济运行相关情况汇报，分析全区经济社会发展形势，研究部署下半年各项重点工作任务。

7 日，湘桥区召开全区各民主党派、无党派人士和党外知识分子、新的社会阶层人士“凝心铸魂强根基 团结奋进新征程”主题教育动员会，传达学习中央、省、市有关主题教育动员会议精神。

是日，湖南师范大学党委委员、副校长王辉率队到湘桥区考察，并在区党政机关大楼会议厅召开座谈会。

11 日，湘桥区人大常委会组织部分市、区人大代表开展“推进重点项目建设 助力高质量发展”专题视察活动，并召开情况汇报交流会。

是日，湘桥区召开区委统战工作暨全区宗教工作会议。

12 日，政协第七届湘桥区委员会常务委员会第十次会议召开。会议传达学习贯彻习近平总书记视察广东重要讲话、重要指示精神和省委十三届三次全会精神，通报区政协七届三次会议提案办理情况。

13 日，湘桥区举行“百县千镇万村高质量发展工程发展标兵”比学活动（第三期），9个村（社区）现场晒成绩、亮经验、谈思路，以“大学习”“大比武”促进“大变化”“大提升”，进一步推动“百千万工程”在湘桥落地见效。

是日，湘桥区召开区青年企业家联合会成立大会暨第一届第一次会员大会。会议表决通过《潮州市湘桥区青年企业家联合会章程》《财务管理制度》《印章、文件管理制度》《成立大会选举办法》等相关草案文本，选举产生第一届青企联会长、监事长、常务副会长、副会长、秘书长等青企联主要负责人；通过聘请深圳市潮州商会常务副会长、青年工作委员会主席谢少涛为湘桥区青企联名誉会长，深圳市潮州商会副会长、青年工作委员会常务副主席潘端彬和吴梓龙为湘桥区青企联顾问。

14日，湘桥区委常委会召开会议，传达学习习近平总书记对防汛救灾工作的重要指示精神，听取全区上半年安全生产工作及重大事故隐患专项排查整治进展情况汇报，研究部署下阶段安全生产和三防工作。

是日，湘桥区召开七届区政府第二十八次常务会议。会议传达学习习近平总书记重要指示精神和省委、省政府主要领导批示精神以及上级有关会议精神，听取全区安全生产重大事故隐患专项排查整治行动推进情况、全区近期三防工作及有关工作情况汇报，研究部署下一步安全生产、三防、规范性文件管理、耕地保护等工作。

15日，湘桥区组织收看、收听全省、全市防台风工作视频会议，会后召开全区防台风工作会议，部署相关工作。

16日，湘桥区组织收看、收听全省、全市防台风工作研判部署会，会后召开全区防台风工作会议，就全力做好台风“泰利”防御各项工作进行再推动、再落实。

17日，湘桥区在城西中学举行“全国国防教育示范学校”授牌仪式。“全国国防教育示范学校”由教育部和中央军委政治工作部联合授牌。湘桥区城西中学是潮州市首批、湘桥区首所获此殊荣的学校。

18日，湘桥区委书记曾俊喜召开专题会议，听取各镇（带农街道）“房地一体”农村不动产登记发证工作情况汇报，研究部署下一步工作。

是日，湘桥区召开未成年人保护工作领导小组全体会议，深入学习贯彻习近平总书记关于未成年人保护工作的重要指示批示精神，贯彻落实党中央、国务院以及省、市、区有关决策部署，总结2022年全区未成年人保护“六位一体”工作主要情况，部署下一阶段全区未成年人保护工作。

24日，中国共产党潮州市湘桥区第七届委员会第六次全体会议召开。会议以习近平新时代中国特色社会主义思想为指导，深入学习贯彻党的二十大精神和习近平总书记视察广东重要讲话、重要指示精神，贯彻落实省委十三届三次全会、市委十五届六次全会精神，进一步深化新时代新征程湘桥现代化建设工作部署，带领全区上下以高质量发展为牵引，牢记嘱托、感恩奋进，打造更加繁荣美丽的中心城区，奋力谱写现代化湘桥新篇章。区委书记曾俊喜代表区委常委会作报告。

是日，湘桥区组织收看收听全省、全市第三季度防范重特大生产安全事故会议暨重大事故隐患专项排查整治工作推进会议。会后召开会议，部署相关工作。

25日，湘桥区召开全区防御台风“杜苏芮”工作会商部署会，传达省、市有关会议精神，安排部署全区防风防汛防灾各项工作。

是日，湘桥区举行2023年度“返家乡”暨“展翅计划”湘桥大学生暑期社会实践活动启动仪式。

是日，湘桥区召开枫江流域（湘桥区段）排水户和物业管理住宅小区及公共建筑入户雨污分流管网接驳工作动员会。

是日，区教育局、区消防救援大队在湘桥区快乐幼儿园联合举办集“理论培训＋实操演练”于一体的全区教育系统校园消防安全培训。活动邀请区消防救援大队宣讲员作专题培训，并现场指导实操演练。

30日，湘桥区举办2023年“大美潮州·活力湘桥”“德鑫杯”乒乓球赛。比赛为期3天，361名运动员共进行比赛175场次。

是月，深圳市福田区委副书记、区长周江涛率队到湘桥区开展对口帮扶协作、产业调研活动。

8 月

2日，湘桥区召开七届区政府第二十九次常务会议，传达学习习近平总书记在全国生态环境保护大会上的讲话精神，研究全区贯彻落实意见，听取有关工作情况汇报，部署全区重大事故隐患专项排查整治2023行动等工作。

是日，湘桥区组织收看收听潮州市镇（街）书记抓党建促乡村振兴（生态振兴）“排头兵”比学活动。

是日，湘桥区召开全区经济形势分析会议，全面总结上半年经济发展情况，聚焦短板弱项、研究对策措施，部署推进下半年经济发展各项工作，努力为完成全年目标任务奠定坚实基础。

3日，湘桥区组织收看、收听潮州市学习贯彻《习近平著作选读》第一卷、第二卷宣讲报告会暨市委理论学习中心组专题学习会。

4日，湘桥区召开区委理论学习中心组学习（扩大）会议，深入学习贯彻习近平总书记关于“三农”工作的重要论述，切实把思想和行动统一到党中央对“三农”工作的决策部署上来，抓好以乡村振兴为重心的“三农”各项工作，以更大决心、更实举措推进农业农村现代化。

6日，为期14天的“青春不‘毒’行 健康向未来”湘桥区青少年禁毒宣讲员培训营圆满结营。

8日，湘桥区委召开书记专题会议，传达习近平总书记关于巡视巡察工作的重要论述精神、上级有关巡视巡察工作的重要会议精神，听取七届区委第三轮巡察情况汇报，研究下一步巡察工作。

10日，湘桥区召开2023年农村集体资产监管提质增效行动动员会，深入学习贯彻党的二十大精神，认真贯彻落实习近平总书记关于“三农”工作的重要论述，加快落实中央一号文件关于“巩固提升农村集体产权制度改革成果”和“健全农村集体资产监管体系”的部署，对全区农村集体资产监管提质增效行动进行动员部署。

是日，湘桥区召开全区爱国卫生暨虫媒传染性疾病防控工作会议。会议总结2022年工作情况，研究部署下一步重点工作。

11日，湘桥区政府召开廉政座谈会暨重点工作推进会，深入学习贯彻习近平总书记关于党风廉政建设和反腐败斗争的重要讲话、重要指示精神，深入推进政府系统党风廉政建设，对各项重点工作进行安排部署。

是日，湘桥区在广东金源光能股份有限公司召开“‘湘’约返家乡 青春逐梦正当时”2023年湘桥区大学生暑期社会实践座谈会。

17日，湘桥区在区快乐学前教育凤新园举行“一路‘童’行‘湘’未来”儿童友好示范区工作推进会暨儿童友好示范区标识发布会。

18日，湘桥区委常委会召开会议，传达学习习近平总书记同团中央新一届领导班子成员集体谈话时的重要讲话精神和共青团第十九次全国代表大会精神及省委常委会会议、市委常委会会议有关精神，研究全区贯彻落实意见，强调各级共青团组织要深入学习贯彻习近平总书记重要讲话精神，牢牢把握新时代青年工作的主题和方向，加强理想信念教育，抓好面向广大团员和青年的主题教育，最广泛地把广大青年团结起来、组织起来、动员起来，奋力开创湘桥共青团工作新局面。

20日，“聚焦高质量 畅游新湘桥”潮州市湘桥区工业旅游示范点授牌仪式在广东泽洲工艺品有限公司揭开序幕。湘桥区首批工业旅游示范点共

23家。

是日，“强国有我”2023福田青少年潮州文化研学游活动圆满结束。活动为期4天，由30余名深圳市福田区青少年组成的研学营畅游潮州湘桥，深入领略潮州风土人情，感受潮州文化的独特魅力，加深交流、增进了解，深化“湘福相成”人文基础。

21日，湘桥区召开城区厨余垃圾收运处置工作暨创建生活垃圾分类示范小区工作推进会议。

22日，湘桥区召开乡村振兴工作推进会议(套开区“百县千镇万村高质量发展工程”指挥部乡村振兴专班工作会议)，深入贯彻落实习近平总书记关于“三农”工作的重要论述，坚持问题导向，补短板强弱项，全力以赴完成2023年乡村振兴工作任务。

23日，湘桥区召开深化“干部思想作风转变”战役推进会，深入贯彻落实区委七届五次全会关于接续打好“干部思想作风转变”战役的工作部署，明确工作目标和任务，进一步凝聚共识，加快推进各项重点行动重点任务落地见效。

是日，湘桥区委网信办召开会议，传达学习贯彻习近平总书记对网络安全和信息化工作作出的重要指示精神和全国网络安全和信息化工作会议精神，部署全区贯彻落实工作。

是日，湘桥区慈善文化周启动仪式暨湘桥区佛教协会助学金发放仪式在湘桥区兴华学校会堂举行。

24日，湘桥区召开区委书记专题会议，深入学习贯彻党的二十大精神和习近平总书记视察广东重要讲话、重要指示精神，全面落实省委“1310”具体部署，贯彻落实市委十五届六次全会、区委七届六次全会精神，深入分析全区“百千万工程”工作推进情况，研究解决存在问题，部署下一阶段工作。

26日，湘桥区召开经营性住宿场所违规经营整治现场警示会。

28日，湘桥区召开七届区政府第三十次常务会议。会议传达学习习近平总书记对防汛救灾工作的重要指示精神，听取“百千万工程”各专班情况、全区重大事故隐患专项排查整治行动进展情况、食品安全工作情况等汇报，研究部署下一步重点工作。

29日，湘桥区组织收看、收听全市防御台风“苏拉”工作会商部署会并部署相关工作。

是日，湘桥区召开专题会议，分析全区经济社会发展形势，研究部署下一阶段各项重点工作任务。

30日，湘桥区组织收看、收听全省、全市防台风工作研判会议，随后召开会议，研究部署全区防御台风“苏拉”工作。

是日，湘桥区举行“金融助力百千万高质量发展工程”政银村合作签约仪式。

31日，湘桥区委常委会召开会议，传达学习习近平总书记对四川凉山州金阳县山洪灾害作出的重要指示和国务院总理李强批示精神，听取全区三防工作情况汇报，研究部署下一步工作。

是日，湘桥区举行2023年政府民生综合责任保险关爱困难大学新生资助活动，向10名本科新生和15名专科新生发放资助款。

9月

1日，湘桥区组织收看、收听全省、全市防台风电视电话会议，会后召开会议。研究部署全区防御台风“苏拉”工作。

是日，湘桥区召开公共娱乐服务场所管理工作会议，贯彻落实国务院《娱乐场所管理条例》和市、区相关会议精神，进一步规范全区公共娱乐服务场所管理工作。

3日，湘桥区组织收看、收听全省、全市防御台风“海葵”工作研判会。会后召开会议，研究部署全区防御台风“海葵”工作。

4 日，湘桥区组织收看收听全市河湖长制林长制工作会议。

6 日，湘桥区召开全区重点项目建设工作调度会议暨政府投资项目策划生成工作会议。会议听取相关情况汇报，分析重点项目建设形势，安排部署下一步工作，着力推动项目建设提速提质提效。

是日，湘桥区召开“历史遗留问题解决”战役领导小组会议，贯彻落实区委七届五次、六次全会精神。

9 日，湘桥区召开庆祝 2023 年教师节暨“尊师重教”表彰大会，深入学习贯彻落实习近平总书记关于教育的重要论述精神，总结成绩、表彰先进，动员和激励广大教育工作者进一步振奋精神、鼓足干劲，奋力推动湘桥教育事业高质量发展。

是日，中山大学附属第八医院院长沈慧勇率队到湘桥区开展对口帮扶交流活动，并在区党政机关大楼会议厅召开座谈会，就医疗对口帮扶合作相关事项进行交流。

11 日，湘桥区 7 个带农镇（街）设立林业工作站，全部镇（街）加挂林长办牌子，这标志着全市首批镇（街）林业工作站和林长办正式成立。

是日，集非遗潮文化与网络安全知识科普“跨界合作”的第十届湘桥区网络安全宣传周主题活动在中国联通潮州市城区分公司联通新时空大厦举行。

12 日，湘桥区举行“百县千镇万村高质量发展工程发展标兵”比学活动（第五期），10 个责任单位上台比思路办法，比工作实绩，比亮点特色，以比促学，以比促干，进一步营造比学赶超、赛龙夺锦的氛围。

14 日，湘桥区招商引资大会暨潮州市酒类收藏协会第二届全国酒界精英贸易投资交流会在临江酒店举办；潮州市副市长朱丹、市政协副主席伍茸，湘桥区委书记曾俊喜、区长李树南出席活动。

16 日，由潮州市台港澳事务局、潮州海外联谊会指导，湘桥区台港澳事务局、湘桥区海外联谊会、香港潮州市同乡总会、深圳潮青会、韩山师范学院潮学研究院、潮州市陈伟南文化馆等联合举办的“潮语薪火 同心湘传”潮语培训班启动仪式在潮州市陈伟南文化馆举办。

17 日，湘桥区在党政机关会堂举办 2023 年“礼遇好人”与道德模范现场交流会暨“为你朗读”分享大会，播放《崇德善行 德润湘桥》宣传片，表彰“好心商家”“好人”和道德模范。

19 日，湘桥区召开 2024 年度城乡居民医保参保缴费工作会议暨社会保险扩面征缴工作推进会，听取 2023 年度相关情况汇报，分析研判存在问题，部署 2024 年度相关工作。

是日，湘桥区举办 2023 年退役军人暨高校毕业生等青年专场招聘会，以“现场 + 直播”的方式，多渠道为退役军人、未就业随军家属、高校毕业生、乡村振兴志愿者、农民工等重点对象搭建就业求职平台。

是日，湘桥区委常委会召开会议，传达学习中央、省学习贯彻习近平新时代中国特色社会主义思想主题教育第一批总结暨第二批部署会议精神和市学习贯彻习近平新时代中国特色社会主义思想主题教育动员部署会议精神，研究全区贯彻落实意见。

是日，湘桥区学习贯彻习近平新时代中国特色社会主义思想主题教育动员部署会召开。会议深入学习贯彻习近平总书记关于主题教育系列重要讲话和重要指示精神，认真贯彻落实中央和省委、市委关于开展主题教育的部署要求，对全区主题教育工作进行动员部署。

是日，湘桥区消防救援大队举办第四届乡镇专职消防队业务技能比武活动，随后召开颁奖会。

是日，湘桥区“梦回宋城·非遗展示”表演秀预演在天水路（下水门至竹木门路段）举行，潮剧、舞狮、英歌舞、龙凤舞、弦乐、二十四节令鼓……多种非遗表演轮番亮相，以“定点 + 巡游”的形式让市民游客共享非遗盛宴，感受潮州非遗的独特魅力。

20 日，湘桥区七届区委第四轮常规巡察动员部署会召开。会议传达学习习近平总书记关于巡视工作的重要论述精神，巡视巡察工作有关会议精神，部署启动新一轮巡察工作。

是日，湘桥区组织收看收听 2023 年全市领导干部党章党规党纪教育培训班。

是日，湘桥区在官塘镇官塘工业区佛手果文旅生态园正式成立狮头鹅发展协会，进一步完善狮头鹅全产业链布局，推动全区狮头鹅产业高质量发展。

22 日，湘桥区组织收看、收听全省生态环境保护大会暨绿美广东生态建设工作会议。

是日，湘桥区召开七届区政府第三十一次常务会议。会议学习《广东省安全生产条例》和各级关于安全生产的具体措施，听取全区重大事故隐患排查整治进展情况汇报，研究部署中秋、国庆安全防范工作。

23 日，湘桥区举办 2023 年全区领导干部党章党规党纪教育培训班，主要任务是结合开展学习贯彻习近平新时代中国特色社会主义思想主题教育，深入学习贯彻党的二十大精神和习近平总书记视察广东重要讲话、重要指示精神，认真学习领会习近平总书记关于党的建设的重要思想和全面从严治党重要论述精神，教育引导全区党员干部特别是领导干部坚持“两个确立”，做到“两个维护”，把全面从严治党引向深入，为奋力谱写现代化湘桥新篇章提供坚强政治保障。

是日，“大美潮州·活力湘桥”2023 年湘桥区全民健身运动会在潮州市光正实验学校开幕。此次运动会是由政府主导、社会力量支持、人民群众广泛参与的全民健身嘉年华活动，为期 2 个月，分为“庆丰收·促和美”农事运动会、“百千万工程”欢乐运动会、“教育高质量发展”中小学生运动会三大板块共 95 个比赛项目，内容丰富，形式多样，范围广泛。

23 日，湘桥区召开河湖长制林长制工作会议，深入学习贯彻党的二十大精神和习近平生态文明思想，贯彻落实习近平总书记视察广东重要讲话、重要指示精神，认真落实全省、全市河湖长制林长制工作会议精神，听取相关工作情况汇报，总结部署全区治水治林工作，为湘桥高质量发展提供良好的生态支撑。

是日，湘桥区召开“百千万工程”指挥部会议，深入学习贯彻党的二十大精神和习近平总书记视察广东重要讲话、重要指示精神，全面落实省委“1310”（“1”是锚定“走在前列”总目标，“3”是激活改革、开放、创新“三大动力”，“10”是奋力实现“十大新突破”）具体部署，按照市委、区委工作要求，深入分析近期全区“百千万工程”工作推进情况，研究解决存在问题，部署下一阶段工作，推动全区“百千万工程”取得更大成效。

是日，“大美潮州·活力湘桥”2023 年湘桥区全民健身运动会——“庆丰收·促和美”农事运动会开幕仪式在桥东街道社光村文化公园举行。

24 日，湘桥区在意溪中学举办“石榴花开心向党·民族团结一家亲”2023 年潮州市民族团结进步宣传月主题活动。

是日，湘桥区召开 2023 年中秋国庆期间古城管理工作会议，统筹安排古城治安管理、道路交通、安全生产、市场监管、市容环境卫生等方面工作，着力营造安全、规范、有序、和谐的古城文化旅游环境。

是日，湘桥区召开中秋国庆安全生产、消防工作、登革热疫情防控动员部署暨业务培训会议。

26 日，湘桥区召开全区创建国家卫生城市工作推进会，回顾总结创卫工作，研究部署下一阶段主要任务。

27 日，湘桥区领导干部主题教育读书班在区党政机关会堂开班，深入学习贯彻习近平新时代中国特色社会主义思想，示范带动全区上下在学懂、弄通、做实上下功夫，切实用党的创新理论指导湘桥发展实践，进一步筑牢坚持“两个确立”、做到

“两个维护”的思想根基。

28日，湘桥区委常委会召开会议，传达学习习近平总书记关于以学铸魂、以学增智、以学正风、以学促干的重要要求精神，研究全区贯彻落实意见。

是日，湘桥区在牌坊街举行“垃圾不落地 湘桥更美丽”文明实践活动启动仪式。

10 月

2日，“大美潮州·活力湘桥”2023年湘桥区全民健身运动会——“庆丰收·促和美”农事运动会分会场赛事在磷溪镇北堤村开赛。

4日，湘桥区组织收看、收听全省、全市防台风工作部署会。会后召开会议，研究布置全区防御台风“小犬”工作。

是日，“大美潮州·活力湘桥”2023年湘桥区全民健身运动会——“百千万工程”欢乐运动会在意溪中学开启。

5日，2023年“大美潮州·活力湘桥”湘桥区“谢秀华潮绣杯”五人制少年足球比赛顺利完赛，并在阳光国华实验学校大礼堂举行颁奖仪式。

6日，湘桥区召开登革热防控工作会议，传达上级有关会议精神，通报全市、全区登革热疫情形势，部署下阶段防控工作。

7日，韩山师范学院在柯柏年（李春涛）旧居建立课程思政实践教学基地。

8日，最高人民法院、司法部在北京联合召开全国调解工作会议。会议对299个全国模范人民调解委员会、999名模范人民调解员予以通报表扬。湘桥区医疗纠纷人民调解委员会荣获“全国模范人民调解委员会”称号，湘桥区太平街道开元社区人民调解委员会主任朱桂曼荣获“全国模范人民调解员”称号。朱桂曼以广东省受表彰的唯一代表身份到北京领奖。

9日，湘桥区委书记曾俊喜召开经济工作专题会议，听取各镇（街道）经济工作情况汇报，深入分析全区经济发展形势及存在的短板弱项，研究部署下一步工作。

是日，湘桥区“百千万工程”指挥部办公室、区人大常委会财经工委、桥东街道人工委联合在西湖畔的湘桥区法治文化公园举办“湖边听声——讲政策，造声势，助力‘百千万工程’”活动。

12日，广东省级技术评估专家组到湘桥区，通过听取汇报、查阅资料、实地考察等形式，全面评估湘桥区省级健康区创建工作情况。省卫生健康委宣传处四级调研员张德奎出席汇报会并讲话，省卫生健康宣传教育中心指导科科长、主任医师秦祖国主持会议。

13日，湘桥区召开组织工作会议，深入贯彻党的二十大精神和习近平总书记关于党的建设重要思想，认真学习贯彻全国、全省和全市组织工作会议精神，研究部署全区党建和组织工作。

14日，“大美潮州·活力湘桥”2023年湘桥区全民健身运动会凤新街道分会场在区同仁新世纪实验学校开赛，来自各镇街选手近400名。

15日，“大美潮州·活力湘桥”2023年潮州市湘桥区全民健身运动会“村BA”篮球赛在桥东街道下津村文化体育广场开赛。活动为期10天，于25日在磷溪镇仙河体育文化广场进行总决赛，磷溪镇、铁铺镇、桥东街道代表队分获该篮球赛冠亚季军。

16日，湘桥区委召开书记专题会议，认真贯彻落实习近平总书记关于“三农”工作重要论述，贯彻落实全市“百县千镇万村高质量发展工程”工作推进会精神，听取全区农村集体资产监管提质增效行动情况汇报，深入分析存在问题，研究部署下一阶段工作。

18日，湘桥区组织收看、收听潮州市创建国家卫生城市工作会议。

19日，湘桥区举办企业网络与信息安全培训，进一步增强企业网络安全风险防范意识，提升网络与信息安全管理工作水平。

20 日，学习贯彻习近平新时代中国特色社会主义思想主题教育区领导干部读书班开展交流小结。

是日，湘桥区召开七届区政府第三十二次常务会议。会议传达学习国务院办公厅《提升行政执法质量三年行动计划（2023—2025 年）》，研究全区贯彻落实意见，听取近期城镇燃气安全专项排查整治工作进展情况汇报，研究部署下一步重点工作。

21 日，湘桥区在铁铺镇仙岩村举行“大美潮州·活力湘桥”2023 年湘桥区全民健身运动会——“庆丰收·促和美”农事运动会分会场赛事。

22 日，湘桥区 2023 年“文化赋能 乡村振兴”文化走基层群众文化活动在磷溪镇埔涵村举办。

23 日，湘桥区召开全区市场监管领域执法专题会议，总结全区市场监管领域的执法开展情况，研究部署下一阶段工作，着力推动市场监管领域执法工作再上新台阶。

是日，湘桥区在官塘镇召开火灾高风险区域整治工作动员部署会。

24 日，湘桥区召开创建国家卫生城市工作会议，深入学习贯彻党的二十大精神，认真贯彻落实市委、市政府创卫工作部署，盘点总结上阶段创卫工作成效，部署下阶段创卫工作。

25 日，湘桥区召开 2023 年度国家机关“谁执法谁普法”履职报告评议会。

26 日，湘桥区第三次全国土壤普查启动仪式在磷溪镇仙田一村举行，标志着全区第三次全国土壤普查工作正式进入实施阶段。

是日，湘桥区在恒大名都开展“垃圾分类新时尚 绿色生活我践行”活动，全省首个垃圾分类移动科普馆正式亮相。

27 日，湘桥区委常委会召开会议，传达学习习近平总书记对新时代办公厅工作作出的重要指示及全国党委和政府秘书长会议精神和全省党委和政府秘书长会议、全市党委和政府办公室主任会议精神，研究全区贯彻落实意见。

是日，湘桥区召开区委理论学习中心组专题学习会，深入学习贯彻习近平总书记关于安全生产的重要指示批示精神，强调要深刻认识安全生产工作的极端重要性，坚持人民至上、生命至上，以“时时放心不下”的责任感和主动担当作为的精气神，扎实有效做好安全生产工作，全力守护社会大局平安稳定。

是日，潮州市湘桥区储备粮库正式揭牌启用。湘桥区储备粮库按最新国家标准建设，布局合理科学，配备奥氏气体分析仪、移动谷物冷却机、除杂机等机械器材和全套数据化、智能化设备，有效提升储备粮的安全系数，标志着湘桥粮食安全工作步上现代化和智能化的新台阶。

28 日，“大美潮州·活力湘桥”2023 年湘桥区全民健身运动会——“庆丰收 促和美”农事运动会分会场赛事在城西街道北关村开赛。

31 日，湘桥区召开全区重点领域执法专题会议，盘点总结各重点领域执法工作，研究部署下一阶段任务，着力推动全区执法工作再上新台阶。

是日，政协第七届湘桥区委员会召开第十一次常委会会议。会议学习贯彻习近平总书记重要讲话重要指示精神，强调要把习近平新时代中国特色社会主义思想作为引领各项事业发展的旗帜和灵魂，把思想和行动统一到习近平总书记重要讲话精神上来，坚定不移沿着习近平总书记指引的方向奋勇前进，在以学铸魂、以学增智、以学正风、以学促干上见实效。

是月，广东省食品药品安全与高质量发展委员会公布“广东省食品安全示范县”名单，湘桥区光荣上榜，再添“省字号”荣誉。

是月，湘桥区积极推广“食品安全副校长”长效工作机制，在全区 173 所学校（幼儿园）增设聘任“食安副校（园）长”，实现全区校园食品安全专业指导全覆盖。

11 月

2日，湘桥区组织收看、收听市委学习贯彻习近平新时代中国特色社会主义思想主题教育专题党课。

是日，湘桥区举行“百县千镇万村高质量发展工程发展标兵”比学活动（第六期），9个村（社区）依次上台比亮点成效、比经验做法、比发展变化，以比促学提能力，以学促用增实效，进一步激发比学赶超干劲，营造创先争优氛围，全力推动城乡区域协调发展向着高水平和更高质量迈进。

3日，湘桥区召开全区前三季度经济形势分析会议，深入贯彻落实全市经济形势分析会议精神，全面复盘全区前三季度经济发展情况，对全年经济运行工作进行再研判、再调度、再部署，强调要坚决扛好稳定经济增长政治责任，凝心聚力抓好稳经济、稳增长各项工作，全力以赴完成全年目标任务。

是日，湘桥区举办《广东省土地管理条例》专题讲座。区委书记曾俊喜主持会议并讲话。

4日，由潮州市湘桥区创卫办、湘桥区太平街道指导，深源青创中心主办的主题为“共创环保卫生城，共赋美丽新潮州”的“地球减负”公益活动在潮州古城区开展。

6日，湘桥区组织收看、收听全省推进“百县千镇万村高质量发展工程”促进城乡区域协调发展现场会。

8日，湘桥区委网信办组织开展全区2023年网络安全应急演练活动。活动邀请网络安全专家做演练讲座。

9日，湘桥区召开经济工作专题会议，传达学习全省推进“百县千镇万村高质量发展工程”促进城乡区域协调发展现场会会议有关精神，听取各镇（街道）汇报经济工作情况，深入分析全区经济发展形势及存在短板，研究部署下一步工作。

10日，湘桥区委常委会召开会议，传达学习习近平总书记关于“四下基层”的重要批示精神，研究全区贯彻落实意见。

12日，广东省社会主义学院（广东中华文化学院）现场教学基地在湘桥区海外联系基地揭牌设立，港澳青年走进湾区文化交流研修班（总第四期）学员成为基地的首批培训学员。广东省社会主义学院教务处（文化工作处）处长戚志恒；湘桥区委常委、统战部部长、区海联会会长陈榆；广东省新阶联会长黄西勤出席活动并为基地揭牌。

14日，湘桥区召开“百千万工程”乡村振兴专班工作推进会，学习贯彻习近平总书记视察广东重要讲话重要指示精神，落实省委“1310”具体部署和市委十五届五次全会会议精神要求，聚焦实施“百县千镇万村高质量发展工程”的目标要求，学习借鉴浙江“千万工程”经验，对全区乡村振兴工作情况进行全面梳理，总结交流，查找不足，并部署下一步重点工作。

15日，湘桥区“教育高质量发展”中小学生运动会在城西中学正式开赛。

17日，湘桥区召开专题会议，传达学习习近平总书记对山西吕梁市永聚煤矿一办公楼火灾事故作出的重要指示精神，分析研判全区消防安全形势，对下一步重点整治工作进行再部署、再推进。区委书记曾俊喜出席会议并讲话。

18日，湘桥区“教育高质量发展”中小学生运动会顺利完赛。历时近2个月，约2.35万人次参与的“大美潮州·活力湘桥”2023年湘桥区全民健身运动会在城西中学圆满落幕。

19日，以“凝聚咫尺青绿，共建绿美湘桥”为主题的第四届广东省森林文化周（湘桥区分会场）活动在广东紫莲山省级森林公园灵栖谷广场正式启动。

21日，湘桥区召开2023年各民主党派负责人座谈会，深入学习贯彻中共二十大精神和习近平总书记视察广东重要讲话重要指示精神，认真贯彻落实省委“1310”具体部署，听取各民主党派的意见建议。

22日，湘桥区组织收看收听全市安全生产暨森林防灭火工作视频会议，会后召开会议，传达学习习近平总书记重要指示精神以及省委常委会会议、省政府党组会议精神，并部署相关工作。

24日，湘桥区委常委会召开会议，传达学习习近平总书记关于主题教育系列重要讲话重要指示精神和市委常委会会议有关精神，听取全区主题教育工作开展情况汇报，强调要严格对标对表主题教育部署要求，运用“四下基层”工作机制，聚焦“百千万工程”、绿美湘桥生态建设、“三大战役”等中心工作。

是日，湘桥区召开区委理论学习中心组专题学习会，学习贯彻习近平总书记关于全面从严治党、推进自我革命的重要论述。

是日，湘桥区召开七届区政府第三十四次常务会议。会议传达学习习近平总书记对山西吕梁市永聚煤矿一办公楼火灾事故作出的重要指示精神，听取全区重大事故隐患排查整治进展、创建国家卫生城市工作开展、2022年区政府质量工作考核和全区质量强区工作等情况汇报，研究部署下一步重点工作。

27日，湘桥区召开文旅市场综合整治暨文旅高质量发展座谈会，邀请专家学者、行业协会、旅业单位及媒体代表齐聚一堂，谈优势，说短板，话市场，道路径，为全区文旅产业高质量发展“把脉问诊”、凝心聚“智”。

是日，湘桥区召开松材线虫病防控工作专题会议，分析研判全区松材线虫病防治基本情况，进一步明确防控任务目标。

是日，湘桥区在市图书馆二楼学术报告厅举办2023年网络评论与网络舆情专题培训班，邀请南方舆情数据研究院院长戴学东，南方日报理论评论部副主任、南方日报社论主要执笔人丁建庭作专题培训。

28日，湘桥区委常委会召开扩大会议，深入学习贯彻习近平总书记关于调查研究的重要论述精神，交流主题教育调研成果，解剖正反典型案例，着力把调研成果转化为推动湘桥高质量发展的具体思路举措。区委书记曾俊喜主持会议并讲话；区委副书记、区长李树南出席会议并作交流发言；省委第九巡回督导组到会指导。

是日，湘桥区组织收看收听广东省第三生态环境保护督察组督察潮州市动员会。

是日，湘桥区举行办学场所捐赠仪式。区阳光国华实验学校董事长、法人代表黄志鹏代表学校向区城基实验中学捐赠办公楼、教学楼及山后操场、礼堂等价值6000多万元的办学场所，双方现场签署捐赠协议书。

30日，潮州市社会科学界联合会联合中共湘桥区委宣传部在吾江行民宿举办潮州人文大讲堂“牌坊街与潮州文创”活动，邀请文创设计师、非遗传承人、文创IP创始人、潮州文化爱好者等参加，深入挖掘潮州牌坊街的历史文化内涵与当代价值，探讨当代潮州文化的创作及传播路径，助推潮州文化产业高质量发展。

12月

1日，湘桥区在全区开展违法违规用地专项整治“统一行动日”活动，对违法违规用地搭建的建（构）筑物实施强制拆除、复绿整改，进一步盘活土地资源，提高土地利用率，以实际行动守好耕地红线。

是日，湘桥区召开“两违”问题专项整治工作推进会，认真贯彻落实市委、市政府关于“两违”整治工作的部署要求，通报2023年全区“两违”整治情况，对整治工作再动员、再部署、再推进。

是日，湘桥区召开市容环境专项整治工作推进会，深入贯彻落实市委、市政府关于打好打赢创建国家卫生城市攻坚战的工作要求，研究部署下一阶段市容环境整治工作。

2日，湘桥区召开“百县千镇万村高质量发展工程”工作推进会，深入学习贯彻习近平总书记视察广东重要讲话重要指示精神，贯彻落实省委“1310”具体部署，专题研究如何用好“世界美食之都”名片，推动湘桥区美食产业高质量发展。

3日，湘桥区在凤新街道高厝塘村湿地公园举办“为你朗读”分享大会第六季·法治专场活动。活动邀请朗读爱好者诵读法治美文，共话法治文化。

5日，湘桥区召开经济工作专题会议，听取各镇（街道）汇报经济工作情况，深入分析研判全区经济运行形势及存在问题短板，研究部署下一步工作。

6日，湘桥区组织收看收听潮州市2023年“百名法学家百场报告会”暨南粤法治报告会市委理论学习中心组专场。

是日，湘桥区举行第七期“百县千镇万村高质量发展工程发展标兵”比学活动，各镇（街道）紧扣“乡土人才队伍建设”主题，上台晒亮点、展成果、述实绩，以比促学抓提升，以学促用助发展，进一步营造比学赶超的浓厚氛围，着力推动人才工作提质增效，为全区高质量发展蓄势赋能。

7日，湘桥区委常委会召开会议，深入学习贯彻习近平生态文明思想，贯彻落实省委“1310”具体部署以及关于推进绿美广东生态建设工作部署，传达第二轮第二批广东省环境保护督察典型案例通报精神，研究部署相关整改落实工作。

是日，湘桥区在韩山师范学院历史文化学院文献室联合举办“经世致用、笃学资政”“书香政协”学习分享会。潮州市政协党组副书记、副主席佘楚雄，韩山师范学院历史文化学院院长陈海忠，湘桥区政协主席蔡少贤出席活动。

12日，湘桥区召开见义勇为表彰会，总结2023年度全区见义勇为工作情况，表彰授予见义勇为荣誉称号的同志。受表彰的见义勇为者中，蔡小明因勇救落水小女孩于2023年8月18日被决定授予见义勇为荣誉称号；陈秋杰、陈永兴、陈得勇因勇救落水男子于2023年10月9日被决定授予见义勇为荣誉称号。

是日，湘桥区民政局在区婚姻登记服务中心举办“潮爱出发，湘亲相爱”集体婚礼，10对新人参加。

13日，湘桥区委副书记、区长李树南主持召开七届区政府第三十五次常务会议。会议传达学习《中共中央办公厅 国务院办公厅关于进一步加强矿山安全生产工作的意见》和全国、全省安全生产电视电话会议精神，听取全区安全生产、第二轮第二批省生态环境保护督察典型案例整改、招商引资等工作情况汇报，研究部署下一步重点工作。

是日，湘桥区召开全区冬春火灾防控工作推进会。

14日，韩山师范学院与湘桥区教育局签订共建韩山师范学院附属实验小学合作协议，决定将湘桥区桥东中心小学和社光小学共建成韩山师范学院附属实验小学。

是日，由潮州市法学会、湘桥区法学会、区工商联联合举办的湘桥区第五期“以法兴企”文化沙龙活动在广东金源光能股份有限公司举行。

是日，湘桥区政协举行凤新街道政协委员联络室揭牌仪式。湘桥区所有镇（街）均已设立政协委员联络室，2023年12月底前全部挂牌并正式启用。

16日，湘桥区举行潮州府丁氏考试会馆复建落成揭幕仪式。“丁氏考试会馆”的复建历时5年，总投资约300万元。馆内设置“青衿之志行入世·履践致远显担当”主题展览。

18日，湘桥区召开重点交通建设项目征地拆迁工作会，听取各项工作情况进展汇报，协调解决推进过程中存在的问题，对下一阶段重点工作进行再研究、再部署。

18日至21日，湘桥区以学校为单位开展全区体育教师体能测试，组织全区330余名教师参加。测试按年龄段划分为4个小组，有FMS、BMI、力量、心肺耐力等4个项目，邀请省级专家团队担任测试官，对参试体育教师的测试动作进行现场指导，帮助参试教师全面认识、充分展示自身的体育水平，并从专业角度给出测试结果。区纪委驻教育局纪检组对测试进行全程监督。

19日，湘桥区举办新修订的《行政复议法》专题培训会，邀请市司法局党组成员、副局长刘泽鹏作专题培训。

是日，湘桥区政府与江苏德克玛电气有限公司、广东金元新能源有限公司举行洽谈会。

20日，湘桥区举行2023年“百名法学家百场报告会”暨南粤法治报告会区委理论学习中心组专场学习会。

是日，湘桥区召开平安湘桥建设工作会议，深入学习贯彻习近平总书记关于平安建设的重要论述和视察广东重要讲话重要指示精神，落实省委“1310”具体部署和全省、全市平安建设工作会议要求，对推动建设更高水平的平安湘桥进行部署。

是日，湘桥区召开“百千万工程”重点工作推进会，深入学习贯彻习近平总书记视察广东重要讲话重要指示精神，落实省委“1310”具体部署，研究部署农村集体资产监管提质增效行动、环保督察问题整改、冬种生产、重点水利项目建设等重点工作。

是日，由潮州海外联谊会指导，湘桥区委统战部、区海外联谊会主办的“冬至情暖 潮心团圆”活动在“美丽侨村”湘桥区桥东街道社光村举办。

22日，湘桥区委理论学习中心组召开专题学习会。学习会坚持以习近平新时代中国特色社会主义思想为指引，深入学习贯彻习近平文化思想，认真落实全国、全省和全市宣传思想文化工作会议精神。

是日，湘桥区召开中长期青年发展规划实施工作联席会议第三次全体会议，传达学习贯彻习近平总书记关于青年工作的重要思想、习近平总书记在同团中央新一届领导班子集体谈话时的重要讲话精神以及中长期青年发展规划实施工作部际联席会议第五次全体会议精神，总结全区青年发展规划落实情况，研究部署下一阶段工作。

23日，潮州市湘桥区散打搏击协会成立暨第一届武动潮州擂台展演在镇海楼前举行。

25日，湘桥区工会第六次代表大会在区党政机关会堂召开。

26日，湘桥区举行“百千万乡土人才工程”区级乡土人才颁证仪式，表彰一批在实施“百千万乡土人才工程”中涌现出的先进典型，为676名区级乡土人才颁证，在全区营造爱才尊才重才氛围，推动广大乡土人才在“百千万工程”中建功立业。

是日，湘桥区召开全区落实省生态环境保护督察典型案例（水污染问题突出）整改工作推进会。

27日，湘桥区委常委会召开会议，传达习近平总书记对低温雨雪冰冻灾害防范应对工作的重要指示精神，研究部署下一步工作。

是日，湘桥区组织收看收听全市生态环境保护大会暨绿美潮州生态建设工作会议。

是日，湘桥区召开七届区政府第36次常务会议。会议传达学习习近平总书记关于党风廉政建设和反腐败工作的重要讲话重要指示精神，听取全区“百千万工程”、绿美湘桥生态建设、营商环境工作开展情况等汇报，研究部署下一步工作。

28日，湘桥区宣传思想文化工作会议暨全区网络安全和信息化工作会议召开。

是日，湘桥区政协常委会召开会议，学习习近平总书记在《求是》杂志上发表的重要文章《推进生态文明建设需要处理好几个重大关系》，听取“一府一委两院”和公安湘桥分局的年度工作情况通报。

是日，湘桥区“扫黄打非”办联合潮州市律师

▲ 潮州湘桥韩江金山大桥市级湿地公园 （林文强　摄）

协会举办全区 2023 年“扫黄打非”暨版权保护工作培训班。活动邀请潮州市律师协会教育宣传文体委员会副主任、广东退之律师事务所律师黄泳杰做专题讲座。

29 日，湘桥区法学会召开第二次会员代表大会。

是日，湘桥区司法局举办“行政复议开放日”活动，邀请部分人大代表、政协委员、行政机关干部、企业代表和群众代表等参加。

31 日，湘桥区在意溪镇举办“悦享森林迎新年 登高望远展未来”——迎新徒步登高活动，近 330 名干部群众参与。区委、区人大常委会、区政府、区政协领导班子部分成员参加活动。

（湘桥年鉴编辑部）

中共潮州市湘桥区委员会

综　述

【区委机构概况】 2023年，中共湘桥区委工作部门共9个：区纪律检查委员会监察委员会机关、区委办公室（区政府办公室）、区委组织部、区委宣传部、区委统一战线工作部、区委政法委员会、区委机构编制委员会办公室、区直属机关工作委员会、区委巡察工作领导小组办公室。群团机关工作部门共10个：区总工会、共青团湘桥区委员会、区妇女联合会、区工商业联合会、区科学技术协会、区文学艺术界联合会、区归国华侨联合会、区残疾人联合会、中国国际商会潮州湘桥商会、区计划生育协会。

（区委编办）

【中共湘桥区委七届五次全会召开】 2023年1月16日，中国共产党潮州市湘桥区第七届委员会第五次全体会议在湘桥区党政机关会堂召开。

会议以习近平新时代中国特色社会主义思想为指导，全面贯彻党的二十大精神，深入贯彻习近平总书记视察广东视察潮州重要讲话重要指示精神，贯彻落实省委十三届二次全会、省委经济工作会议、市委十五届五次全会精神，认真总结2022年工作，研究部署2023年工作，号召全区上下守正创新、团结奋斗，加快高质量发展步伐，奋力开创湘桥现代化建设新局面。区委书记曾俊喜代表区委常委会向全会作工作报告，区委副书记、区长李树南就经济工作作专题讲话。

会议审议区委常委会2022年政治要件贯彻落实情况和党建工作情况的书面报告，审议通过《中共潮州市湘桥区委关于深入学习贯彻党的二十大精神加快推进高质量发展奋力谱写现代化湘桥新篇章的决定》《中共潮州市湘桥区委关于贯彻落实〈中共广东省委关于实施“百县千镇万村高质量发展工程”促进城乡区域协调发展的决定〉的实施方案》《中共潮州市湘桥区委关于贯彻落实〈中共广东省委关于深入推进绿美广东生态建设的决定〉的实施意见》和《中国共产党潮州市湘桥区第七届委员会第五次全体会议决议》。

【湘桥区学习贯彻习近平新时代中国特色社会主义思想主题教育动员部署会】 2023年9月19日，湘桥区学习贯彻习近平新时代中国特色社会主义思想主题教育动员部署会召开。会议深入学习贯彻习近平总书记关于主题教育系列重要讲话重要指示精神，认真贯彻落实中央和省委、市委关于开展主题教育的部署要求，对全区主题教育工作作动员部署。

会议指出，在全党深入开展学习贯彻习近平新时代中国特色社会主义思想主题教育，是党中央作出的重大决策，是贯彻落实党的二十大精神的重大举措，是深入推进新时代党的建设新的伟大工程的重大部署。湘桥区要深入学习领会习近平总书记关于主题教育系列重要讲话重要指示精神，按照总书记、党中央决策部署和省委、市委的工作要求，高标准高质量开展好主题教育，奋力谱写现代化湘桥新篇章。

会议强调，要深刻领会开展主题教育的重大意义，增强责任感和使命感。要深刻认识开展主题教育是思想建党、理论强党的重大举措，教育引导全区广大党员干部从思想上正本清源、固本培元,深刻领悟“两个确立”的决定性意义,不断增强“四个意识”,坚定“四个自信”,做到“两个维护”。要深刻认识开展主题教育是自我革命、全面从严治党的内在要求，教育引导全区各级党组织和广大党员干部突出问题导向，增强纪律意识和规矩意识，巩固发展风清气正的良好政治生态。要深刻认识开展主题教育是践行宗旨、为民造福的生动实践，教育引导广大党员干部将深入学习贯彻习近平新时代中国特色社会主义思想与开展调查研究有机结合、一体推进,以“十四个坚持”为根本遵循推动工作。要深刻认识开展主题教育是深化改革、扩大开放的强大动力，教育引导全区广大党员干部担当作为、守正创新、真抓实干,服务好全区发展大局,奋力开创湘桥现代化建设新局面。

要牢牢把握主题教育的总要求，认真抓好各项任务落实。要坚持不懈用习近平新时代中国特色社会主义思想凝心铸魂，系统掌握党的创新理论。要把检视整改贯穿于主题教育全过程，推动全区党员干部对标党风要求找差距、对标党性要求查根源、对标党纪要求明举措，铸牢对党忠诚的政治品质。要大兴调查研究之风，立足于解决经济社会发展和党的建设中存在的各种矛盾问题、防范化解重大风险。要以强化理论学习推动改革发展，把落实党的二十大部署、省委“1310”具体部署和市委深化“一大引领、三大战役、六大提升”工作安排同打造更加繁荣美丽的中心城区工作目标结合起来，整体统筹谋划，一体推动落实，助推高质量发展走向深入。

要切实加强对主题教育的组织领导，确保主题教育取得实效。要压实领导责任，区四套班子领导干部要发挥模范带头作用，各级各单位主要负责同志要履行第一责任人职责，各基层党组织书记要当好主题教育“明白人”，落实落细主题教育各项工作。要强化督促指导，坚持以群众满不满意作为根本评判标准，全面抓实各级各单位主题教育。要务求实效，力戒形式主义，把工作重心放在改进措施、推进工作、解决问题上。要强化正面宣传，引领广大干部群众统一思想、团结一致，推动主题教育扎实有效开展。

会议要求，要提高政治站位推动落实，抓牢学习贯彻习近平新时代中国特色社会主义思想这一主题主线和根本任务，确保主题教育始终沿着正确方向推进。要紧盯根本任务推动落实，把握总目标、总方向、总要求，以行之有效的制度机制力促主题教育走深走实。要注重成果转化推动落实，把主题教育同贯彻落实党中央决策部署结合起来，同推进“百千万工程”、绿美湘桥生态建设、打好“三大战役”提升仗、推进“六大重点攻坚”等中心工作结合起来，以推动高质量发展、提高人民生活品质的新成效检验主题教育成果。

【中共湘桥区委七届六次全会召开】 2023年7月24日，中国共产党潮州市湘桥区第七届委员会第六次全体会议召开。会议以习近平新时代中国特色社会主义思想为指导,深入学习贯彻党的二十大精神和习近平总书记视察广东重要讲话、重要指示精神,贯彻落实省委十三届三次全会、市委十五届六次全会精神,进一步深化新时代新征程湘桥现代化建设的工作部署,带领全区上下以高质量发展为牵引,牢记嘱托、感恩奋进,打造更加繁荣美丽的中心城区,奋力谱写现代化湘桥新篇章。区委书记曾俊喜代表区委常委会作报告。

会议审议通过《中共潮州市湘桥区委关于落实〈中共广东省委

关于深入学习贯彻习近平总书记重要讲话重要指示精神奋力在推进中国式现代化建设中走在前列的决定〉的意见》和《中国共产党潮州市湘桥区第七届委员会第六次全体会议决议》。

【湘桥区委农村工作会议暨全面推进“百县千镇万村高质量发展工程”促进城乡区域协调发展动员大会】 2023年4月7日，湘桥区委农村工作会议暨全面推进“百县千镇万村高质量发展工程”促进城乡区域协调发展动员大会召开。会议深入贯彻党的二十大精神，认真落实中央农村工作会议精神，贯彻落实省委、市委农村工作会议暨全面推进“百县千镇万村高质量发展工程”促进城乡区域协调发展动员大会精神，部署推进全区“三农”工作和“百千万工程”，着力推动全区农业农村现代化和城乡区域发展跃上新水平，加快高质量发展步伐。

会议强调，全区上下要牢固树立“再造一个新湘桥”的坚定决心，深刻认识抓好“三农”工作和“百千万工程”的重大意义，切实把思想和行动统一到习近平总书记、党中央决策部署和省委、市委工作安排上来，认清差距、正视问题，借力深圳市福田区对口帮扶协作，以十二分精神努力推动“三农”工作和“百千万工程”落地落实。

要把解决好“三农”工作作为重中之重，以乡村振兴战略为抓手推进农业农村现代化。要全力抓好粮食生产，严格抓好耕地保护，持续开展乱占耕地建房等问题整治，抓紧抓实春耕备耕，完成年度高标准农田改造提升任务，实现粮食产量稳中有升；要深入推进“千企帮千镇、万企兴万村”行动，支持农民开办农家乐、乡村民宿等创业创收项目，开展村级集体经济“消薄攻坚”行动，切实推动农民增收致富；要做大做强农业产业，持续推进现代农业产业园和“一村一品”项目扩容提质，打造特色农业产业示范基地，打响“粤字号”农产品品牌，要持续提升山边、水边、路边、镇村边、景区边“五边”绿化美化品质，深入开展宅旁、村旁、路旁、水旁“四旁”植绿活动，重点抓好农村厕所、垃圾、污水“三大革命”，加强农房管控和乡村风貌提升，办好一村一民俗文化节，拓展新时代文明实践所（站）建设，打造潮味和美乡村。

要抓重点攻难点，突出产业富区、打造特色强镇、促进城乡融合。要加快特色产业集聚发展，加快“工改工”“村改”项目，促进飞天燕片区瓷泥产业转型升级，突出各镇（街）优势资源，推动特色化差异化发展，深入实施绿美湘桥生态建设“六大行动”，推动“百千万工程”各项工作任务落地落实；要全面强化要素保障，做好科技创新、教育医疗、乡村振兴、非遗工美等6大重点领域人才“引育用留”文章，科学推进划留用地高效利用和农村闲散土地整理，深化涉农资金统筹整合改革，引导更多资金注入区域发展和强镇兴村；要形成全员攻坚态势，发挥好各镇（街）书记“一线施工队长”、各村（社区）书记“领头雁”作用，形成指挥有力、上下贯通、协同推进的工作格局，完善常态化督促检查和定期评估机制，强化正向激励，推行“斩尾行动”，形成竞标争先、你追我赶的良好氛围。

【湘桥区委人才工作会议】 2023年3月30日，湘桥区委人才工作会议召开，深入学习贯彻党的二十大精神和全国两会精神，认真学习领会习近平总书记关于人才工作的重要论述，全面落实党中央决策部署和省委、市委工作要求，研究部署湘桥人才工作。

会议强调，要坚持高点站位，准确把握人才工作的重大意义，清醒认识全区人才工作短板，认真总结，大胆探索，力争打造更多亮点和品牌，推动全区人才工作出新、出彩。

要锚定高质量发展首要任务，深入推进“6+7+8+20”（“6”即推进教育强基、医疗提质、科技创新、产业转型、文化兴盛、乡村振兴等六大领域人才行动；“7”即破解教师队伍结构不合理、医疗卫生专业人才短缺、电商产业缺乏专业人才、产业转型缺少高技能人才、非遗工美人才后继乏人、文化旅游人才匮缺、乡村振兴人才支撑不足等制约发展的七大问题；“8”即加快建设教育人才、医疗卫生人才、科技创新人才、产业转型人才、高技能人才、非遗工美人才、文旅人才、乡村振兴人才等八支与湘桥发展要求相适应的高素质人才队伍；“20”即细化20项人才工作举措)人才强区战略，推进“六大领域”人才行动，加快构建具有湘桥特色和区域竞争力的人才制度优势，全面提升人才发展水平。要加大“引才”力度，建立“上门引才”“组团引才”常态化机制，借助“潮人故里”城市影响力，畅通在外人才联系服务家乡渠道，鼓励乡贤积极投身家乡现代化建设；要厚植“育才”沃土，制订各领域青年人才培训规划，打通人才多元历练发展渠道，深化企业和专业院校合作，以“订单式”定向培养一批专业人才；要完善“用才”机制，加快建立以创新价值、能力、贡献为导向的人才评价体系，优化调整医疗、教育领域岗位设置，畅通职称评聘岗位晋升通道；要营造“留才”环境，加快推进区乡村振兴人才驿站新址建设，设立区人才服务专区，构建人才服务网络，打造“湘遇·湘约”系列服务品牌，着力解决好住房安居、配偶就业、子女教育等现实问题，为广大人才营造安心、舒心的工作环境。

要坚持党管人才原则，旗帜鲜明地把人才工作作为“头号工程”来抓，拧紧责任链条，强化资金保障，加强宣传引导，及时研究解决重点、难点问题，全面强化人才保障机制建设。

【党建引领】 2023年，湘桥区旗帜鲜明讲政治，闭环落实政治要件33项。将太平街道19个社区撤并为9个，完成社区党群服务中心落地任务13个。指导成立“两新”党支部11个，2个基层党组织获评省先进社会组织。铁铺镇大坑村被定为中组部红色村组织振兴试点单位，桥东街道社光村经验入选中组部先进典型案例。创新建立村干部差异化绩效评价办法，优化调整村级干部12名。常态化推进干部能上能下，探索开展领导干部履职不力问题专项整治。出台“6+7+ 8+20”人才政策体系，制订人才工作纲领性文件3份和专项人才引育方案6个，叠加出台人才服务政策和细则23项。引进紧缺人才640名，新建博士工作站2个。区廉政教育馆建成启用。

【“三大战役”深入推进】 2023年，湘桥区高质量举办青年干部培训班、深圳“产业提升与文旅发展”专题班等10个主体班次，集中优质资源点训干部939人次。常态化推进干部能上能下，探索开展领导干部履职不力问题专项整治。梳理2023年度5个方面15个“一批”共38项历史遗留问题，办理历史征地项目“欠账”留用地15个批次，其中5个已取得批复，项目总面积约8.6公顷。桥东街道社光村“三线”整治经验获市委主要领导批示肯定，并在全市推广。推动瀛洲公司与国有（集体）企业达成合作事项，投入4000万元支持重点工作；指导瀛洲公司对43处国有资产实施并购，通过统一经营盘活闲置房产物业82处。

【督查督办强化】 2023年，湘桥区委督查室抓细抓实全区重点工作、“六大重点攻坚”等工作任务的推进，实行台账式管理、项目化推进，持续跟踪督查，按月调度推进，全年持续跟进办理督查事项303项,其中办理市委书记交办事项19项，市长批示事项121项，市委市政府领导重点关注事项10项，区委区政府督查事项9项；办理市十件民生实事（涉辖区事项）具体工作18项、区十件民生实事具体工作21项；收到省政府电子督查系统转办件18件、网友留言投诉12件，办复率为100%。围绕农村人居环境整治、土地上片整治、松材线虫防治、机关作风建设等中心工作，采取“四不两直”的方式扎实开展督查督办，有效推动区委区政府各项工作部署落实落地，全年深入一线开展各类督查活动200余次，发出督办通知9份，编制督查刊报34期。扎实做好人大、政协议案办理工作，全年办理市级人大建议、政协提案56件。

【保密工作】 2023年，中共潮州市湘桥区委保密委员会办公室（潮州市湘桥区国家保密局）持续深化保密宣传教育，进古城开展“筑牢保密防线 维护金融安全 护航经济高质量发展”、进幼儿园开展“播撒保密种子 守护家国之安”为主题的系列活动，通过现场解读保密法，发放宣传资料，播放宣传片，大力开展群众性宣传教育。注重加强机关、单位的保密意识常识教育，组织全区机关、单位参加“保密教育线上培训”，全区有1000多人参加考学活动；组织观看保密警示教育片《镜鉴》，全区40多个单位近2000人观看；举办“党办学堂——保密知识应知应会培训班”，全区文秘工作负责人、保密员、新录用公务员等200多人参加培训；举办“湘桥区保密员岗位业务培训班”，60多名保密员参加培训考试。保密宣教和培训活动得到“今日头条、南方+、羊城晚报、潮州新闻网网站、潮州日报”等各大主流媒体平台的关注，报道11则。推选的湘桥区3件“中小学保密教育优秀课例”分别被广东省国家保密局、广东省教育厅评选为三等奖2件、优秀奖1件；湘桥区国家保密局被国家保密局金城出版社评为“2023年度保密宣传教育通联工作优秀协作单位”。

（区党政办）

2023年湘桥区委常委任职情况

书　　记：曾俊喜

副 书 记：李树南　邱灿华　王超（6月起任）

常　　委：曾俊喜　李树南　邱灿华　王超（6月起任）
陈　榆　林梅锋　陈惠永　赵春山　洪挺官　陈锐生　黄文海（任至9月）
章诞武（任至3月）　苏史葵（11月起任）　刘可然（7月起任）

（区委组织部）

组织工作

【干部管理】 2023年，湘桥区干部1268人，其中女性干部621人，少数民族干部7人；中共党员1064人，非中共人员204人；30岁以下266人，31岁至35岁327人，36岁至40岁213人，41岁至45岁116人，46岁至50岁148人，51岁至55岁125人，56岁以上73人；研究生以上34人，占比为2.7%，本科1121人，占比为88.4%，大专110人，占比为8.7%，中专3人，占比为0.2%。

2023年湘桥区国家公务员年龄结构情况表

总计	35岁及以下	比例（%）	36—45岁	比例（%）	46—55岁	比例（%）
1268人	593人	46.8%	329人	25.9%	273人	21.5%

【干部人才队伍建设】 2023年，中共潮州市湘桥区委组织部（以下简称区委组织部）坚持分析研判，完成全覆盖干部队伍调研和区市场监管系统专项调研，深入

分析研判领导班子和干部队伍情况，为区委干部选配提供依据，精准科学选用干部。坚持基层导向，选派24名熟悉农业农村、规划建设、财务等专业干部充实基层力量，配齐配强镇（街）领导班子。坚持源头储备，增配2名党外正职和2名30岁以下镇（街）领导班子成员，交流1名机关干部到事业单位任职，逐步完善干部队伍结构。坚持激发活力，提拔晋升优秀干部127人次，交流轮岗57人次，充分调动干部干事创业积极性。

【干部培训创新方式】 2023年，区委组织部全方位提升干部能力素质。探索“驻·聘联通”工作模式，选派141名年轻干部驻企服务，摄制宣传短视频141条，在服务企业过程中学习企业管理模式，相关经验做法受到中国组织人事报推广报道；着眼提升干部推动高质量发展能力，举办青年干部培训班、深圳“产业提升与文旅发展”专题班等10个主体班次，点训干部939人次。累计选派84名优秀干部参与创文创卫、征地拆迁、招商引资等一线中心项目，激发干事创业的实干与担当。

【党建工作】 2023年，区委组织部紧扣“高质量党建推动高质量发展”主题主线，聚焦农村、城市、机关、两新等七大领域，以强化政治领导力、优化基层组织体系、完善制度建设、建强村级干部队伍、提升党群服务质效等方面为着力点，切实打好新一轮基层党建三年行动计划收官仗。全年全区有党总支80个，党支部1009个，党委54个，党组32个；党员23349人，发展党员196人。截至2023年底，累计成立非公企业党支部99个，新社会组织党支部35个，均实现党的组织和工作100%全覆盖。

优化基层组织架构 完成古城社区撤并工作，将太平街道所辖的19个社区调整至9个；探索对宜园、万绿等2个常住人口超万人的社区进行分拆；完成韩东社区、万华社区设立及“两委”干部选举工作；推动年度13个社区党群服务中心“一揽子”落地，全覆盖完成村（社区）党群服务中心清牌2000多块，移动牌子500多块。

提升区域共建质效 进一步完善“联席议事、调度指挥”等制度机制，组织机关党员干部常态化参与牌坊街商圈党群志愿服务，全年参与超3000人次，累计解决实际问题近万件；探索“党建引领、校地共建”新模式，创新举办“店长培育行动”“古城公益讲解”等志愿服务品牌，助力古城文旅高质量发展；凝聚共建单位和“双报到”力量，常态开展“周末去哪儿”“暖心下午茶”“四点半课堂”等特色项目，让群众在家门口就能享受到特色优质服务，其中启明星社工中心和弘德寻失志愿者联合会获评“广东省先进社会组织”。

全面推进乡村振兴 开展农村集体资产监管提质增效行动，累计审查清理合同超1.3万份，追回被侵占土地约61.13公顷、被拖欠租金或承包款约5000万元；聚焦村级集体经济消薄攻坚，推进12个壮大村级集体经济项目落地，收益达40余万元；对标软弱涣散农村党组织9方面内容，推动2个软弱涣散村党组织整顿达标出列；推动党群服务中心创国卫评比活动，开展“最优点位”和“最差点位”评比10期。

【人才工作】 2023年，区委人才工作领导小组突出聚才引才，强化人才支撑。大力实施人才强区战略，抓好人才引育用留各项工作，为湘桥高质量发展打下坚实人才基础。

压实党管人才工作责任 区委组织部牵头制定“6+7+8+20”人才政策体系，出台湘桥区新时代人才强区战略、党管人才和高青人才服务等3份纲领性文件，叠加出台涵盖高青人才安家生活、子女教育、医疗保健等方面的23项服务政策和服务细则，制定6个重点领域人才培育专项方案，构建有效管用的人才培养、使用、激励机制。制定《2023年湘桥区人才工作任务清单》《关于建立“月报告+季通

报”人才工作进展情况制度的通知》，细化22项人才目标和工作任务，压实人才工作责任。

坚持引育并举汇聚英才 湘桥区“组团式”走出去引才，赴知名高校开展招才引智活动5场次；向企事业单位借智借力，引导693家企事业单位用活用足人才政策，协调组织开展招聘活动14场次，全区引进急需紧缺人才640名。全区新建2个博士工作站，全职引进博士2名、博士后2名，柔性引进博士6名；依托乡村振兴人才驿站，开展人才活动96场次，服务人才5359人次。实施“潮”籍青年人才回引工程，建立“潮籍”青年人才长期联系机制，将2806名大学生纳入联系服务范围，汇聚推动家乡发展的人才动力。

激发乡土人才内生动力 湘桥区实施“百千万乡土人才工程”，召开11场专题座谈会研讨推进乡土人才队伍建设，专班走访9个镇（街）指导摸查乡村工匠、湘桥老农等10类乡土人才，打造9个示范村（居），建立村（社区）、镇（街道）、区三级乡土人才信息库，对入库人才配套落实涵盖工业、科技、就业、创业、农业、文旅等领域的57项资金扶持政策。建立村（社区）、镇（街道）、区三级乡土人才库，入库人才10618人。举办“乡土人才”专题组织比学及网络投票等赛事和活动，举行“百千万乡土人才工程”区级乡土人才颁证仪式，表彰先进典型，营造爱才、尊才、重才的良好氛围。

构建开放包容人才生态 湘桥区全面抓好“韩江人才计划”和湘桥区“23项”人才服务落地落实，发放技能补贴304.58万元；强化宣传推介，在全区对外服务窗口放置人才服务宣传小册子、播放城市引才宣传片；建立高层次和青年人才入职仪式制度，举办入职仪式欢迎22名新引进青年人才，发放生活补贴、安家补贴和人才礼包，增强人才的荣誉感、责任感和使命感；制定23项人才服务指南，兑现人才服务承诺，落实80名高层次人才和青年人才子女顺利入读湘桥区辖属学校，156名人才在湘桥区享受“智慧停车”免单服务；打造“湘遇·湘约”系列服务品牌，举办大型嘉年华活动，营造拴新留人的良好环境。

【基层组织建设】 2023年，湘桥区全领域提升党的组织建设。坚持分层次分领域推进基层党建全面提质，全面推进市、区、镇（街）、两新组织开展党建结对共建，选派128名机关优秀青年党员担任党建指导员，聘请新经济组织、新社会组织、新就业群体担任经济顾问25名，文旅推荐官10名，助推启明星社工中心和弘德寻失志愿者联合会获评“广东省先进社会组织”；以“单建”“联建”方式，提高物业企业党建覆盖；进一步规范机关党建工作，举办机关党务工作培训班，覆盖全区330个机关事业单位党组织开展常态化党务工作检查，完成20个区直单位党（总）支部委员会届中补选缺额委员。深化党建引领基层治理。推进“斩尾攻坚”，动态调度15项重要指标，调整60岁以上村干部5名，储备干部476名，提升学历113名；围绕高质量党建推动高质量发展，创新推出“百千万工程发展标兵”比学活动，以“一月度一期、一季度一轮”滚动组织区、镇、村参加比学活动，累计开展7场次；创新村（社区）党组织书记和村两委干部差异化绩效评价，全面激发农村干部干事创业精气神；坚持示范引领，推动大坑村入选中组部红色村创建单位；聚焦4种类型选取10个试点社区开展社区分类治理，择优打造标杆；稳步推进医教领域“四优学校”（领导班子优、教师队伍优、党员队伍优、教学质量好的学校）“四好医院”（班子建设好、队伍打造好、医德医风好、医疗质量好的医院）创建工作。

【党员教育管理】

推动主题教育走深走实 2023年，区委组织部聚焦“关键少数”，清列区领导同志主题教育5个方面工作清单，举办读

书班，示范带动各级书记上党课1347场、集中学习5271次；印发2个区级专项整治工作方案，召开全区主题教育整治整改工作会议，部署“9+2+2”专项整治工作，组织14个牵头责任单位认领重点任务74项，形成问题清单落实整改；落实区领导开展检视问题整改24项并全部整改销号；指导基层党组织和党员开展对照检视查摆，各级党组织检视剖析查摆问题1164个，制定整改措施1281个。

推动党员教育提质增效　2023年，区委组织部把学习习近平新时代中国特色社会主义思想纳入党校主体班教学培训“第一课”，覆盖各领域基层党组织开展党的二十大精神“四个一”（书记上一次党课、开展一次主题党日活动、写一次学习心得体会、开展一次专题学习讨论）学习活动，举办各级各类培训班260场次，累计轮训基层党员16146人次，组织各级党组织书记开展上党课527场次。紧抓基层党组织理论学习，覆盖981个党支部开展集中学习5271场次，开展“送学上门”109场次，向流动党员推送学习材料、“主题教育有声书”45期；组织102个单位（内设股室）开展“五好”（作风好、学习好、执行好、服务好、成效好）模范机关创建工作，营造比学赶超、赛龙夺锦的氛围。

深入一线调研解题　2023年，区委组织部围绕乡村振兴、古城治理、医教系统及“两新”领域党建等主题开展现场调研231场次，提出针对性措施134项，推动32项成果有效转化，固化长效机制12项。开展建言献策活动578场，收集群众诉求和建议757条。

（区委组织部）

老干部工作

【老干部重要活动】　2023年5月1日，湘桥区“弘扬红色文化振兴乡村产业”主题活动在意溪镇锡美村举办，以红色文化赋能乡村振兴，推动党史学习教育和乡村振兴帮扶工作走深走实。

8月27日，潮州市湘桥区关工委讲师团成立并举行讲师受聘仪式，市、区关工委领导和22名讲师团成员参加。

【关工委工作】　2023年，湘桥区新增4个党史国史学习教育基地，筹集30万元资金修缮“罗爱民旧居”。至2023年底，全区有党史、国史学习教育基地6个，全年接待青少年学生及党团组织384批，参观人数3382人。加强农村创业青年的技能培训，进一步发挥农村优秀人才的骨干引领作用，带动广大农村青年投身乡村振兴。其中，罗佳贤团队参加第二届国际潮州菜烹饪大赛获特金奖第6名。11月，区关工委主任陈建宏被评为全省关心下一代“最美五老”。

（区委老干局）

宣传工作

【重要决策事项】　2023年，中共潮州市湘桥区委宣传部（以下简称区委宣传部）制定印发《2023年潮州市湘桥区宣传思想工作要点》，对湘桥区2023年宣传思想工作进行安排部署。深入宣传党的二十大作出的战略部署，宣传好全区各镇（街）各部门创造性贯彻落实的有效举措；贯彻落实党的二十大对宣传思想领域的部署要求，引导广大干部群众紧密联系实际，把党的二十大精神贯穿到工作的全过程各个方面，体现在实际行动和扎实成效上。1月，召开全区宣传思想工作会议。12月，召开全区宣传思想文化工作会议。

【党委（党组）中心组学习】2023年，区委宣传部坚持把学习宣传贯彻党的二十大精神作为全区的首要政治任务和一切工作的重心，深入实施习近平新时代中国特色社会主义思想传播工程，持续用党的创新理论武装头脑、指导实践、推动工作。区委理论学习中心组充分发挥领学、带学作用，印发《理论学习参考》5期，组织专题学习13场次，引领全区各级党委（党组）理论学习中心组扎实开展专题学习。印发《2023年区委理论学习中心组专题学习计划》《2023年区委理论学习中心组主题教育专题学习计划》《2023年全区各级党委（党组）理论学习中心组专题学习重要内容安排》，制定《关于进一步提高党委（党组）理论学习中心组学习质量的实施方案》，开展各镇（街）学习情况通报，不断推动理论武装工作走深走实。

【网络安全管理工作】2023年，湘桥区召开七届区委网信委第二次会议，印发各类相关文件、工作方案，压实网信工作责任，形成部门联动工作合力，全力守护网络安全底线。切实开展各类网络生态治理专项行动，及时做好网上情况的研判和处置，维护湘桥网络空间清朗。印发《网络安全风险通报》12则，印发关于加强网络安全保障工作的相关通知6份，全力保障各重要节点、重大活动全区网络安全平稳可控，全区未发生重大网络安全事件。举办第十届湘桥区网络安全宣传周、网络中国节等活动；积极发挥新媒体平台的传播优势，充分利用“湘桥发布”“文明湘桥”等政务新媒体及湘桥区人民政府网站等平台，做好网络正面宣传，加强网络安全主题宣传，普及网络安全知识；配合上级做好媒体拍摄、网络直播等工作，多形式、广维度宣传湘桥新形象。加强对自媒体从业人员的培训管理和互联网企业党建工作引领，选树的广东智信信息科技股份有限公司党支部被评选为广东省互联网企业“三强三好”党建工作示范点。

【新时代文明实践中心建设】2023年，区委宣传部全力做好新时代文明实践中心建设全覆盖工作，实现100%覆盖。开展“诵读经典”“家风家训”“文化走基层”“我们的节日”“垃圾不落地 湘桥更美丽”“我在新时代文明实践中心过节日”等文明实践系列活动，培育社会文明风尚。设立“新时代文明实践集中活动日”，开展相关活动1800多场次。其中“我们的节日·重阳”等文明实践活动受到人民网、新华网等央媒宣传报道。举行“礼遇好人”与道德模范现场交流会，举办“好人长廊”巡展3场次，邀请道德模范参与“我为创文代言”短视频宣传活动，制作推出视频3条。全年推荐获评省

▲ 湘桥区2023年“礼遇好人”与道德模范现场交流会（区委宣传部　供）

级道德模范奖提名1名、“潮州好人”17人、“广东好人”3人、“中国好人”1人，数量和级别双双实现新突破；推选并获评市“文明家庭”4户、省“书香家庭”1户、“全国最美家庭”1户；选树20名“湘桥好少年”，推荐并获评“新时代好少年”省、市级各2名。举办2023年“星级文明户”现场交流会，表彰四、五星级文明户178户。湘桥区创评工作作为广东省唯一一个县级单位入选第四批全国“文明乡风建设”典型案例。探索文明积分管理制调动村民参与乡村治理和文明实践活动的积极性。截至12月底，全区有2个市级和9个区级试点村。开展创文系列宣传，推出推文11篇。全年有1个单位获评“市文明示范单位”、2个镇获评“市文明示范镇”、3所学校获评“市文明示范校园”、4个村获评“市文明示范村”，四项创建位列全市各县区首位。举办“弘扬雷锋精神·展现志愿风采”全民志愿服务月启动仪式，创建湘桥区学雷锋便民服务集市，营造人人学雷锋的良好社会氛围。全年推荐并获评“潮州市最美志愿服务组织”1个、“潮州市最美志愿服务社区”2个、“潮州市最美志愿者”3名、“潮州市最佳志愿服务项目”3个、“广东省学雷锋活动示范点”1个、“广东省学雷锋岗位标兵”1个、“广东省最美志愿服务社区”2个，吴植桐获评“省最美志愿者”并被推选参评“全国最美志愿者”。

【媒体宣传矩阵构建】 2023年，区委宣传部着力开展全国两会、省高质量发展大会、基层党建基层治理、第23个全民国防教育日、第十届潮州市湘桥区网络安全宣传周主题活动、百千万工程、乡村振兴、文化强区建设、非遗传承等宣传报道，发挥新媒体平台的传播优势，充分利用“湘桥发布”“文明湘桥”等政务新媒体及湘桥区人民政府网站等平台，推出相关推文逾3600篇，为加快建设更加繁荣美丽的中心城区，奋力谱写现代化湘桥新篇章贡献宣传力量。举办“遇见湘桥·寻访高质量发展”——2023年媒体采风活动，于电视、报刊、新媒体等平台推出《在潮州古城寻访湘桥高质量发展》等相关报道作品50余篇，累计总传播量破千万。坚持跳出湘桥宣传湘桥，加强与上级主要媒体联系，2023年湘桥区亮相央视《新闻联播》《焦点访谈》《非遗里的中国》《文脉春秋》《宗师列传·唐宋八大家》等黄金栏目14次，人民日报、新华社、南方日报、潮州日报、潮州电视台等上级媒体所属平台发布涉湘桥区相关报道近1700篇。其中，在人民日报客户端、学习强国客户端等上级媒体推出《2.35万人次参与！湘桥区全民健身运动会展现体育魅力》《庆丰收！田头变赛场、农活变竞技，首届“湘”村农事运动会鸣锣开赛》等报道，展示了2023年湘桥区全民健身运动会的无限魅力；在新华网推出的《国庆假期近70万人游览古城！在湘桥，他们以奉献诠释爱国之情》《在湘桥区西新街道，79岁的他默默义扫巷道18年》等报道，单篇阅读量均突破200万；南方日报推出《湘桥区委书记曾俊喜：“一马当先”打造特色精品城市中心城区》《潮州湘桥盘活资源探索乡村治理新模式“三治”互融走稳基层善治之路》《古城旅游的获与惑》《古城“后花园”都市“慢生活”》等专版，传播湘桥好声音，展示湘桥新形象。

【理论宣讲】 2023年，区委宣传部持续做好“五老红色讲台”“客栈茶舍微讲堂”经验的推广，全面延伸理论宣讲触角，全年开展各类宣讲活动160多场次。组织拍摄学习贯彻习近平新时代中国特色社会主义思想宣讲微视频4期，其中《用乡音讲“活”潮州廉洁文化》获评2023年广东省优秀理论宣讲微视频。

（区委宣传部）

统战工作

【民主协商建设】 2023年，中共潮州市湘桥区委统战部（以下简称区委统战部）巩固中国共产党领导的多党合作和政治协商制度。召开2023年区各民主党派负责人座谈会，听取各民主党派的意见建议；召开全区各民主党派、无党派人士和党外知识分子、新的社会阶层人士“凝心铸魂强根基、团结奋进新征程”主题教育动员会，强化各民主党派和无党派人士、党外知识分子代表人士的思想政治引领，广泛凝聚各民主党派的思想共识和要素资源，形成推动发展的强大合力，不断提高履职能力。推进各民主党派参政议政和民主监督。全区5个民主党派在省、市、区各级两会上，提交提案、建议51件（其中：民革11件，民盟14件，民建9件，民进13件，致公党4件），协商民主全面发展。鼓励支持民主党派开展调研活动，牵头以党派联合大调研和各自调研相结合的方式开展“大调研”活动。围绕湘桥区政治、经济、文化等热点、难点问题，深入开展年度专题调研，高质量完成专题调研课题5个，编制《潮州市湘桥区2023年度民主党派专题调研报告汇编》，为区委区政府提供决策参考。

【民主党派建设】 2023年，区委统战部指导辖区各民主党派坚持以习近平新时代中国特色社会主义思想为指导，组织深入学习贯彻党的二十大精神等理论学习60场次。扎实开展“凝心铸魂强根基、团结奋进新征程”主题教育，组织开展“重温红色记忆激发奋进力量”红色教育活动、参加纪念中共中央发布“五一口号”75周年征文活动、参观非遗陈列馆等一系列缅怀先烈、重温历史、感悟初心的活动31场次，强化各民主党派思想政治引领，夯实共同思想政治基础，形成推动发展的强大合力。引领推动区各民主党派开展创文创卫、爱心走访慰问、访贫问苦、助医助教、公益讲座等公益活动128场次,树立良好的社会形象。支持民主党派加强自身建设，选优配齐区民革机关专职干部1名，协助区民建增补总支委员1名，进一步提升履职能力。严标准、高质量发展党派新成员5名。

【社会服务】 2023年，区委统战部开展“立足岗位作贡献”“学习身边榜样”活动，组织广大党员干部参观“好人长廊”，引导广大党员干部学习“好人”精神，冲锋在前、发挥作用。全年

▲2023年1月21日，央视“听乡音过大年”新春贺年拍摄活动在潮州古城牌坊街载阳茶馆举办 （区委统战部 供）

发动统战干部近1000人次参与创文创卫、防范台风和防控登革热等志愿活动近65场次，涵养为民情怀，以更高的理想信念服务湘桥高质量发展大局。

【民营经济服务支持】 2023年，区委统战部扎实推进“五洲引商”，开展“百场对接”，助力潮州“大统战大招商”行动。深化“书记侨领面对面”“区长潮商面对面”座谈交流机制，有效发挥侨乡纽带作用。先后赴新加坡、香港、澳门、广州等地开展招商引资活动，与香港政协委员、同乡会会长等港澳同胞就进一步深化湘港、湘澳两地文旅融合发展、侨捐项目等社会事业合作开展座谈交流，拜访潮州河北、湖南、江西商会和珠海潮州商会等，深入交流“潮”文化，介绍湘桥区营商环境，加强与意向商会、企业的跟踪对接，洽谈合作项目。全年开展侨领潮商座谈交流30场次，“走出去”“请进来”活动近30场，走访潮侨潮商代表40余次。实施“百强企业”行动。在所属商会中建立统战工作联络员制度，增强商会的政治属性和统战功能，畅通服务企业通道，促进非公有制经济“两个健康”（促进非公有制经济健康发展和非公有制经济人士健康成长。组织民营企业家参加广东省民营企业家共同推动高质量发展誓师大会，参与“擂战鼓、搭平台、大招商”潮州工商界助推潮州高质量发展行动大会，助力举办全区高质量发展大会暨招商引资项目签约仪式，邀请刘艺良等6位侨领担任湘桥区经济顾问。深化镇（街）商会建设。7月，成立湘桥区青年企业家联合会，凝聚青年企业家人才，搭建青年企业家学习、交流、合作与发展的平台，号召全区青年企业家继承和发扬潮商精神，做大做强做优企业，促进湘桥区经济社会高质量发展。全年新增14家规上企业加入工商联，在工商联、镇（街）商会、青企联的规上企业共107家。

【新的社会阶层人士联合会】 2023年，湘桥区新阶联坚持以学习贯彻习近平新时代中国特色社会主义思想为主线，组织新阶人士开展“凝心铸魂强根基 团结奋进新征程”主题教育活动，引导新的社会阶层人士心怀“国之大者”、责之重者，提升代表人士向心力，把思想政治引领融入学习教育、联谊交友活动之中，增强新阶层人士的政治共识。聘请全国人大代表许泽荣等10位经济、文化、法律界领军人物担任新阶联顾问，吸收发展新会员46名，壮大发展新阶联队伍。至2023年末，湘桥区新阶联有会员137人。畅通政治参与渠道，成立参政议政工作委员会，全年提交提案或建议11件，强化新阶人士投身高质量发展的使命担当。落实轮值会长制度，开展会员单位走访交流活动，加强新阶人士之间的沟通互动。推动“银协”合作，为新的社会阶层人士与金融机构搭建合作交流平台，助力会员单位发展。发挥“府学旧地”新的社会阶层人士实践创新基地带动作用，开展“府学旧地文创集市暨五一青年潮玩艺术节”活动、“湘遇湘约·乐在古城”六月嘉年华活动。发挥非遗人才荟萃优势，组织会员参与“企业发展 有法相伴”法律主题沙龙、“潮心湘印听乡音 同心筑梦共奋进”非遗贺年活动等特色主题活动15场次。发挥新阶联志愿服务队作用，开展“护眼助学，新阶同行”走进官塘镇石湖小学公益募捐、“少年急救官生命教育科学艺术展”公益展品捐赠仪式暨校园普法讲座等公益活动，为推动社会文明进步发挥“新”作用，彰显社会价值。

【统战工作品牌】

同心主题教育　2023年，区委统战部围绕学习贯彻习近平新时代中国特色社会主义思想主题教育“学思想、强党性、重实践、建新功”总要求，深入推进南粤党员铸魂工程、先锋工程、提质工程，举办“起而学之，共筑同心”系列培训班、统战系统“同心讲堂”20多场次，切实打好统战系统“干部思想作风转变”战役。

“潮心‘湘’印”工作品牌　2023年，区委统战部举办“潮心‘湘’印听乡音，同心筑梦共奋进”新春贺年、“潮心‘湘’印汇侨力‘湘’聚故里同筑梦”——马来西亚潮州寻根之旅暨中马文化、“情暖冬至 潮心团圆”等活动近20场次，开展“湘聚故里·同根筑梦”研学活动近10期，启动“潮语薪火　同心湘传”潮语培训班，在各家媒体发布新闻稿件近300篇，以讲好湘桥统战故事为抓手，广聚侨心侨力，加强海外侨胞对家乡的归属感与文化认同感，进一步打造中华优秀传统文化展示窗口和世界潮人寻根地，做好新时代“侨”的文章。

大统战工作格局　2023年，区委统战部推动镇（街）完善成立党（工）委统战工作领导小组，完成统战委员配备，推动全区各镇（街）、有关村（居）挂牌“统一战线工作室（站）”、侨联工作室，在全市率先实现镇（街）“统一战线工作室”全覆盖。

“书记侨领面对面”“区长潮商面对面”座谈交流机制　2023年，区委统战部大力开展“大统战大招商”行动，宣传推介湘桥营商环境。开展侨领潮商座谈交流30场次，“走出去”“请进来”活动近30场，走访潮侨潮商代表40余次，有效引导侨资侨智助力新时代侨乡高质量发展。

“为善才会好”公益慈善活动　2023年，区委统战部举办“崇德扬善 福泽四海”2023年慈善文化周启动仪式暨湘桥区佛教协会助学金发放仪式，为200名困难家庭准大学生、优秀在校大学生发放爱心助学金60万元。褒奖潮人善行义举，授予特别贡献奖1个、典范奖1个、金奖7个、银奖10个、铜奖23个，大力弘扬潮人慈善文化。

（区委统战部）

侨务工作

【海外侨胞情况】 2023年底，湘桥区有海外侨胞约60万人，主要分布在东南亚国家。1970年后，移居美国和加拿大、澳大利亚等国家的侨胞逐渐增加；还有少数散居于英国、法国、奥地利、挪威、丹麦、荷兰、德国和瑞士等欧洲国家，从业覆盖经济、政治、文化多个领域。

【为侨服务】 2023年，潮州市湘桥区侨务局（以下简称区侨务局）认真做好困难归侨侨眷帮扶工作，在元旦、春节期间，筹集资金及物资12500元，走访慰问困难归侨19户、困难侨眷11户。做实法律服务平台，全年为归侨、侨眷、华侨提供免费涉侨法律咨询15人次；做强政务平台，及时受理并答复涉侨电话来访和现访17人次，办理侨眷确认2人次。全年新增侨捐项目9项，折合人民币83.25万元。

【海外联谊基地】 2023年，区侨务局倾力打造总面积约1000平方米的“潮”文化外宣窗口——潮州市湘桥区海外联谊基地，推出“潮心‘湘’印 谊联四海”非遗作品展，展示展品近300件，为海内外潮人、潮青综合展示传承千古潮风遗韵。全年接待海内外潮商侨领近2000人次。

【“美丽侨村”建设】 2023年，区侨务局动员社会力量参与“美丽侨村”建设，助力“百千万工程”。潮州市新阶联联合湘桥区新阶联为石湖小学捐赠价值5万元教学设备，广东狮子会韩江服务队为辖区塘边华侨学校、美堤小学捐赠教学设备折合资金约

22万元，助力侨村教育发展。在“6·30”扶贫活动中，通过区慈善总会定向拨付社光村等“美丽侨村”帮扶资金共20.75万元。广大潮商侨领全年累计为辖区“美丽侨村”建设捐赠款物超50万元，进一步完善“美丽侨村”软硬件配套设施。

（区侨务局）

台港澳工作

【港澳工作】 2023年，潮州市湘桥区台港澳事务局（以下简称区台港澳事务局）画好“同心圆”，广泛凝聚人心、汇聚力量。

开展“潮心‘湘’印”品牌系列活动　2023年新春佳节，在潮州古城载阳茶馆举办“潮心“湘”印听乡音 同心筑梦共奋进”新春贺年活动。湘桥区领导与潮州市港澳人士联谊会等在潮港澳同胞相聚一堂，品茶艺、赏节目、送祝福，共同叙乡情、话乡谊、谈发展，感受“家己人”的关心与祝福，慰藉在外游子们的思乡情愫，活动视频《听乡音过大年》在中央电视台上播放。

加强与潮属社团交流合作　2023年，湘桥区深化“潮商区长面对面”机制，坚持“走出去”“请进来”，与多个潮属社团、商会建立联系。区领导多次带队赴香港等地开展招商引资活动，出席澳门潮州同乡会、香港潮州市同乡总会会董就职典礼，介绍湘桥营商环境，助力新时代湘桥经济高质量发展。

擦亮“湘聚故里·同根筑梦”研学品牌　2023年，湘桥区举办湘聚故里·同根筑梦”研学活动3期，吸引在潮港澳青少年和潮州各界青少年近150人次参加，感受家乡文化的独特魅力，更加深入了解潮州、融入潮州，增长见识、增进友谊，加强对家乡的归属感与文化认同感。活动在南方+、广州日报、深圳市潮州商会、“湘桥发布”“潮州统战”等多家媒体和公众号上进行报道，受到港澳学生家长及社会各界高度好评。

【对台工作】 2023年，区台港澳事务局通过走访等形式，加强与台商台胞的联系，主动做好台商台胞服务工作，切实帮助解决台商台胞遇到的困难和问题。

深化潮台交流联谊　2023年春节前夕，区台港澳事务局到意溪镇、官塘镇和凤泉湖高新区开展走访慰问台胞台商活动，为困难台胞送去节日慰问金和慰问品，送上区委区政府的温暖关怀和新春祝福；走访湘桥区台资企业并开展各项惠台政策措施宣传，听取企业发展状况及意见建议，为台资企业发展排忧解难。积极协调相关部门，帮助滞留潮州多年的困难台胞补办一次性台胞证并顺利返回台湾安享晚年。

开展经贸文化交流活动　2023年12月27日，区委常委、统战部部长带队赴汕头市潮南区开展对台经贸文化交流活动，深入学习宣传贯彻党的二十大精神和党中央对台工作决策部署，学习借鉴兄弟县区台务工作先进理念和成功经验，进一步推动湘潮两地台企交流合作，促进潮台经贸文化交流融合发展。

（区台港澳事务局）

民族宗教工作

【少数民族概况】 湘桥区是潮州市少数民族工作重点地区之一。截至2023年12月底，城市少数民族户籍人口1473人，主要为畲族、壮族、苗族、土家族；外来定居人口4740人，主要为苗族、壮族、土家族、回族、彝族。畲族是我区唯一的世居少数民族，户籍人口558人，其中分布于湘桥区意溪镇古庵雷厝山村、荆山村、桂坑村3个畲族聚居村的畲族户籍人口数210人。

【民族团结进步示范阵地】 2023年，潮州市湘桥区民族和宗教事务局（以下简称区民宗局）构建多样化示范阵地格局，以奎元社区、开元社区、意溪中学和松林古寺4个单位为重点，深化打造民族团结进步示范阵地，创建示范窗口，形成示范社区（奎元社区、开元社区）、示范寺庙（松林古寺）、示范学校（意溪中学）的多层次多样化示范点新格局，进一步探索民族团结进步湘桥新模式。强化打造开元社区“民族团结进步主题街”和“民族团结广场”；奎元社区制作“民族团结进步”户外宣传栏墙，为各族群众交往、交流、交融提供多个平台，营造“民族团结一家亲，同心共筑中国梦”的良好社区氛围。

【民族团结进步主题活动】 2023年，区民宗局在意溪中学、开元社区分别开展民族团结进步宣传月主题活动，通过发放宣传画册、举办健康讲座、民族主题展览、民族团结政策法规宣传等活动，进一步巩固和发展辖区民族团结创建工作；在意溪镇荆山村开展“乡贤晒佳木，万木竞芬芳”植树造林活动，展示全区统一战线积极参与生态文明建设的精神风貌；在松林古寺邀请各族信众参加迎中秋庆国庆茶话会、民族文艺汇演、诗书雅集等文化活动，以文化为纽带加强交流学习。

【民族管理服务】 2023年，区民宗局依程序为辖区少数民族大学生申报助学资金3人次11万元，帮助来潮工作生活的少数民族同胞7名子女解决转学和入学问题，创造各族同胞共居、共学、共事、共乐的社会条件和交流交往交融的良好氛围。

【少数民族聚居村服务】

加快少数民族聚居村基础设施建设 2023年，区民宗局因势利导把意溪镇桂坑和荆山两个

▲ 湘桥区参加广东省第七届少数民族传统体育运动会取得了1金、2银、10铜的参赛最好成绩　（区委统战部　供）

畲族聚居村列入辖区“社会主义新农村建设项目”，通过不断加大畲族聚居村基础设施建设和卫生环境整治，进一步改善少数民族同胞的生产生活条件。

加强对畲族民族文化的挖掘保护和开发利用　2023年，区民宗局引导辖区畲族群众加强与省内外其他畲族聚居村的联谊和交流，支持畲族聚居村开展“五谷母节”、雷氏祭祖节等特色传统节日活动；接待浙江省畲歌创作采风团到湘桥区畲族村采风调研，交流畲族文化传承情况；组织召开湘桥区参加广东省第七届少数民族传统体育运动会总结表彰会，对参赛运动员和教练员进行表彰，推动辖区民族团结进步和民族体育事业高质量发展。

开展民族领域大调研大走访　2023年，区民宗局组成调研组到意溪镇桂坑村、荆山村、雷厝山村等地开展实地考察走访，围绕“和美畲乡”总体发展规划开展调研活动，对接意溪镇三个畲族乡村开展对口帮扶。全年组织调研督导5场次，配合上级开展调研督查2场次。

强化少数民族同胞服务　2023年，区民宗局帮助少数民族同胞解决生活和工作上的急难愁盼问题。春节前夕，区委常委、统战部部长带队到意溪镇古庵村走访慰问畲族同胞，为12位年满60周岁的畲族同胞送上爱心大米、食用油、碗面、慰问金和新春祝福。

【宗教法规政策宣传】 2023年，湘桥区举办宗教活动场所规范化管理培训班，区民宗局局长、市委统战部民宗一科科长分别就《宗教活动场所管理办法》以及宗教活动场所规范化管理有关问题向各镇（街）统战委员、区佛教协会领导班子、区委统战部民宗工作干部和全区宗教活动场所负责人等做专题授课。在“府学旧地文创集市暨五一青年潮玩艺术节”期间，开展民族宗教政策法规宣传；到桥东街道社光村开展“大力弘扬宪法精神，建设社会主义法治文化”普法宣传活动，向群众发放民族宗教普法宣传册。组织辖区民宗干部及场所负责人到南园收看收听省宗教场所财务培训视频会，学习《宗教活动场所管理办法》《宗教活动场所财务管理办法》。全年组织并指导区佛教协会举办各类专题学习培训班、组织宗教界人士及民宗干部参与培训班8场次，参加培训班的宗教教职人员和工作人员超300人次，进一步加强对宗教事务的管理，提升宗教工作法治化水平。

【宗教领域管理】

宗教“四进”工作　2023年，区民宗局深化宗教“四进”（国旗、宪法和法律法规、社会主义核心价值观、中华优秀传统文化进宗教活动场所）宣传教育氛围，突出宗教“四进”创新宣传，引导区佛教协会培育社会主义核心价值观，指导区佛协在市区人民广场文化长廊举办爱党爱国爱教文化作品展暨佛教文化交流展示活动，展出“四进”文化作品和书画作品90余幅，展示省级非物质文化遗产佛教音乐（潮州禅和板）佛曲佛乐作品。

强化宗教活动场所规范化管理　2023年，区民宗局着力解决宗教界历史遗留问题，完成圆通讲寺和延福庵登记设立工作，解决区佛协佛教产问题，完成古竺庵、延福庵、观音堂3个场所住持更换备案及古竺庵、观音堂负责人变更审批工作。开展宗教活动场所和民间信仰场所安全管理排查整治，全年累计巡查宗教活动场所、民间信仰活动场所381处次，派出巡查人员443人次。全面从严治教，指导宗教团体加强自身建设，建设高素质领导班子，健全规章制度，提升管理效能，切实加强自我教育、自我管理、自我约束，解决影响宗教健康传承的突出问题。督促各宗教活动场所进一步建立健全内部管理制度，加强宗教人才培养，提升宗教修为，依法依规开展宗教活动，有效促进寺务管理规范化。

宗教领域调研走访　2023年，区民宗局配合省民族宗教委、省人大华侨和民族宗教委、市人大常委会等上级部门开展宗教工作专题调研，推动中央和省、市关于宗教工作的决策部署在基层落地落实。区委常委、统战部部长带队到深圳市、珠海市、汕头市等地开展宗教活动场所规范化管理考察调研工作，交流宗教中国化工作和宗教场所规范化管理等方面的做法和经验。联合区文旅体局到青龙古庙开展座谈和实地调研，就如何拓展非遗活态传承空间，推动非物质文化遗产有机融入青龙古庙，让非遗和旅游深度融合进行交流探讨。

【宗教社会支持】　2023年，区民宗局引导宗教界服务社会，积极提供社会支持。指导区佛协和潮州王伉传统文化研究会开展慈善慰问活动。举办慈善文化周启动仪式暨湘桥区佛教协会助学金发放仪式；春节、中秋、中元节期间向全区精准脱贫户、残疾人、环卫工人、困难归侨侨眷、困难台胞等发放爱心慰问物资约1.3万份；区佛协向200多名贫困大学生发放助学金60余万元；王伉传统文化研究会捐资163万元，支持湘桥区Y111（北龙线）农村公路修缮提升项目、捐资143万元支持北美路整治提升项目，助力乡村振兴。

（区民宗局）

机构编制工作

【编制管理】　2023年，中共潮州市湘桥区委机构编制委员会办公室（以下简称区委编办）严格落实机构编制实名制系统管理，严把用编进人关口，全年全区各单位办理列编手续655人次，其中新聘用机关、事业人员177名，区外调入87名，区内调动391名；办理减编手续656人次，其中退休181名，死亡6名，辞职辞退39名，调出区外43名，区内调动387名。

【编办重要会议】　2023年1月12日，区委机构编制委员会召开第一次会议。会议审议增设镇（街）综合行政执法办公室领导职数，将“区委农村工作办公室”更名为“区委农村工作领导小组办公室”，核增桥东街道东湖、韩东社区居委会社区工作者控制数等事项。

2月28日，区委机构编制委员会召开第二次会议。会议审议区退役军人服务中心加挂牌子及增加相应职能，区审计局大数据审计中心更名和调整职责，区农业农村局下属事业单位调整设立，区城乡居民养老保险服务中心调整为区医疗保障事业管理中心，调整区社保局机构编制等事项。

6月8日，区委机构编制委员会召开第三次会议。会议审议修订区委巡察办“三定”规定，调整区财政局、区委政法委、区总工会机构编制有关事项，重新核定南春中学等58所设立党组织学校的领导职数，增加区“百县千镇万村高质量发展工程”指挥部办公室机构编制，建立区高层次和急需紧缺人才编制周转池管理工作机制，建立区机构编制监督管理协调工作机制等事项。

9月13日，区委机构编制委员会召开第四次会议。会议审议区带农街道、镇林业工作机构设置事项。

12月15日，区委机构编制委员会召开第五次会议。会议审议调整区卫生健康局职能，提高区疾病防控中心规格，组建统一战线事务服务中心，设立区消防事务中心，将“潮州市湘桥区虹桥职业技术学校”更名为“潮州市湘桥区职业技术学校”，调整区事业单位登记管理局有关机构编制、明确区人才管理办公室领导职数等事项。

【事业单位登记管理】 2023年，区委编办优化事业单位登记管理，多措并举提升公益服务水平。做好赋码登记工作，督促未及时办理设立、变更、注销的单位限时完成统一社会信用代码赋码和事业单位法人登记工作；依托事业单位登记管理系统，对材料规范齐全的单位即时办结。全年办理事业单位设立12宗、变更60宗、注销14宗，遗失声明7宗，拟注销16宗，事业单位法人证书到期换领新证5宗；办理机关群团变更登记20宗、到期续领新证1宗。年度报告工作如期完成，全区年度报告完成率达100%。同时，推进事业单位章程备案，促进事业单位规范运行和高质量发展。

【机构改革】 2023年，区委编办开展事业单位改革工作。聚焦“小散弱”问题导向，探索“不为所有，但为所用”的机构编制管理模式，整合区宗教团体事务服务中心、区妇女儿童活动中心，增加青少年活动中心职能，组建区统一战线事务服务中心，实现人事和财务集中管理，释放更多人才资源服务具体业务工作，促进全区各项事业发展。

疾控体制改革 2023年1月，在区卫生健康局加挂“湘桥区疾病预防控制局”牌子；12月底，区疾病预防控制中心加挂“湘桥区卫生监督所”牌子，机构规格由正股级调整为副科级。将区慢性病防治站承担的结核病、精神病、麻风病、皮肤病、性病等慢性病的防控监测等职能划入区疾病预防控制中心（区卫生监督所），明确区疾病预防控制中心职责。根据《中共广东省委办公厅印发〈关于加强广东省公立医院党的建设工作的实施意见〉的通知》精神，增加公立医院党组织领导职数，分别在区人民医院、区中医医院、区妇幼保健院各增配院级党组织书记领导职数1名（副科级）。

镇（街）体制改革 区委编办调整优化辖区带农街道、镇林业工作机构设置，推行林业工作站建设，将在城西街道、凤新街道和桥东街道等带农街道的公共服务中心加挂牌子的农业服务中心更名为“农业林业服务中心”；在意溪镇、磷溪镇、官塘镇和铁铺镇等镇的农业农村服务中心加挂“林业工作站”牌子；同步优化林业方面的职责，推进绿美湘桥生态建设，助力乡村振兴，织密上下贯通、执行有力的基层组织体系。深入推进和完善镇（街道）综合行政执法体制机制。增强基层执法机构和领导人员力量，增设各街道的综合行政执法办公室（综合行政执法队）副主任（副队长）1名（正股级）；增设各镇综合行政执法办公室（综合行政执法队）副主任（副队长）1名（正股级），下设一中队、二中队（正股级），每个中队各设中队长1名，副中队长1名（一中队、二中队中队长由综合行政执法办公室副主任兼任）。

新一轮机构改革奠基 2023年，区委编办开展事权改革、深化机构改革、完善“百县千镇万村高质量发展工程”管理体制机制、深化扩权赋能镇（街）体制改革和深化行政执法体制改革等专题调研7场次，全面掌握辖区体制机制情况，摸清机构设置运行存在的问题，为制定科学合理的改革方案打好基础。

【编制实名制系统审批服务】 2023年，区委编办简化、细化机构编制实名制系统审批服务，探索“互联网＋机构编制”管理新模式，推进机构编制业务“网上办”，细化网上审批环节，明确网上审批链条。制定实施《关于简化机构编制实名制管理有关业务办理程序的实施意见》（以下简称《意见》），按照“能网则网”“能减则减”“能办即办”的工作原则，通过“网上办”“规范办”“马上办”等系列举措，实现“零跑腿”办理、“不见面”审批，为湘桥区高质量发展的人才需求提供机构编制服务保障。《意见》实施后，全区有177个单位申请使用编制274名。

【编办工作制度】 2023年，区委编办对照新时代机构编制工作的新要求，配套完善《湘桥区新设立（调整）机构定期报告制度》《湘桥区机构编制监督管理协调工作机制》《湘桥区区级部门职责分工沟通协商工作机制》《湘桥区机构编制动态管理制度》《湘桥区机构编制核查工作制度》《湘桥区机构编制执行情况和使用效益评估制度》等六大工作制度，宣传机构编制工作程序、严明机构编制纪律、构建监督合力，促进机构编制管理法定化、规范化、精细化。

【编制周转池】 2023年，区委编办建池引才，提供人才支撑。创新机构编制管理机制，加大编制资源统筹调配力度，根据行业和人才类别分别建立区直单位、教育领域、卫生系统等3个“高层次和急需紧缺人才编制周转池”，全年统筹调配80名编制充实其中，畅通人才引进渠道，满足全区事业单位(参公事业单位除外)的业务发展需要，破解因编制满员而无法引进高层次和急需紧缺人才的难题，为湘桥高质量发展提供机构编制保障。

（区委编办）

区委党校工作

【党校概况】 2023年，中共潮州市湘桥区委员会党校（以下简称区委党校）坚持以习近平新时代中国特色社会主义思想为指导，坚守“为党育才、为党献策”的党校初心，贯彻落实省委“1310”具体部署以及市委“一大引领、三大战役、六大提升”工作安排，突出主责主业主课，不断强化自身建设，推动新时代党校事业高质量发展，为区委发展大局贡献党校力量。

【干部培训】 2023年，区委党校结合区委区政府中心工作，坚持“小精特新”办学思路，围绕科级领导干部培训班、青年干部培训班、专业能力提升班3个综合类重点班次举办培训班14场，培训学员1687人次。

完善课程体系　区委党校坚持构建具有党校办学特色、满足培训需要的课程体系，把学习贯彻习近平新时代中国特色社会主义思想摆在干部教育培训最突出的位置，强化党的理论教育和党性教育，保持党校“红色基因”，提升党性教育效果。

转变培训方式　区委党校以有特色研学线路、有情境教学基地、有本土教学课程、有实地专业讲解“四个有”标准打造党性教育、乡村振兴、红色教育主题6类优质主题现场教学点35个，盘活辖区资源，开展沉浸式现场教育。紧抓深圳对口帮扶的契机将湘桥产业提升和文旅发展专题班搬到改革开放前沿阵地，出色完成各期培训班的现场教学及异地培训工作，提升现场教学质效。

优化培训班次　区委党校专题定制思想作风建设、经济发展与招商引资、“百千万工程”“绿美湘桥”、文旅融合与城市管理五大板块能力提升班，进行“领导大讲堂”“专家大讲堂”“案例式教学”“访谈式教学”“现场教学”“专题研讨”“读书分享会”等培训设计，最大限度发挥办学力量，科学统筹安排培训，优化培训班次，确保党员干部教育培训的覆盖面。

2023年湘桥区委党校办班情况统计表

培训班名称	培训对象	人数	培训起止时间	学制
2023年度湘桥区镇（街）党校业务指导培训班	镇（街）党校教务长、业务骨干、师资成员	41	2023年4月19日—22日	4天
全国村党组织书记和村委会主任视频培训班	村党组织书记	120	2023年4月24日—28日上午	4天半
湘桥区科级干部学习贯彻党的二十大精神专题研讨班	科级干部	460	2023年5月15日—19日，5月22日—26日（分两期）	5天
2023年湘桥区入党积极分子、发展对象培训班	积极分子、发展对象	286	2023年6月7日—9日	3天
党建引领基层治理培训班	行政村（社区）党组织书记，镇（街）和部分区直单位涉及各培训课程的分管领导或业务骨干	307	2023年6月3日—7月1日	1个月
“活力湘桥我来讲”2023年湘桥区选调生短视频培训班	2019—2022年新招录的选调生	31	2023年6月13日—6月15日、7月4日（结业）	3天
湘桥区青年干部培训班	尚未参加历年青年干部培训班培训的各单位推荐副科后备干部	66	2023年8月7日—9月8日	5周
湘桥区文旅融合与城市管理专题培训班	1.区委宣传部、区住建局、区文旅体局、区自然资源局、区市场监管局、区城管执法局、区侨联分管领导和相关股室负责人各1名； 2.镇（街）分管领导和相关业务负责人各1名； 3.2022年8月后新提拔的副科干部	66	2023年8月7日—11日	5天
湘桥区“绿美湘桥”专题培训班	1.区水务局、区农业农村局、区自然资源局、区城管执法局分管领导和相关股室负责人各1名； 2.镇（街）分管领导和相关业务负责人各1名； 3.2019—2022年新招录的选调生（含外县区调入）	48	2023年8月14日—18日	5天
湘桥区“百千万工程”专题培训班	1.区“百千万工程”领导小组成员单位1名领导； 2.区“百千万工程”办公室同志(由“百千万工程”办公室负责通知并报名)； 3.各镇（街）分管领导和“百千万工程”办公室负责人各1名	49	2023年8月21日—25日	5天
湘桥区经济发展与招商引资专题培训班	1.区发改局、区工信局、区住建局、区自然资源局、区市场监管局和区科协分管领导和相关股室负责人各1名； 2.区招商引资先锋队队员（由区工信局、区自然资源局分别汇总报名）； 3.镇（街）分管领导和相关业务负责人各1名； 4.2022年8月后新提拔的副科干部	69	2023年8月28日—9月1日	5天
湘桥区干部思想作风建设专题培训班	1.区直各单位1名领导班子成员； 2.镇（街）分管党群工作副书记。	46	2023年9月16日—10月28日每周六	5天
湘桥区新录用公务员初任培训班	湘桥区新录用公务员（选调生除外）	48	2023年10月30日—11月3日（市校） 2023年11月6日—14日（桥东）	5+7天
湘桥区产业提升与文旅融合培训班	1.近三年新提拔的副科干部； 2.副科后备干部； 3.招商引资先锋队队员	50	2023年11月27日—12月1日	5天
14场		1687		

拓展培训平台 区委党校拓展培训平台，创新教学方式，结合基层实际创新性以“周末培训”“三级联动”视频直播共享优质课程等新模式举办全区科级干部学习贯彻党的二十大精神专题研讨班、党建引领基层治理培训班，确保党校培训“不断档”、培训标准“不降低”。

【师资培训】 2023年，区委党校一方面强化师资队伍建设，与区委组织部联合制订《湘桥区党员干部教育培训师资库暨湘桥区委党校师资库管理办法（试行）》，选树思想政治、人文社科、经济管理、专业技术、先进模范等5个类别师资共计65人，切实优化整合辖区教育培训资源。出台《关于进一步落实领导干部上讲台制度的意见》，组织区领导和区直部门及乡镇的负责同志等47名处级、科级干部走进党校课堂授课。另一方面，注重师资能力提升，制定《湘桥区委党校青年人才“成长导航”培养计划》，建立传帮带联系培养机制，帮助青年教职工提升教学能力。通过“一月一磨课”搭建示范教学、试讲磨课、迷你党课、“金句学堂”等平台组织开展磨课活动，组织全体教职工参加中国干部网络学院基层干部培训师资网络集中培训，帮助教职工打造更具教学价值的课程。校务委员黄晓佳《中国共产党最鲜明的政治品格——自我革命》、一级主任科员陈轶鸥《全过程人民民主：新时代中国特色社会主义民主政治的理论和实践》等两门课程获评全市首届党校系统好课程，《中国共产党最鲜明的政治品格——自我革命》还被推荐参加省精品课程评选。

【宣讲活动】 2023年，区委党校开展“送课下基层”宣讲活动。深入区直机关、街道（镇）、学校、社区、农村开展宣讲活动，围绕党的二十大精神、高质量发展等主题，讲授理论宣讲专题辅导课20多场次，以“菜单式点课”“送课上门”等形式开展新时代文明实践志愿服务10多场次，以“党校好声音”将广大党员干部的思想认识进一步统一到中央、省委、市委和区委的重大决策和部署上来。

【科研工作】 2023年，区委党校立足“小切口，大视野”，不断提升教学科研工作的针对性和实效性。一方面，认真深入调研。紧贴湘桥热点议题，突出党校系统三级联动，组织教研人员带着问题和需求走进社会“大课堂”，深入基层获取第一手材料，围绕乡村振兴、特色产业高质量发展、基层治理等主题开展“一月一研学”专项研学活动10多场次。深化课题研究，以市委党校课题带动，结合湘桥特有文旅资源开展深入调研，由陈轶鸥、李欢欢主笔的《如何提高民宿的附加价值——以牌坊街商圈为例》课题报告获评市委党校课题“优秀”等次，履行好为党献策的职责使命。另一方面，注重学术交流。鼓励、组织校内教师参加学术研讨活动，全年参加市委党校、市社科联召集的有关政治、经济、文化、社会、生态文明等各类学术研讨活动12人次。一级主任科员陈轶鸥受邀参加第二届“潮州文化论坛”，由其撰写的《论文旅融合视域下民宿在潮州文化传播中的重要作用》在南方日报刊登，并被广东民宿发展研究院等公众号转载；还参加“潮州文化创造性转化和创新性发展学术研讨暨《潮州方言与潮汕地名》创作分享会”并作主题发言，其文章《潮州文化创造性转化、创新性发展的思考》刊发于《潮州研究》；撰写文章《李春霖：一生为革命，赤胆写忠贞》入编由潮州市纪委监委、潮州市委党史研究室编印的《潮州红廉故事会》。校务委员黄晓佳撰写的《以真理之光指引巾帼扬帆之路》在《潮州妇联》公众号刊登。四级主任科员张思玲应邀参与《弘扬潮州木雕文化 推进高质量发展》宣讲短视频的文稿编写及录制工作。努力从理论与实践的结合上支撑教师科研能力提升。

【函授教育】 2023年，区委党校认真贯彻落实《潮州市湘桥区加强党的基层组织建设三年实施方案（2021—2023年）》，用好函授教育平台，满足辖区基层党员干部学历教育需求，面向区域内村（社区）“两委”干部、基层干部和社会人员开设汕头大学函授本、专科班，在此基础上委托潮州开放大学对部分新一届村（社区）“两委”干部和基层干部进行中专学历层次的培养。汕大班、电大班有在读学员147名，其中村（社区）“两委”干部71名。

（区委党校）

潮州市湘桥区人民代表大会

综　述

【人大概况】 2023年，湘桥区有区级人民代表大会1个、乡镇人民代表大会4个；各级人大代表601人，其中全国人大代表1人，省级人大代表1人，市级人大代表72人，县级人大代表228人，乡镇人大代表299人。区七届人大常委会组成人员34人。其中主任1人，副主任6人，委员27人；设有法制、财政经济和社会委员会。潮州市湘桥区人大常委会（以下简称区人大常委会）下设办公室、监司工委、财经工委、农村农业工委、科教文卫侨工委、城市建设与环境资源保护工委、选联工委和5个街道人工委12个工作机构，全年开展评议、执法检查、视察调研17项，各项工作取得新成效。截至2023年12月，潮州市十六届人民代表大会湘桥代表团代表人数66人。

【人大重要会议】 2023年3月22日，潮州市湘桥区第七届人民代表大会第三次会议召开，与会代表228人。会议听取和审议潮州市湘桥区人民政府工作报告；审查和批准潮州市湘桥区2023年国民经济和社会发展计划2022年执行情况与2023年计划草案的报告；审查和批准潮州市湘桥区2022年预算执行情况和2023年预算草案的报告；听取和审议潮州市湘桥区人大常委会工作报告；听取和审议潮州市湘桥区人民法院工作报告；听取和审议潮州市湘桥区人民检察院工作报告；票决潮州市湘桥区2023年民生实事项目。此外，全年召开常委会9次，听取审议专项报告16项。

【“湖边听声”代表履职品牌】 2023年，区人大常委会在湘桥区法治文化公园建设“湖边听声”代表联络站，打造“湖边听声”园站融合代表履职品牌。把代表联络站搬到户外，开展“一月一主题”、代表“一周一接待”活动，广泛听民声、集民意、聚

▲2023年，湘桥区人大办开展“湖边听声——市容市貌环境卫生大家谈”活动
（区人大办　供）

民智。通过“群众提、代表转、政府办、人大督”的形式，有效解决群众所需所盼。全年在“湖边听声”人大代表联络站开展活动10场次，参与代表141人次，接待选民群众556人次，收集群众意见建议21条，推动解决民生“微实事”13件。“湖边听声”园站融合立法联系项目获评2022—2023年广东省国家机关“谁执法谁普法”优秀普法工作项目。

2023年湘桥区七届人大常委会议情况表

届次	时间	主要议程
潮州市湘桥区七届人大常委第十次会议	2月10日	(一)审议部分市人大代表辞职事项; (二)补选市十六届人大代表; (三)其他
潮州市湘桥区七届人大常委第十一次会议	3月17日	(一)听取和审议区政府2022年民生实事项目完成情况的报告; (二)审议通过区七届人大三次会议人大常委会工作报告; (三)审议通过区人大常委会2023年工作要点; (四)审议决定区七届人大三次会议有关事项; (五)审议通过《潮州市湘桥区人民代表大会代表述职评议办法》; (六)审议人事任免事项
潮州市湘桥区七届人大常委第十二次会议	5月22日	(一)听取和审议区政府关于落实2022年度区人大常委会作出的决议、决定和有关意见情况的报告; (二)听取和审议区政府2021年本级预算执行和其他财政收支审计查出突出问题整改情况的报告; (三)听取和审议区政府关于2022年环境状况和环境保护目标完成情况的报告; (四)听取和审议区政府关于湘桥区高标准农田建设基本情况的报告; (五)听取和审议区城管执法局关于贯彻实施《潮州市城市市容和环境卫生管理条例》户外广告设置有关规定情况的报告; (六)审查市公安局潮安分局关于提请许可对区人大代表陈延行采取刑事强制措施的报告; (七)审议人事任免事项; (八)其他
潮州市湘桥区七届人大常委第十三次会议	6月29日	(一)听取和审议区政府关于湘桥区农村供水“三同五化”改造提升工作情况的报告; (二)听取和审议区政府关于湘桥区松材线虫防治情况的报告; (三)听取和审议区政府关于湘桥区贯彻落实《中华人民共和国会计法》情况的报告; (四)听取和审议区政府关于湘桥区教育“双减”工作实施情况的报告; (五)开展对市公安局湘桥分局打击非法开采矿产资源行为的专项工作评议; (六)其他
潮州市湘桥区七届人大常委第十四次会议	8月24日	(一)听取视察组关于湘桥区重点项目建设进展情况的视察报告; (二)听取视察组关于湘桥区涉农资金统筹整合相关工作情况的视察报告; (三)开展对区统计局的工作评议; (四)审议人事任免事项; (五)其他
潮州市湘桥区七届人大常委第十五次会议	9月26日	(一)听取和审议区政府2022年本级预算执行和其他财政收支情况的审计工作报告; (二)听取区政府关于湘桥区建设“美丽侨乡”工作情况的报告; (三)听取选联工委关于全区各级人大代表联络站“三化”建设专项检查的报告; (四)开展对湘桥区水库移民后期扶持工作情况专项工作评议; (五)听取区人民法院《关于人民陪审员选任名额数的提请书》; (六)审议人事任免事项; (七)其他

续表

届次	时间	主要议程
潮州市湘桥区七届人大常委第十六次会议	10月25日	(一)听取和审议区政府2022年本级决算草案的报告； (二)听取和审议区政府2023 年1月—9 月国民经济和社会发展计划执行情况的报告； (三)听取和审议区政府2023 年1月—9 月财政预算执行情况暨预算调整的报告； (四)开展对湘桥区违建整治工作的专项工作评议； (五)开展对区农业农村局的工作评议； (六)开展对区医保局的工作评议； (七)审议人事任免事项； (八)其他
潮州市湘桥区七届人大常委第十七次会议	11月29日	(一)听取和审议区政府关于2023年民生实事项目实施进展情况的报告； (二)听取和审议区政府2022 年度债务管理情况的报告； (三)审议区政府关于潮州市湘桥区2022 年国有资产管理情况的综合报告，听取和审议区政府关于2022 年国有自然资源管理情况的专项报告； (四)听取和审议区法院关于行政审判工作的报告； (五)听取和审议区检察院关于公益诉讼检察工作情况的报告； (六)开展对区应急管理局的工作评议； (七)审查市公安局湘桥分局关于提请许可对区人大代表李怀德采取刑事强制措施的报告； (八)审议人事任免事项； (九)其他
潮州市湘桥区七届人大常委第十八次会议	12月29日	(一)听取和审议《关于潮州市湘桥区国民经济和社会发展第十四个五年规划和二〇三五年远景目标纲要中期评估报告》； (二)听取和审议区政府关于2023 年第二次预算调整方案的报告； (三)听取区人大常委会监司工委关于2023 年规范性文件备案审查工作情况的报告； (四)听取区政府、区法院关于区七届人大第三次会议代表建议意见办理情况的报告； (五)开展对区重点项目的专项工作评议； (六)审议人事任免事项； (七)其他

【人大讲堂】 湘桥区人大常委会立足“四个机关”建设新要求，以“人大讲堂”为载体，不断提高人大干部、人大代表的履职能力，并在实践中丰富“一纵二横三聚焦四课堂”模式，优化培训教学质量，为推动人大工作高质量发展、深化全过程人民民主注入新动能。2023 年区人大共举办“人大讲堂”17 场次。其中邀请区委宣讲团成员陈轶鸥为全区人大干部走进“党建课堂”，作“全过程人民民主，新时代中国特色社会主义民主政治的理论和实践”专题报告。邀请广东省人大代表、城西中学副校长王日丽于凤新街道高厝塘村的党建公园开展“代表课堂”，以《以讲促学赋能履职 话乡村振兴》为题，分享自己在省两会上的履职感悟，将“人大讲堂”搬到户外，以拉家常的形式让代表走入基层倾听收集民意。邀请党政办副主任雷捷走进“干部课堂”和大家一起分享交流，让大家学习到一份高质量的报告是如何形成的，并在对比中找差距，在交流中促转变。举办“人大讲堂”——税费知识专场培训，邀请潮州市税务局稽查局干部李花同志作《税费知识简介》专场培训，并组织各镇街人大及企业界人大代表参加培训，旨在服务中心大局，加强人大对税务工作的监督，发挥企业家人大代表带头依法纳税的积极作用。邀请区宣传新闻中心负责人陆宵烁以“浅谈新闻写作与摄影”为主题与大家作交流分享，促进人大队伍的新闻写作和摄影能力进一步提升。邀请市关工委讲师团讲师、潮州文化研究中心特约研究员唐学武走进“人大讲堂”为代表以

及“百千万工程”一线干部解惑古城历史文化“山水宋城”，开拓其履职思路。举办“人大讲堂”——民事诉讼制度专场培训，邀请区七届人大代表、广东小何律师事务所负责人宋迈生走进“人大讲堂”，以“浅谈我国的民事诉讼制度”为主题做授课培训，进一步强化人大干部、人大代表的法治思维和法律意识。办公室定期举办“干部课堂”，将课堂同推动“干部思想作风转变”战役结合起来，通过“干部上讲台谈经验讲不足促成长”的形式，并邀请单位领导、人大代表、其他

▲2023年10月30日，湘桥区人大常委会举办“人大讲堂”——民事诉讼制度专场培训 （区人大办 供）

单位优秀领导干部做分享交流，进一步加强人大干部能力建设，激发干部队伍主动干事创业精气神。

人大依法履职

【人大监督】 经2023年3月23日湘桥区第七届人民代表大会第三次会议投票表决，确定“加快推进城镇老旧小区改造”等10个项目为湘桥区人民政府2023年民生实事项目。区政府根据《潮州市湘桥区人民代表大会常务委员会关于实施民生实事项目人大代表票决制的意见》规定，精心组织项目实施。区人大常委会成立6个督查组，由常委会副主任带领工作委和部分人大代表，对民生实事项目实施情况进行专项督查，推动民生实事项目落地落实，全年确定的民生实事项目全部完成。

深入实施“粤菜师傅”“广东技工”“南粤家政”三项工程　培训“粤菜师傅”799人次，培训“广东技工”4893人次，培训“南粤家政”2507人次，完成下达培训指标。

深入推进健康养老服务体系建设　接受医养结合服务人数36581人，服务率为41.6%。全区二级以上公立综合医院1家，设立了老年医学科。为48030名65岁及以上老年人提供城乡社区规范健康管理服务，管理率为62.99%。完成258户特殊困难老年人家庭适老化改造。

深入推进“四好农村路”建设　完成铁铺镇村道安全生命防护工程5172米；完成凤东路–Y248村道大岭头路口阶段性整治工作。

提升困难群众生活保障水平　城乡低保对象最低生活保障人均补差水平分别提高到697元、347元；特困人员基本生活标准不低于当地最低生活保障标准的1.6倍；散居孤儿、事实无人抚养儿童基本生活最低养育标准提高到每人每月1379元。困难残疾人生活补贴、重度残疾人护理

补贴标准分别提高到每人每月215元、281元。

提高惠企利民服务便捷度　高频服务事项进驻视频办事项50项，全部上线运行，开通视频办账号17个。

落实医疗救助政策　资助7311名困难群体参加2023年度城乡居民医疗保险，资助金额255.89万元。为468名新增困难群体增加特殊人员标识，落实一站式医疗救助18999人次，救助金额381.52万元。落实零星医疗救助443人次，发放救助金15.74万元。

优化生育支持政策　完成“两癌”筛查人数4932人。完成地中海贫血筛查3877例，唐氏综合征筛查4359例，结构畸形筛查5241例。完成铁铺镇公办中心幼儿园园舍修缮、官塘镇公办中心幼儿园建设工作，合计新增公办幼儿园学位270个。全区公办幼儿园在园幼儿占比50.41%，公办和普惠性民办幼儿园在园幼儿占比为83.05%，均达到要求。

加快推进城镇老旧小区改造　2023年8月，项目技术人员进场勘探；9月，组织开展拆违工作。十件民生实事相关的10个改造项目全面开工并上报至省老旧小区改造平台。

加大食品药品安全保障力度　完成食品监督抽检4226批次，合格4159批次，不合格67批次，不合格率为1.59%；食品抽检量达到每年每千人5.5批次。推动30家农贸市场开展快检，完成食用农产品快检115200批次，合格1146154批次，不合格585批次，合格率为99.5%，处理快检不合格产品420.49千克。完成药品抽检100批。

丰富群众文化体育生活　认定区级非物质文化遗产代表性传承人129人，推荐5个门类28个代表性项目28名代表性传承人参加“潮州市第八批市级非物质文化遗产代表性传承人”评审。举办非遗代表性传承人培训班2场次，切实提高传承人整体素质。拍摄《正月里来“穿蔗巷”，幸福乡村非遗美》等纪录片14部。举办戏曲进乡村活动48场次。开展全区不可移动文物保护记录工作，对潮州老城古居民建筑群和柯柏年旧居等文物保护单位进行数字记录，完成卓府、马使埕闫宅、青亭巷大夫第井等文保单位的拍摄工作，并通过公众号推送宣传视频。举办体育赛事活动39场次。

【人事任免】2023年，湘桥区人大常委会坚持党管干部原则与人大依法行使选举权任免权相统一，把充分发扬民主贯穿于人大选举任免全过程，依照法定职权和法定程序正确履行职责，共选举、任免国家机关工作人员共8批58人次，组织宪法宣誓2批次。

【专题调研评议】

高标准农田建设情况　2023年4月20日，区人大常委会调研组到官塘镇巷头村和意溪镇西都村实地察看辖区高标准农田建设情况并在意溪镇西都村召开座

▲2023年，湘桥人大常委会开展“推进重点项目建设　助力高质量发展”专题视察活动
（区人大办　供）

谈会，听取有关人员及代表意见建议。5月22日，区人大常委会会议听取区政府关于辖区高标准农田建设基本情况的报告和调研组的调研报告。

教育“双减”工作实施情况　2023年5月12日，区人大常委会调研组到下津博雅学校、阳光实验学校、城西中学，就学校环境、师资队伍建设、教育教学质量、特色教育、课后服务等情况进行实地调研并召开座谈会，听取有关人员及代表意见建议。6月29日，区人大常委会会议听取和审议区政府关于湘桥区教育“双减”工作实施情况的报告。

《中华人民共和国会计法》落实情况　2023年5月16日，区人大常委会调研组开展对辖区贯彻落实《中华人民共和国会计法》情况的调研并召开座谈会，听取区财政局关于辖区贯彻落实《中华人民共和国会计法》工作的情况报告。6月29日，区人大常委会会议听取和审议区政府关于湘桥区贯彻落实《中华人民共和国会计法》情况的报告。

松材线虫防治情况　2023年5月16日，区人大常委会调研组到凤新街道、意溪镇对松材线虫防治情况进行实地调研并召开座谈会，听取有关人员及代表意见建议。6月29日，区人大常委会会议听取和审议区政府关于湘桥区松材线虫防治情况的报告。

农村供水“三同五化”改造提升工作情况　2023年5月18日，区人大常委会调研组前往凤新街道龙翔寨和磷溪镇自来水厂实地调研辖区农村供水“三同五化”（城乡供水同标准、同质量、同服务；规模化发展、标准化建设、一体化管理、专业化运作、智慧化服务）改造提升工作情况并召开座谈会，听取有关人员及代表意见建议。6月29日，区人大常委会会议听取和审议区政府关于湘桥区农村供水“三同五化”改造提升工作情况的报告。

“美丽侨乡”建设情况　2023年7月25日，区人大常委会调研组前往磷溪镇美堤村、桥东街道社光村，就乡村基层治理、侨文化特色、村容村貌、特色产业发展情况进行实地调研，了解辖区建设“美丽侨乡”工作情况并召开座谈会，听取有关人员及代表意见建议。9月26日，区人大常委会会议听取和审议区政府关于湘桥区建设“美丽侨乡”工作情况的报告。

“三化”建设专项检查　2023年8月14日—23日，区人大常委会选联工委和办公室组成检查组对全区各级人大代表联络站开展“三化”（标准化、规范化、常态化）专项检查。9月26日，区人大常委会会议听取选联工委关于全区各级人大代表联络站“三化”建设专项检查的报告。

公安湘桥分局打击非法开采矿产专项工作评议　2023年5月30日，区人大常委会调研组前往桥东街道下津飞天燕瓷土矿西南矿区和部分扣押涉案矿物存放现场，实地调研公安湘桥分局的有关工作情况并召开座谈会，听取有关人员及代表意见建议。6月29日，区人大常委会会议开展对公安湘桥分局打击非法开采矿产资源行为的专项工作评议。

水库移民专项工作评议　2023年8月15日，区人大常委会调研组对区水务局水库移民专项工作评议进行前期调研，实地察看北关村、六亩村移民后续工作情况。9月26日，区人大常委会会议开展对湘桥区水库移民后期扶持工作情况的专项工作评议。

全区违法建设整治专项工作评议　2023年9月21日，区人大常委会调研组到凤新街道、磷溪镇、桥东街道、意溪镇、城西街道等镇街实地调研察看占用基本农田拆除复耕、拆除超建设范围建筑和沿街违规构（搭）建筑物、整治小区业主私自封闭阳台以及大型户外广告设施拆除整治等情况，对我区违法建设整治专项评议工作开展现场调研并召开整治情况汇报交流座谈会，听取人大代表的意见建议。10月25日，区人大常委会会议开展对湘桥区违建整治工作的专项工作评议。

公益诉讼检察工作情况　2023年10月31日，区人大常委会调研组对区人民检察院公益诉讼检察工作开展专题调研并召开座谈会。区人民检察院、区自然资源局、区水务局、区农业农村局、区市场监督管理局、市生态环境局湘桥分局分管领导，区人大常委会监司工委全体人员和部分区人大代表参加调研。11月29日，区人大常委会会议听取和审议区检察院关于公益诉讼检察工作情况的报告。

【执法检查】 2023年4月24日，区人大常委会监司工委与部分区人大代表组成执法检查组，对区城管执法局贯彻实施《潮州市城市市容和环境卫生管理条例》户外广告设置有关规定的情况开展专项执法检查。5月22日，区人大常委会会议听取和审议区城管执法局关于贯彻实施《潮州市城市市容和环境卫生管理条例》户外广告设置有关规定情况的报告。

【议案办理】 2023年，区政府、区法院承办区七届人大三次会议期间代表提出的建议25件，其中：社会事务类4件，科教文卫类3件，农业农村类3件，城市管理类11件，城市建设类4件。在各相关部门的积极配合和共同努力下，全部建议均答复代表，办复率为100%，代表对承办单位的答复满意率为100%。

办理措施 强化制度保障，规范办理程序。区政府高度重视人大代表建议的办理工作，明确责任领导，落实区政府督查室进行综合协调，同时印发《2023年湘桥区关于办理人大建议和政协提案的工作要求》，分解落实工作任务，明确办理时限，形成职责分明、规范有序、审核严格的工作格局。4月27日，区政府召开区级人大代表建议交办会，要求各单位重视办理工作，制定工作措施，加强沟通协调，注重格式规范，提高办理质量，确保办理工作按时按质完成。注重解决问题，突出办理成效。区政府始终坚持以讲究实效为目的，深入调查研究，力求制定切合实际的解决方案，努力做到大问题不绕道，尽力解决；难问题不拖拉，尽快解决；老问题不回避，尽量解决。对全区各承办单位的办理过程进行跟踪督促，积极开展建议办理“回头看”活动，促进具备解决条件的办理事项尽快办理落实。

办理情况 关于区人大代表提出的《关于古城区红色文物资源整合利用的建议》。湘桥区组织开展革命遗址大普查，共收录革命遗址81处，并形成《潮州市湘桥区革命遗址汇编》。依托丰富的历史文化遗产资源，打造潮州古城历史文化游径：涵碧楼—李厝祠—柯故居—牌坊街—广济桥—韩文公祠，有效推动湘桥文化和旅游高质量发展。同时狠抓志愿讲解员的培养和队伍建设，区博物馆定期开展志愿讲解员招募活动，培养志愿讲解员78名，为观众提供免费讲解服务。

关于区人大代表提出的《关于大力发展街舞文化的建议》。为进一步发展街舞文化，湘桥区将街舞列入学校第二课堂、举办暑期欢乐营等措施，深入打造街舞学习交流平台，并积极探索将街舞艺术纳入游艺旅游体验新路径，与各体育协会、舞艺培训机构合作，培育一批街舞人才，创作一系列优秀舞蹈作品，为潮州旅游提供丰富的文体资源。

关于区人大代表提出的《关于在古城区新增设公厕的建议》。湘桥区持续推进“厕所革命”，增设第三卫生间6座，动员古城区70多家企事业单位和沿街商铺加入“厕所开放联盟”。做好古城区公厕日常管养工作，营造文明、干净、舒适的如厕环境。辖区有旅游厕所102个，其中古城区旅游厕所48个。

关于区人大代表提出的《关于整治市区开元广场的建议》。开元广场停车场租赁合同期已满，暂时继续由第三方经营；收集社区以及周边铺户意见，并与市交通运输局、瀛洲公司进行对接，将停车场收回后根据实际情况作为旅游车辆接驳区和特种车辆应急停放的公共场所。

关于区人大代表提出的《关于整治住宿业节日期间哄抬物价

乱象的建议》。湘桥区采取一系列措施推进民宿市场价格监管及市场秩序整治工作：制订《规范湘桥区旅游市场价格秩序工作方案》，成立规范旅游市场价格秩序工作专班，落实综合监管机制；发挥民宿行业协会的作用，组织开展“湘桥佳居”评选活动，选出10家优质酒店民宿并授予“湘桥佳居”流动红旗，进一步提高古城区酒店民宿经营者诚信经营的自觉性与积极性；加大执法频次和执法力度，强化线上和线下巡查，全年立案查处违法经营案件25宗（其中无照经营民宿客栈15宗，未按规定明码标价6宗，消费欺诈4宗），罚没金额16.69万元。

关于区人大代表提出的《关于加强电梯安全巡查的建议》。湘桥区切实履行电梯安全监管职责，开展电梯使用管理人首负责任落实情况、电梯鼓式制动器安全隐患专项排查治理、公共场所在用老旧电梯安全隐患专项整治等行动，截至2023年底，立案查处电梯相关案件2宗，罚没金额2.5万元。加强宣传教育，开展多种形式电梯安全宣传活动，保障电梯使用安全。

关于区人大代表提出的《关于保障快递员权益的建议》。湘桥区督促各快递企业依法依规办理营业执照，落实用工主体依法依规与快递员签订劳动合同，提倡快递经营主体雇用固定员工，按要求为员工购买相关保险，确保快递从业人员的劳动权益得到保障。2023年辖区处理快递员工伤认定2件、仲裁1件、欠薪投诉10件，均按时办理完结。

关于区人大代表提出的《关于把青龙古庙纳入非遗旅游资源的建议》。在青龙古庙区域内设立“湘桥区文化传承展示馆”，面积约150平方米，按现代展厅设计布置，多维度展示潮州木雕、潮绣、潮州陶瓷、潮州花灯、潮州剪纸、潮州石雕、潮州嵌瓷等潮州非遗项目，并积极拓展非遗展示内容。同时将该定位加入古城旅游导览APP，引导社会各界人士参观，打造旅游打卡目的地。

关于区人大代表提出的《关于加强乡村建设科学规划设计的建议》。湘桥区将官塘镇作为中心镇，磷溪镇、铁铺镇作为农业类专业镇，意溪镇作为特色镇，推进乡镇差异化、品质化、特色化发展，并将全区所有村庄区分为集聚提升类、城郊融合类、特色保护类、搬迁撤并类和一般发展类5种类型，因地制宜推进乡村建设。

关于区人大代表提出的《关于对综合行政执法罚没物资进行统一处理的建议》。根据相关规定及辖区罚没工作实际，湘桥区无设置政府公物仓管理机构，执法部门处置罚没物品收入可扣除处置费用后再将余额上缴，没有处置收入的，可从部门工作经费中列支处置经费。

关于区人大代表提出的《关于加强无物业老旧小区环境卫生管理的建议》。湘桥区将无物业小区纳入环卫市场化范围统一进行保洁，开展环境卫生专项整治行动，2023年清理卫生死角约1207处，清运垃圾约1250车次，清运垃圾约700吨，发放宣传资料209份。

关于区人大代表提出的《关于构建涉家暴妇女权益保护联盟的建议》。湘桥区起草《关于湘桥区反家暴联合协作机制的实施意见（征求意见稿）》，明确细化全区各有关部门在预防和制止家庭暴力中负有的职责，并推动完善湘桥区婚姻家庭纠纷人民调解委员建设，组织调解员积极开展家庭矛盾纠纷专项排查调处工作。依法严厉打击家庭暴力犯罪，为遭遇家庭暴力的被害人提供及时有效的法律支持和服务。多措并举积极开展反家庭暴力法治宣传活动，营造反家庭暴力的浓厚法治氛围。

关于区人大代表提出的《关于瓶装液化石油气经营管理及市场监管的建议》。湘桥区约有136660户居民燃气用户，其中使用瓶装液化石油气的约79960户。为进一步规范城镇燃气行业的运营管理，辖区做好以下主要工作：开展气站安全评估整改工作，根据2022年辖区5家气站

▲2023年，湘桥区人大办开展区"人大代表林"种植活动 （区人大办 供）

的现场评估结果，严格督促各气站落实整改，推进隐患整改工作，1家气站因无法完成整改被取缔，其余4家气站基本完成整改；加强常态化安全检查，全年开展检查8次，出动检查人员869人次，检查燃气企业、气站、用气单位等157家次。

关于区人大代表提出的《关于处置区公安分局宿舍内废弃公用摩托车的建议》。区公安分局宿舍内遗留40多辆废旧警用摩托车、涉案摩托车，对该批摩托车的处理已多次向上级有关部门申请资产处置尚未批复。

关于区人大代表提出的《关于加强安全生产的建议》。湘桥区加强应急保障，整合应急抢险队伍14支1091人，防灾救灾物资储备约22万元；完善安全生产应急预案体系，2023年开展应急演练22场次，举办宣传咨询活动12场，发放各类宣传资料2万余份。

关于区人大代表提出的《关于在老旧小区改造中进一步加强三线整治的建议》。湘桥区2021年完工的21个项目已联合市通建办协调各运营商推进实施落地工作。其中万达综合楼三线全面落地。2022年正在施工的项目已联合市通建办协调各运营商对改造项目红线内、外的三线落地工作进行规划，指导施工。

关于区人大代表提出的《关于推进小型餐馆加装油烟净化装置的建议》。湘桥区全力推进餐饮单位油烟污染治理工作，常态化开展整治行动，2023年出动执法人员650人次，检查餐饮单位300家次，责令餐饮单位整改36家次，发放《致餐饮单位业主的一封信》超800份。

关于区人大代表提出的《关于改善提升辖区学前教育保教质量的建议》。湘桥区制定城镇小区配套幼儿园治理工作方案，形成“一园一策”整治方案，组织实施小区配套幼儿园治理工作。鼓励幼儿园教师参加学历提升学习，幼儿园大专学历达到78%(含在读大专)，民办幼儿园教师整体素质不断提高。

关于区人大代表提出的《关于对意溪自来水厂改造提升的建议》。意溪镇逐步对意溪自来水厂的设备进行更新换代，提高过滤净化能力，改善自来水水质，保证人民群众的生产生活用水水质达标。同时积极与粤海水务对接建立相关合作。

关于区人大代表提出的《关于整治磷溪镇镇区排涝系统的建议》。磷溪镇已完成排涝系统整治项目约320米，通过重新铺设及联通排涝渠、改造箱涵、铺设沥青路面，综合改善解决路面状况，切实改善人居环境。

关于区人大代表提出的《关于尽快建设潮汕环线高速公路磷溪出入口至东大道延长线的建议》。潮汕环线高速公路磷溪镇出入口路段土地性质为基本农田，未调规不能改变现状。关于潮汕环线高速公路入口至东大道缺乏连接线的问题，需提请市自然资源局及交通运输局根据全市交通规划统筹决定。

关于区人大代表提出的《关于推进高标农田建设提升的建议》。2023年铁铺镇高标准农田建设项目基本完工。

关于区人大代表提出的《关于加快中心镇区建设的建议》。湘桥区因地制宜，引导各镇科学做好乡镇分类，推进乡镇差异化、品质化、特色化发展。至2023年，创建宜居圩镇4个、示范圩镇1个、绿色社区9个，全区美丽圩镇建设建成4条绿道、碧道或健身步道。加强基础设施建设，提升污水处理水平，加快推动新能源项目建设。

关于区人大代表提出的《关于保障当事人诉前财产保全申请权利的建议》。湘桥区人民法院根据《中华人民共和国民事诉讼法》第一百零一条规定，对各类案件当事人提起诉前财产保全的申请进行审查。经审查后对符合上述法律规定的案件，区法院均及时予以诉前保全。

【视察活动】

视察重点项目建设进展情况 2023年7月11日，湘桥区人大常委会组织部分市、区人大代表开展“推进重点项目建设 助力高质量发展”专题视察活动。代表们视察湘桥区储备粮库、湘桥区虹桥职业技术学校等重点项目的建设现场，并召开情况汇报交流会。8月24日，区人大常委会会议听取视察组关于湘桥区重点项目建设进展情况的视察报告。

视察区涉农资金整合工作情况 2023年7月24日，湘桥区人大常委会组织部分市、区人大代表成立视察组，分别到官塘桥闸重建工程、官塘镇秋溪村岭后路路面硬底化及堤面防护设施建设工程项目施工现场，采取看、听、问、议等形式，详细了解项目进展情况，并召开座谈会，听取意溪镇、官塘镇、铁铺镇等项目实施单位介绍相关建设项目情况；区财政局代表区政府汇报全区涉农资金统筹整合资金使用及绩效完成情况。8月24日，区人大常委会会议听取视察组关于湘桥区涉农资金统筹整合相关工作情况的视察报告。

（区人大办）

2023年湘桥区人大常委会主任、副主任任职情况

人大常委会主任：黄伟涛

人大常委会副主任：陈庆标　曾庆淳　刘习明　杨伟扬　陈宣泽　蔡巧贤

潮州市湘桥区人民政府

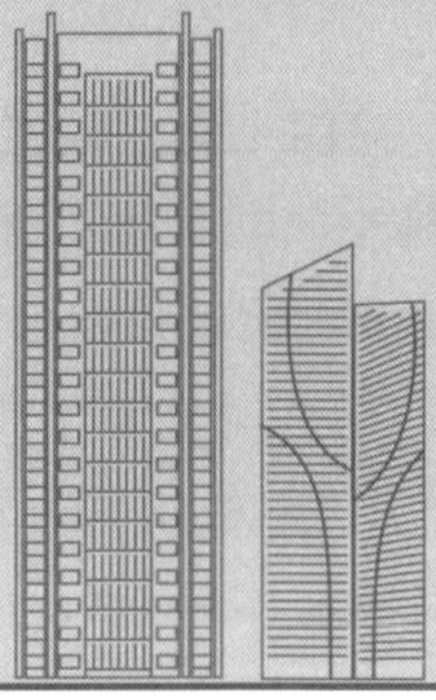

综　述

【区政府机构概况】 2023年，湘桥区人民政府工作部门共21个：区发展和改革局、区教育局、区工业和信息化局、区民政局、区司法局、区财政局、区人力资源和社会保障局、区住房和城乡建设局、区水务局、区农业农村局、区文化旅游体育局、区卫生健康局、区退役军人事务局、区应急管理局、区审计局、区统计局、区医疗保障局、区政务服务数据管理局、区自然资源局、区市场监督管理局、区城市管理和综合执法局。

（区委编办）

【经济恢复向好】 2023年，湘桥区高规格举办全区高质量发展大会暨招商引资项目签约仪式，全面建立“驻点招商”“敲门招商”等机制，共签约（注册、备案）项目98个，总投资额55.69亿元。新设项目、增资扩产项目投资额和纳税额均超额完成市下达任务。29个市级重点项目完成年度投资计划。组织国内税收收入30.48亿元，占全市的33%，同比增长4.5%。深化驻镇帮镇扶村工作，中山市翠亨新区驻磷溪镇工作队投入超400万元建设14个光伏项目，年收益约45万元，惠及28个主体。统筹333.33公顷工业用地规模用于发展重点产业园区，全面完成“工改工”年度任务。新设立各类市场主体9075户，扶持“个转企”96户，新增“四上”企业50家，获评市“四梁八柱”企业15家。创新实施“驻·聘联通”机制，选派141名优秀年轻干部驻企服务，协调解决企业“卡脖子”难题167项。

【“百千万工程”全面实施】 2023年，湘桥区坚持以“头号工程”的势头和力度推进“百千万工程”。

大力发展特色产业　优化提升5个现代农业产业园和19个村级优势特色产业。举办首届潮州（磷溪）卤鹅文化周，全年卤鹅产量150万只，年产值6亿元，同比增长50%；源升泉生态种养殖专业合作社获评省现代化美丽牧场，良栖水产养殖专业合作社被列入省水产健康养殖和生态养殖示范区名单；官塘片区牛肉产业实现税费收入70.45万元，同比增长15倍。将农村集体资产监管提质增效行动作为“书记工程”重点推进，全面消除年收入10万元以下的集体经济薄弱村。严格落实粮食安全党政同责，年度粮食种植面积、产量实现双增长，区储备粮库建成投入使用。

有序推进城乡建设　打造社光村等12个省级典型村，97个行政村达到美丽宜居村及以上标准，推进官塘镇美丽圩镇省级示范点建设。完成存量农房微改造6469户，提前完成市下达的年度任务。凤新街道高厝塘村获评省级休闲农业与乡村旅游示范点和省“美丽庭院”示范村。官塘镇巷下村、意溪镇锡美村、铁铺镇八角楼村获评省古村落。

全面强化要素保障　全区120个行政村全覆盖与金融机构签订“整村授信”协议，签约金额9.2亿元。成立区供销社，建立区镇村三级农业生产托管服务协办体系。累计审查清理农村集体资产合同超1.3万份，追回被侵占土地约68.4公顷，归还被拖欠租金或承包款约3635万元。广泛调动乡贤、潮商等社会力量参与“百千万工程”，“6·30”助力乡村振兴活动募集认捐善款超3.37亿元，创历史新高。落实建筑企业投身“百千万工程”结对工作，推动7家建筑企业与镇（街）结对，建立帮扶项目11个，总投资额约678万元，至2023年末完工项目8个。磷溪镇仙河村村道黑底化改造项目入选省建筑业企业投身“百千万工程”项目范例名单；泓基混凝土公司帮扶高厝塘村案例入选广东“千企帮千镇和万企兴万村”十大典型案例。

【对口帮扶协作持续深化】 2023年，湘桥区建立福田—湘桥合作共建产业园“五同”工作机制，用好深圳市福田区帮扶协作专项资金2000万元，推动产业园区扩容提质、民生补短板项目建设。推动两地部门、镇（街）建立结对联系，辖区6所学校、9家医疗单位分别与福田区6所学校、4家医疗单位建立帮扶协作机制。配合推进“福田区区域协同创新孵化中心”规划建设，推进湘桥区33项、福田区60项高频政务服务事项“跨域通办”。中山市翠亨新区驻磷溪镇工作队投入超400万元建设14个光伏项目，年收益约45万元，惠及28个主体。

【绿美湘桥建设】 2023年，湘桥区谋划“八山环抱、四水穿城、三点支撑、两带联动”工作格局，制定“绿美住宅小区”“绿美乡村”等6大创建方案，在全市率先完成镇（街）林业工作站的设立和林长办挂牌。提前完成林分优化提升197.33公顷、森林抚育提升240.33公顷年度任务。广泛开展“乡贤晒佳木、万木竞芬芳”植树造林活动，全年开展全民义务植树活动157场次，发动社会捐资430万元，购买和接受捐赠树苗超14.6万株，建设“青年林”“模范林”等主题林7片。全覆盖召开“抵制违建”专题组织生活会，建立“两违”整治专项监督和问责机制，清拆违法建（构）筑物165宗，处置存量违法建筑案件323宗。

（区党政办）

2023年湘桥区人民政府区长、副区长任职情况

区　　长：李树南

副 区 长：刘可然　苏爱群　章　皓　邱奕敏

李伟雄（据“廉洁潮州”2024年9月26日通报，涉嫌严重违纪违法，接受潮州市纪委监委纪律审查和监察调查）

黄文海（任至9月）　章诞武（任至3月）

赵春山（10月起任）　王俊峰（10月起任）

（区委组织部）

外事工作

【外事管理】 2023年，潮州市湘桥区外事局(以下简称区外事局)依法依规加强因公出国管理，严格护照颁发收缴，严格遵守国内法和相关国家地区法律，切实维护湘桥区公民和企业海外利益。区委外办全年为区内出口型企业办理外国人来华邀请登记审核6批次11人次。

【外事服务】 2023年，区外事局举办多场宣传活动向广大市民群众宣讲介绍维护海外利益安全、涉外安全以及领事保护等领域常识与自我防范措施，现场发放留学指引等。充分借助“湘桥发布”公众号微信平台，加强海外领事保护宣传，提高广大群众的安全意识和风险防范意识。

（区外事局）

信访工作

【信访概况】 2023年，湘桥区深入宣传贯彻《信访工作条例》，着力化解信访突出问题，提升信访工作质效，维护群众合法权益，圆满完成全国两会信访安全保障工作。全年全区受理群众来信来访547件（人次），总量同比上升30.5%。其中来信543件，同比上升30.5%，到国家信访局上访2批2人次。信访事项受理率为100%，按时办结率为100%，群众对信访工作满意度提高，全区信访态势总体平稳。

【信访专项整治】 2023年，湘桥区严格落实党政领导干部接访下访包案化解制度。区委主要领导多次与重点信访人面对面交流做息诉罢访工作，全年有9名区领导到人民群众来访接待厅接访群众11批41人次，接访事项均得到妥善解决；区党政领导班子成员通过包案化解突出信访事项27件，推动解决一批群众急难愁盼问题；推进重复信访治理专项工作，对中央信访联席办交办辖区的第三批信访积案7件，全部落实提级办理和主要领导包案化解，经国家信访局审核认定化解，化解率为100%；化解中央信访联席办交办辖区倒流件1件，由区委书记包案推动化解，达成信访人自愿签订息诉罢访承诺书，圆满化解长达10年的重复信访事项。

【信访法治宣传】 2023年，湘桥区全面抓好《信访工作条例》的学习宣传贯彻，在太平街道牌坊街开展《信访工作条例》实施1周年现场宣传活动。区信访局联合市信访局在凤新街道莲云村开展信访法治化基层普法宣传活动，现场接受群众咨询，引导群众依法依规信访。在区人民来访接待厅，将信访工作法治化“路线图”和“导引图”全部上墙，批量印制《信访法治化工作指南》《分领域导引图及说明》等小册子，供信访干部和信访群众使用，推动全社会形成良好的信访法治氛围。

【信访工作联席会议】 2023年，湘桥区委主要领导多次主持召开重点节点信访安全保障工作会议，研究部署重点信访工作和疑难复杂信访事项化解。全年召开区委常委会2次、区政府常务会2次、书记专题会2次、信访工作联席会议4次，专题研究部署推进全区信访工作。

【信访保障】2023年，湘桥区全力做好各重点时期信访安全保障工作，提前谋划，周密部署，全力以赴做好全国两会信访安全保障工作，确保实现“三个不发生”（不发生规模性集结上访、不发生社区性极端事件、不发生信访事件的炒作）工作目标，全力营造安全稳定的社会环境。加强应急值守和信息报送工作，在特殊防护期间，坚持“零报告”制度，落实专人负责信息收集报送，做到有情况报情况，无情况报平安。

【信访督办】2023年，湘桥区加大督查问责工作力度。用好《信访工作条例》赋予信访部门的“三项建议权”（改进工作建议权、完善政策和解决问题建议权、给予行政处分建议权），对信访工作落实不到位、重复信访情况较严重的部门发出《提醒函》《督办函》17份；建立“一月一通报”科学考核机制，以及重大信访事项调研会商化解机制，加强信访信息和形势的综合分析研判，全年发出《信访通报》12期。

【信访荣誉】2023年，在广东省信访工作示范乡镇（街道）创建活动评比中，湘桥区太平街道、凤新街道获评“2023年度全省信访工作示范乡镇”。湘桥区党政办副主任张金煜获评“2023年全国两会广东省驻京信访安全保障工作先进个人”。

（区信访局）

政务服务数据管理

【政数概况】2023年，潮州市湘桥区政务数据管理局（以下简称区政数局）深入贯彻习近平总书记关于网络强国、数字中国的重要论述，学习关于坚定不移推进高质量发展的部署要求，围绕数字政府建设服务高质量发展工作重点，全力推进辖区“数字政府2.0”建设，发挥大平台、大数据、大服务、大协同优势，助力“百县千镇万村高质量发展工程”落地见效。充分发挥“百千万工程”信息化专班作用，实现全区“百千万工程”数字资源接入五个100%，常态化更新数据指标。截至2023年底，涉及图像数据报送指标2244条，数据报送指标5538条，完成率为100%；推进视频数据资源接入及无人机库建设，上报更新优质视频点位538个，已接入省平台摄像头500个，镇村完成率为100%；统筹机库无人机建设2台，完成选址2处（官塘镇、意溪镇），完成率为100%；发挥区级融媒体作用，利用无人机等手段充分反映城镇建设情况，持续更新区级、镇（街）级全景航拍视频上屏，完成率为100%。

【政务服务】2023年，区政数局根据“首问责任制”和“马上就办、办就办好”工作要求，加强辖区进驻市政务服务大厅的人员管理，定期对进驻大厅单位的业务和考勤情况进行督查通报，优化政务服务体系。全年全区进驻市政务服务大厅办理业务超8000件，区4个分中心办理业务量超6万件；依托市政务服务大厅设置“办不成事”反映窗口，解决企业、群众办事过程中遇到的疑难事项和复杂问题。全年全区“办不成事”反映窗口受理诉求4件，均办结。

【“粤智助”业务】2023年，区政数局拓展“粤智助”服务平台，深化对基层自助机运用的培训指导。全年召开自助机应用培训会、交流会5次；深入基层调研指导，对全区自助机业务情况进行定期通报，有效促进全区自助机“增量扩面”。全年全区“粤智助”办理业务超14万件，服务群众超4万人次，年台均业务量1082件，完成全年任务量的166%，超额完成省“数字政府”均衡化建设和民生实事的指标要求。

【“无纸质证明”】 2023年，区政数局强化跨部门合作，推动“无纸质证明”工作落地生效。通过电子证照核验、告知承诺、部门自行调查核实、部门间协查等方式，强化跨部门审批业务协同，组织全区各审批单位和镇（街）60多名审批人员开展“无纸质证明城市”专题培训会培训，全面启用无纸质证明系统。全年全区办结“无纸质证明”23单。

【“视频办”】 2023年，区政数局开设“视频办”远程实时交流，全区50项事项进驻广东政务服务网潮州“视频办”服务专区，涵盖市监、教育、卫健、人社、社保、退役、残联7个部门的各类主题，全部上线运行。全年为群众办理业务51单。

【网上审批服务】 2023年，区政数局深化审批制度改革，优化审批流程。根据政府印发《湘桥区行政许可事项清单（2022年版）》，将全区依法实施的行政许可事项全部纳入清单管理，打造更加公平高效的审批环境。梳理高频“一件事一次办”主题集成服务，发布“一件事主题”事项清单47个，将部门“单个事项”集成为企业和群众视角的“一件事”；要求区直各部门、各镇（街）以“清单外无事权”的目标开展自检，确保“广东政务服务网”公布的事项真实有效，为群众提供完整准确的办事指南，实现同一事项在全区范围内“无差别受理，同标准办理”。牵头各进驻部门梳理“告知承诺”和“容缺受理”事项清单，其中“告知承诺”事项11项，“容缺受理”事项45项。

【政务服务系统建设】

常态化推进“互联网＋监管”平台应用 2023年，区政数局加强监管数据归集、治理和应用，全年全区认领监管事项188项，填报实施清单277项，实施清单填报率为100%，录入监管行为事项188项，监管事项覆盖率为100%。

推动数据资源归集共享 2023年，区政数局发挥首席数据官作用，组织开展政务信息化能力和公共数据资源归集共享工作，激活数据要素潜能。通过省“一网共享”平台梳理发布政务信息系统9个，发布上线数据共享目录369个，“开放广东”平台上对外开放数据集538个。

推进“一网协同”平台应用 2023年，区政数局加强对“粤系列”移动应用品牌的推广，在全

▲2023年，区政数局发挥“百千万工程”信息化专班作用，数字资源接入5个100%，图为系统截图
（区政数局 供）

区推广应用“粤政易”移动办公平台，一周内实现全区“粤政易”用户实名率100%。全年全区“粤政易”公职人员注册人数7098人，实名率为100%，活跃率65.2%，“粤省事”用户数400702人，“粤商通”市场注册主体49633人。

【窗口单位专项监督行动】 2023年，区政数局开展“体验式”监督，着力提升工作质效。机关效能监督工作人员采用“换身份”“换角度”等多种方式，结合“12345”热线有关效能投诉工单，以市民身份深入区各政务服务分厅及各镇（街）便民服务中心，重点围绕窗口服务的工作氛围、服务态度、工作作风等，近距离体验政务服务“全流程”，为政务服务“体检”。全年分别到湘桥区社保大厅及（街）便民服务中心开展窗口单位检查6次。

【窗口服务前移】 2023年，区政数局一方面实行窗口前移，推进镇（街）“一网通办”平台应用，逐步实现群众办事“一门办、一窗办”模式。充分利用“一网通办”平台，推动权力下放，通过“窗口前移”至镇（街）便民服务中心，进一步“减环节、减时间”，通过数据共享促进办事流程优化和业务协同，提高办事效率。全年全区各镇（街）在“一网通办”平台共进驻高频政务服务事项10项，办件受理量约310件，切实做到“群众少跑腿，数据多跑路”。另一方面实现服务前移，推动办事“减环节、减时间、减跑动”。为推进“放管服”改革，打通便民惠民“最后一公里”，全年下放镇（街）政务服务事项5项，涉及民政、人社等事项；承接市人民政府调整由县区实施的市级行政职权5项,涉及水务、公安等事项。通过简化办事服务流程，将办事窗口设立在“家门口”，缩短办事距离，提升服务效能。

【“一网统管”特色专题】 2023年，区政数局推进“美丽古城”板块建设，完成“美丽古城”专题综合态势和五大场景中小屏开发，接入视频资源102路，汇聚古城区消防物联网设备和人口房屋、交通车流、停车位信息等数据资源，完成事件协同工具应用平台；致力打造的“潮州市一网统管‘美丽古城’数字化治理平台”入选中国互联网协会“中国数字发展研究案例库”，“以美丽古城智慧化治理打造‘一网统管’潮州样板”获广东数字政府创新应用大赛三等奖，美丽古城消防场景获“广东省数字政府基层应用建设第一批试点”优秀等次，“潮州古城数字化治理平台”获首届红数麟杯数字化创新成果大赛成果百强荣誉等国家级、省级荣誉。

【“跨域通办”服务】 2023年，区政数局探索政务服务新模式，推进高频政务服务事项“跨域通办”。与深圳市福田区政数局签署《“跨域通办”战略合作协议》，围绕民政、残联、卫健、文旅体等领域，梳理形成湘桥区“跨域通办”服务事项33项，福田区服务事项60项，为两地群众和企业提供“就近办”政务服务。

（区政数局）

政协潮州市湘桥区委员会

重要会议

【区政协七届三次会议】2023年3月20—22日，政协第七届潮州市湘桥区委员会第三次会议在湘桥区党政机关大院举行。湘桥区委书记曾俊喜，区委副书记、区长李树南等领导出席会议。会议审议批准区政协主席蔡少贤代表政协第七届潮州市湘桥区委员会常务委员会所作的工作报告，审议批准政协第七届潮州市湘桥区委员会常务委员会所作的提案工作情况报告。会议通过《中国人民政治协商会议第七届潮州市湘桥区委员会第三次会议决议》并表彰2022年度区政协优秀提案3件和优秀履职委员16名。

【常委会会议】2023年1月11日，政协潮州市湘桥区委员会（以下简称区政协）召开第七届常委会第七次会议，传达学习贯彻习近平总书记在全国政协新年茶话会上的讲话；听取区政府、区纪委监委、区法院、区检察院、公安湘桥分局2022年度工作情况；政协委员围绕区政府、区纪委监委、区法院、区检察院、公安湘桥分局年度工作开展协商建言。

3月10日，区政协召开第七届常委会第八次会议，传达学习贯彻习近平总书记在中共二十届二中全会上的重要讲话和全会精神；传达学习贯彻中共湘桥区委七届五次全会精神；传达学习全省、全市、全区高质量发展大会及区有关招商引资工作会议精神；审议协商有关人事事项；审议确定召开区政协七届三次会议有关事项；审议《区政协常委会2023年工作要点》。

3月22日，区政协召开第七届常委会第九次会议，听取区

2023年湘桥区政协七届三次会议情况表

届次	时间	出席代表数（人）	主要议程	提案数（个）
区政协七届三次会议	3月20—22日	155	1、听取和审议区政协七届常务委员会工作报告； 2、听取和审议区政协七届二次会议以来提案工作情况报告； 3、列席区七届人大三次会议，听取和讨论区政府工作报告及有关报告； 4、表彰优秀提案、优秀履职委员； 5、委员大会发言； 6、审议通过区政协七届三次会议决议	53

政协七届三次会议各组讨论情况汇报；审议通过区政协七届三次会议决议（草案）。

7月12日，区政协召开第七届常委会第十次会议，传达学习贯彻习近平总书记视察广东重要讲话重要指示精神；传达学习贯彻中共广东省委十三届三次全会精神；听取区政府关于2023年上半年全区经济社会发展情况通报，以及招商引资工作、乡村振兴工作情况通报；通报区政协七届三次会议提案办理情况；审议协商有关人事事项。

10月31日，区政协召开第七届常委会第十一次会议，传达学习习近平总书记关于以学铸魂、以学增智、以学正风、以学促干的重要精神；传达学习湘桥区学习贯彻习近平新时代中国特色社会主义思想主题教育动员部署会精神；通报《关于湘桥区各镇街设立政协委员联络室的实施意见（试行）》；听取区民革、民盟、民建、民进、致公党关于2023年专题调研的情况汇报。

12月28日，区政协召开第七届常委会第十二次会议，学习习近平总书记《推进生态文明建设需要处理好几个重大关系》重要文章精神；听取区政府、区纪委监委、区法院、区检察院、公安湘桥分局2023年工作情况通报及2024年工作安排；政协委员围绕区政府、区纪委监委、区法院、区检察院、公安湘桥分局年度工作开展协商建言；协商审议有关人事事项。

【主席会议】 2023年1月17日，区政协召开七届第十三次主席会议，传达学习习近平总书记在中共中央政治局民主生活会上的重要讲话精神；传达贯彻省政协十三届一次会议精神；传达贯彻中共潮州市委十五届五次全会精神、中共湘桥区委七届五次全会精神；研究部署政协机关春节前有关工作。

2月24日，区政协召开七届第十四次主席会议，传达学习习近平总书记2月16日在中共中央政治局常务委员会会议上的重要讲话精神；传达贯彻市政协十三届二次会议精神；讨论研究增补区政协委员有关事项；讨论研究召开区政协七届三次会议有关事项。

3月9日，区政协召开七届第十五次主席会议，传达学习贯彻习近平总书记在中共二十届二中全会上的重要讲话和全会精神；传达学习贯彻全省、全市、全区高质量发展大会及湘桥区有关招商引资工作精神；审议区政协2022年度优秀提案和优秀履职委员名单；审议确定区政协七届第八次常委会有关事项；讨论研究区政协常委会2023年度工作要点及主要工作安排。

3月27日，区政协召开七届第十六次主席会议，传达学习习近平总书记在全国“两会”上的系列重要讲话和全国两会精神；传达区“两会”精神；总结区政协七届三次会议有关情况；讨论研究设立区政协镇（街）联络室有关事项；讨论研究区政协参与全区招商引资，助推高质量发展工作；通报深圳市福田区政协到湘桥区调研

▲2023年3月20日，区政协“大招商　强发展”座谈会

（区政协办　供）

工作情况，部署下一步区政协开展对接互动交流工作；部署2023年区政协各专委会专题调研工作。

4月19日，区政协召开七届第十七次主席会议，传达学习习近平总书记视察广东重要讲话重要指示精神和中共广东省委会常委会议、中共潮州市委常委会(扩大)会议、中共湘桥区委常委会会议有关精神；传达学习中共广东省委书记黄坤明莅潮调研的指示精神；听取和审议区政协七届三次会议以来提案审查情况；研究调整区政协领导班子成员分工；通报区政协领导干部外出参加学习培训情况。

5月23日，区政协召开七届第十八次主席会议，传达学习习近平总书记在河北雄安新区考察并主持召开高标准高质量推进雄安新区建设座谈会时的重要讲话精神；传达学习习近平总书记在河北考察并主持召开深入推进京津冀协同发展座谈会时的重要讲话精神；听取区政协各专委会调研方案；研究赴深圳福田区政协交流调研有关事项。

6月30日，区政协召开七届第十九次主席会议，传达学习习近平总书记在文化传承发展座谈会上重要讲话精神；传达学习中共中央关于学习《习近平著作选读》第一卷、第二卷的通知精神；传达学习贯彻中共广东省委十三届三次全会精神；传达《关于开展党员干部和公职人员涉酒驾驶及其背后“四风”问题专项整治的通知》文件精神，研究有关贯彻落实意见；传达湘桥区“6·30”助力乡村振兴活动有关精神，研究有关贯彻落实意见；听取区政协七届三次会议提案交办情况；审议协商有关人事事项；讨论研究召开七届第十次常委会时间及内容。

7月31日，区政协召开七届第二十次主席会议，学习习近平总书记在《求是》2023年第14期发表的重要文章《深化党和国家机构改革 推进国家治理体系和治理能力现代化》；传达7月24日中共中央政治局会议分析研究当前经济形势和经济工作有关精神；传达中共湘桥区委七届六次全会精神；传达中共潮州市委《2023年全市开展纪律教育学习月活动的意见》；交流区政协各专委会专题调研开展情况；交流重点提案督办情况；研究推荐政协机关副科级后备干部建议人选事项。

8月31日，区政协召开七届第二十一次主席会议，学习习近平总书记在《求是》2023年第16期发表的重要文章《中国式现代化是强国建设、民族复兴的康庄大道》；传达8月17日中共中央政治局会议研究部署防汛抗洪救灾和灾后恢复重建工作精神；讨论研究区政协助力推进“百千万工程”有关工作；听取镇街政协委员联络室征求意见情况。

9月25日，区政协召开七届第二十二次主席会议，传达学习习近平总书记在学习贯彻习近平新时代中国特色社会主义思想主题教育工作会议上的重要讲话精神；传达学习2023年全市领导干部党章党规党纪教育培训班精神；研究《湘桥区政协关于深入开展学习贯彻习近平新时代中国特色社会主义思想主题教育的实施方案》；研究成立湘桥区政协主题教育领导小组。

10月30日，区政协召开七届第二十三次主席会议，学习贯彻习近平总书记关于安全生产的重要论述和《习近平关于调查研究论述摘编》；传达中共湘桥区委常委会有关会议精神，研究部署镇（街）政协委员联络室有关工作；讨论研究召开七届第十一次常委会的时间及内容。

11月20日，区政协召开七届第二十四次主席会议，学习习近平总书记关于树立和践行正确政绩观、推动高质量发展的重要论述，学习浙江“千万工程”经验案例；学习习近平总书记在《求是》2023年第19期发表的重要文章《推进中国式现代化需要处理好若干重大关系》；审议镇（街）委员联络室工作安排；调整党组、主席会议成员与镇（街）联系分工；审议委员联络镇（街）联络室安排；商议邀请香港有关人士来访事项；审议韩山师范学院潮学研究院挂“委员悦读书屋”事项；审议“为民办实事”事项。

12 月 26 日，区政协召开七届第二十五次主席会议，学习习近平在中央经济工作会议上的重要讲话精神；审议听取主题教育问题清单整改工作情况；审议区政协七届第十二次常委会召开事项；听取各镇（街）政协委员联络室挂牌等有关情况；研究讨论区政协领导班子成员临时分工；研究讨论区政协机关领导干部分工情况；研究讨论区政协机关党支部有关增补支部委员人选等情况；研究讨论区政协机关变更财务负责人有关情况；议定区政协专题视察有关事项。

政协依法履职

【参政议政】 2023 年，区政协七届三次会议收到政协提案 53 件，其中：委员联名提案 15 件，以单位名义提案 3 件，委员个人提案 35 件。提案内容涉及文化旅游、乡村振兴、经济发展、交通管理、水利建设、环境整治、社会治理、民生保障等多个领域。经审查，属区办理职能提案 32 件，立案 22 件，立案率为 68.8%；涉及市职能的 21 件提案通过市政协湘桥组提交市政协审定。对不符合立案条件的提案，以意见建议形式及时提供给有关部门作参考。送市政协立案的提案中，《关于依托村镇工业集聚区升级改造，建设小微企业培育工业园的提案》被列为市政协领导领衔督办提案，并被市政协评为 2023 年度优秀提案；经区政协主席会议审定，《关于规范节假日牌坊街餐饮、住宿收费乱象的建议》等 3 件提案被评为区政协 2023 年度优秀提案。

【提案督办】 2023 年，区政协扎实落实湘桥区党政主要领导和区政协领导领衔督办等提案督办机制，筛选重点提案分别由区委、区政府、区政协领导领衔督办，并组织开展提案办理“回头看”。区委书记督办《关于规范节假日牌坊街餐饮、住宿收费乱象的建议》、区长督办《关于培育社会企业 助力经济社会高质量发展的建议》、区政协主席督办《关于修缮官塘历史文化遗址，发展食住游一体旅游特色古镇的建议》，推动提案办理走深走实。2023 年 9 月，所有提案全部办复，委员提案办理满意率为 100%。区政协专联室配合区党政办对提案承办单位实行提案办理工作考核，并对考核结果进行通报，充分发挥榜样作用，促进提案承办单位提高办理效率。经过综合评价，评定区文旅体局、区市监局、区工信局、官塘镇政府 4 个单位为 2023 年提案办理优秀承办单位。

【专题视察】 2023 年 6 月 22 日，区政协领导班子成员与农业农村委有关委员前往桥东街道社光村开展“发展壮大村集体经济”专题视察，实地视察社光村基础设施建设、人居环境整治、特色产业发展等情况，与区农业农村局、桥东街道社光村、凤新街道高厝塘村、意溪镇坪铺村、磷溪镇塔后村围绕实施“百千万工程”工作部署，发展壮大农村集体经济开展座谈交流，并提出意见建议。

12 月 28 日，区政协领导班子成员与经济科技委相关委员到官塘工业园区开展“加快产业园区建设”视察活动。视察组实地参观广东恒洁卫浴有限公司展厅和智能生产车间，并与区工信局、官塘镇及园区企业代表就园区建设发展工作展开讨论交流，对园区的发展定位、要素保障、管理

▲2023年7月20日，区政协委员在桥东街道社光村开展“发展壮大村集体经济”专题视察（区政协办　供）

机制、招商引资等方面提出意见建议，培育高质量发展新动能。同日，召开政协常委会，专题听取区政府、区纪委（区监察委）、区法院、区检察院、公安湘桥分局的工作情况通报，拓宽委员知情问政渠道，有效促进部门作风持续改进。

2023年，区政协配合全区创文创卫、人居环境整治及“干部思想作风转变”战役等重要工作，选派推荐委员担任创卫监督员2人、农村人居环境督查8人，参与全区有关部门的视察监督、旁听会、听证会等活动100多场次。

【专题调研】2023年，区政协围绕推动全区经济社会高质量发展重大问题以及政协提案反映的民生热点、难点问题，思考谋划政协履职的结合点和突破口。区政协领导班子成员分别牵头政协各专委会以传统制造业、文旅市场管理、乡村振兴等方面7个专题开展调研。围绕陶瓷、服装、制鞋三大潮州传统制造业发展提出意见建议，助推传统产业升级发展；围绕“调动发挥华侨乡贤回乡积极性，参与家乡建设”专题建言献策，推动基层多个“侨胞之家”挂牌运作；围绕“绿色生态发展”“以法治力量促进消费提质保量”“古城文旅管理”“乡村全域旅游”等主题开展协商交流，对文旅、市监、工信等部门在区域发展、文旅领域管理等方面工作提出意见建议，助力营造创业创新环境。支持全区各民主党派围绕“经济高质量发展”，分别从旅游服务、工艺美术、服装产业、非遗产业、招商引资5个专题入手开展深调研，并以政协常委会的形式开展专题议政，提出意见建议19项，得到区委区政府有关领导的肯定，助推产业升级促进企业发展。

【理论学习】2023年，区政协把迎接党的二十大、服务党的二十大、学习宣传贯彻党的二十大精神，作为贯穿全年的重大政治任务抓紧抓好。通过党组学习中心组、主席会议、常委会会议、专委会会议、专门会议、委员培训等形式，分领域、分层次地组织开展理论学习。以党的创新理论武装头脑、指导实践、推动工作，用党的创新理论团结教育引导各界代表人士，组织政协委员参加各级举办的贯彻党的二十大精神系列征文及理论研究5篇；3月20日，组织区政协七届委员全员培训，学习贯彻党的二十大精神暨委员履职培训；4月23—27日，区政协主席参加2023年全国政协干部学习贯彻习近平新时代中国特色社会主义思想和党的二十大精神提高政治能力培训班；4月中旬—5月中旬，区政协领导班子成员参加潮州市委分四期举办的党的二十大专题研讨班；5月15日—7月15日，区政协副主席参加全省党外中青年干部培训班；7月3—7日，区政协副主席参加2023年全国政协干部提升履职尽职综合素质专题培训；

区政协办公室在创建“五好”模范机关中被评为“学习好”先进单位。

【联络联谊】

发挥党派团体作用　2023年，区政协注重与各民主党派、工商联、无党派人士的联系沟通，加强情况通报和交流，听取意见建议。专程组织政协领导班子到区民主党派机关，听取区各民主党派对区政协工作的意见建议；邀请民主党派人士列席政协常委会，参加区政协组织的视察、调研、提案督办等活动，切实支持和保障各民主党派、无党派人士履行好政治协商职责；充分运用“粤政易”委员工作群，转载报道各民主党派开展专题活动、参政议政、服务民生等活动，宣传党派成员先进事迹，积极促进各参加政协的团体及政协委员履行好职责。

密切联系界别群众　2023年，区政协始终站在人民立场，以实际行动诠释“人民政协为人民”情怀。落实区政协领导干部联系走访委员、委员联系服务界别群众等制度机制，结合领导干部定点联系镇（街）、创文创卫和乡村振兴等工作。政协领导班子成员在联系服务群众、宣传教育群众、组织凝聚群众上充分发挥示范带动作用，推动党中央、省委、市委和区委各项惠民政策落地见效。广泛发动政协委员及社会各界力量积极参与“6·30”助力乡村振兴活动，区政协领导班子分别到各自挂钩联系的重点企业开展“全方位走访”，充分调动企业参与活动的积极性，践行企业社会责任，实现互利互惠、共赢发展。区政协向全体政协委员发出倡议，并落实专人负责，全面收集委员参与活动情况，对委员反馈在线上捐款时碰到的问题及时解决处理，政协委员参与“6·30”捐款金额100多万元。

加强对外联系和沟通交流　2023年，区政协加强与海外侨胞和爱国侨团、外地商会、同乡会的联系，组织访问团到深圳市潮州商会开展走访座谈，为侨胞乡贤回家乡投资兴业牵线搭桥；区政协充分发挥政协联系广泛优势，做好招商引资工作，第一时间编印《致湘桥区政协港澳、外地商会委员的一封信》及政协委员参与招商引资工作的倡议，积极发动委员参与全区招商引资，深挖发掘招商引资潜能，加强与企业和外界的联系，及时掌握企业投资意向，通过牵线搭桥，让更多资金、项目、技术、人才落户湘桥，收集委员招商引资及增资扩产线索情况4条；主动挖掘社会资源，联合韩山师范学院（潮韵桥创）社会实践团队开展暑期“三下乡”（文化、科技、卫生三下乡）社会实践活动，牵头韩山师范学院历史文化学院到铁铺镇开展古寨建筑保护及修缮调研，借助“外脑”对辖区文创设计发展和古建筑传承保护等方面提出改善方案。

加强与外地政协组织的联谊交流　2023年，区政协接待来自深圳市福田区、福建省福清市、四川省绵阳市涪城区等41批次外地政协组织。通过联谊交流，弘扬潮州文化，推动各地与湘桥合作交流，挖掘招商引资潜能。6月，区政协组织调研考察团到深圳市开展交流调研活动，实地参观“福田区福保街道政协委员工作站”，详细了解工作站的运行机制和工作成效，学习先进地区政协基层协商、委员联系界别群众的先进经验。

【港澳特邀委员情况】2023年，区政协七届三次会议有港澳委员12名，其中香港委员9名，澳门委员3名。在七届三次会议期间，区政协以“大招商·强发展”为主题召开港澳和外地商会委员座谈会，通报湘桥区经济发展形势及全区招商引资环境等情况，并组织港澳委员前往凯普、金源、湿地公园等地参观调研。主动邀请全国政协提案委副主任、香港工联会理事长黄国到湘桥区考察，调研潮港两地交流合作课题，积极为侨胞回乡投资兴业牵线搭桥，巩固爱国统一战线。

【“书香政协”品牌建设】 2023年，区政协把委员读书活动作为提升委员履职能力和履职质效的重要举措，探索校地多维合作，将“悦读书屋”引入高校，重点打造“智能悦读书屋”和“高校悦读书屋”平台，促进“读书+履职”深度融合、相互赋能，构建委员读书新矩阵；举办“湘桥政协‘经世致用 笃学资政’学习分享”系列活动，走出机关走出课室，走进基层走进群众，邀请委员中的界别专业人士分享学习工作收获，邀请专家学者讲述有深度和前瞻性的知识。在韩山师范学院举办首场活动，由委员温建钦博士做题为《近代潮州地区基层社会治理“五化”转型及其对今天的启示》，收到良好效果；结合党的二十大精神学习贯彻、主题教育等主题，推出重点阅读书目10本，延伸阅读书目24本，300余人次参与，委员参与面不断扩大、活动方式不断丰富，带动更多人参与阅读，形成“多读书、读好书、善读书”的氛围。

▲2023年12月7日，韩山师范学院历史文化学院——湘桥区政协“书香政协·悦读书屋”授牌仪式　　（区政协办　供）

【探索基层协商议事平台】 为贯彻落实中共二十大报告中提出的完善政协委员服务界别群众制度机制，2023年，区政协探索建立基层委员联络室，创新委员联系服务界别群众模式，打造委员学习交流、深入群众、联系界别、服务基层、团结联谊的工作平台，实现湘桥区镇（街）政协委员联络室全覆盖，切实打通政协委员与镇（街）、群众联系沟通渠道的“最后一公里”。12月，区政协发挥凤新街道政协委员联络室示范点的辐射带动作用，全面完成全区9个镇（街）联络室挂牌及开展委员活动。参加镇（街）联络室活动的委员超过110人次，在活动过程中收集提案5件、社情民意28条。

2023年湘桥区政协主席、副主席任职情况

政协主席：蔡少贤
政协副主席：邱陶杰　马晓斌　庄建邦
　　　　　　冯树生　杨其群（任至11月）

（区政协办）

中共潮州市湘桥区纪律检查委员会
潮州市湘桥区监察委员会

纪律检查

【纪律检查概况】 2023年，中共潮州市湘桥区纪律检查委员会、潮州市湘桥区监察委员会（以下简称区纪委监委）坚持零容忍态度反腐惩恶。全区纪检监察组织处置问题线索350件，立案165件，同比增长10%，涉及科级干部13人；结案125件，同比增长20.2%，给予党纪政务处分125人，留置1人；给予诫勉处理21人，同比增长162.5%。严肃查处城市管理和综合执法、自然资源等一批重点领域典型案件。常态化开展扫黑除恶工作，排查涉黑涉恶线索15件，立案6

▲ 2023年2月4日，中共潮州市湘桥区第七届纪律检查委员会第三次全体会议召开（区新闻中心　供）

件，处分4人。配合开展医药领域腐败问题集中整治，全年医疗领域处分4人、诫勉2人；督促区磷溪卫生院等3家医院落实医保基金监管专项检查整改，涉及金额约31万元退回相应医保基金账户。

【深化标本兼治】 2023年，区纪委监委坚持以案为鉴、以案促改、以案促治，协助区委召开以案促改专题民主生活会，督促3个区直单位召开以案促改专题民主生活会，深刻反思、汲取案件教训；用好、用活纪检监察建议，针对监督检查、审查调查中发现的突出问题，发出纪检监察建议书12份，推动问题整改，达到“以书促防”成效；开展纪律教育学习月活动，协助区委举办全区领导干部党章、党规、党纪教育培训班，区分不同领域和重点岗位，精准化开展警示教育；开展2023年新录用公务员廉洁教育系列活动。全年接收检举控告类、初次检控类信访件同比分别下降23.1%、15%，政治生态呈现向好态势。

【中共潮州市湘桥区第七届纪律检查委员会第三次全体会议】 2023年2月4日，中国共产党潮州市湘桥区第七届纪律检查委员会第三次全体会议召开。全会审议通过区委常委、区纪委书记林梅锋代表区纪委常委会所作的《驰而不息推进全面从严治党，为奋力谱写现代化湘桥新篇章提供政治保障》工作报告。会议坚持以习近平新时代中国特色社会主义思想为指导，深入学习贯彻党的二十大精神，贯彻落实习近平总书记在二十届中央纪委二次全会上的重要讲话和中央纪委全会、省纪委全会、市纪委全会精神，总结2022年全区党风廉政建设和反腐败工作，研究部署2023年工作，为奋力谱写现代化湘桥新篇章提供坚强政治保障。

【政治监督】 2023年，区纪委监委精准有力实施政治监督。加强对学习宣传贯彻党的二十大精神情况的监督检查，推动党的二十大确立的目标任务和战略举措同部门、行业、领域实际紧密结合，保障落实见效；加强对“一江两岸”风貌管控、“两违”整治等方面的监督检查，制定“两违”整治专项监督检查工作方案，建立追责问责机制，通报履职不力的典型案例，立案48件，处分16人；强化生态环保领域和安全生产领域监督执纪问责，聚焦绿美湘桥生态建设、和美乡村建设等重点工作，针对河浦溪水体颜色异常、松材线虫病除治攻坚落实不到位、事故隐患排查整治工作推进不力等问题，追责问责36人，涉及单位16个，以铁的纪律守护绿水青山，守护人民群众生命财产安全；对相关基层违纪、违法问题线索实行委领导包案直查机制，立案5件13人，处分8人，以强有力监督推进各项工作有效落实。

【夯实责任】 2023年，区纪委监委压实管党治党政治责任，提请区委常委会会议讨论研究全面从严治党议题9次；组织全区51名“一把手”按照要求提交书面述责述廉报告，督促区直和镇（街道）党组（党委）向区委报告履行全面从严治党主体责任情况。用好谈话提醒机制，区委主要负责同志约谈提醒党员领导干部10名，区纪委监委主要负责同志约谈提醒科级干部25名。严把党风廉政意见回复关，回复99批3034人次，提出暂缓使用、不宜使用意见9人次，严把干部使用的政治关和廉洁关。

【作风纠治】 2023年，区纪委监委持续纠治“四风”。在春节、中秋等重要节点开展明察暗访152批次，围绕作风建设约谈提醒9个具有执法职权、人员队伍庞大的区直职能单位“一把手”，严查违反中央八项规定精神问题16起29人。坚持风腐同查，以“零容忍”的态度开展党员干部和公职人员酒驾醉驾及其背后“四风”问题专项整治，立案17人，督促发案单位开展警示教育5场次，强化党员干部和公职人员纪法观念。制定深化干部思想作风转变战役工作计划，查处不作为、慢作为问题5起16人，以作风建设新成效取信于民。

【专项监督】 2023年，区纪委监委开展深化推进整治违规兴建楼堂馆所问题等10项行业性专项整治和14类农村村级事务任性决策、违规决策问题专项整治，围绕群众关切的养老社保、安全生产等领域开展专项整治。其中，围绕推进实施“百千万工程”开展专项监督，对7个村开展提级监督试点，会同区“百千万工程”指挥部办公室及相关专班成立3个督查组开展专项督查，发现问题120个；常态化督促“创文创卫”工作落实，开展提醒谈话53人次；加强涉农资金使用管理监督，将开展农村集体资产提质增效行动纳入“三资”领域专项监督内容，围绕“资产资源管理、经济合同管理、债权债务管控、工程项目管理、集体经济审计”5个关键环节开展专项监督，全年对农村基层党员干部立案41人、处分36人。

【廉洁文化建设】 2023年，区纪委监委推动出台湘桥区加强新时代廉洁文化建设的若干措施，建成并启用区廉政教育馆，在古城区柯柏年故居设立红色家风教育点，升级改造区廉政文化教育基地；征集“清廉随手拍”廉洁文化短视频24部，编印《湘桥区红色廉洁故事》，举办“颂唐伯元倡廉政风”诗书暨非遗作品展，开展“廉洁春联进社区 风清气正迎新春”“传家庭美德 树廉洁家风”等活动，推动廉洁文化进机关、进社区、进校园、进家庭，为基层治理注入“廉”动力，在市级以上媒体刊发推广40期次。

巡察监督

【巡察综述】

七届区委第三轮巡察 2023年3月下旬至6月下旬，七届区委第三轮巡察对区教育局、区司法局、区自然资源局、区退役军人事务局、区应急管理局、区市场监督管理局、区残联、区科协等8个党组织开展常规巡察，并对意溪镇辖属24个村（社区）党组织开展对村（社区）巡察。第三轮巡察发现问题368个。

七届区委第四轮巡察 根据市委巡察工作部署和区委巡察工作安排，七届区委第四轮巡察以

▲2023年，区纪委监委指导太平街道纪工委举办“廉洁润童心 家风代代传”廉洁文化进社区活动 （康煜生 摄）

开展推进乡村振兴建设“美丽乡村”专项巡察和常规巡察相结合的方式进行。2023年9月上旬至12月上旬，专项巡察县（区）第五交叉巡察组对意溪镇、磷溪镇、铁铺镇等党组织开展推进乡村振兴建设“美丽乡村”专项巡察。9月中旬至12月中旬，区委第一巡察组、第二巡察组对区卫健局、区政数局、区总工会、区工商联、区人民医院以及磷溪镇辖属29个村（社区）等党组织开展常规巡察。第四轮巡察发现问题469个。

【巡察整改】 2023年，区委巡察机构坚持标本兼治，推动巡察“后半篇文章”进一步走深走实。2023年8月底至9月初，区委各巡察组对六届区委第五轮、第七轮、第八轮巡察和七届区委第二轮（乡村振兴资金管理使用暨农村集体“三资”专项）巡察相关责任主体落实整改工作情况进行专项检查。通过专项检查，全面查摆整改工作存在的问题和短板，督促被巡察党组织真改实改，确保巡察整改工作取得实效。

【上下联动巡察】 根据市、区上下联动同步开展专项巡察有关工作部署，2023年，区委巡察机构对意溪镇、磷溪镇、铁铺镇等党组织开展推进乡村振兴建设“美丽乡村”专项巡察；认真做好市委第三巡察组对辖区巡察工作开展指导督导反馈问题的整改落实工作，针对反馈问题制订整改措施并全部整改完成。

2023年湘桥区纪委书记、副书记任职情况

纪 委 书 记：林梅锋

纪委副书记：朱光远　陆　锴

2023年湘桥区监委主任、副主任任职情况

监 委 主 任：林梅锋

监委副主任：朱光远　陆　锴

（区纪委监委）

民主党派

民革潮州市湘桥区总支委员会

【组织概况】 2023年，中国国民党革命委员会潮州市湘桥区总支部委员会（以下简称民革湘桥总支部）有党员39名。其中，硕士研究生2人，本科以上文化程度11人。任区政协常委2人，区政协委员2人，区人大代表1人，市特邀监察员1人。

【参政议政】 2023年，民革湘桥总支部充分发挥民革参政议政委员会的作用，民革党员中的人大代表、政协委员认真履行职责，围绕中共广东省委提出的实施“百县千镇万村高质量发展工程”、乡村振兴等重点领域建言资政。通过实地调研，开会讨论，形成报告，向市政协十三届二次会议提交集体议案3件；向区政协七届三次会议提交提案8件，其中集体提案2件，个人提案6件。围绕促进城乡区域协调发展的工作部署，通过实地走访、调研、座谈，完成民革湘桥总支部2023年专题调研课题《加快旅游服务设施建设，促进城乡旅游产业协调发展》，致力解决旅游业良性发展面临的诸多问题，促进金色韩江发展轴的构建。组织党员前往东莞市开展“探索产能提升助推经济高质量发展”专题调研活动，为潮州在产能提升助推经济高质量发展方面提供有益的借鉴和启示。

【组织建设】 2023年，民革湘桥总支部新发展党员1名。及时跟进总支党员信息变更，对总支党员个人信息进行收集更新。民革湘桥总支一支部被民革潮州市委会评为“潮州民革先进支部”。党员谢原子、蔡佩雪、钟锐被民革潮州市委会评为“潮州民革优秀党员”。发挥党派机关和全国优秀民革党员之家——二支部党员之家的作用，及时更新，优化民革联谊发展平台，展现湘桥良好风貌。全年接待来自汕头、湛江、东莞兄弟党支部参观调研6场次。9月13日，全国政协常委、民革广东省委会主委程萍率队到民革湘桥总支二支部党员之家调研民革基层组织建设。

【社会服务】 2023年，民革湘桥总支部充分发挥自身优势，立足“三农”特色，开展帮镇扶村服务。深入结对联系桥东街道社光村，助力美丽侨村建设；党员周树辉先后捐资114954元，用于坪埔村、西都村、溪口五村及桂坑村的基础设施建设；5月，民革湘桥总支部与社光村签订挂钩帮扶协议书，组织党员到社光村开展法制宣传、义医义诊、入户慰问等活动5场次，助力乡村发展；党员叶苗在“携手成长·共拥蓝天”精准慈善爱心工程中担任帮扶专员，热心联系帮扶贫困孤儿36名，为其健康成长提供支持和帮助；组织党员志愿者到集德福利会、桥东街道桥东社区、新星长者活动中心等地开展慰问活动，为孤寡老人、残疾人送去关爱和温暖。注重发挥民革社会法制界别特色，多次组织党员律师进农村开展普法宣传活动，为群众提供法律咨询服务。

【组织活动】 2023年，民革湘桥总支部组织开展系列活动，增强队伍凝聚力和向心力。开展“凝心铸魂强根基团结奋进新征程”主题教育。先后组织党员到梅州市梅县区松口镇学习调研；开展纪念“五一口号”提出75周年爱国主义教育活动，激发党员爱国主义热情，增强党员信念；组织党员到大坑村革命母亲李梨英故居、锡美村和西湖公园开展爱国主义教育活动，增强民革党员爱国情怀，夯实共同思想政治基础，凝聚共同奋斗力量。开展春节前慰问老党员活动，为困难党员、高龄党员送上慰问金和米、面等慰问品，传达关心与问候。开展“三八”妇女节非遗体验活动，协助民革潮州市委会组织开展“潮韵新风 非遗剪纸”体验活动，近距离感受非物质文化遗产剪纸的艺术魅力，增强党员对传统文化的认同感、自豪感和使命感，提升党员自身修养和精神文化素质，增强组织凝聚力。

（民革湘桥总支部）

民盟潮州市湘桥区支部委员会

【组织概况】 2023年，中国民主同盟潮州市湘桥区支部委员会（以下简称民盟湘桥区支部）有盟员38人。盟员中担任市政协委员、常委1名，区人大代表2名，区政协委员4名（其中常委3名）。

【组织建设】 2023年11月27日，民盟湘桥区支部主委带领支部一行15人赴汕头市开展盟务工作交流暨“凝心铸魂强根基 团结奋进新征程”主题教育活动，参观龙湖区十一合村和潮汕历史文化博览中心，与民盟汕头市委会、书画支部、龙湖区总支部就如何以“凝心铸魂强根基 团结奋进新征程”主题教育为契机，进一步搞好组织建设、提高参政议政质量、抓实抓好社会服务、提升盟务工作质效进行深入探讨。民盟湘桥区支部有委员6名，其中主任委员1名，副主任委员1名（空缺1名）。

【参政议政】 2023年，民盟湘桥区支部围绕中共湘桥区委、区政府的中心工作，关注民生和社会热点、难点问题，积极建言献策。向市、区两级人大、政协提交提案22条，其中市政协立案5件，市政协信息2条；区人大立案1件，区政协立案6件。其中有：盟员刘镇忠提交的《强化国有红山林场病虫害的监测防治，助力潮州市国家森林城市的创建》《关于做好潮州市传统工艺美术品数字化知识产权工作的建议》《关于做好湘桥区传统工艺美术品数字化知识产权工作的建议》《关于尽快在古城区周边规划建设智能立体停车场的建议》《关于拆除彩虹路胶南街道路两边围栏的建议》提案6条；盟员黄炳森提交的《关于调整县区优抚对象医疗困难临时救助标准的提案》《关于解决村级骨灰楼堂建设问题的提案》《关于女性精神患者生育问题的提案》《关于在全市范围内开展民间信仰研究，收集整理神祇传说编绘成册的建议》《关于在全市范围内开展可燃彩钢板消防安全专项整治的建议》《关于在全区范围内开展可燃彩钢板消防安全专项整治的建议》提案6条；盟员林双武提交的《关于加强对古城旅游区域增设求助举报电话的建议》《关于尽快加强对古城节假日房价物价高涨价乱涨价宰客现象的管理建议》提案2条；盟员陈思藩提交的《关于进一步加强潮州市校园安全教育培训的提案》《关于对古城区临街广告牌安全隐患进行专项排查的提案》《关于在全市范围内开展民间信仰研究，收集整理民间神祇传说编绘成册的提案》《关于推出牌坊街"演艺+"产品促进潮州夜间经济高质量发展的建议》《关于定期举办文化活动，推进文旅融合，打造古城文化游的若干建议》《关于慧如公园实行夜间开放的建议》提案6条；盟员陈赛音提交的《关于加大对辖区农业农村排涝系统整治的建议》建议1条；盟员陈健涛提交的《关于完善潮州市银行自助取款机配置的建议》建议1条；盟员刘镇忠提交的《关于尽快解决辖区农村土地撂荒问题的建议》被区政协评为优秀提案。6月10日，民盟潮州市委会带领各支部盟员走访支部盟员企业——非遗项目保护单位广东粤兴餐饮有限公司，体验潮州牛肉丸传统制作技艺，并就如何以新发展理念构建非遗企业发展新格局进行座谈交流。开展"以数字化赋能工艺美术产业 助推辖区经济高质量发展"课题调研，并按时完成调研报告。

【社会服务】 2023年，民盟湘桥区支部联合致公党结对帮扶官塘镇奕庵村，举办帮镇扶村座谈交流会和"圆梦微心愿"公益活动，向侨眷侨属及高龄老人送上生活必需品；盟员林双武创办的美都美发学校在全市各地经常性开展义剪活动，全年联合市残联、区民政局、蒲公英慈善会、启明星社工中心等单位到湘桥区、潮安区各镇（街）开展义剪活动累计109次，关爱特困户和行动不便的老人。联合广东祥源律师事务所开展送法下乡活动，发放普法手册200余份，解答法律咨询20余人次，把法律知识送到群众家门口，让法律服务惠及更多百姓，把法治建设融入乡村振兴全过程。

【组织活动】 2023年，民盟湘桥区支部发动全体盟员参加"盟章盟史知多D"线上知识竞赛；组织支部部分盟员参加民盟潮州市委会开展的纪念中共中央发布"五一口号"75周年活动；观看电影《望道》，汲取百年前"望道"信仰的精神力量；组织盟员积极参加上级征文活动，报送论文2篇，均获得奖项；组织盟员参加市、区两级纪念三八国际妇女节活动，激励湘桥民盟妇女同志着眼发展全局，为奋力开创城乡区域协调发展新局面汇聚民盟巾帼力量。

【盟员荣誉】 2023年，民盟湘桥区支部被民盟潮州市委会评为"2022年度组织工作先进支部"。刘镇忠被市政协评为"2022年优秀履职委员"；陈思藩获"2022年度湘桥区政协委员履职优秀委员"称号；刘镇忠、陈健涛、黄炳森、林双武、蔡梓奇、陈赛音、陈思藩被评为民盟潮州市委会2022年度"先进个人"；丁伟忠被评为民盟潮州市委会2022年度"参政议政工作先进个人"。

（民盟湘桥支部）

民建湘桥区总支部委员会

【组织概况】 2023年，中国民主建国会潮州市湘桥区总支部委员会（以下简称民建湘桥区总支部）有会员51人。其中：大专以上学历会员27人，占比53%；高级职称会员8人，占比16%，中级职称会员6人，占比12%；初级职称2人，占比4%；女会员15人，占比29%。

【参政议政】

建言献策　2023年，民建湘桥区总支部在市、区“两会”上提交人大建议1件、政协提案8件，分别为民建湘桥区总支部主委、区人大常委会委员陈蔚提交的建议《关于构建“反家暴”妇女权益保护联盟的建议》；民建湘桥总支提交的集体提案《关于培育社会企业 助力经济社会高质量发展的建议》和《关于加强瓶装液化石油气行业安全管理的建议》；民建湘桥区总支部副主委、市政协委员胡爱香提交的《关于规范潮州旅游市场的若干建议》；民建湘桥区总支部委员、市政协委员谢秀华提交的《加快推进工艺美术高标准展馆项目建设》和《关于对滨江长廊绿化进行改造提升的建议》；民建湘桥区总支部副主委、区政协常委佘钪提交的《关于全面整治自建房安全隐患的建议》；民建湘桥区总支部委员、第二支部主委、区政协委员余勋荣提交的《关于开设非遗集市，打响非遗集市品牌，助力全市经济发展的建议》；民建湘桥区总支部委员、区政协委员陈映文提交的《关于保护及修缮官塘历史文化遗址的建议》。其中，民建湘桥区总支部提出的《关于培育社会企业 助力经济社会高质量发展的建议》由湘桥区区长督办；陈映文提出的《关于修缮官塘历史文化遗址，发展食住旅特色古镇的建议》由湘桥区政协主席督办。

组织调研　2023年，民建湘桥区总支部通过实地走访、座谈讨论、查阅资料等方式对辖区婚纱礼服产业开展调研，初步梳理辖区婚纱礼服产业的产业概况，浅析产业存在的创新动力不强、市场开拓力度不够、婚纱文旅产业融合不足等制约因素，探讨提出“创新融合，做优做实产业结构”“强化培育，做强做大产业集群”“搭建平台，做精做细产业宣传”等改进的对策建议，并形成调研报告，为湘桥区发挥好婚纱礼服产业的资源优势和支柱作用，推动经济高质量发展与城市形象塑造贡献民建力量。

民主监督　2023年，民建湘桥区总支部有6名会员被聘为市、区行政机关监督员、检察员、观察员，立足专业领域和群众视角对部门提出意见建议。

【组织建设】

加强学习　2023年，民建湘桥区总支部采用线上线下等方式，组织会员开展各项政治理论学习21场次，不断用理论知识武装会员，使会员在参政议政能力方面不断得到提高，当好党和政府的“好参谋、好帮手、好同事”。

主题教育　2023年7月15日，民建湘桥区总支部召开“凝心铸魂强根基团结奋进新征程”主题教育动员部署会，总支部主委陈蔚主持会议并作动员部署，总支部委员及会员代表参加会议。全年先后组织会员读原著、学原文、悟原理，深入学习贯彻中共二十大精神；组织会员到茂芝会议旧址开展“重温红色记忆 激发奋进力量”学习活动，让会员近距离感悟革命先烈的坚定信念和强大精神力量，增强会员的历史使命感和政治责任感；开展“初心传承 使命接力”民建会史学习系列活动，组织梳理湘桥民建30周年会史资料，开展“敬老爱老传美德 重温会史忆初心”座谈会、“听老会员讲民建故事，向老会员传递民建温暖”等活动，带领新会员走访慰问老会员，让新老会员共学会史、共叙情谊、共忆初心，回顾民建的光辉历史以及同中国共产党团结合作的奋斗历程，领悟民建老一辈的坚定政治信念、高尚道德风范，坚定历史自信，赓续优良传统。

队伍建设　2023年，民建湘桥区总支部补选委员1名；发展新会员1名。推荐5名会员成为民建中央画院广东分院成员，组织会员参加多场创作活动及作品展览；7月，组织会员参与民建潮州市委会“凝心铸魂强根基团结奋进新征程”主题教育会员培训。

【社会服务】2023年，民建湘桥区总支部会员传承民建热心慈善公益事业的优良传统，积极开展慈善捐款、助学助教、扶贫济困、技能培训等工作。在“6·30”助力乡村振兴活动中捐赠资金超5万元；会员郑秀红、谢秀华、陈映文、苏锡文、佘丹晖等通过现金资助、物品捐赠及艺术作品拍卖收益捐赠等方式，向山区儿童、环卫工人、困难群众、慈善总会等各类组织和群体累计捐赠超过20万元；开展“尊老敬贤 关爱健康”慰问活动，为老年人提供健康义诊服务和保健康复建议，送上慰问金、医用口罩及其他慰问品；11月5日，协助民建潮州市委会组织潮州市中心医院医疗专家团队前往挂钩帮扶的湘桥区磷溪镇美堤村开展“绿美乡村 民建同行”义医义诊活动，为100多位村民诊疗，送出药品总价约2000元。

【组织活动】 2023年，民建湘桥区总支部承办“绿美乡村 民建同行”活动，推进优质医疗资源下基层，以民建力量持续赋能美丽侨村乡村振兴；2月，民建湘桥区总支部组织会员赴饶平县同民建饶平县支部开展“携手同行 共谋高质量发展”交流联谊活动，实地调研饶平民建“会员之家”及会员企业，两地民建会员就企业的发展方向、产业情况以及对区域经济发展的意见建议进行交流探讨；4月，与民建潮州市委会妇青委、民建东莞市南城支部和民建东莞市委会科信委在湘桥区联合开展“传承历史文化 推动乡村振兴”主题调研活动并进行交流座谈；民建湘桥区总支部主委陈蔚作为8位民建地方组织代表之一应邀在民建广东省委会纪念“五一口号”发布75周年主题活动上讲述潮州民建老一辈会员的历史故事，受到民建广东省委会领导的赞许；发挥民建工艺大师众多的特色，以潮州花灯、潮绣、潮州手拉朱泥壶、潮州麦秆画等非遗公益体验课进校园、进乡村、进景区的形式，为学员传授潮州非遗相关知识和技艺手法，累计服务人数超3000人次。

【会员荣誉】 2023年，民建湘桥区总支部获民建广东省委会“2023年度社会服务工作先进集体三等奖”；会员佘丹晖获民建广东省委会“社会服务先进个人”称号；郑秀红、苏锡文获湘桥区政协委员“履职优秀委员”称号；佘勋荣、谢秀华、沈增华等会员在国家、省、市各类比赛和评选中获金奖、银奖等荣誉合计13次。

(民建湘桥总支部)

民进潮州市湘桥区总支部

【组织概况】 2023年，中国民主促进会潮州市湘桥区总支部（以下简称民进湘桥区总支部）下设2个支部，共有会员52人，其中大专以上文化程度44人，中高级职称41人，分别占会员总数的85%和79%；现任市人大代表2人，市政协委员3人，区人大代表3人，区政协委员4人（其中常委1人）。2023年，民进湘桥区总支部被中国民主促进会广东省委员会评为“2023年广东民进先进基层组织”；被民进潮州市委会评为“先进组织建设”单位。

【组织建设】 2023年，民进湘桥区总支部注重加强组织建设，以制度建设促进工作规范化，以活动开展增强活力，以组织关怀凝聚人心，推荐会员汤耀玲获评2023年第一季度“潮州好人”称号。积极慎重做好会员发展工作。按照上级有关组织发展工作要求，严把入口关，在有入会意向的人士中精挑细选，力求把真正优秀的知识分子吸收到组织中。全年吸收新会员2名。

【参政议政】2023年，民进湘桥区总支部按照“智力参政、科学议政”要求，围绕市、区中心工作和人民群众普遍关注的热点难点问题，组织会员开展调查研究，积极参政议政。在市、区两会上提交提案、建议13件，其中立案9件，重点督办1件。在市政协十三届二次会议上，《关于加强潮州市路面人行道步道砖的维护及落实管理责任的建议——进一步提升城市道路精细化管理》等4个提案获立案;在市十六届人大三次会议上，《关于规范路面窨井盖的铺设和维护，提升城市精细化管理的建议》等2个建议获立案;在区政协七届三次会议上，《关于规范节假日牌坊街餐饮、住宿收费乱象的建议》被定为重点督办提案，《关于发展光伏，推动乡村经济高质量发展的建议》等2个提案获立案；在区人大七届三次会议上，《关于加强电梯安全巡查的建议》获立案。组织会员结合相关课题开展深入调研。到韩东新城防洪综合整治一期（续建）工程进行调研，就如何进一步治理提出意见建议；做好“2023年度湘桥区民主党派联合调研课题”——《搭好用活数字营销平台，培育非遗产业化发展》调研工作，在广泛搜集相关资料的基础上，多次集中研究探讨，联合调研组成员前往杨坚平非遗传统工艺博物馆开展调研并召开座谈会，结合潮州实际和征求到的意见，形成调研报告供上级参考；开展居家养老课题首场调研，组织会员到潮州市首家民办长者服务机构——新星长者服务中心调研，就如何建设养老服务体系展开讨论，为下一步开展调查研究作铺垫、拓思路。

【社会服务】

民进全国“春联万家·推动共同富裕”活动　2023年春节前夕，民进湘桥区总支部在太平街道南门社区开展癸卯年民进全国“春联万家·奔赴新征程”活动，组织会员提前书写春联和“福”字，向社区群众赠出春联200对、福字50个、以及慰问物资15份，给群众送上新春祝福。

江渠水环境保护工作　2023年，民进湘桥区总支部志愿巡河小组每季度到各个韩江水源保护区域开展巡河活动，对韩江的部分河道和堤岸、河道水质、周边环境、治理情况等进行巡查，清理河岸垃圾，对发现污染水资源的问题及时通过市河长办向有关部门反映，以实际行动保护母亲河、守护青山绿水。

挂钩帮扶医疗健康进乡村活动　2023年，民进湘桥区总支部分别组织医疗专家团队，走进挂钩帮扶点官塘镇奕湖村和石湖村，开展“助力乡村振兴—民进送健康·义医义诊惠民活动”，向村民发放《老年人健康教育知识手册》等宣传册，心脑血管内科、消化科、五官科、口腔科、妇科等中西医专家为村民把脉问诊，给出用药指导及诊疗建议，活动受惠约350人，同时送出治疗药物一大批，并上门为符合条件的残疾人发放轮椅、坐便器等辅助器具，取得良好社会效益。

多彩志愿服务　2023年，民进湘桥区总支部组织会员到官塘镇巷头村开展“传承雷锋精神助残扶残暖人心”学雷锋志愿服务活动，为残疾人、村民提供辅具、义诊送药、义剪、心理咨询、法律咨询等关爱服务及开展环境卫生整治活动。在第三十三次全国助残日来临之际，组织退休会员发挥余热，在西湖公园开展扶残助残文明志愿服务活动，通过义诊、康复指导训练、助残惠残政策宣传，为行动不便的残疾人作向导和扶助，带其参观红色纪念馆涵碧楼、游览西湖公园。中考期间，在城基初级中学考点开展“为梦想护航 爱心护考”志愿服务活动，设立“爱心护考服务站”，协助交警保障考点附近的道路畅通安全，为考生和家长提供力所能及的服务。

【组织活动】2023年，民进湘桥区总支部组织会员参观非遗陈列馆，传承弘扬优秀传统文化；重阳节前夕，在新星长者服务中心举办“情暖金秋 爱在重阳”活动，通过“科学运动 益寿延年”主题讲座，老年群体了解常见病症的预防、自查及保健方法，并为其送上礼品，传递佳节祝福;组织全体会员到潮汕历史文化博览中心参观调研，深入了解家乡历史、潮人先贤的奋斗史、民俗风情、非遗文化、城市建设，开阔会员视野，拓展调研领域;组织会员参观 2023 年“礼遇好人”“好人长廊”展览，学习“好人”先进事迹，会员汤耀玲作为“好人”模范之一，其典型事迹被展出学习。

(民进湘桥总支部)

致公党潮州市湘桥区支部

【组织概况】 2023 年，致公党潮州市湘桥区支部委员会（以下简称致公党湘桥区支部）有党员 26 名，均为侨眷或侨属。其中本科以上文化程度 15 人。党员中担任省人大代表 1 人，区人大代表 1 人，区政协常委 2 人，区政协委员 2 人；致公党中央海联委委员 1 名，致公党广东省专委会委员 1 名，致公党潮州市委会监委会委员 1 名，致公党广东省委会特约撰稿人、致公党潮州市委会信息员 1 名，湘桥区创卫监督员 1 名。党员陈海亮获湘桥区“2022 年度扶贫济困慈善家”荣誉称号。

【组织建设】 2023 年，致公党湘桥区支部牢记参政党的初心使命，不断加强班子自身建设，履职尽责，持之以恒抓好支部建设，通过召开学习会、开展学习调研活动等多种形式，切实提高党员的政治思想觉悟和履职参政能力。全年组织召开主委会、支委会、党员会、支部学习调研活动和学习会 13 场次，开展社会服务活动 3 场次。

【参政议政】

提案信息提交　2023 年，党员王日丽与潮州市代表团、省人大代表在广东省第十四届人民代表大会第一次会议上提交《关于调减粤东西北地区职工基本养老保险费基数下限的建议》，建议于 2023 年 1 月 14 日和 15 日分别得到省人社厅、省财政厅和省发改委的详细答复。在湘桥区两会期间，支委谢璇毅提交提案《发挥中国瓷都资源优势，提升美食、美器融合度，助力潮州餐饮行业高质量发展》；副主委蔡曼云撰写《关于加强无物业老旧小区环境卫生管理的建议》联名提交至区人大；副主委王元熙撰写《加强统筹规划建设，推动韩江东岸文旅融合发展》联名提交至区政协。

开展专题调研　2023 年，致公党湘桥区支部紧扣《关于泰国侨商发展现状及回乡投资兴业意向的调研》调研课题开展专题调研活动，充分发挥自身的侨海资源优势和桥梁作用，加强与海外侨胞侨商联系，了解泰国侨商经营发展现状和回乡投资兴业的意愿，听取其对家乡发展的意见建议并形成调研报告，为湘桥高质量发展贡献智慧与力量。8 月 9 日，副主委王元熙、党员王日丽和专干参加市委统战部组织的围绕《创建“美丽侨村”，实施乡村高质量发展》调研课题在潮安区浮洋镇大吴村召开的创建“美丽侨村”专题调研座谈会。10 月 16—17 日，支委谢璇毅参加由区政协华侨港澳台联络委组织的珠海调研活动，参观学习珠海优秀企业的先进经营理念和管理经验。

参与各界政治活动　党员王日丽于 2023 年 2 月参加在湘桥区凤新街道高厝塘村党建公园举办的“人大讲堂”，以《以讲促学赋能履职话乡村振兴》为题，分享在省两会上的履职感悟。支部委员谢璇毅参加区政协组织的学习贯彻中共二十大精神暨委员履职培训；参加政协第七届湘桥区委员会第三次会议并就委员履职和公司高质量发展作发言；代表公司出席全省高质量发展大会。副主委蔡曼云认真履行基层人大工作委干部和街道妇联主席的职责，在2023年春节前夕组织开展走访慰问、义医义诊、捐资捐物等一系列关爱辖区困难群众活动；湘桥区两会前夕，组织城西街道召开区两会前建议商讨会，邀请市、区两级人大代表共商议，同促高质量履职。3月，组织开展“人大讲堂”进校园活动，联合潮州市妇幼保健院到城西中心小学开展“青春期女生健康与自我保护”专题讲座。在三八国际妇女节来临之际，组织开展“关爱成长”系列活动。4月，推荐蔡曼云参评湘桥区党员教育培训师资库暨湘桥区委党校师资库人选。4月4日，支委谢璇毅和专干参加由区政协召开的区民主党派负责人座谈会，交流各民主党派2023年度调研工作计划，并提出意见建议。5月10日，副主委王元熙、党员蔡奕道和专干参加致公党潮州市委会在潮安区浮洋镇举行的乡村振兴挂钩帮扶协议书签订仪式并到大吴村开展调研，联系挂钩帮扶相关工作。7月23—28日，经致公党潮州市委会推荐，支委谢璇毅参加由致公党广东省委员会组织的中青年骨干党员培训班学习。

【社会服务】 2023年3月12日，致公党湘桥区支部联合致公党潮州市直属第一支部、第二支部在潮安区江东镇下水头村开展义医义诊、“学雷锋”送温暖活动，党员蔡奕道、谢璇毅提供送温暖物资一批。10月7日，组织党员到城西街道春光村开展送温暖献爱心活动，党员蔡奕道提供送温暖物资为需要帮助的村民带去关心和慰问。11月7日，致公党湘桥区支部联合民盟湘桥区支部在官塘镇奕庵村开展“圆梦微心愿”公益活动，并就如何发挥民主党派联系广泛、人才荟萃的优势帮镇扶村进行座谈交流，同时参观奕庵村“侨胞之家”，开展侨法宣传，并到侨眷侨属家庭进行慰问。

【组织活动】 2023年，致公党湘桥区支部组织党员参加致公党潮州市委会和区委统战部分别召开的“凝心铸魂强根基 团结奋进新征程”主题教育动员会；召开支部主委会议传达学习《关于印发〈致公党潮州市委会开展“凝心铸魂强根基、团结奋进新征程”主题教育实施方案〉的通知》精神；组织党员前往湘桥区官塘镇“致公之家”开展“凝心铸魂强根基、团结奋进新征程”主题教育学习调研活动；组织党员“走出去”，加强学习调研，赴福建省东山县开展主题教育学习调研活动，学习乡村振兴的先进经验做法，提升履职效能，为加快推进湘桥现代化建设贡献致公力量。

【海内外联谊】 2023年，致公党湘桥区支部鼓励党员充分发挥自身优势，秉承“致力为公、侨海报国”的宗旨使命，积极主动开展各种形式的海内外联谊活动，加强沟通，敦睦乡谊。党员们通过线上等联系方式与自己的潮籍华侨、侨属保持密切联系，做好海内外联络工作，了解海外同胞的思想动向和对家乡的精神需求，向海内外亲友宣传家乡高质量发展情况，鼓励其为家乡做贡献。

（致公党湘桥支部）

群团组织

湘桥区总工会

【工会概况】 2023年，湘桥区新组建基层工会38个，新发展工会会员182名，对53个基层工会组织进行民主换届。截至2023年底，全区有259个工会组织在“粤工惠”平台上注册，会员9554人。

【区工会第六次代表大会】 2023年12月25日，湘桥区工会第六次代表大会在区党政机关会堂召开。大会审议并通过潮州市湘桥区总工会（以下简称区总工会）第五届委员会工作报告、财务工作报告和经费审查委员会工作报告，选举产生区总工会第六届委员会委员和经费审查委员会委员。

【困难职工帮扶情况】 2023年，区总工会筹集帮扶资金39.45万元，对592名困难职工进行帮扶慰问。1月，在市委领导代表省领导赴基层开展慰问活动期间，区总工会争取省资金5万元慰问潮州市特需商品供应总公司职工200多名。

【评先评优工作】 2023年，区工会系统评先评优工作蓬勃开展。由区总工会推荐的潮州市柏斯特服装有限公司研发部被评为“全国工人先锋号”；广东顺大食品调料有限公司获授广东省五一劳动奖状；何梓鹏、吴义永获授广东省五一劳动奖章；丁庆文被评为潮州市优秀工会工作者；陈春权被评为潮州市优秀职工之友；黄韬被评为潮州市“最美工匠”。由区总工会推荐的潮州市湘桥区阳光实验学校工会委员会被评为潮州市模范职工之家；谢纯名教师工作室工会小组被评为潮州市模范职工小家；潮州市紫莲森林度假村有限公司被评为潮州市第二批技术工人疗休养基地；广东翔鹭钨业股份有限公司被评定为潮州市幸福企业试点；潮州市湘桥区春城楼社区工会爱心驿站、潮州市湘桥区高厝塘工会爱心驿站被评为省级户外劳动者工会爱

▲2023年，锚定高质量·激发“心”动能。广东工会送百场心理团辅进基层活动在湘桥区城西中学举办　（区总工会 供）

心驿站；潮州市柏斯特时装有限公司工会委员会爱心妈妈小屋被评为省总工会爱心妈妈小屋；潮州市威洋新能源科技有限公司万顺叫车被评为潮州市司机之家；意溪镇桂坑村、坪埔村被定为潮州市工会疗休养基地合作单位。

【职工活动】 2023年，区总工会分别在柏斯特时装有限公司、翔鹭钨业股份有限公司和城西中学举办党的二十大精神宣讲活动，引导广大职工听党话、跟党走。举办心理健康知识讲座3场，包括“认识情绪 加强情绪管理”心理健康知识讲座、“‘更’爱女性留住芳华”健康知识讲座、“锚定高质量 激发‘心’动能”广东工会送百场心理辅导团进基层活动等开展形式多样的温暖交流活动。4月19日，开展新业态行业工联会集中入会暨送温暖活动；4月28日，在同仁新世纪实验学校举办“大美潮州·活力湘桥”——2023年湘桥区职工庆五一拔河比赛，共有13支队伍参赛，凤新街道总工会代表队获一等奖，官塘镇总工会代表队获二等奖，区教育局工委会代表队获三等奖；5月31日，在潮州市威洋新能源科技有限公司（万顺叫车）开展新就业形态劳动者送温暖活动，为新就业形态劳动者送出慰问品一批；6月3日，举办“湘遇·湘约”青年人才交流联谊活动，丰富辖区青年人才精神生活，促进青年人才交流互动。8月2—4日，组织20名在疫情防控中坚守一线的职工到潮州凤凰谷恺德苑开展技术工人和先进职工疗休养活动。

【工会干部培训】 2023年3月29日，区总工会举办工会组建工作业务培训班，进一步提升工会干部的理论水平和业务能力，促进基层工会规范化建设水平的提高。各镇（街）总工会、区直各工委会主席、业务骨干及全区社会化工会工作者近40人参加培训。

【技能竞赛】 2023年，区总工会举办潮绣技能培训和比赛、卫生健康系统职业技能竞赛，承办潮州菜厨艺职工职业技能竞赛。11月9日，区总工会组队参加潮州市职工心理健康服务大赛，获团体三等奖，个人二等奖、三等奖各1名；12月14—15日，组队参加潮州市第二届集体协商竞赛，获第三名。

（区总工会）

共青团潮州市湘桥区委员会

【团委概况】 2023年，共青团潮州市湘桥区委员会（以下简称：团区委）新发展团员980名，7673名同学加入中国少年先锋队。巧借粤港澳大湾区红色小讲解员活动，选优红色宣传苗子11人，以讲好湘桥红色故事，推动红色基因薪火相传。成立湘桥区“两新”团工委，新建“两新”团组织12个，基层团组织总数从499个增加至674个，增幅35.07%。深化湘桥区12355青少年综合服务中心建设，顺利通过全国“维护青少年权益岗”复核，新增3个市级维护青少年权益岗创建单位。推动“湘桥区红领巾悦读书屋”“校外少先队组织试点建设”落地建设；打造新增6个“少先队校外实践教育营地（基地）”。城南中英文学校获评“申报示范”类“小平科技创新实验室”建设学校，南春中学刘博艺同学荣获“广东省优秀学生骨干”称号。“两红两优”评选活动，获得省级的先进集体和个人有3个，市级的先进集体和个人有25个，同时表彰我区“两红两优一佳”先进集体和个人59个、优秀志愿者和志愿服务组织18个。扎实推进思想作风转变与模范机关创建，开展新录用公务员廉洁教育现场教学活动，举办湘桥青年马克思主义者培养工程第一期培训班暨湘桥青年与政协委员面对面交流活动，引导青年干部树立正确的权力观、政绩观。团区委、团区委办公室获得湘桥区“五好”模范机关先进单位。

【团区委重要会议】

2023年2月15日，中国共产主义青年团潮州市湘桥区委员会（以下简称团区委）组织2022—2023年展翅计划社会实践的大学生、乡村振兴志愿者和“希望教师”志愿者等人才代表参加“群英荟萃·筑梦湘桥”——湘桥区“展翅计划”大学生就业创业暨青年人才座谈会。

2月27日，团区委召开2022年度湘桥区基层团组织书记述职评议工作会议。

4月27日，团区委举办纪念五四运动活动暨湘桥青年助力“百千万工程”行动工作部署会议，旨在赓续五四精神，引导广大青年树立远大理想目标，成为走在时代前列的奋进者、开拓者、奉献者，助力湘桥高质量发展。是日，团区委组织召开会议，传达学习习近平总书记视察广东重要讲话重要指示精神以及省、市、区相关会议精神，研究部署学习贯彻落实工作。

7月17日，共青团潮州市湘桥区非公有制经济组织和社会组织工作委员会（以下简称区“两新”组织团工委）成立大会召开。进一步强化辖区“两新”团组织的组织覆盖和工作覆盖，统筹做好全区“两新”组织团建工作，不断巩固扩大党执政的青年群众基础，促进辖区“两新”团组织健康发展。

7月25日，湘桥区举行2023年度“返家乡”暨“展翅计划”湘桥大学生暑期社会实践活动启动仪式，号召青年利用家乡资源创造条件，在实践锻炼中坚定理想信念、充实精神生活、增长知识才干，为湘桥高质量发展奉献青春力量。

8月11日，“‘湘’约返家乡 青春逐梦正当时”2023年湘桥区大学生暑期社会实践座谈会在广东金源光能股份有限公司召开，参与此次实践活动的近40名大学生代表齐聚一堂，畅谈工作感悟和收获以及对家乡发展的意见建议。

11月10日，团区委组织湘桥区广东高校毕业生志愿服务乡村振兴行动志愿者在意溪山下营地开展湘桥青年马克思主义者培养工程第一期培训班暨湘桥青年与政协委员面对面交流活动，旨在深入贯彻落实党的二十大精神，强化为党育人责任，坚持马克思主义在意识形态领域的指导地位，巩固和扩大党的青年群众基础，培养具有忠诚的政治品格、浓厚的家国情怀、扎实的理论功底、突出的能力素质、忠恕任事、人品服众的青年政治骨干。

11月30日，湘桥区广东高校毕业生志愿服务乡村振兴行动志愿者座谈会和湘桥区广东高校毕业生志愿服务乡村振兴行动志愿服务队队长工作推进会召开，建立“一必提”“两必访”“三必谈”（涉及志愿者安全管理的事项必须提醒；生病住院时必访、遭遇较大困难时必访；新人到岗必谈、个人思想较大波动时必谈、年度总结时必谈）机制，关心关怀湘桥区乡村振兴志愿者。

12月22日，团区委召开湘桥区中长期青年发展规划实施工作联席会议第三次全体会议，学习宣传贯彻党的二十大精神和习近平总书记关于青年工作的重要指示精神，贯彻落实区委、区政府《关于印发〈湘桥中长期青年发展规划（2022—2025年）〉的通知》等文件精神。

【团建活动】

以五四精神助力“百千万工程” 2023年4月27日，团区委举办纪念五四运动活动暨湘桥青年助力“百千万工程”行动工作部署会议，号召全区各级团组织充分发挥共青团的组织、动员和思想引领优势，紧紧围绕区委中心工作，助力“百县千镇万村高质量发展工程”，打造“团”聚英才“强磁场”，助推城乡区域协调发展；勉励广大青年传承

和发扬五四精神，积极投身推动湘桥高质量发展的事业中。5月，印发《关于印发〈湘桥青年助力“百县千镇万村高质量发展工程”方案〉的通知》，成立湘桥青年助力“百县千镇万村高质量发展工程”行动工作专班，全面推动湘桥共青团助力“百千万工程”行动。

深圳福田对口帮扶联系 2023年，团区委与团深圳市福田区委签订《助力“百千万工程”结对协议书》，加强两地青少年交流，互相关怀，在青年服务、青年创业就业、公益志愿服务、共青团、少先队工作改革等重点领域开展结对协作，助力“百千万工程”。

校地合作 2023年，团区委与韩山师范学院团委合作，就社区实践共建签约结对，为青年大学生到社区报到，参与社会治理、骨干兼职、志愿服务，助力地方社会高质量发展提供平台。与韩山师范学院历史学院、区政协开展校地合作挂牌仪式，召开校地合作调研座谈会，共商广济桥文创市场、为实施非遗与文创产品融合寻找发展思路。指导桥东街道与韩师地理科学与旅游学院和潮菜学院的“高质量发展潮州桥东街道特色旅游带实践队”，以“校地共商”方式为街道规划设计“农”“旅”双全乡村旅游新线路。携手意溪镇团委、西都小学与广东工贸职业技术学院共建大学生社会实践基地，引导大学生在实践中努力增长才干，进一步加深双方在服务三农、乡村振兴、推动“百千万工程”高质量发展上的协作融合，将“三下乡”暑假社会实践活动做出品牌、做出实效。活动受到新华网、南方网、南方+、羊城派、潮州+、潮州共青团等多家媒体平台的宣传报道。

团团结对共建 2023年寒假期间，团区委与团番禺区委签订结对共建合作协议，共建番禺—湘桥候鸟志愿服务队、番禺—湘桥三乡行动人才联络站。引导番禺—湘桥候鸟志愿服务队开展湘桥区人才返乡就业创业现状与支持机制的调研活动，参加“‘湘’约返家乡 建功‘百千万’”座谈交流会、“凤凰归潮”——潮州青年人才寒期大学生社会实践企业观摩学习活动。推动志愿服务队参加“绿美湘桥·青年先行”植树护绿志愿服务活动、创文创卫与禁毒普法志愿宣传活动、春节古城文化旅游志愿服务活动等，深入推进湘桥籍青年在两地协同发展，助力“百千万工程”。

【少先队工作】

强化少先队员政治引领 2023年，团区委推进“红领巾爱学习”覆盖面，旗帜鲜明培养共产主义接班人。夯实少先队组织基础。实施分批入队，开展“今天我入队，向习爷爷说句心里话”“清明祭英烈”等主题队日活动。选树优秀典型，2023年度全国红领巾中队，湘桥区兴华学校五（7）中队、湘桥区城南小学四（1）中队上榜；昌黎路小学林芮依在全国“红领巾讲解员”交流展示活动中获一等奖；2022—2023年度少先队先进集体和个

▲ 2023年，湘桥区开展青少年禁毒宣讲员培训营活动（团区委　供）

人，湘桥区共有3个集体和4名个人获得省级荣誉、16个集体和34名个人获得市级荣誉；第八届寻找“最美南粤少年”活动，我区1名优秀少年获得“最美南粤少年”提名奖，16名优秀少年获得“最美凤城少年”称号，42名获得“最美湘桥少年”称号。

加强少先队社会化阵地建设。2023年新增6个少先队校外实践教育营地（基地），就近就便服务少先队组织和少先队员。用好广东红领巾基金扶贫助困和助推少先队工作发展的积极作用，9月27日在湘桥区磷溪镇三村小学举办“呵护童心 关爱成长”——情暖童心关爱山区儿童活动，助力乡村学子成长，营造全社会关心少年儿童健康快乐成长的良好氛围；12月1日，在凤新街道宏天社区长豪归仁图书馆举行湘桥区红领巾悦读书屋揭牌仪式暨捐赠图书活动，为少先队员提供丰富多样的图书资源和舒适的阅读环境，丰富少先队员的精神世界，提升少先队员的获得感和幸福感。12月，“校外少先队组织试点建设”项目阵地在凤新街道少工委高厝塘村湿地公园落地，购置少先队实践活动用品，为少先队开展校外教育实践活动提供好去处。

【青少年工作】

困难青少年帮扶工作　2023年，团区委组织爱心企业家开展“青春情暖·爱心助学”帮扶优秀困难大学生项目活动，资助9名困难准大学生45000万元；开展“圆梦计划”“希望工程”，圆青少年读书梦。积极响应区委、区政府实施“防返贫奔共富”计划的号召，筹措多方资源举办“迎春送暖 青春有爱”主题实践活动；积极开展“救心行动”，成功帮助先天性心脏病儿童申请“珍惜生命”基金会资助金，免费接受手术治疗。

预防青少年违法犯罪和12355关爱青少年健康成长　2023年，团区委常态化开展防溺水、消防安全等主题教育活动超200场次，增强青少年安全自护能力；加强《未成年人网络保护条例》等法治宣传教育，积极发动青少年参加第19届全国青少年学法用法网上知识竞赛，推动各基层团组织开展“青春自护”系列志愿活动。开展12355关爱青少年健康成长志愿服务活动41场次，组织81名学校法治辅导员开展安全教育活动，着力提升未成年人维护自身合法权益的意识和能力，预防和正确处理校园霸凌、校园性侵等问题；强化禁毒宣传教育，整合资源，联合多部门多措并举加强青少年毒品预防教育。全年联合区法院、区检察院等部门开展“青春不‘毒’行 健康向未来”“健康人生 绿色无毒”等主题教育活动225场次。

鼓励青少年参政议政　2023年，团区委积极发动全区青少年踊跃参加青少年模拟政协提案征集活动，引导青少年以青年视角、理性思维关注国家建设和社会发展。组织开展湘桥青年与政协委员面对面交流，引导青少年有序政治参与，进一步提高青少年政治参与能力。团区委分别获省、市两级2023年青少年模拟政协提案征集活动“优秀组织单位”表彰。

拓宽青少年服务面　2023年，团区委聚焦青年在文化生活、技能学习、身心健康等方面需求，深挖整合辖区资源，以共建共享形式开展合作，面向辖区青年提供文艺体育等公益性培训课程。联合康迪综合运动训练中心团支部举办湘桥区青少年综合运动训练营，助力青少年健康成长。聚焦青年交友、婚恋等需要，搭建机关、企事业单位广大青年交流沟通平台。组织“95后”青年干部到官塘镇顺大食品调料有限公司进行咖啡课程培训，在促进青年干部对咖啡文化、企业文化进一步了解的同时加强不同部门之间青年干部的互动交友；组织湘桥区党政机关、医院、银行、学校、重点企业等各个领域的80余名青年人才举办“湘遇·湘约”青年人才交流联谊系列活动，促进青年人才交流互动，帮助青年人才成在湘桥、爱在湘桥、留在湘桥，助力湘桥高质量发展。

【志愿服务】

多元化开展“河小青”巡河护绿志愿活动　2023年，团区委积极组织青少年志愿者开展“绿美湘桥播种新希望，党团携手共植青年林”主题植树活动，指导基层团组织开展义务植树志愿活动；联合学校、镇（街）、村（社区）和志愿者组织常态化开展“河小青”巡河护河志愿活动260场次，216名少先队员获得湘桥区红领巾“绿美湘桥”特色章，引领团员青年、少先队员、志愿者用实际行动践行绿色环保理念。

常态化开展古城文化旅游志愿服务活动　在2023年春节、元宵、五一、中秋国庆等节假日，团区委联合区文明办、区教育局、区妇联和潮郡文化志愿者联合会积极发动广大青年干部、青年教职员工、青年学生等2480人次参加古城志愿服务活动，开展禁毒、垃圾分类、创文创卫等宣传活动，派发12355青少年服务热线宣传单及宣传课程表、禁毒宣传画册、创文创卫宣传资料、防灾减灾救灾宣传手册等1万余份、青少年普法宣传袋超1000个；接到24宗儿童老人走失事件，协助找回23宗；接受景点、路线等问询近12851人次，站点提供临时休息、便民饮水、快捷充电等服务超8500人次，协助找回身份证8张，提供母婴室服务107人次。

多样化开展各类志愿服务活动　2023年，团区委积极开展创文创卫、“i我湘桥”我为群众办实事、学雷锋、“迎春送暖 青春有爱”等志愿服务活动，引导青年志愿者参与各类志愿服务活动。至2023年末，辖区注册志愿者34024名，注册志愿服务组织及团体450个，累计开展志愿服务活动15550场次，累计志愿服务时长1279072.07小时，人均志愿服务时长37.59小时。

【非公企业团建】　2023年，团区委推进“两新”团建工作，成立区“两新”组织团工委，将新兴领域作为重点推进范畴，与区市监局、区民政局沟通对接，掌握辖区规上企业、非公企业和已登记社会组织底数，调查摸底“两新”建团条件。2023年，两新领域新建团组织12个，其中非公企业8个，社会组织4个，新增社会领域团员44名，进一步推动两新团组织建设，扩大社会面发展团员比例。

【乡村振兴项目】　2023年，团区委深入实施广东高校毕业生志愿服务乡村振兴行动，招募选拔55名优秀高校毕业生深入辖区基层一线开展乡村振兴志愿服务行动，年度在岗乡村振兴志愿者58名；设立湘桥区项目办专员、三乡行动联络员和企业微信问题反馈联络员各1名；为每名乡村振兴志愿者配备1名工作导师；组建以乡村振兴志愿者为主体的乡村振兴志愿服务队7支，选拔7名优秀乡村振兴志愿者担任服务队队长并兼任基层团干部，进一步完善人才阶梯培养机制。鼓励青年参与基层治理。组织湘桥区广东高校毕业生志愿服务乡村振兴行动志愿者在意溪营地开展湘桥青年马克思主义者培养工程第一期培训班暨湘桥青年与政协委员面对面交流活动，结合广东省青少年模拟政协提案征集活动，以“助力乡村振兴，激活基层治理‘青春力量’”为主题，邀请区政协委员、区农业农村局副局长与各位乡村振兴志愿者面对面交流，探讨有关志愿服务乡村振兴行动中存在的问题和建议，为湘桥高质量发展赋能蓄势。

【从严治团】　2023年，团区委多措并举推动县域共青团基层组织改革落地见效。坚持党建引领，紧盯任务目标，抓好主线重点，坚持问题导向，聚焦加强团的工作力量、夯实团的组织阵地、强化团的组织功能、规范团员教育管理等改革关键点，选优配齐基层团组织人员力量，壮大辖区团干部队伍，完善团干部考核机制，激发基层团干部履职积极性。深入推进各领域基层团组织建设，有效扩大团工作的覆盖面，健全组织体系。深度落实全团带队，严格把控团员入口关、严抓团员教育，不断完善团的实践育人机制。聚焦党政中心大局，以服务高质量发展和青少年健康成长为工作落脚点，以“助力乡村振兴、助力基层治理、助力青年成长”为抓手，扁平化项目化推进共青团工作，不断提升团的“三力一度”（组织力、引领力、服务力和大局贡献度），以改革新成效推动湘桥共青团事业创新发展。

【青少年禁毒宣讲员培训营】 2023年，团区委创新开展“青春不‘毒’行 健康向未来”湘桥区青少年禁毒宣讲员培训营，对76名青少年进行14天培训，共有52名少先队员完成学习并获得少先队特色章“湘桥区禁毒宣传小卫士章”；通过考核选拔聘请17名“湘桥区禁毒宣传小使者”，让青少年从禁毒知识“接受者”转变成主动传播禁毒知识的“宣讲者”，增强青少年的社会责任感和使命感。活动得到“学习强国”平台、“潮州禁毒”公众号等多家媒体宣传报道。

【“青年夜校”】 2023年，团区委打造湘桥“青年夜校”，服务青年发展需要，进一步发挥共青团组织育人和实践育人优势，聚焦青年理论提升、文化生活、素质教育、技能学习等开展多种文化服务，创新青年学习方式，拓宽青年服务平台阵地，打造属于湘桥青年的公益性夜校，丰富青年业余文化生活，提高青年整体素质。至2023年底，开展非遗钩花和综合体能训练团课等培训课堂2期。

【广东青年大学生“百千万工程”突击队行动】 2023年，团区委实施广东青年大学生“百千万工程”突击队行动，打造“基层出题、高校揭榜、滚动推进、长期结对”的“学校＋县镇街”合作模式，建立校地结对共建的实践育人平台，发动湘桥区各基层团组织紧扣本地“百千万工程”主攻方向，聚焦岭南特色产业、乡村集体经济、绿美广东、科技服务、乡村规划建设、文化创意保育、古建筑活化、乡村公共服务、决策咨询等服务领域，提出助力区域经济社会发展的项目需求，与汕头大学、广东外语外贸大学、广东工业大学等14支高校突击队伍近200名大学生结对推进14个项目建设，为助力“百千万工程”汇聚磅礴的青春力量。

（团区委）

潮州市湘桥区妇女联合会

【妇联概况】 2023年，潮州市湘桥区妇女联合会（以下简称区妇联）开展“巾帼大宣讲”等群众性主题宣传教育活动43场次。在“湘桥妇联”微信公众号设置“巾帼大学习”栏目，选送“妇联好声音”，在全国妇联女性之声、“学习强国”、南粤女声、南方＋、羊城晚报等主流媒体平台推送信息50余条。中国妇女十三大精神宣讲走进“美丽庭院”示范村意溪镇坪埔村得到全国妇联女性之声宣传。开展“岗位建功”先进集体（个人）培树推选工作，选树一批市、区三八红旗手（集体）等先进典型63个，区城管执法局廖莎获评全国巾帼建功标兵；城西中学综合教研组获省“巾帼文明岗”称号；太平街道文明实践巾帼志愿阳光站入选全国文明实践巾帼志愿阳光站；南门社区被评为省最美巾帼志愿服务社区。截至2023年12月31日，湘桥区机关事业单位在编女性3991人，其中公务员531人；副科级以上女干部110人，其中正科级女干部20人，副处级女干部 5 人。

【妇女儿童关爱活动】

做好妇女儿童维权工作 2023 年，区妇联开展“妇女权益保障法基层行”、维权周普法宣传、禁毒教育、模拟法庭、儿童预防性侵公益课程等线上、线下活动。举办“建设法治潮州·巾帼在行动”30 场次，成功举办全省首场“关爱女童 护苗成长”课堂剧演出。常态化开展婚姻家庭矛盾纠纷预防化解，扎实做好走访排查、发现报告和维权帮扶等工作，把维权工作做在平常，抓在经常，落到基层。全年排查纠纷 15 宗，化解纠纷 15 宗；受理妇女群众来访 29 件，提供法律咨询 30 场次。“湘桥区妇联运用‘茶文化六步调解法’化解一起家庭纠纷”被“潮州司法”公众号报道。区妇联在 2023 年度湘桥区国家机关“谁执法谁普法”履职报告评议中排名第一。

优化妇女儿童发展环境 2023 年，湘桥区成功入选首批省级儿童友好示范区。区妇联结合实施新一轮妇女儿童发展规划，牵头制订《湘桥区建设省级儿童友好示范区实施方案》，分解指标任务，夯实各成员单位责任；发布儿童友好示范区 LOGO 标识，举办儿童友好绘画作品展；成立儿童议事会（阳光团），围绕非遗文化、校园欺凌等主题开展儿童“研学 + 议事”活动，引导儿童发现城市建设中细小问题并提出意见建议，引入“一米高度看城市”的儿童友好理念；打造“湘艺湘趣”品牌，推进儿童友好基地、友好街道创建工作。潮州市潮響鼓社、潮州市湘桥区快乐幼儿园入选省儿童友好基地。

加大妇女儿童关爱力度 2023 年，区妇联主动链接爱心企业、女企业家等社会资源，慰问困难群体约 463 人次 38.8 万

▲2023 年 3 月 7 日，湘桥区各界妇女纪念“三八”国际妇女节 113 周年大会暨表彰大会在区政府一楼机关会堂举行 （区妇联 供）

元。关注女性健康，打造“联心课堂”，开展女性职场舒压、家长健康心理等教育活动，为全区3.6万名女性赠送“两癌”健康公益保险，为全区5000名适龄妇女提供免费“两癌”筛查。启动儿童成长关爱计划，开展儿童健康筛查服务，完善儿童健康服务体系。利用三八妇女节、六一儿童节等时间节点，举办亲子趣味运动会、森林分享会等，开展剪纸、茶艺、潮绣、猜灯谜等非遗进校园和“粽香端午情”等活动，丰富广大妇女儿童文化生活。

【妇女创业就业服务】 2023年，区妇联多措并举为辖区妇女创业就业提供各项服务。举办女企业家代表谈高质量发展座谈会，走访女企业家代表、区妇联执委，选派2名优秀干部担任驻企服务员；深入实施妇女创业小额担保贷款贴息项目，为11名妇女托起巾帼创业梦，发放贷款110万元；抓实女性人才工作，做强乡村振兴巾帼行动，开展以家政保洁、婴幼儿照护、新媒体短视频直播等为主要内容的妇女技能培训15期，开发“妈妈岗”2个；谢秀华潮绣艺术工作室被命名为2023年广东省妇女手工创业创新基地；陈丽敏、谢秀华三八红旗工作室被命名为2023年潮州市三八红旗工作室。

【妇联组织建设深化】 2023年，区妇联首次在法律服务机构、行业协会、社工站等领域成立妇女组织，全区新成立妇联、“妇女之家”“妇女微家”等妇女组织13个。多次开展基层妇联干部培训，提高全区妇联干部的履职能力和工作水平。打造“潮·媳妇”“巾帼同建 和美磷溪”项目，实施宣传、培训、送法、关爱、活动到家等“五个到家”服务，提升“妇女之家”建设水平和服务能力。打造“姐妹茶话会 大家议起来”妇女议事会品牌，全年开展妇女议事会692场次，助力市域社会治理现代化建设。成立“三有”（有爱心、有经验、有威望）的老人志愿队伍173支，有效发挥“三有”老年妇女在家庭建设、乡村治理等方面的优势和特长。

【家庭家风家教建设】

建设好家庭　2023年，区妇联常态化开展寻找“最美家庭”活动、评选文明家庭、创建健康家庭。辖区黄晓漫家庭获评全国最美家庭、何洪霖家庭获评第十七届广东省书香家庭，11户家庭获评市“最美家庭”“文明家庭”。区妇联积极搭建交友交流平台，举办“湘遇·湘约”青年人才交流联谊活动和“爱的幸福指南”系列讲座，倡导新型婚育文化。

传播好家教　2023年，区妇联联合区检察院成立家庭教育指导服务站，制定《关于在办理涉未成年人案件中联合开展家庭教育指导的工作机制》，组建家庭教育指导服务队，及时、有效开展家庭教育干预和指导。

弘扬好家风　2023年，区妇联深入实施潮州市家庭教育“一十百千万”工程，常态化开

▲2023年8月17日，“一路‘童’行‘湘’未来”湘桥区儿童友好示范区工作推进会暨儿童友好示范区标识发布会在潮州市快乐学前教育集团凤新园举办
（区妇联 供）

展家庭阅读、家庭教育、家庭关爱、家庭助廉等活动256场次。在革命母亲李梨英故居打造市级家教家风实践基地；举办“学习新思想 传承好家风”潮州市好家风故事分享会、“故事妈妈”主题故事会，深化“青叶子”家长课堂、“绘本妈妈”培训工程等品牌建设，每周定期举办公益免费的家庭教育素养课堂和亲子阅读活动，普及科学教子理念。

【绿美家园建设】 2023年，区妇联将“美丽庭院”创建作为助力“百千万工程”的有力抓手，举办“美丽庭院”专场“姐妹茶话会”，协助举办潮州市“美丽庭院”创建工作现场会，展示湘桥妇女生产的农产品、手工艺品，助力乡村振兴。其中，凤新街道高厝塘村获“美丽庭院”省级示范村称号，林楚英等8户家庭获省“美丽庭院”示范户称号，助力“绿美湘桥”建设；以“家越美 粤幸福”项目化建设为示范带动，开展“清洁卫生我先行”“绿色生活我主导”“家人健康我负责”“文明家风我传承”的美丽家园四大行动；全年开展“同植幸福树 共建绿美家”植树活动17场次，广泛动员全区妇女、家庭、儿童爱绿植绿护绿。

（区妇联）

湘桥区科学技术协会

【科协概况】 2023年，湘桥区科学技术协会（以下简称区科协）在区委区政府的领导下，坚持以习近平新时代中国特色社会主义思想为指导，认真贯彻落实上级一系列决策部署，围绕中心，服务大局，聚焦主业，争先创优，取得一定成效，获省级荣誉工作4项。

【科技工作者服务】

培优选优　2023年，湘桥区3名科技工作者入选市级科普讲师团，分别为韩溪眼科医院刘应鹏、颐陶轩潮州窑博物馆李炳炎和意溪中学廖淑银，其中韩溪眼科医院刘应鹏入选省科普讲师团成员。区科协推选2名市级“最美科技工作者”为省科协“十大”代表；推选20名科技工作者、科普工作人员、乡土人才当选市科协新一届代表，为全市科技创新和高质量发展献言献策。凯普生物公司李烈军、金源照明公司陈育2名科技工作者获市“最美科技工作者”称号。

走访慰问　在2023年全国科技工作者日期间，区科协联合市科协到广东金源光能股份有限公司走访慰问辖区一线科技工作者，邀请辖区市级智库人才参加首次科技工作者座谈会，增强科技工作者的荣誉感、责任感和使命感。

社会氛围营造　2023年，区科协多次举办科普宣传活动，介绍钱学森、邓稼先、黄旭华等科学家的故事，组织观看科学家们的先进事迹视频。通过弘扬科学家的奉献精神，引导青少年尊重科学家、尊重科技工作者。

【科普阵地建设】

科普教育基地　2023年，湘桥区意溪中学、凤新街道百师园和桥东街道韩溪眼科医院入选市级科普教育基地；官塘镇佛手果文旅生态园入选省级科普教育基地。区科协联合区教育局、区工信局、区农业农村局，开展“学农学工学技”实践活动，创建首批区级研学基地17个。

科普场景创新试点　2023年，区科协推荐太平街道开元社区科普场景创新试点项目入选省科协年度基层科普行动计划。社区打造便捷的科普活动阵地，设置科普宣传栏2处、科普宣传展板20幅，购置图书50册、宣传资料1000份，营造科学文化氛围，方便群众学习交流。全年围绕“绿色生态”“探索植物基因”“科学养生”“垃圾分类”等主题，开展科普活动13场次，惠及群众600多人次。

【科普宣传】

2023年，区科协联合各部门开展科普宣传活动32场次，受众7300多人。

创新“科普+”模式　2023年2月3日，区科协联合市科协、太平街道在全国科普示范社区开元社区举办“绿美社区欢度元宵”科普实践活动。现场包括科普宣传、非遗制作学习、绿美知识传播等系列环节，将自然知识、环境保护、卫生健康、食品安全等与群众息息相关的科普知识融入潮州非遗传统文化，为节日气氛增添科普元素。

科普助推创卫　2023年5月20日，区科协联合太平街道、开元社区开展“持续推进垃圾分类 助推绿美社区高质量发展”科普惠民实践活动，助推湘桥区创建国家卫生城市工作，增强社区居民生活垃圾分类意识，养成良好卫生习惯。活动现场设置垃圾分类打卡宣传板和手持打卡牌以及人型玩偶，调动过往群众参与“垃圾分类大转盘”有奖竞答游戏并分发垃圾分类宣传单，讲解生活垃圾的分类类别、投放方式以及厨余垃圾有效处理等知识，使垃圾分类知识深入人心。

科普守卫健康　2023年，区科协联合各部门，整合科普资源，以“全国食品安全宣传周”“全民营养周”“全国科技活动周”“全国科普日”为契机，开展线上线下食品安全科普宣传活动5场次，传播普及食品安全健康科普知识。2023年5月24日，邀请汕头国际眼科中心潮州医联体、天伦口腔为社区老年人和青少年儿童免费检查眼睛、牙齿，并现场普及护眼、口腔保健知识。2023年5月联合凤新街道万绿社区、蓝天救援志愿者协会到城南中英文学校、城南实验中学开展“珍爱生命 预防溺水”进校园安全教育专题讲座，提高师生安全意识。2023年9月14日，区科协联合区委统战部、太平街道、潮州市健康产业促进会围绕“提升全民科学素质助力科技自立自强”活动主题，在城区双忠庙新时代文明实践点举办“呵护脊柱·关爱健康”科普惠民实践活动。邀请医护团队就如何做好脊柱的日常呵护进行教学，并现场为居民群众检查脊柱情况，提出个性化建议及派发保健药品。针对老年人和青少年儿童两类重点人群，开展健康科普公益活动。

青少年科普主题活动　2023年，区科协将“全国科技活动周”和“全国科技工作者日”联动，联合各部门和动员社会力量，围绕“热爱科学 崇尚科学”主题，开展体验式科普活动。联合太平街道金山巷社区在社区党群服务中心举办“弘扬科学精神 点燃科学梦想”为主题的科普宣传活动，让青少年亲身体验科学魅力，通过自己动手拼接科技模型玩具，培养青少年的科学兴趣，激发科学的探索欲望，提高

▲2023年5月28日，湘桥区科协联合凤新街道万绿社区在科普教育实践基地——瓦力工厂开展“热爱科学 崇尚科学”为主题的全国科技活动周活动
（区科协 供）

动手和实践能力，提升科学素养。联合凤新街道万绿社区在科普教育实践基地——瓦力工厂开展以“热爱科学 崇尚科学”为主题的科普宣传活动。活动现场设置闯关游戏，让青少年儿童通过参与体验、闯关，培养专注力，提升成就感，并在动手操作过程中感受科技的魅力。坚持科技赋能，推动科普助力“双减”，在意溪中学、城西中学、凤城中英文学校、新桥路小学、橡埔基础小学等5所学校开展“全国科普日”暨知识产权科普宣传进校园活动。通过开展主题班会、设置宣传栏、阅读科普书籍、观看科普影片、举办绘画比赛、科技创作等活动提高青少年的科技素养、创新能力和保护知识产权意识。活动收到作品295件，评出一、二、三等奖3个名次共155个。

【全民科学素质大赛】 2023年，在第四届广东省全民科学素质大赛中，湘桥区科协通过精心组织，广泛动员，组织9万多人参赛，参与人数超过全市60%，被市科协授予“优秀组织单位”，并获广东省全民科学素质纲要实施工作办公室通报表扬。

【数字科普】 2023年，区科协积极开展“数字潮生活”数字技能社区科普服务。联合区医保局、开元社区开展“党建引领 医保为民”“数字潮生活”暨全国科技活动周活动。组织志愿者为现场群众普及医保政策、数字化促进社会发展等知识，同时宣传推广“粤医保”“粤省事”等数字政府相关产品和服务，就如何利用“粤医保”小程序办理广东省医疗生育保险查询、医保个人账户查询、城乡居民医保参保登记、居民医保在线缴费、医保关系转移、参保凭证打印、异地就医备案等业务进行详细讲解，助力社区居民通过数字化提升生活质量，提升群众数字资源获取、使用的能力。联合市科协、市计算机协会、市公安局、万绿社区开展“数字潮生活”数字技能进社区科普讲座。邀请市计算机协会为社区居民授课，用浅显易懂的语言、以身边的数字化故事为社区居民介绍数字化生活。邀请市公安湘桥分局民警为社区居民普及反诈知识，防范网络诈骗，帮助注册“金钟罩”反诈小程序，为老年群众反诈提供帮助。

（区科协）

湘桥区文学艺术界联合会

【协会规范化建设】 2023年，湘桥区文学艺术界联合会（以下简称区文联）为更好发挥文联组织团结引导、联络协调、服务管理等作用，加强与区民政局沟通协调，及时将《申请成立登记全省性社会团体业务指引》转发给各协会，积极推动各协会登记注册工作，确保各协会规范化管理。截至2023年12月，文学、美术、书法、摄影协会完成登记注册。

【文艺活动】 2023年春节前夕，区文联联合区委宣传部举办“我们的中国梦·文化进万家”2023年迎新春文化惠民系列活动、2023年湘桥区迎春“灯谜会猜”、元宵棋类擂台赛、送春联等活动，进一步丰富广大群众节日精神文化生活。5月，举办“和美乡村 湘桥风采”湘桥区纪念“5·23”讲话81周年美术书法摄影展，在市人民广场文化长廊、基层学校、文化站、新时代文明实践站等巡回展览，展示湘桥区乡村文化振兴成就，线下参观人数近万人，线上展览阅读量近5万人。

9月，联合区委宣传部、区委统战部开展以“全面深入学习宣传贯彻党的二十大精神，有形有感有效铸牢中华民族共同体意识”民族团结为主题的作品展览活动；开展“美丽乡村摄影大赛”活动，为湘桥区推进“百千万”工程高质量发展树典型、立榜样，展现建设宜居宜业和美乡村成就。10月，举办“我们的节日·重阳”2023年湘桥区“文化赋能 乡村振兴”文化走基层活动，通过“最美夕阳红”、潮剧表演、潮州讲古等传统文艺节目演出，结合现场开展志愿服务和非遗体验活动，丰富老年精神文化生活，传承弘扬尊老敬老的传统美德，为乡村振兴赋能添彩。

【文艺创作】 2023年，区美术家协会会员陈少群创作的《乡土记忆》，入选“第八届全国画院美术作品展览”并获优秀(晋京)作品、第十五届广东省艺术节优秀美术书法作品展”铜奖，《阳光下的我们》《又见春天》分别入选“2022·美丽湾区——全国中国画、油画、动漫作品展”“广东第八届当代油画艺术展”，后者获铜奖(李铁夫创作奖)。区作家协会会长余史炎创作的《访山问水（组诗)》在《散文诗世界》上刊登，《中年日记（组诗)》在《诗词》上刊登；陈小丹创作的《邮票上的档案史》在国家档案局“奋进新征程 兰台谱新篇”征文比赛中获优秀奖，《“玻璃”身躯跳动着大爱之心》在广东省第五届红色日记征文大赛获优秀奖。区书法家协会陈钊熳创作的《古诗一首》在“翰墨薪传”第三届广东省书法教师书法作品展中获三等奖；丁有忠创作的书法作品入展广东省第三届楹联书法作品展。区戏剧协会杨清波、许瑾英编排的现代小潮剧《一米阳光》获广东省群众文艺作品评选戏剧类二等奖、潮州市2022年度群众文艺作品评选一等奖。区摄影家协会会员郑曼霞拍摄的《乡村健康守护者》在广东省退伍军人服务厅、南方日报社主办的“寻找心中那抹橄榄绿——致敬南粤老兵”主题摄影作品大赛中获优秀奖。

▲2023年5月22日，湘桥区纪念“5·23”讲话81周年“和美乡村·湘桥风采”美术书法摄影展 （区委宣传部 供）

【文艺交流】 2023年，区文联围绕《潮州市湘桥区实施文化强区促进人民精神生活共同富裕行动计划（2022—2025年)》，坚持以文化人、以文育人、以文培元，充分发挥各文艺协会优势，着力挖掘本土文化元素，策划推出一系列文化艺术交流活动。与湘桥区委宣传部、南方报业传媒集团潮州记者站联合举办2023年“礼遇好人”与道德模范现场交流暨“为你朗读”分享大会，现场为好人颁发“道德传家宝”和“好人礼遇卡”各39份，为23家“好心商家”提供38项优惠服务。

【“第八批广东省古村落”认定】 2023年，区文联根据《关于开展第八批广东省古村落申报工作的通知》精神，在深入挖掘辖区古村落历史文化的基础上，积极发动各镇街有条件的乡村进一步梳理古村落的历史人文、民俗文化、宗族文化等资料进行上报，经专家组实地考察和评审，意溪镇锡美村、铁铺镇八角楼村、官塘镇巷下村3个村最终被成功认定为第八批广东省古村落。

（区文联）

湘桥区残疾人联合会

【残疾人概况】 2023年，湘桥区有持证残疾人6440人。按残疾类型划分：视力残疾525人，占8.2%；听力残疾305人，占4.7%；言语残疾118，占1.8%；肢体残疾2460人，占38.2%；智力残疾630人，占9.8%；精神残疾1845人，占28.6%；多重残疾557人，占8.7%。按残疾等级划分：一二级重度残疾5140人，三四级轻度残疾人1300人。

【残疾人保障政策】 2023年，潮州市湘桥区残疾人联合会（以下简称区残联）会同区民政、人社、医保部门，建立残疾人基本民生保障网。全面落实残疾人“两项补贴”政策，5123名残疾人享受重度残疾人护理补贴，1163名残疾人享受困难残疾人生活补贴；将5110名重度残疾人列入医疗救助对象并对符合条件的残疾人参加城乡医疗保险给予资助，3239名智力、精神和重度残疾人由政府代缴城乡居民基本养老保险，确保“老有所养”“病有所医”。发放重度、精神和智力残疾评定补贴45人6750元，发放残疾人机动轮椅车燃油补贴1人260元，发放0—6岁聋儿人工耳蜗手术补助1人1.5万元。

【助残慰问活动】 2023年，区残联充分发挥自身职能和资源优势，争取各级财政及爱心组织、热心人士的支持，在春节、助残日等重要节日开展各类走访慰问活动，入户了解贫困残疾人生活情况，及时解决存在问题。定期开展慰问“以老养残”困难户（由广东狮子会韩江服务队和潮州健身气功站资助）、“助残义剪”、义医义诊等助残项目和残疾人政策宣传活动，营造关心关爱残疾人的良好社会氛围。全年慰问困难残疾人700多人次，慰问资金近40万元；组织政策宣传活动8场次。

【残疾人康复服务】 2023年，区残联围绕提高康复服务覆盖率，全面优化工作措施，积极开展儿童康复救助、辅具适配、居家康复、肢体康复、免费服药等康复服务项目。全区精准康复服务率为100%，辅具适配率为100%。

提升残疾儿童康复救助工作质量 先后对76名符合救助条件的0—6岁残疾儿童进行康复救助，全区残疾儿童康复基本做到“救早救小”和“应救尽救”。

扩大残疾人辅助器具适配范围 紧盯残疾人康复辅具个性化服务需求，新增矫形鞋、假肢适配项目，为195名残疾人申请轮椅、助行器等辅助器具共226件。其中区级适配的有140人170件，切实改善残疾人的生产

▲2023年10月26日，湘桥区残联、湘桥区卫健局在恒大福达幼儿园联合举办残疾预防宣传系列活动 （区残联 供）

生活状况，提高其参与社会生活的能力。

拓展残疾人社区康复服务空间　2023年，区残联委托恒爱社会工作服务发展中心为25名肢体残疾人提供上门康复训练、康复护理和社会工作等综合康复服务，另外委托磷溪卫生院、金山社区卫生服务中心为18名肢体残疾人开展免费精准康复服务，通过提供针对性、个性化服务，最大程度地帮助残疾人恢复功能，提高残疾人生活质量，缓解残疾人家庭压力。

【残疾人信息动态管理】　2023年，区残联切实维护好残疾人的合法权益，用心用情为残疾人办好事、办实事。加大残疾人证办理和政策宣传力度，简化残疾人证办证流程，开展“帮代办”服务，全年受理残疾人证相关事项747件，办结率为100%。着力解决严重失能、出行不便等残疾人评残办证难的实际问题，采取“集中＋入户”服务方式，变“坐堂问诊”为“上门巡诊”，使残疾人足不出户就能享受到“舒心、贴心、放心”的“零距离”暖心服务。全年开展集中（入户）评残服务10场次，服务人数100人。开展持证残疾人基本状况调查。全年举办区级培训班1期，指导镇（街道）级培训班9期，参加培训人员200人，完成6385名残疾人信息采集工作，通过逐一入户调查，将残疾人基本信息、住房、教育、就业、社会保障、基本医疗与康复、无障碍、文化体育等方面的基本状况和服务需求进行详细登记和核实，有效分析残疾人群体的基本需求，为区委区政府发展残疾人事业决策提供重要参考依据。

【残疾人就业服务】　2023年，区残联加强残疾人就业创业政策宣传，认真开展残疾人就业年审工作，做好高校残疾人毕业生4个“百分百”（“百分百”建档、“百分百”调查、“百分百”服务、“百分百”跟踪）就业服务，摸查有就业意向残疾人并组织开展就业培训服务等，多措并举营造支持残疾人就业创业的良好氛围；帮扶有就业意愿和有条件的残疾人通过技能培训、政策宣传、创业扶持、就业招聘等多种形式实现再就业再创业。全年完成144家用人单位残疾人就业保障金年审工作，安置残疾人260人。组织失业残疾人参加招聘会4场，开展“走访拓岗促就业”活动，深入机关事业单位和企业等用人单位开展各种形式的走访活动11次；超额完成年度新增就业任务，其中城镇新增就业131人，完成年度任务的311.9%；农村新增就业113人，完成年度任务的434.6%。

【残疾人教育培训】　2023年，区残联鼓励残疾人接受高等教育，帮扶残疾人大学生顺利完成学业，促进其更好地就业和参与社会生活。全年资助符合条件的大学生4名，资助金合计4.5万元。为提高残疾人就业技能，拓宽残疾人就业创业渠道，举办农村贫困残疾人实用技术培训和职业技能培训班7期，受益130人；推荐44名残疾人参加市举办的各类职业技能培训班。

【残疾人文体活动】　2023年，区残联扎实推进残疾人文体活动广泛开展，着力扩大残疾人文体活动覆盖面，不断丰富残疾人精神文化生活。4月，组织辖区6名残疾人到清远市参加广东省第九届残运会，其中，言语听力残疾人谢晓敏取得优异成绩，获得男子标枪第二名、60级铁饼第四名、60级铅球第四名，并获“体育道德风尚奖”。5月31日，联合区妇联、区文旅体局和区教育局在集德启智学校联合举办“为爱添翼 放飞梦想”——“慢飞天使”趣味运动会，通过文艺表演、亲子活动等，展现辖区特殊儿童自尊、自信、自强、自立的精神风貌。区残联被广东省第九届残疾人运动会组织委员会评为备参战省第九届残运会先进集体。

【助听公益活动】 2023年，区残联在深圳市联安达科技有限公司和壹基金——潮汕母亲慈善基金的大力支持下，圆满举办“让爱有声·助听公益”活动。活动为295名听障人士进行耳病筛查和听力检测，为276名符合条件者免费提供新产品聆感™仿生耳全频滤噪辅听器，并为54名有评残意愿的听障人士免费提供集中评残服务。

【肢体康复项目拓展】 2023年，区残联对全区符合条件的肢体残疾人群开展免费精准康复服务。在原来重度肢体残疾人居家康复服务项目的基础上，为残疾人搭建就近康复平台，把康复服务送到社区、家门口，为残疾人提供“零距离”服务，委托磷溪卫生院和金山社区服务中心开展肢体残疾人免费康复服务项目，进一步提高精准康复服务水平。

（区残联）

湘桥区归国华侨联合会

【侨联概况】 2023年，湘桥区有归侨106人，设有基层侨联会9个，建有“侨胞之家”10个[湘桥区“侨胞之家”、太平街道义兴社区居委会“侨胞之家”、西湖街道“侨胞之家”（太平街道辖内）、桥东街道社光村“侨胞之家”、官塘镇奕庵村“侨胞之家”、官塘镇石湖村“侨胞之家”、太平街道金山巷社区居委会“侨胞之家”、磷溪镇美堤村“侨胞之家”、意溪镇四宁村“侨胞之家”和官塘镇铺埔村“侨胞之家”]，成立全市首批侨联工作站5个（潮州市杨坚平非遗传统工艺博物馆、潮州市人才咖啡驿站、潮州市民福市场、广东日绅农业有限公司和潮州市潮彩研究院）。

潮州市湘桥区归国华侨联合会（以下简称区侨联）全年拜访、接待侨商乡贤28次、277人次；开展调研活动9次，陪同调研2次；帮助海内外侨胞寻根寻亲4位；协助解决涉侨房屋纠纷1件；举办侨界群众活动6场次、讲座1场次；开展侨联系统横向交流16次，其中走出去12次，请进来4次。区侨联主席谢淑川先后当选广东省第十一次全国归侨侨眷代表大会代表、中国侨联第十一届侨联会委员。

【党建带侨建】 2023年，区侨联坚持以习近平新时代中国特色社会主义思想为指导，全面贯彻落实党的二十大精神、习近平总书记视察广东视察潮州重要讲话重要指示精神和省委十三届三次全会精神、市委十五届六次全会精神，围绕落实省委1310具体部署和市委“一大引领、三大战役、六大提升”工作部署，深入开展学习贯彻习近平新时代中国特色社会主义思想主题教育，以党建带侨建，结合实际做好“侨”文章。

理想信念教育　区侨联党支部注重党性教育，坚持常态化、制度化开展学习，充分发挥“三会一课”等的教育作用，组织党员集体学习和个人自学。4月，在中共湘桥区直属机关工作委员会、共青团湘桥区委员会组织的2022年度区直单位“党支部+团支部”结对阅读学习小组评选中，区侨联与结对的共青团湘桥区太平街道上西平路社区支部委员会获“先进学习小组”称号。区侨联党支部开展党日主题活动，组织党员干部到唐伯元故居参观“颂唐伯元 倡廉政风”诗书暨非遗作品展，接受廉洁文化教育；到潮州市爱国主义教育基地——潮州市博物馆缅怀革命先烈，感悟初心使命；到湘桥区法院参观学习，开展廉政警示教育；到磷溪镇文化服务中心（湘桥区廉政教育馆）参观学习；到李厝祠开展“寻访红色印记 重温革命情怀”主题活动等。全年组织党日主题活动6场次，参加党员人数26人次。

横向互学合作　为进一步拓宽工作视野，区侨联活用“走出去”学习模式，于3月15日组织侨联兼职副主席、各镇（街）分管侨联领导、机关党员干部到揭阳市揭东区开展侨联系统党建带侨建参观学习活动，学习兄弟单位华侨文化平台建设和“侨联工作站”党建经验。7月20日至21日，赴深圳开展调研交流和招商引资推介活动并参观深圳市福田区统战事务中心和民族非遗博物馆，详细了解福田区统战系统依托中心开展的各类联谊活动和民族非遗活态化传承的创新举措。9月15日，接待郑州市侨联一行到百师园进行调研，并与登州市侨联举行《缔结友好侨联协议书》签约仪式。12月15—16日，到东莞市参加东莞市潮州商会成立庆典，拜访潮籍乡亲，凝聚潮人力量。

助力乡村振兴　2023年1月10日，区侨联联合大润发超市在官塘镇元房村开展“新春送暖”帮扶慰问活动，为困难群众送上慰问品和慰问金。3月7日，联合潮州男科医院志愿者服务队到官塘镇元房村开展“学雷锋精神展巾帼风采”主题党日暨庆三八妇女节活动，为老年群众提供健康咨询，介绍保健知识和预防疾病方法，并赠送食品、药品和慰问金。7月5日，区侨联党支部到北斗颐养院开展“6·30”助力乡村振兴帮扶慰问活动，为帮扶对象送上慰问品。9月21日，到官塘镇元房村开展中秋节脱贫户帮扶慰问活动。全年开展慰问困难群众活动6场次，慰问人数50余人。

【为侨服务】

侨胞节日慰问　2023年春节前夕，湘桥区委书记、区长向湘桥区籍海外侨领寄去春节慰问信，向侨领拜年并对海外华人华侨为湘桥区发展作出的支持表示感谢并送上新春祝福。

侨胞回乡接待服务　2023年，区侨联多次接待海内外侨胞团体和个人。其中有：泰国中华总商会主席林楚钦先生率领的访问团22人、美国华人总商会会长程远先生一行9人、王标能先生带队的海内外侨胞一行9人、马来西亚和印尼曾氏探亲团一行26人，美国纽英伦潮州同乡会会长林全峰先生、马来西亚林玉裳女士、新加坡华文文化交流协会会长黄秀君女士、旅萨华侨总会副会长李兢一先生、马来西亚陈再藩先生、马来西亚海南会馆联合会总会长、马来西亚海南总商会会长林秋雅女士、美国获多利国际公司董事长吴崇强先生等。

海外寻根服务　2023年，区侨联为马来西亚槟城古迹信托会主席林玉裳女士、马来西亚华侨陈图华先生、马来西亚海南总

▲2023年3月29日，湘桥区侨联开展侨企发展现状调研活动

（区侨联 供）

商会会长林秋雅女士等侨胞寻根寻亲提供各种帮助。

困难侨胞帮扶　2023年，区侨联组织慰问困难归侨工作，向10名困难归侨发放慰问金。其中特困3人，低保2人。1月15日至17日，开展新春送暖系列走访慰问活动，慰问年老体弱的侨界群众30余户并送上大米和春联。

【侨资源挖掘调研】 2023年，区侨联加强侨眷侨属联谊联络工作，上门拜访陈英群、陈海亮、林广峰、张宣、丁树礼、陈社生、曾振国等侨领侨商以及谢贤团、林梅、林奕妍等乡贤同胞，传递湘桥好声音。深入侨乡调研，寻访张君登建筑群，了解侨宅保护、利用现状，提升侨文化的研究和展示传播水平；陪同省侨联调研组到湘桥区官塘镇奕庵村考察调研侨乡文化建设等工作。利用侨商乡贤回乡契机，邀请6位侨领侨眷，配合市、区委统战部参与《听乡音过大年》视频拍摄。

【侨界活动】 2023年1月12日，区侨联联合太平街道侨联和义兴社区在义井巷“雪居”居民议事厅举办非遗剪纸侨界群众活动。4月26日，联合湘桥区海联会、潮州市人才驿站湘桥分站、湘桥区乡村振兴人才驿站举办潮侨文化讲座《簏�里的故事:一个南洋潮侨家庭的移民足迹》。9月23日，携手潮州市中心医院等5个单位到凤新街道宏天社区（恒大山水城）开展“中秋国庆喜相逢 健康义诊暖侨心”送医送药送礼品的健康惠民进社区活动。12月7日，联合区司法局在桥东街道社光村举办“侨心向党 法治护航”党建带侨建活动。12月22日，在意溪镇四宁村“侨胞之家”举办“侨法宣传护侨益 知侨惠侨促和谐”侨界群众活动。12月底，联合市建设投资集团有限公司、凤新街道宏天社区、市侨界文艺家联合会，在宏天社区举办“‘侨’见幸福 活力宏天”庆元旦乒乓球友谊赛。

（区侨联）

湘桥区工商业联合会

【湘桥区青年企业家联合会成立】 2023年7月13日，湘桥区青年企业家联合会成立大会暨第一届第一次会员大会召开。会议表决通过《潮州市湘桥区青年企业家联合会章程》《财务管理制度》《印章、文件管理制度》《成立大会选举办法》等相关草案文本；选举产生第一届青企联会长、监事长、常务副会长、副会长、秘书长等主要负责人，聘请名誉会长和顾问。会议号召全区青年企业家继承和发扬潮商精神，不断做大做强做优企业，积极投身湘桥高质量发展。

【湘桥区工商业联合会关心下一代工作委员成立】 2023年5月30日，湘桥区工商业联合会关心下一代工作委员会在潮州凤凰广场举行揭牌仪式。区工商联关工委充分凝聚湘桥区民营企业家力量，大力弘扬助人为乐精神，强化对下一代的培养，重点帮扶在学习上、经济上有困难的学生，营造全社会共同关心青少年健康成长的良好氛围，推动工商联各方面的进步和发展。

【乡村振兴助力】 2023年，湘桥区工商业联合会（以下简称区工商联）引导会员在发展好企业的同时，发扬“义利兼顾，以义为先”理念，自觉担负社会责任。组织会员到西新街道开展送温暖活动，慰问困难户120户（合计人民币4.8万元）。召开2023年“6·30”重点企业家座谈会，募集善款约696万元用于湘桥区乡村振兴工作。推进“万企兴万村”行动，动员51家会员企业参与驻镇帮镇扶村对接工作，将全区7个涉农镇（街）全部纳入对接；推荐紫莲智慧生态茶园项目为市级“万企兴万村”实验项目。

【联络联谊】 2023年，区工商联加强与各地潮商联络联谊，搭建招商引资平台，大力宣传推介湘桥，引导潮商支持家乡建设和发展。先后接待佛山潮州商会、惠东县工商联、东莞市外商投资企业协会、山东省东营市广饶县投资促进委员会、惠州市龙门县工商联等商协会和企业家考察团到湘桥区及会员企业参观调研，全年接待企业80家。区工商联组织带领会员企业先后赴惠州、东莞、深圳、珠海、湛江、茂名、广州、佛山等地拜访潮籍商协会和企业，畅叙桑梓情谊，共谋发展大计，全年外出拜访8场次12个商会。

【“会长轮值”活动】 2023年，区工商联开展“会长轮值”活动8场次。轮值会长实地调研了解各会员企业产品的生产和经营情况，交流探讨产品的市场定位、未来发展思路以及面临的困难，协助企业解决问题，促进商会良性发展，提升商会活力，为湘桥区经济社会高质量发展贡献商会力量。

▲2023年7月13日，湘桥区青年企业家联合会成立大会在临江酒店召开（区工商联 供）

【企业服务】 2023年，区工商联发挥桥梁纽带作用，联合区直各职能部门合力为企业提供服务，支持企业健康发展。联合区妇联举办“巾帼聚慧 共谋发展”女企业家代表谈高质量发展座谈会；联合区工信局举办“学习贯彻党的二十大·惠企政策进万家”政策宣讲活动，为企业宣讲湘桥区的惠企政策；联合区司法局承办潮州市“百所联百会”之“4·26”知识产权保护日法律服务活动；联合区税务局开展“春雨润苗”行动，举办“助力民营企业发展”企业运营管理公益讲座；联合潮州市法学会、湘桥区法学会举办湘桥区第五期“以法兴企”文化沙龙活动。5场活动累计参与企业285家，打通政策进企业“最后一公里”，提振民营企业发展信心，为推动湘桥区“百千万工程”提供动力。

（区工商联）

法 治

政法委及综治

【政法概况】 2023年，湘桥区全面贯彻落实习近平总书记对政法工作的重要指示精神，深入贯彻落实中央、省委和市委政法工作会议精神，紧扣省委省政府、市委市政府工作部署，坚持把推进政法工作现代化作为首要任务，锚定高质量发展目标，以推进“1+6+N”基层社会治理工作体系建设为主抓手，加快推动更高水平的平安湘桥、法治湘桥建设，坚决维护国家政治安全和社会大局稳定，以新的更大作为奋力开创湘桥政法工作现代化新局。2023年，湘桥区以连续6年平安建设考评优秀的成绩，首获平安广东建设“一星平安鼎”，成为全省四个获此殊荣的县（区）之一。

【平安建设】 2023年，湘桥区全面落实平安建设责任制，在区委常委会上传达、部署平安建设相关工作6次。多次召开会议研究部署重点人群管理服务、“金钟罩”推广应用等平安建设相关工作，全面推动平安建设各项工作落地落实到位。针对历年平安建设考评结果，召开专项会议研判梳理扣分项目和短板问题，着力抓好整改提升。聚焦“百千万工程”部署要求，制定《潮州市湘桥区平安乡村建设实施方案》，选取7个村作为平安乡村示范村进行重点打造，以点带面、统筹推进平安乡村建设14项重点工作，为全区平安乡村建设“建模打样”，7个示范村均通过区级验收。引导各镇（街）因地制宜创新治理，创新“平安建设跨区域协作联动工作机制”“综合治理欠薪工作机制”“四邻协商工作法”等一批经验做法，成为全区平安乡村建设“新样板”。全区有2个集体、4个个人获授全市群防群治工作先进集体和先进个人；8个集体、14个个人获授平安潮州先进集体和先进个人。桥东街道重点地区治理和铁铺镇突出问题挂牌整治工作顺利通过市委平安办验收，成功“摘牌”。平安湘桥建设工作得到市委、市政府主要领导和市分管领导的批示肯定。

【治安管理】 2023年，湘桥区强化社会治安重点整治，保持扫黑除恶高压态势，聚焦重点行业领域突出问题整治，紧盯涉黑涉恶案件不放，严厉打击群众反映强烈的违法犯罪，扎实推进常态化扫黑除恶斗争，全年打掉涉恶犯罪集团2个、普通涉恶团伙13个，破案件67宗。在全区推广“金钟罩”警民联防平台，“金钟罩”警民联防平台覆盖率超100%，开展预警劝阻5万余次，劝阻金额超4千万元。全力推进“雪亮工程”建设，视频网格覆盖率提升至92.4%，485个网格接入平安视频，接入视频点数3425个。全区警情取得刑事立案数下降、刑事破案数、刑拘人数、治安案件查处数、行政处罚人数上升的“一降四升”良好成效。

【“1+6+N”工作体系建设】

“一个中心”聚合力，提档升级增效能　2023年，湘桥区以实施“百千万工程”为牵引，突出党建引领，以“一站式”多元解纷为抓手，加快推动“1+6+N”基层社会治理工作体系建设。全面深化镇（街）综治中心提档升级，完善“六室一厅”规范化建设，推动党（工）委书记担任综治中心主任；健全“中心吹哨，部门报到”机制，实现“一站式受理、一揽子调处、全链条服务”。运用“粤平安”云平台提升“中心”聚合能力，整合各类网格525个，实行“清单式”推动“综治”网格向“综合”网格升级。

“六方联动”提效力，多元调处解纠纷　2023年，湘桥区在全市率先创新设立镇（街）“1+6+N”一站式矛盾纠纷调处工作室，推动法院、检察院设立镇（街）法律服务联络站，与公安、司法基层派出单位、综合网格和“粤平安”形成“六方联动”治理格局。建立会商研判、“直通车”、信息通报共享等三项制度，细化主动排查、强化事前预警、提前调处干预。全面推广“居（村）民议事厅”和“茶文化六步调解法”，全覆盖建成“居（村）民议事厅”179个，最大限度防范化解基层矛盾纠纷。全年累计排查化解各类矛盾纠纷1376宗，“一站调处”“民事民议”“品茶解纷”成为基层治理新常态。

“N+”力量增活力，共建共治树新“枫”　2023年，湘桥区依托综治中心“聚能效应”，引导“N”方力量参与基层社会治理，共绘基层治理干群同心圆。基层卫生院、退役军人服务站、双百社工、义警巡逻队、最小应急单元、人民调解组织、村居法律顾问、调解员、法律明白人、乡村和事佬，以及弘德、蓝天多支志愿队成为民生服务、治安应急、法律服务、志愿服务等基层社会治理工作的“主力军”和“后援团”。湘桥区诸多“1+6+N”创新治理模式在市“1+6+N”工作体系建设湘桥现场会暨平安法治乡村推进会上得到推广，相关经验做法得到市领导的高度肯定。

（区委政法委）

法治政府建设

【党领导法治建设工作机制】2023年，湘桥区坚持贯彻党的二十大关于坚持全面依法治国，推进法治中国建设的重大战略部署，充分发挥党委法治建设议事协调机构及其办事机构作用，定期召开依法治区委员会会议、办公室会议及协调小组会议，听取法治建设工作情况汇报、研究部署法治建设工作、审议法治政府年度报告、开展述法专题会议等，推动全面依法治区各项工作部署落实落地。

【行政执法工作】

加强工作部署　2023年，湘桥区召开全区执法工作专题会议、重点领域执法工作会议和行政执法规范提升年工作推进会等专题会议，围绕历史遗留问题解决、创文创卫、“两违”整治等中心工作部署执法工作，印发《湘桥区开展行政执法规范提升年活动实施方案》，制定《开展行政执法规范提升年活动实施方案任务清单》。

执法队伍培训　2023年，区司法局组织执法证申领考试2场次，开展行政执法队伍专项清理工作，审核通过新证申领申请125份，审核回收实体旧证129份；制定《2023年度镇街综合行政执法业务培训计划》，举办镇街综合行政执法案卷互评互查活动，组织全区各执法单位参加学习贯彻习近平法治思想暨强化行政执法能力建设专题培训班、“粤执法”伴随式执法培训、庭审观摩等活动。全年区司法局牵头组织培训48场次，培训1304人次，切实提升全区执法人员法律素养和工作能力。

强化执法监督　2023年，区司法局建立行政执法数据月报制度，定期收集全区各级行政执法单位执法相关情况，常态化开展“每月一通报”，全年制发镇（街）执法专项通报12份、粤执法使用情况通报8份；开展实地督查、伴随执法、案卷评查17次，评查案卷223宗，指出问题517个，并开展案卷评查回头看，充分实现各单位执法案卷可回溯、执法活动闭环管理；做好问题整治，开展行政执法工作突出问题整治和行政执法不规范专项整治工作，着力推动解决损害营商环境的突出执法问题；转发《广东省司法厅关于整治营商环境领域突出问题行政执法案卷评查情况的通报》，全区各级执法单位对照通报举一反三，积极查找原因，实行问题清单化管理，确保整改落实到位，推动执法活动提质增效。

【法治建设高质量发展】 2023年，湘桥区将法治建设纳入区委常委会工作要点。全面提高干部队伍法治素养，组织公职人员参加“思想法律法规政策”闭卷考试2128人次。“‘湖边听声’园站融合立法联系”项目获评省国家机关“谁执法谁普法”优秀普法项目。严格落实法律顾问、公职律师制度，完成第四届政府法律顾问聘任，法律顾问室办理法律事务183宗，提出法律意见138条。围绕市场监管、违法建设等重点领域召开执法专题会议28场次，推动各项执法工作提质增效。持续优化法治化营商环境，办理环境卫生、食品安全等领域执法案件2万多宗，其中“粤执法”平台办案数近2万宗，无纸化办案率和平台累计办案量均居全市首位。凤新街道高厝塘村入选全国乡村治理示范村、全国民主法治示范村，城西街道熙泰社区、磷溪镇北堤村、官塘镇奕庵村、铁铺镇桂林村获评省民主法治示范村（社区）。

【法治建设专项督察】 2023年，湘桥区组织开展党政主要负责人履行推进法治建设第一责任人职责落实情况专项督察活动，实现书面督察全覆盖，并实地督察4个区直部门、5个镇（街），查阅相关工作台账，以督察和考评倒逼责任落实、短板整改。健全法治建设考核评价制度，将党政主要负责人履行推进法治建设第一责任人职责和领导干部尊法守法、依法办事能力作为衡量各镇（街）、区直各单位领导班子和领导干部工作实绩的重要内容，纳入年度考核指标体系。推进述法全覆盖，开展会议述法，听取桥东街道办事处、区自然资源局、区卫健局共3名领导干部述法；开展述法抄报，全区述法抄报共49人。

【法治政府打造】

统筹协调法治工作　2023年，湘桥区做好第四届政府法律顾问聘任工作，协调法律顾问为区政府及部门依法行政提供法律意见与帮助，政府法律顾问室全年办理征求意见稿183件，提出法律意见138条；做好年度重大行政决策事项目录的编制和公开工作，做好具体事项的合法性审查；推进区政府常务会学法制度的严格执行，全年开展学法11场次。

深化镇（街）综合行政执法体制改革　2023年，区委依法治区办持续发挥“一统一四统筹”[党委依法治（市、区）统筹县级各部门的行政执法工作，负责组织实施对镇街综合行政执法工作的统一部署、统一培训、统一指导、统一监督]作用，做好下放职权的调研、公告、评估、培训、运用跟踪等承接工作，助推区政府发布第二批职权下放公告，并做好相关政策解读；印发《关于镇街实行第二批综合行政执法职权的宣传实施方案》，推动第二批下放职权的有效实施。

深化行政复议体制改革　2023年，湘桥区着力提升行政复议应诉工作质效，开展行政复议质量提升年活动和新修订的《行政复议法》宣传活动，不断强化对行政行为的监督。全年依法受理行政复议申请106件，制发意见书11份、建议书1份；建立“调解+行政复议”模式，在办结的100个案件中，有57件行政复议案件通过调解和解，由当事人自愿撤回行政复议申请，调撤率达57%。

【法治跟踪器启动】 2023年，湘桥区动态跟进掌握全区法治工作开展的各项举措，抓住法治热点和重点，推介可供借鉴、有推广复制价值的法治工作经验信息，充分发挥示范典型的指导作用，达到启发和参考的目的，推进全区法治建设工作的开展。

【执法跟踪器启动】 2023年，湘桥区印发镇（街）执法月通报和粤执法月通报。在全市率先启动镇（街）执法质数每月一总结、一通报工作，实现对执法案件全过程办理的智慧化监督和对执法力度的量化考核，创新推动行政执法“三项制度”的落实；启动粤执法每月通报，全面推广“一体化”行政执法平台，进一步规范全区执法单位执法流程和标准。全年累计粤执法办案近2万宗，无纸化办案率和平台办案量居全市首位。

（区司法局）

公 安

【公安概况】 2023年，潮州市公安局湘桥分局（以下简称公安湘桥分局）坚持以习近平新时代中国特色社会主义思想为指导，全面贯彻党的二十大精神，深入贯彻习近平法治思想和习近平总书记关于新时代公安工作的重要论述，围绕省委“1310”具体部署和市委市政府“三大战役”“百千万工程”“六项重点攻坚”等重点工作，紧扣“单项业务创品牌、队伍建设争一流、整体工作走前列”工作思路，聚焦“发案少、秩序好、群众满意”的工作目标，扎实推进各项公安工作，为奋力开创湘桥高质量发展新局面打造坚实的安全保障。

打击整治实现“一降四升” 坚持“什么犯罪突出就打击什么犯罪，哪里治安混乱就整治哪里，什么问题突出就解决什么问题”，持续开展“1+N”“鹰击”、夏季治安打击整治等专项行动，因地制宜集中打击本地突出违法犯罪，全力保障人民群众生命财产安全，净化社会治安环境。全年全区立刑事案件1586宗，破案658宗，同比分别下降0.4%和上升13.1%，破案率为41.5%；刑拘506人，同比上升9.5%；查处治安案件5282起2991人，同比分别上升53.1%、306.9%，取得刑事立案数下降、刑事破案、刑拘、查处治安案件和行政处罚人数上升的“一降四升”良好成效。

治安防控实现“三高一快” 充分依托社会治安防控“四个一”（任务一张表，指挥一张图，管控一张网，勤务一套机制）体系建设和“压警情控发案”工作的开展，调整优化社会面网格化巡逻防控线路，严格落实“1、3、5”分钟快速反应、协调联动、紧急合围快封机制，广泛发动群防群治力量参与社会面巡逻防控，及时快速妥善处置各类警情，震慑各类现行违法犯罪，全力压减治安刑事警情，实现“见警率、管事率、震慑力”三个明显提高和“快反处置”明显加快的“三高一快”目标。全区部署巡逻线路22条、“1、3、5分钟”快速反应圈9个。全年接报刑事警情1094起、治安警情5428起，其中刑事警情同比下降9.4%。

▲2023年7月8日，潮州市公安局湘桥分局巡警大队带领义警队员在古城区东门楼前维持秩序
（公安湘桥分局　供）

队伍建设水平不断提升　牢牢把握“严”的总基调，持续推进队伍规范化建设，着力锻造“三个绝对”（绝对忠诚、绝对纯洁、绝对可靠）、“四个铁一般”（铁一般的理想信念、铁一般的责任担当、铁一般的过硬本领、铁一般的纪律作风）过硬湘桥公安铁军。2023年，公安湘桥分局获评“2021—2022年度平安建设先进集体”，西马派出所获评广东省公安机关创建全国“枫桥式公安派出所”优秀单位，城西派出所获评“全省公安系统优秀单位”，1个单位荣立集体二等功，5个单位荣立集体三等功，1名民警获评“全国公安机关成绩突出青年民警”，1名民警荣立个人一等功，2名民警荣立个人二等功，15名民警荣立个人三等功，多名民辅警受市、区两级嘉奖。

【社区警务】

娱乐服务场所清查整治　2023年，公安湘桥分局切实加强对娱乐场所、酒吧、KTV的明查暗访，大力推动“慧眼”系统安装工作，搭建“场所—派出所—分局治安部门”三级实时联动架构，通过“远端视频巡查+现场突击检查”的方式，全力摸排涉场所违法犯罪线索，倒逼场所规范经营管理。全年出动警力623人次，开展抽查、检查、暗访184次，查处存在营利性陪侍违法行为的娱乐场所22家、不按规定配备保安员的娱乐场所1家，全部责令停业整改。其中吊销娱乐许可证2家；查处涉黄休闲场所10家，刑拘3人，治安拘留32人，罚款5家，停业整顿8家；发函区文旅体局、消防、市监、人社、住建等部门41次，涉及场所125家，责令整改51家，约谈违规场所1家。

重点行业场所规范管理　2023年，公安湘桥分局联合电信、移动等运营商加快推进全区特营场所慧眼工程建设，至2023年底安装技防建设慧眼工程的场所 139 家，时租日租公寓 151 家。切实加强对旅馆业、民宿、时租日租、出租屋的治安管理，查处不如实登记住宿旅客信息的旅馆业 19 家、不按规定登记承租人信息的出租屋 88 家。

基层矛盾纠纷摸排管控 2023 年，公安湘桥分局主动融入“1+6+N”体系，深度融合具有潮州文化特色的“厝边头尾”茶寮谈心室、“茶文化六步调解法”等治理模式，常态化滚动排查劳资债务、家庭邻里等各类矛盾纠纷，做到矛盾纠纷“早排查、早发现、早调解、早处置”。全年调解各类纠纷 2062 起。切实加强严重精神障碍患者排查管控，全区 3 级以上严重精神障碍患者 109 人全量纳管，无出现肇事肇祸情况。

重点单位部位安全防范 2023 年，公安湘桥分局深入开展中小学幼儿园“护校安园”专项和多轮次校园安全隐患排查整治工作。按照“五统一”（统一指挥、统一配置、统一培训、统一装备、统一考核）工作规范，常态化开展校园安全检查及周边治安清查，排查安全隐患 246 条，整改 90 条，均通报相关职能部门督促落实整改；排查校园周边使用刀具商铺 362 家，销售刀具商铺 7 家，发放《刀具销售使用单位安全责任告知书》369 份，张贴《关于行业场所依法保护未成年人合法权益的通告》约 1000 份。按照“4 个 100%”（专职保安员配备 100%、校园封闭化管理 100%、一键报警和视频监控建设 100%、护学岗建设 100%）要求加强校园安全防范，实现“护校岗”全覆盖，适时组织校园教职工及保安员参与培训和考核，切实提升校园安保队伍综合素质水平。经常性开展校园法治宣传教育，及时教育挽救未成年违法犯罪人员。全年有 6 名未成年涉案人员被送荣丰学校接受专门矫治教育。

【危险物品管理】 2023 年，公安湘桥分局全面加强对民用爆炸物品、剧毒、易制爆危险化学品、烟花爆竹等行业的专项整治，有效防范遏制危爆行业安全生产事故，确保人民群众生命财产安全。全区有易制爆使用单位 34 家，公安湘桥分局充分发挥公安机关点多线长面广的优势，坚持主动发现、主动摸排。全年组织 4 轮全面清查，清查落实 7 家易制爆使用单位完善备案资料，落实储存库房整改 2 家。针对群众关心的危化品运输车辆、烟花爆竹管理等相关问题。一方面紧盯易滋生涉爆隐患的矿区、化工集贸市场、烟花爆竹零售点等重点部位，开展全面排查整治，及时发现、收缴非法剧毒、易制爆危险化学品和违法出售的烟花爆竹。另一方面紧密围绕交通安全专项整治，以高速公路收费站、执勤服务点等为依托，对危化品运输等重点车辆做到“逢车必检”，严查严处涉危爆物品交通违法行为。同时，充分利用新媒体平台，通过微信公众号和微博平台发布提醒、邀请媒体记者随警作战、向群众推送信息、发放通告、户外 LED 广告牌滚动播放宣传短片等方式，多渠道、全方位强化宣传发动，营造共建共治社会氛围。

【道路交通管理】 2023 年，公安湘桥分局制定发布《关于调整古城区部分道路交通相关管控措施的通告》，对古城区“两纵三横”实施人车分离，引导车辆往外围主干道有序通行，避免车辆交织形成大范围长时间拥堵。全面实施车位“应划尽划”工作，全区新增汽车停车位 2768 个；古城区禁止美团、青桔等共享电动车进入，古城核心区禁止摩电进入，进一步释放古城区及周边背街小巷停车资源。强力推进道路交通安全整治，扎实开展“交通安全整治提升年”工作，切实防范化解道路交通领域风险隐患。突出道路交通违法严查严打，联合交警部门查处货车违法 7136 宗、其中货车超载 1386 宗，“百吨王”7 辆；查处违停 71691 宗；查处酒醉驾 803 宗，现场查处各类交通违法行为 94506 宗。

【户政管理】

户籍管理　2023 年，公安湘桥分局推动户政审批高效化，实现市内户口迁移时限由原 19 个工作日缩短为当场办结；亲属投靠入户、购房入户、招录国家机关和事业单位工作人员入户、主项变更等时限由原 19 个工作日压减至 10 个工作日；各类人才落户辖区审批时限由原 3 个工作日压减至当日完成；3 月 31 日起开通首次申领居民身份证、临时居民身份证“跨省通办”“全省能办”，5 月 1 日起临时身份证制证时限由原 3 个工作日压减至当天领取。2023 年末，全区户籍人口 518404 人，全年受理户口审批事项 1514 份，排查解决无户口人员入户 19 人，受理、发放居民身份证 35545 份，制发临时身份证 3422 份，军人身份证 78 份。

“粤居码”推广　2023 年，湘桥区“粤居码”出租屋登记数 20782 家，申报数 20196 家，申报率为 97.2%。全年处罚不按规定登记承租人信息的出租屋 88 家，其中简易处罚“E 处罚”23 家；处罚未按规定申报居住登记、居住变更登记流动人口 1666 人。全区“粤居码”流动人口登记数 46458 人，持码人数 45674 人，持码率为 98.3%。自 9 月 13 日起新增流动人口数 10109 人。

“二标四实”采集　2023 年，湘桥区全年采集“二标四实”（标准地址、标准作业图；实有人口、实有房屋、实有单位和实有设施）信息标准地址 339188 条，实有房屋 339188 条，实有人口 379781 条，实有单位 25245 条，实有设施 69988 条。

【出入境管理】

出入境证照管理　2023 年，公安湘桥分局受理、审核公民因私出国(境)12629 人次，其中受理护照申请 3871 人次，往来港澳通行证申请 8723 人次，前往港澳通行证 6 人次，往来台湾通行证受理审核 24 人次。

智能服务效用发挥　2023 年，公安湘桥分局推进“智慧新警务”深度应用，提升服务管理能力。配合广东省出入境管理局做好“智慧新警务”成果转化工作，全面推进“智慧出入境大厅”应用，申办 1 份出入境证件缩短至 4 分钟左右，为群众带来便捷高效服务。

【电信网络诈骗犯罪打击】 2023 年，公安湘桥分局深入学习贯彻习近平总书记对打击治理电信网络诈骗违法犯罪工作的重要指示批示精神，围绕“全年电信网络诈骗警情数、诈骗刑事案件数同比下降”的工作目标，以“全民反诈”专项行动为载体，以反诈中心实体化运作为支撑，凝聚全区反诈合力，开展精准滴灌式打击治理。全年立电诈案件 849 宗，破案 149 宗，抓获涉电诈、帮信嫌疑人 510 人，同比分别下降 4.8%、上升 132.3%、上升 73.1%。其中刑拘 145 人，捣毁窝点 22 个，冻结涉案资金约 5000 万元，返还被骗资金约 115 万元。破获超百万元电诈案件 1 宗，完成公安部电侦平台及省厅推送预警线索约 8 万条，处置资金预警 3553 条，见面劝阻 3213 人次，见面劝阻预警反馈率为 87.3%。原滞留境外重点人员 60 名，已核减 54 名，核减率为 90%。接市局下发断卡线索 474 条，核查 417 条，打击率为 88%，超过市局要求的“打击率达 85%”考核目标。

【偷渡走私犯罪打击】 2023 年，公安湘桥分局组织开展打私专项行动，联合相关职能部门加强对烟草市场、餐饮行业、农贸市场、食品冻库、水域港口等场地进行全面查控；联合各部门开展反走私“五进五建”（反走私宣传进校园、进村社、进市场、进企业、进机关；建设教育窗口、示范基地、“无私”商圈、诚信文化、反私阵地）宣传活动 8 场，发放宣传手册和宣传品 1000 多份，向 3000 多名群众科普反走私知识。向上级报送各类专题视频、图片、稿件 6 篇，被广东反走私公众号采纳文章 2 篇。

【夏季治安打击整治行动】2023年，公安湘桥分局认真贯彻落实公安部、省厅和市局的部署要求，在党委和政府统一领导下，将夏季治安打击整治行动作为“一把手”工程，成立全区公安机关夏季治安打击整治行动领导小组，多次通过党委扩大会、局长办公会、专题工作会等，组织研究细化措施、优化人员结构、明确责任分工、高频率调度落实。聚焦违法犯罪破案攻坚、社会治安立体巡防、见底管控多元共治3个方面16项重点任务，抓实各线条打击整治工作，结合全区“1+N”“鹰击”专项打击整治行动，全面落实“打防管控建”各项措施，扎实推进行动纵深开展，全力维护辖区社会治安秩序平稳。行动期间，全区接报刑事警情316起，同比下降18.6%；立刑事案件333起，同比下降24.7%；破刑事案件175起，同比下降8.4%；抓获涉案人员300名，同比上升25%；刑拘犯罪嫌疑人150名，逮捕犯罪嫌疑人57名，移送起诉犯罪嫌疑人132名。

【禁毒工作】2023年，公安湘桥分局认真贯彻习近平总书记关于禁毒工作系列重要指示批示精神和党中央、国务院、省委省政府、市委市政府、区委区政府对禁毒工作的决策部署，深入推进“深化禁毒攻坚”等专项行动。全年破获毒品案件5宗，刑拘涉毒犯罪嫌疑人5名，逮捕7名；查处吸毒人员24名，其中新发现吸毒人员9名，强制隔离戒毒8名。协同各有关部门不断创新实践，以禁毒宣传“六进”（进机关、进企业、进学校、进社区、进乡村、进网络）为着力点，以重大节日和活动为契机，融合潮州古城传统文化资源，组织开展“禁毒＋非遗”“禁毒＋研学”等特色禁毒宣传活动180场次，为全区110所中小学3万名青少年学生开展涉依托咪酯专题教育，推动禁毒宣传深入人心。在禁毒打击整治高压行动态势下，辖区毒情形势整体向好并不断改善，毒品违法犯罪活动发生率有所下降，毒品供应、毒品消费和毒品滥用规模逐渐减小。

【经侦情报技术建设】根据上级公安机关关于大数据智能化建设应用的战略部署以及智慧新经侦建设任务要求，结合省厅经侦局《广东经侦情报导侦联勤中心建设方案》及辖区经侦工作的具体

▲2023年6月3日，潮州市公安局湘桥分局联合潮州市湘桥区禁毒委等相关部门开展纪念“6·3”虎门销烟184周年暨“弘扬虎门销烟精神·践行全民禁毒志愿”活动 （公安湘桥分局 供）

实际，在各级及相关部门的支持下，公安湘桥分局经侦大队“情报导侦研判室”于2023年6月成功建成。研判室整合公安内外信息资源，集指挥调度、案件研讨、情报研判、培训交流、远程教学等功能为一体，依托大数据、警务云等先进信息技术，广泛开展情报导侦、数据实战等情报技术智能化、信息化应用，为辖区打击经济违法犯罪活动提供有力的技术服务支撑。

【公安主题教育】 2023年，公安湘桥分局组织召开党委（扩大）会第一议题学习5场次，党委理论学习中心组专题学习研讨5场次，党委书记上党课2场次，机关各党支部组织“三会一课”170余场次。在以学促干上，全年评定7个“红旗党支部”，有效引领带动全区公安机关基层党组织全面进步、全面过硬。开展“立足岗位作贡献”系列活动，落实局领导接访制度，为来访群众答疑解惑，由局领导包案的3宗信访案件全部化解；解决无户口人员的入户问题，排查无户口人员110人，解决入户101人，完成率为91.8%；及时处理群众求助千余起，收到锦旗4面、感谢信8封。主题教育取得实际成效。

（公安湘桥分局）

检　察

【检察概况】 2023年，潮州市湘桥区人民检察院（以下简称区检察院）坚持以习近平新时代中国特色社会主义思想为指导，围绕中心、服务大局，全面履行法律监督职能，为湘桥高质量发展提供有力司法保障。区检察院办理的一起未成年被害人保护救助案件获评“2023年潮州市未成年人关爱服务十佳案例”和“最佳人气案例奖”。2名干警被省检察院评为全省检察业务尖子，1名干警被评为2021—2022年度平安潮州建设先进个人。

【刑事检察】

案件审查逮捕情况　2023年，区检察院批准逮捕各类刑事案件188件275人。其中：批捕涉黑恶犯罪案件1件6人，盗抢骗、黄赌毒、食药环等违法犯罪案件102件154人，破坏社会主义市场经济秩序犯罪案件9件12人。

案件审查起诉情况　2023年，区检察院提起公诉各类刑事案件484件679人。其中：起诉涉黑恶犯罪案件1件11人，盗抢骗、黄赌毒、食药环等违法犯罪案件118件221人，交通肇事、危险驾驶等违法犯罪案件250件250人，职务犯罪案件6件7人，破坏社会主义市场经济秩序犯罪案件12件28人。

【控告申诉检察】 2023年，区检察院主动回应人民群众的司法需求，依托12309检察服务中心、案件管理中心和检察门户网站，构建线上线下一站式服务平台，畅通群众诉求渠道，扎实做好涉

2023年湘桥区案件审查逮捕情况统计表

年份	案件受理数		批准逮捕		不批准逮捕	
	件	人	件	人	件	人
2023	366	553	188	275	174	278

2023年湘桥区案件受理审查起诉情况统计表

年份	受理		起诉		简易程序	不诉
	件	人	件	人	件	人
2023	809	1043	484	679	445	137

2023年湘桥区受理来信来访和办理控告申诉情况表

年份	办理（件）	本院受理(件)	控告（件）	申诉（件）
2023	118	42	6	36

检环节维稳工作。全年受理控告申诉42件，办理群众来信118件，接受群众来访咨询82批124人，均做到7日内程序回复和3个月内办理答复。构建多元司法救助模式，办理司法救助案件17件17人，联合潮州市检察院、潮安区检察院发放司法救助金34.1万元。

【法律监督】

刑事检察监督　2023年，区检察院加强立案监督和侦查活动监督，提前介入引导侦查案件27件，监督立案25件，撤案2件，纠正漏诉43人，发出《书面纠正违法通知书》24份、《侦查活动监督通知书》67份。加强刑事审判监督，对刑事审判活动违法行为发出《纠正审理违法通知书》1件次。加强刑事执行监督，办理纠正刑事执行违法案件92件，同比上升41.5%。

民事行政检察监督　2023年，区检察院坚持以精准监督理念为引领，办理民事检察监督案件16件。加大民事生效裁判结果监督力度，注重调查核实，增强监督刚性，一份借款合同纠纷再审检察建议书被省检察院评为优秀文书。充分发挥法律监督和司法协调作用，办理行政检察案件10件。对履职中发现的行政机关违法行使或不行使职权行为发出检察建议7份，助力更高水平法治政府建设。实质性化解交通处罚、房屋拆迁等领域行政争议，群众申诉的问题得到妥善解决。

公益诉讼检察监督　2023年，区检察院办理公益诉讼案件30件，向行政机关发出诉前检察建议、磋商函20份。不断推进新增法定领域探索，就消防安全、古树名木保护、道路交通安全等问题依法立案14件。切实监督保障个人信息保护法统一正确实施，办理的全市首例个人信息保护刑事附带民事公益诉讼案件得到法院判决支持。

【未成年人检察】 2023年，区检察院从严惩治性侵、虐待等侵害未成年人犯罪，批捕14件15人，起诉18件34人。会同湘桥区妇联成立“家庭教育指导服务站”，建立在办理涉未成年人案件中联合开展家庭教育指导的工作机制，筑牢未成年人家庭保护防线。针对接待未成年人住宿、违规招用童工等问题，向监管部门发出检察建议，推动行业规范和系统整治。以“防治校园欺凌”“防范性侵害”为重点，开展法治宣传教育10场，覆盖中小学生6000多人。

【绿美生态建设】 2023年，区检察院办理生态环境领域刑事检察、公益诉讼检察案件20件。立足生态环境质量提升和生物多样性保护，针对薇甘菊、凤眼蓝、福寿螺等外来物种入侵问题，以磋商函、会商研判、公开听证等方式促进行政机关及时依法履职，相关单位投入4.95万元，修复整治面积30.67公顷。针对韩江西岸凤城公园、青龙古庙、海博熙泰等地方的多个排污口存在未纳入入河排污口清单进行管理的情况开展线索研判、调查取证、巡查核实，督促行政机关履行监管职责，进一步推动韩

▲2023年3月30日，湘桥区检察院与韩江公证处建立轻微刑事案件赔偿保证金提存制度

（区检察院 供）

▲2023 年 5 月 15 日，湘桥区检察院与湘桥区妇联成立家庭服务指导站
（区检察院 供）

江流域生态保护。

【社会治理】 2023 年，区检察院加强轻罪治理体系建设，建立轻微刑事案件赔偿保证金提存制度，通过矛盾化解、跟踪回访、带案普法的形式办理不捕、不诉轻微故意伤害案件 27 件 30 人。融入“1+6+N”基层社会治理体系，在辖区内设立 3 个检察联络站，运用茶文化六步调解法推动化解矛盾纠纷 16 件。

（区检察院）

法　院

【法院概况】 2023 年，潮州市湘桥区人民法院（以下简称区法院）坚持以习近平新时代中国特色社会主义思想为指导，深入贯彻党的二十大精神和习近平法治思想，坚持为大局服务、为人民司法，各项工作取得新进展。全年受理各类案件 6607 件，其中新收案件 5132 件，结案 6058 件，结收案比为 102.1%，同比上升 1.91 个百分点，存案同比降幅 17.2%，法官人均结案 250 件，结收案比和人均结案数均居全市基层法院第一，存案连续两年下降。

【刑事审判】 2023 年，区法院受理刑事案件 515 件，结案 485 件。依法惩治暴力犯罪、信息网络犯罪、危险驾驶犯罪，审结故意伤害案犯罪案件 17 件、帮助信息网络犯罪活动犯罪案件 19 件、危险驾驶犯罪案件 246 件，守护国家安全和社会稳定。审结潮州市金叶总公司严重腐败窝案等职务犯罪案件 8 件，保持反腐高压态势。审结破坏环境资源案 6 件，守护绿美潮州生态建设，其中一例案件被省法院采纳为典型案例进行报道。依法严惩提供银行卡账号和密码用于帮助他人进行电信网络诈骗的犯罪活动，对 6 名被告人以帮助信息网络犯罪活动罪判处刑罚，坚决遏制电信网络诈骗犯罪。守护妇女儿童合法权益，对侵犯妇女儿童合法权益的 16 名罪犯判处刑罚。

【民事审判】 2023 年，区法院深入贯彻民法典，对接潮州市委“一大引领、三大战役、六大提升”具体部署，服务保障“百千万工程”，受理民事案件 3188 件，结案 2901 件。稳步推动家事审判工作改革，审结家事纠纷 229 件，打造家事纠纷化解品牌，磷溪法庭成立“和美家事调解室”调解家事纠纷，调解家事纠纷 15 件。在《中华人民共和国妇女权益保障法》正式施行后发出全省首份《夫妻共同财产申报令》，确保夫妻共同财产实行公平分割，该案被学习强国、羊城晚报等中央、省级媒体刊登 4

▲2023 年 3 月，湘桥区法院与市法院、市交通局、市司法局联合召开“府院联动”专题会 （区法院 供）

次。坚持各类市场主体诉讼地位、法律适用、法律责任平等，提高涉企案件审理“精细度”，依法保护民营企业权益，审结合同纠纷案件 1843 件，以最优的司法效果助力提振市场信心。充分发挥基层法庭作为民事纠纷定分止争“兜底网”的作用，加强人民内部矛盾的调解和化解，民事案件调解撤诉 923 件。积极培树“审理一案、化解一片”的理念，在审结一宗绕开中介私下订立合同的跳单案件后，将案件进行提炼并制作成普法节目，引导广大群众弘扬诚信风尚。主动对接辖区群众和湘桥工业园企业的法律需求，积极服务人民群众高品质生活需要，筑牢维护社会和谐稳定的“第一道防线”，磷溪法庭审结案件 420 件，调撤各类民商事案件 190 件，调撤率为 45.2%。

【行政审判】 2023 年，区法院充分发挥行政审判职能作用，受理行政诉讼、国家赔偿与司法救助、非诉审查与执行案件 319 件，结案 269 件。3 月，通过与市法院、市交通局、市司法局联合召开“府院联动”专题会，进一步加强司法与行政的良性互动，通过府院联动加强前端预防，共同推进潮州市公路治超非现场行政执法工作，合力打造共建共治共享的公路治超治理新格局。4 月，区法院出台《关于行政争议诉前调解工作的实施办法（试行）》，创设行政争议“提前介入 + 普法 + 调解”模式，进一步推动行政争议诉前调解工作落地，行政争议诉前调解结案 100 件，调解成功 39 件，调解成功率为 39%，促进行政争议实质性解决。

【少年审判】 2023 年，区法院打造“1+2+2”少年审判“湘桥模式”，以审判为中心，前置设立“警示 + 预防”审前防御机制，后续设置“帮扶 + 救助”判后保护机制，实现未成年人权利全方位立体化保护。全年帮助 11 名涉罪青少年回归社会，走上正道。

▲2023 年 9 月 8 日，湘桥区法院联合区妇联等单位在铁铺镇溪头村小学为学生、家长讲授法治课 （区法院 供）

▲2023年7月,磷溪法庭设立“和美家事调解室”,提升家事调解成效,助力文明家庭打造（区法院 供）

【执行工作】 2023年，区法院积极护航实体经济发展，加强民生权益司法保护，受理执行案件2585件，结案2403件，执行到位金额2.67亿元。开展“春季强制执行”“压减执行存案攻坚战”等专项行动，打好罚款、拘传、拘留、失信惩戒等法律惩戒组合拳，拘留8人次，拘传24人次，纳入失信被执行人名单1035人次，同时兼顾情理，让司法执行有温度，让善意文明执行贯彻办案始终。

【“独角兽”普法讲师团】 2023年，区法院精心培育普法品牌，通过院“独角兽”普法讲师团，线下举办主题法治宣传周、模拟法庭、专题讲座等活动15场次，深入乡村、机关、企业、驻潮部队开展普法活动，以专业的法治力量为群众提供“零距离”的精准司法服务,参与普法活动群众达4000余人。线上准确把握新媒体特点，加大新媒体矩阵建设，依托“南方号”发布原创普法文章56篇，阅读量超5万人次，其中7篇文章入选“热文榜五十佳”，10篇文章被中央级、省级媒体采用，18篇文章刊登在市级以上媒体，7个案例被潮州电视台制作成普法节目。

【诉前调解】 2023年，区法院坚持和发展新时代“枫桥经验”，从“潮”人以和为贵的理念出发，深化“一站式多元解纷机制”改革工作，将矛盾纠纷止于未诉、化于未发。全年诉前调解民事纠纷1838件，调解成功1044件，调解成功率为56.8%。推动各类调解组织及时引导当事人申请司法确认279件。积极参与“1+6+N”基层社会治理工作，成立“法官+法官助理+书记员”的驻镇（街）法律服务团队9支，派驻服务范围覆盖辖区全部9个镇（街），成功化解14宗矛盾纠纷。积极普及在线诉讼服务平台应用，受理网上立案3397件，审核通过率为87.2%，开展诉前在线调解677次，充分运用智慧法院建设成果，使用电子送达2849件，为当事人提供更为优质安全的“指尖上”诉讼服务。

（区法院）

司法行政

【法治宣传教育】

加大全民普法力度　2023年，湘桥区深化一村（社区）一法律顾问工作。全区173个村（社区）实现法律顾问全覆盖。全年各村（社区）法律顾问提供法律服务3033次。全面实施“八五”普法规划，印发《2023年潮州市湘桥区普法依法治理工作要点》，开展“法律六进”活动。举办“非遗闹元宵，普法园游会”活动，将法治教育与非遗文化元素相融合。组织开展“3·8”妇女节、“4·15”国家安全教育日、“6·26”禁毒等系列法治宣传教育活动，多形式开展第三个“民法典宣传月”法治宣传活动。推动宪法宣传系列活动制度化，线上线下多渠道、多形式组织开展宪法宣传周系列宣传活动，深入开展宪法宣传进机关、进村（社区）、进学校、进军营、进企业、进单位、进社会组织等活动。创新形式，举办“为你朗读”分享大会“12·4”法治专场直播活动等。

营造法治思想氛围　2023年，湘桥区打造官塘镇奕庵村法治文化公园、奕庵村法治文化长廊、磷溪镇北堤村法治文化公园、桥东街道下津村习近平法治思想长廊、区图书馆习近平法治思想学习宣传阵地。区司法局联合区人大在湘桥区法治文化公园开展“湖边听声”活动，宣传习

▲2023年12月3日，凤新街道高厝塘村湿地公园金山银山小广场举办“为你朗读”分享大会第六季·法治专场活动
（区司法局 供）

近平法治思想。

【法律援助服务】 2023年，湘桥区受理法律援助案件1134宗，其中民事法律援助案件22宗、刑事法律援助案件1112宗。出台《潮州市湘桥区法律援助案件指派工作制度（试行）》，建立区法律援助值班、办案律师人才库，提高法律援助律师值班和案件指派在全区律师的覆盖率；实行机构选任与受援人自主选择（“点援制”）相结合的方式，合理指派案件的承办机构、人员。开展“法援惠民生，助力农民工”“法律援助进校园志愿服务”等主题宣传活动。

【社区矫正帮教】 2023年，湘桥区社区矫正中心新接收社区矫正对象155人，解除社区矫正141人，对违反监督管理规定的社区矫正对象，给予训诫28人；在管社区矫正对象共126人，暂予监外执行1人，假释2人，缓刑123人。强化风险隐患排查常态化，常态化召开社区矫正风险研判分析会，直面风险隐患，及时有效落实化解措施。强化交流学习，推动“智慧矫正中心”的创建。

▲2023年12月，太平街道开元社区调委会在双忠庙居民议事厅内开展调解工作（区司法局 供）

【人民调解】 2023年，湘桥区不断规范提升三级平台建设，各级公共法律服务实体平台全年提供法律服务3562人次，承办省12348平台工单4宗，答复率为100%。以太平街道为模板，在全区范围内全面推行村（社区）议事制度，在各镇（街）选取所属辖区的一个村委或居委作为“议事厅”建设，打造一批居（村）民议事厅。截至12月底，全区已完成179个居（村）民议事厅（点）的建设。把潮州传统文化与居民（村民）议事厅有机融合，利用居民议事阵地开展调解工作，结合本地人文特点，将传统文化融入人民调解工作，推广“茶＋调解”工作阵地，打造具有潮州特色的调解品牌。开元社区居委会朱桂曼获“全国模范人民调解员”称号，潮州市湘桥区医疗纠纷人民调解委员会获“全国模范人民调解委员会”称号。

（区司法局）

军　事

湘桥区人民武装部

【政治教育】 2023年，中国人民解放军广东省潮州市湘桥区人民武装部(以下简称区人武部)始终坚持以习近平新时代中国特色社会主义思想和习近平强军思想为指导，制定并落实党委中心组理论学习方案计划，积极参加潮州军分区五个专题集中教育，并认真进行个人自学和讨论交流。深入开展第二批主题教育活动，以《论党的自我革命》《军委主席负责制学习读本》《习近平著作选读》等必读书目为基本教材，坚持党委议教，深入开展习近平新时代中国特色社会主义思想主题教育，努力在以学铸魂、以学增智、以学正风、以学促干方面取得成效。党委班子成员坚持上好党课，加强党史军史和党章党纪学习。落实主题党日活动，组织部属人员参加乡村振兴、基层治理等主题参观见学活动。统筹重大教育，深化“学习强军思想，建功强军事业”主题教育实践活动，不断提升贯彻军委主席负责制的政治自觉、思想自觉、行动自觉。

【整组工作】 2023年，区人武部着眼提升民兵组织动员、支援保障、维稳维权、快速反应4种能力。召开2023年度民兵整组工作部署会，调整民兵改革工作领导小组为民兵工作领导小组并调整成员，全年召开民兵整组工作推进会5场次，组织参加省、市、区各级业务培训会。认真落实民兵队伍党组织预建工作，坚持开展党支部培训，注重发挥党组织功能，强化对民兵队伍的组织领导；利用民兵出入列仪式、点验和基地化轮训等时机，通过组织宣誓、授课辅导、参观红色景点等形式做好民兵队伍思想政治教育工作。对照标准需求筹措装备物资，与区应急管理局签订协议，做到通用装备共享、共建、共用，部分作战装备及时向上级申领，通过预征预储协议和筹措资金补充，采购民兵应急连短缺器材和装备。严格落实民兵战备值班，定期组织值班分队轮换，保持良好战备秩序。积极协调辖区单位，改善军地情报信息互通互报机制，提升军地联合应急处置能力。10月，推荐民兵丁宇烁参加广东省军区动员精兵——2023大比武获得全省第一名，进一步强化民兵应急应战能力。

【动员准备工作】 2023年，区人武部推动国防动员体制改革、基层武装部正规化建设。按照省、市部署主动与区国防动员委员会（区发改局）沟通协调体制改革工作，并做好相关职能移交工作。发挥辖区高校大学生资源集中的团体优势，多次携手韩山师范学院召开国防动员讲座及征兵政策宣讲会。落实为立功军人送喜报工作。落实"阳光征兵"要求，把好体检、政考、定兵、役前训练和走访等关键环节，努力提高兵员征集质量水平，顺利完成兵役登记和兵员征集工作，未发生责任退兵和信访事件。区人武部在潮州市党管武装绩效考评、征兵"五率"考评中获第一名。

（区人武部）

退役军人服务

【退役军人服务概况】 2023年，湘桥区退役军人事务局（以下简称区退役军人事务局）深入学习习近平新时代中国特色社会主义思想和党的二十大精神，认真贯彻落实党中央、省委、市委和区委决策部署，扎实做好各项退役军人服务工作，全力保障退役军人合法权益，推动退役军人事业高质量发展。2023年，辖区意溪镇、磷溪镇和铁铺镇退役军人服务站评为"潮州市十佳服务站"；区退役军人服务中心曾宪尚和铁铺镇退役军人服务站陈凡琪被省退役军人事务厅评为"优秀接访员"和"优秀主任（站长）"；区退役军人事务局林夏逸获得市委授予的2021—2022年度平安潮州建设先进个人称号。

【双拥创建新成效】 2023年，区退役军人事务局全力开展全省"双拥模范城"创建工作，对标对表高质量完成149项考评任务。在永春北路打造具有拥军崇军特色的双拥一条街，拓宽社会化拥军领域，动员11家拥军企业和门店为现役、退役军人及其他优抚对象提供优先优惠优质服务，双拥创建和军民融合发展取得实效，形成拥军优属、拥政爱民的良好氛围，巩固发展军政军民团结大好局面。

【双拥氛围营造】 2023年，区退役军人事务局通过为符合条件对象的家庭悬挂光荣牌，为立功受奖官兵送喜报，开展春节、"八一"及日常走访慰问和"情系边海防官兵"活动，为入伍、退役军人举行迎送仪式；推荐湘桥区退役军人参加"潮州最美退役军人"评选，有2名退役军人被评选为"潮州最美退役军人"，进一步推进军人荣誉激励体系建设,营造关爱军人、尊崇军人职业的浓厚社会氛围。开展"红色文化进军营、进社区"活动，丰富官兵文化生活，推进军地红色文化共建，激发社区居民爱党爱国情怀，对军人的尊崇感进一步提升。设立"老班长工作室"，充分发扬"老班长"的先锋模范作用，聚焦思想政治引领，开展老兵宣讲、走访慰问、协助做好基层社会治理工作等活动，把工作室建成连接党和政府与退役军人之间的桥梁和纽带，为退役军人架起"连心桥"。举办"鱼水情深庆八一 双拥花开谱新篇"文艺晚会，形成军民同心，全民参与的社会化双拥格局。

【优抚政策落实】 2023年，区退役军人事务局全面落实优抚对象抚恤和生活补助工作，按时足额发放优抚对象抚恤和生活补助金。坚持和完善常态化联系退役军人制度，开展常态化联系退役军人服务。积极为患重大疾病、家庭变故的退役军人申请省级应急救助资金。全年发放抚恤和生活补助资金共2921.6万元，接收评定残疾等级（包括转移抚恤关系）申请10人，接收农村籍退役军人60周岁申请75人，受理省级应急救助6人,申请应急救助资金12.38万元,市级应急救助23人、5.7万元，区医疗补助68人、8.11万元。全面有序推进退役军人及其他优抚对象建档立卡和优待证申领工作。及时足额发放义务兵家庭优待金和大学毕业入伍学生补助。为各类重点优抚对象发放价格临时补贴，缓解物价上涨对优抚对象生活造成的影响。协助医保机构做好湘桥区退役军人服现役年限视同职工基本医疗保险缴费年限工作 314 人。

【退役军人就业扶持】 2023 年，区退役军人事务局贯彻执行退役军人就业创业相关政策，围绕实现退役军人充分就业、高质量就业目标，积极开展学历提升、适应性培训、技能培训工作。全年开展适应性培训 2 场次、短期技能培训 1 场次，举办退役军人随军家属专场线上线下招聘会 2 场次，打造湘桥区退役军人创业孵化基地，鼓励和支持辖区退役军人就业创业，打通退役军人就业服务的“最后一公里”。

【退役军人权益维护】

常态化联系走访 2023 年，区退役军人事务局充分发挥走访联系作用，领导干部带头落实常态化联系退役军人和调研联系点制度，带动基层工作人员深入基层、服务群众、常态化做好退役军人的沟通联系、感情联络、帮扶帮困、心理疏导、思想引导等工作，全面提升退役军人获得感。

风险排查和信访化解 2023 年，区退役军人事务局在认真做好日常动态排查和定期排查、日常排查、专项排查的 3 项排查相结合的排查工作制度的基础上，对排查中发现的不稳定因素实行清单管理，及时妥善化解。落实信访事项首办责任制和“13712”工作机制，切实提升信访一次性化解率。同时掌握信访动向，积极开展思想政治工作，密切配合相关部门落实稳控措施，最大限度防范化解涉稳风险隐患。

推动源头化解 2023 年，区退役军人事务局学习践行新时代“枫桥经验”和“浦江经验”，落实领导干部接访下放和包案化解信访突出问题制度。全年受理咨询业务件 12 宗，办结率为 100%。

【退役军人服务中心（站）“星级提升”】 2023 年，区退役军人事务局开展退役军人服务中心（站）“星级提升”工作，有 2 个镇（街）退役军人服务站提升为“五星级退役军人服务站”，2 个镇（街）退役军人服务站提升为“四星级退役军人服务站”。截至 12 月底，全区有“五星级退役军人服务站”7 个，占全区退役军人服务站总数的 77.8%，“四星级退役军人服务中心”1 个，“四星级退役军人服务站”2 个，推动全区服务保障体系建设提质增效。

（区退役军人事务局）

自然资源·生态环境

土地管理

【规划管理】 2023年，潮州市湘桥区自然资源局（以下简称区自然资源局）优化规划管理，高质量完成规划审查审批工作。制定规划审批会审会制度、审批流程、办事指南等，提高审查审批效率，优化营商环境。全年出具规划条件7份，用地面积约6.1万平方米；办理建设用地规划许可证17宗，面积49.6公顷。核发《建设工程规划许可证》16份，建筑面积17.84万平方米，道路长度约9.07千米，管道长度约62.12千米；核发《建设工程规划条件核实合格证》6份，建筑面积约56.86万平方米。收缴城市基础设施配套费约1152万元。

【国土空间规划】 2023年，区自然资源局坚持规划引领，优化发展布局，高质量推进国土空间规划工作。配合市推进《潮州市国土空间总体规划（2021—2035年）》的编制和上报工作并于2023年10月取得省政府批复。按照湘桥区村庄规划实行控制性详细规划全覆盖工作要求，配合市级，牵头各镇（街）开展启动湘桥片区控制性详细规划修编（第三阶段）工作，逐步推进完善国土空间规划“一张图”，为全区经济高质量发展提供用地支撑。为保障政府重点项目、民生项目、乡村振兴项目的用地需求和发展空间，完成预留城乡建设用地规模编制9宗,面积22.75公顷；完成市政府“六大重点攻坚”工作任务，统筹333.33公顷土地用于发展重点产业园区。

【耕地保护】 2023年，区自然资源局守牢耕地保护红线，保障耕地保有量，抓好粮食安全工作，实现耕地数量进出平衡。补足辖区2023年度17.19公顷耕地保有量缺口，余量0.13公顷，完成2023年度耕地保有量考核任务；严格控制耕地转出，实现耕地净转入5.30公顷，完成年度考核任务，成为全省少数几个净增加的县区之一，推动湘桥区耕地保护工作取得跨越性成果；在全市率先完成永久基本农田非耕地核实处置工作，处置率为100%，加快推进垦造水田工作，2021年度垦造水田任务完工并完成区级验收，已申请市级验收；2022年度垦造水田任务完成立项30.59公顷，其中磷溪镇立项9.08公顷，铁铺镇立项14.07公顷，官塘镇立项7.44公顷，均完成项目规划设计和预算专家评审。

【空间管制】 2023年，区自然资源局强化用地要素保障，完成20个项目约131公顷的用地报批工作，完成125.75公顷（含凤泉湖项目用地）的土地收储任务，超额完成市下达96.67公顷的收储任务；完成湘桥区2022

年度国有自然资源资产专项报告、湘桥区2023年度成片开发方案（第一批）的编制工作；完成新增“三旧”改造面积15.41公顷，完成“三旧”改造面积11.52公顷；完成农村闲散土地整备23.43公顷，超额完成市下达任务。全年实现耕占税收入2307.87万元，为巩固全区税源提供助力。

【“房地一体”不动产登记】 2023年，区自然资源局全力推进房地一体化确权登记，多次召开会议部署“房地一体”相关工作，加强与市局对接，统筹协调各镇（街）及第三方技术单位，解决确权登记工作中的各种堵点难点问题，全力推进辖区“房地一体”农村不动产登记确权工作。

【地质灾害防治】 2023年，区自然资源局加强地质灾害防御工作，实现地质灾害“零灾情”。全面加强地质灾害隐患点和易发区的防御工作，印发《潮州市湘桥区地质灾害综合防治能力提升三年行动方案（2023—2025年）》。全年出动巡排查人员161人次，派出专家组或工作组41次，排查巡查隐患点106处，做到“雨前排查、雨中巡查、雨后复查”，确保巡查排查到位，实现地质灾害“零灾情”。

【卫片执法】 2023年,区自然资源局强化卫片执法工作，印发《湘桥区2023年卫片执法工作方案》《湘桥区违法用地专项整治工作方案》及《湘桥区严厉打击非法采矿专项行动方案》，以工作制度保障执法工作顺利开展。全年有土地卫片图斑683宗，监测面积约168.26公顷。经核实属新增违法用地178宗，面积48.67公顷，其中新增违法耕地面积5.34公顷。2023年度土地卫片执法辖区剩余未整改新增违法耕地面积绝对值0.86公顷，违法占耕比5.7%（扣减国家和省重点项目），两项指标均控制在国家和省问责红线以内。

（区自然资源局）

林业管理

【林长制】 2023年，湘桥区林长办健全林长制促进林长治。落实区镇村三级林长529名、护林员常态化巡林52名，聘任“民间林长”10名参与林业生态建设，巡护上线率长期保持在90%以上；在全市率先完成镇（街）林业工作站设立和林长办挂牌工作；推进工作机制创新，实施“林长＋”工作机制，健全“林长＋警长”“林长＋检察长”“林长＋法官”协作机制，形成保护森林资源和打击违法犯罪行为的强大合力。

【森林督查】 2023年，湘桥区以森林督查为抓手，加强林业执法工作。在全市率先设立镇（街）林业站和林长办，强化林业人才队伍建设，综合提升乡镇林业站工作能力；实行镇（街）综合行政执法，将涉林行政执法职权事项下放至各镇（街），提高基层林业行政执法能力，在全市率先完成2013—2022年森林督查案件查处整改任务；举办全区2023年林业行政执法业务培训，并通过“以案说法”方式直观展示林业行政处罚的查处流程、法律依据、违法事实、注意事项、办案纪律；组织区级林业执法骨干深入镇（街）执法一线进行“首案”指导超20次，帮助镇（街）执法人员掌握林业执法工作要点及注意事项；辖区各镇（街）完成6宗涉林违法案件的办理；完成2013—2022年森林督查案件查处整改任务。

【抚育项目】 2023年，湘桥区科学确定项目选址及种植苗木，以韩江两岸、甬莞高速为重点区域，因地制宜开展桉树改造、低质低效马尾松改造，大力种植油茶，在意溪镇西都村建设高质量水源林38.67公顷以及封山育林26.67公顷，在桥东街道笔架山区域、凤新街道高厝塘村等低效林补植套种34.67公顷，主要种植红锥、木荷、枫香等乡土阔叶树种，进一步提升辖区森林质量，优化森林结构，形成多树种、多层次、多色彩的森林植被。全年完成133.33公顷林分优化任务、107公顷新造林抚育任务、76.67公顷森林抚育任务。

【古树名木保护】 2023年，湘桥区实施古树名木保护提升行动，全面完成古树名木“一树一档”及挂牌保护工作。全区在册360株古树全面落实管护责任单位并签订管护责任书，15株500年以上一级古树实施视频监控，对所有古树均制定应急预案并落实巡查档案，创新性开展古树名木救护保险，切实保障珍贵古树名木资源。全年组织古树名木巡查管护60场次。

【有害生物防治】 2023年，湘桥区高位推动松材线虫病防治工作。区委区政府主要领导签发《深入开展松材线虫病疫情防控攻坚行动》的林长令，召开松材线虫病防治专题会议，压紧压实林权人主体责任。强化资金及人力保障，上半年投入各类防治资金965万元；12月底前集中1个月时间投入人力3174人次、资金约440万元用于1600公顷松材线虫病疫木防治；强化监督检查，派出巡察组不间断开展实地督查及无人机监测，坚决打好松材线虫病防治攻坚战。

【生物多样性保护】 2023年，湘桥区加强野生动物保护。发布《关于进一步加强春季候鸟等野生动植物保护及禁止非法猎捕野生动物工作的通知》，加大保护管理力度，督促各护林员加强巡查巡护；强化各部门联动，形成打击野生动物资源违法犯罪的合力，及时发现并处置各类破坏野生动物资源的违法犯罪行为，拆除捕鸟网5处，查办画眉、蛇等野生动物行政违法案件3宗，坚决遏制乱捕、滥猎、非法交易野生动物的现象；开展外来入侵物种普查工作，成立工作小组，制定实施方案，妥善规划人员分配、行动路线，分析具体工作方式，严密各项工作措施，出动普查人数36人次，累计普查里程267千米，普查涉及外来物种30种。

【森林防火】 2023年，湘桥区全力做好森林防火工作，实现森林防火“零火情”。做到时刻绷紧“安全第一”之弦，紧盯重点部位和关键区域，全年派出检查组排查并整改火险隐患306处；印发禁火令、制作防火宣传横幅、发放防火宣传册，通过“技防+人防”，确保辖区全年森林“零火情”。

【绿美湘桥建设】 2023年，湘桥区推进绿美湘桥生态建设“六大行动”，构建“八山四水三点两带”绿美新格局，印发《绿美湘桥操作指引》，制定创建绿美湘桥六大实施方案，全年评选出绿美乡村32个和绿美住宅小区12个；完成国土绿化年度建设任务，抢抓春季造林“黄金时间”，筹集财政资金超300万元用于2023年森林质量精准提升工程，全面完成市下达辖区营造林任务并顺利通过省组织的实地核查；完成意溪镇坪埔村森林乡村建设任务，辖区乡村绿化品质进一步提升；推进全民爱绿植绿护绿，通过“3·12”植树节、林长制宣传月等重要专题活动，广泛开展植树造林活动，全年全区开展全民义务植树159场次，发动社会捐资430万元，购买和接受捐赠树苗超14.6万株，建设“青年林”“模范林”等主题林7片。

（区自然资源局）

生态环境保护

【生态环境保护概况】 2023年，湘桥区大气环境质量稳定达标。空气质量优良率（AQI）为97.5%，空气中细颗粒物（PM2.5）浓度24微克/立方米，达到上级下达的任务目标。水环境质量持续改善。全区地表水水质优良比例保持在66.7%，完成上级下达的考核任务，其中韩江东溪隆都国考断面水质达到Ⅱ类，韩江北溪溪头亭省考断面水质达到Ⅲ类，枫江深坑国考断面水质为Ⅴ类；县级以上集中式饮用水源水质100%稳定达标。生态土壤和固体废物污染防治基础有效夯实。辖区4家土壤重点监管单位各项监测结果均满足相关指标限值要求。260867吨生活垃圾实现100%无害化处理处置；医疗废物全部得到安全处置。

【水污染防治】

强化水源地保护　2023年，潮州市生态环境局湘桥分局（以下简称生态环境局湘桥分局）加大对饮用水水源一级保护区内游泳和垂钓行为的执法劝阻力度，全力保障韩江饮用水水源一级保护区环境安全。全年出动巡查执法人员6747人次，成功劝阻违法垂钓者2969人、违法游泳者1308人，做出违法垂钓行政处罚202宗，处罚款12500元；做出违法游泳行政处罚1宗，处罚款100元；第三方巡查机构出动巡查人员2295人次，在饮用水水源一级保护区北阁佛灯景区、放生台、北关、渡口公园成功劝阻非法游泳人员2877人次，在北堤、滨江长廊、栈道、渡口公园成功劝阻非法钓鱼人员2396人次。

狠抓枫江流域水环境整治　2023年，生态环境局湘桥分局紧盯执法监管环节，强化执法巡查力度。全面强化工业污染源监管，持续强化对枫江流域的执法巡查，强力遏制枫江流域（湘桥区段）企业违法偷排、直排、超标排放行为。全年在枫江流域出动执法人员超3300人次，检查企业约1800家次，做出行政处罚7宗，处罚款560440元，移送涉嫌环境污染犯罪1宗，移送行政拘留1宗，申请法院强制执行1家，实施查封扣押2宗，持续保持高压震慑态势。

加强入河排污口排查整治　2023年，湘桥区成立以分管副区长为组长的潮州市湘桥区入河排污口排查溯源整治工作专班，印发《潮州市湘桥区入河排污口排查溯源整治实施方案》，全力推进排污口排查整治专项行动，23个列入专项行动排污口全部完成整治。

【大气污染防治】 2023年，生态环境局湘桥分局强化不良天气应对措施。多部门联动开展防控工作，全年启动不良天气应对工作响应19次，遏制污染天气发生。开展柴油车整治专项行动。全年检查柴油车64辆次，因超标实施处罚3辆次。开展机动车检测机构专项检查。对2家检测不规范的检测机构立案查处，处罚款122440元。强化工业炉窑、锅炉综合整治。落实辖区4家砖瓦加工企业对照《广东省涉工业炉窑企业大气分级管控工作指引》进行炉窑升级整治；加强锅炉监管，对1家锅炉排放大气污染物超标的企业立案处罚，处罚款28万元。强化辖区内加油站的油气回收管理。完成43家加油站油气回收在线监控系统建设，在全市率先完成全覆盖工作，通过油气回收在线监测动态管理，加强对加油站油气回收设施运行的有效监督。

【土壤污染防治】 2023年，湘桥区开展耕地分类管理工作。辖区受污染耕地安全利用工作顺利完成，受污染耕地安全利用率为100%。生态环境局湘桥分局加强危险废物规范化管理。按照《危险废物规范化管理评估指标》对辖区26家产废单位和经营单位进行检查评估，督促企业落实生态环境保护主体责任。落实土壤重点监管单位隐患排查和自行监测主体责任，督促落实辖区4家土壤重点监管单位完善隐患排查报告，自行完成2023年度监测，并由市生态环境局向社会公开检测结果。

【农村污染防治】 2023年，生态环境局湘桥分局坚决落实省、市关于农村污染防治工作部署，积极推进农村污染防治工作，按期完成9个建制村的农村环境整治任务和10个自然村生活污水治理省级民生实事任务，农村生活污水治理率为60%。

【生态环境信访】 2023年，生态环境局湘桥分局积极做好群众反映的环境投诉问题收集工作，认真妥善处理群众反映的生态环境问题，抓好涉生态环境保护领域的矛盾纠纷排查。全年接收受理各类环境信访投诉1856件，办结率为100%。

【生态环境执法】 2023年，生态环境局湘桥分局持续开展“散乱污危”企业（场所）综合整治行动专项整治，完成对全区9个镇（街）的企业（场所）整治情况督查全覆盖，排查出“散乱污危”企业（场所）190家，其中实施升级改造89家，关停取缔101家。加大执法力度，严厉打击各类环境违法行为，全年出动环境执法人员4700人次，检查各类污染源2400家次，责令整改203家次，断电处理19家次，查封扣押3宗，涉嫌环境污染犯罪移送公安机关2宗，移送行政拘留2宗，立案查处12宗，做出行政处罚决定13宗，处罚款1124108.5元，申请法院强制执行1家。

【第二轮省级生态环境保护督察工作】 2023年11月28日—12月9日，省第三生态环境保护督察组进驻潮州市开展督察，生态环境局湘桥分局牵头制定《第二轮第二批广东省第三生态环境保护督察组驻潮州期间湘桥区保障工作方案》，成立省级生态环境保护督察潮州市湘桥区协调联络组，协调全区各级各部门提前做好生态环境保护督察备检工作。督察进驻期间，省第三生态环境保护督察组调阅辖区资料共四批75项，向潮州市交办13批次信访案件244件，其中涉及辖区112件全部办结，其中责令改正违法行为59家，立案处罚4家，处罚款54840元。

（生态环境局湘桥分局）

应急管理

安全生产

【安全生产概况】 2023年，湘桥区发生生产安全事故11起（均为道路交通事故），同比上升83.3%；死亡9人，同比上升80%；受伤2人，同比下降33.3%；直接经济损失6.39万元，同比上升75.2%；未发生较大以上生产安全事故、较大以上火灾，未发生森林火灾，安全生产形势总体保持稳定。

【安全生产层级责任制】 2023年，湘桥区委、区政府始终坚持把学习贯彻党的二十大精神和习近平总书记关于安全生产工作重要论述和指示批示精神作为首要政治任务，第一时间组织传达学习习近平总书记关于“2·22”内蒙古自治区阿拉善盟煤矿坍塌事故、“4·18”北京长峰医院火灾事故、“6·21”宁夏银川富洋烧烤店燃气爆炸事故、“11·16”山西吕梁市永聚煤矿一办公楼火灾事故重要指示批示精神，研究部署辖区贯彻落实的具体措施。始终坚持“党政同责、一岗双责、齐抓共管、失职追责”，把安全生产纳入党委政府重要议事日程。全年全区召开区委常委会会议和区政府常务会议20余场，研究部署安全生产及消防工作。区党政领导班子及各级党政领导干部在重大节日均带队深入一线现场开展安全生产检查督导，全面排查生产安全事故隐患和薄弱环节，及时解决安全生产方面存在的突出问题。制定《湘桥区党政领导干部2023年度安全生产重点工作清单》《部分新业态新领域安全生产工作职责》，签订2023年度安全生产和消防工作责任书，严格落实“三个必须”（管行业必须管安全，管业务必须管安全，管生产经营必须管安全）要求，综合运用巡查考核、检查督查、通报约谈、挂牌督办等方式，推动属地、部门安全监管责任的落实。

【高危行业安全监管】

危化品方面 2023年，湘桥区应急管理局（以下简称区应急局）扎实开展辖区危险化学品、化工医药和烟花爆竹重大事故隐患专项排查整治2023行动，深化固化拓展危险化学品安全专项整治三年行动和安全风险集中治理成效。全年出动检查人员210人次，检查危险化学品企业102家次，排查隐患问题108项，发出责令限期整改文书31份；检查烟花爆竹零售店42家次，排查整改隐患问题28处，实施行政处罚3宗，没收烟花爆竹产品120箱，罚款52150元。

非煤矿山方面 2023年，区应急局深刻汲取“2·22”内蒙古自治区阿拉善盟煤矿坍塌事故教训，迅速启动“一盘棋”应急响应，对辖区6家非煤矿山企业（1家停产整改，1家采矿证到期停产，4家已注销安全生产许可证）进行全覆盖安全检查。强化

警示教育，及时通报全国各地发生的矿山事故情况，要求各矿山企业引以为戒，吸取教训，确保不发生事故。全年检查非煤矿山企业9家次，发出责令限期整改文书2份，排查整治安全隐患9处。

工贸方面 2023年，区应急局制定《湘桥区工贸行业重大事故隐患专项排查整治2023行动实施方案》。6月，联合市应急局对辖区4家涉有限空间作业企业进行检查指导服务，向企业提供现场技术帮扶指导。全年排查整治一般隐患11个，帮助企业及时堵塞安全漏洞。

【安全风险排查管控】 2023年，湘桥区认真贯彻落实国务院安委会十五条措施、“省65条”和“市78条”硬措施，以重大事故隐患专项排查整治2023行动为主线，突出岁末年初、五一、国庆等重要时段，强化危化品、非煤矿山、建筑施工、城镇燃气、自建房、道路交通、水上交通、森林防灭火等重点行业领域安全检查和整治，全面排查化解各类重大风险隐患。全年全区派出督导组2158个，出动检查人员12898人次，检查各类生产经营单位8972家，排查一般隐患7150处，整改6915处；排查重大隐患562处，整改562处；实施行政处罚85次，罚款138.7万元。

【安全宣传教育培训】 2023年，区应急局组织开展“安全生产月”宣教活动，紧扣“人人讲安全，个个会应急”活动主题，制定《2023年湘桥区“安全生产月”和“安全生产南粤行”活动方案》，开展“6·16”安全生产宣传咨询日、安全生产宣传“五进”和《安全生产法》考学等一系列活动，大力宣传安全生产法律法规，普及安全常识。同步开展重大事故隐患专项排查整治宣传活动，印发《致企业主要负责人一封信》《重大事故隐患判定标准汇编》、宣传海报以及相关宣传品分发到各镇（街）、区各有关部门，提高全民对安全生产的知晓度和参与度。“安全生产月”期间，全区举办宣传咨询活动12场，发放各类宣传资料2万余份，营造浓厚的安全生产宣传氛围。全年全区组织2295人参加《安全生产法》《广东省安全生产条例》宣贯考学；组织41名基层应急人员参加2023年潮州市基层应急管理业务培训班，进一步提升基层安全监管人员业务水平。

【安全生产行政许可】 2023年，区应急局认真落实“放管服”改革相关要求，强化服务意识，简化办事程序，提高办事效率。全年受理办理行政许可审批事项3项[烟花爆竹经营（零售）许可证核发、危险化学品经营许可证核发、金属非金属矿山（尾库矿）建设项目安全设施设计审查]，依法办理行政审批事项56宗[烟花爆竹经营（零售）许可20宗、危险化学品经营许可证行政审批35宗、非煤矿山建设项目安全设施设计审查1宗]。

【安全生产执法检查】 2023年，区应急局开展日常执法检查261家次，检查覆盖工业企业、三小场所、贸易市场和旅游单位，发现隐患150处，已整改隐患150处。严厉打击各类安全生产违法行为，截至12月底，实施行政处罚12宗，罚款金额19.15万元。

【年度亮点工作】 2023年，区应急局扎实组织开展重大事故隐患专项排查整治2023行动。根据国务院安委会以及省、市安委会的统一部署，自5月23日起启动全区重大事故隐患专项排查整治2023行动。充分发挥区安委办指挥棒作用，印发《潮州市湘桥区重大事故隐患专项排查整治2023行动实施方案》，成立工作专班，建立重大事故隐患数据信息每月调度报送机制，认真落实帮扶指导、分析研判、督导检查、精准执法、专题培训、通报约谈等各项工作措施，压实压紧属地镇（街）、行业监管部门及企业各方主体工作责任。专项行动开展期间，全区各级各有关部门派出督导检查组890个，出动执法检查人员5007人次，检查生产经营单位3218家，排查发现一般隐患3068个，已整改2761个；排查重大事故隐患562个，完成整改562个，整改率为100%；实施行政处罚44宗，罚款775256元；停产整顿16家，临时查封3家；对12个重大事故隐患实行挂牌督办。

（区应急局）

应急救灾

【应急准备】 2023年，湘桥区印发《潮州市湘桥区突发事件总体应急预案》《潮州市湘桥区突发地质灾害应急预案》《潮州市湘桥区自然灾害救助应急预案》《潮州市湘桥区地震应急预案》《潮州市湘桥区民族宗教事件应急预案》等预案5份，建立健全综合救援体系，全区有各类应急救援队伍169支2220人。

【应急避难场所】 2023年，区应急局综合利用村(居)委会办公场所、文化活动中心、学校、广场和公园等地势较高、结构稳固的场所，因地制宜设置避难场所。全区共有应急避难场所133处，面积约25.3万平方米，可容纳约11万人。

【防汛防台风工作】 2023年，区应急局进一步完善三防工作机制，制定印发《潮州市湘桥区暴雨预警信号“叫应”机制》。成功应对“龙舟水”、台风“泰利”“杜苏芮”“苏拉”“海葵”“小犬”及多轮强降雨。为确保人民群众生命财产安全，在台风和暴雨防御工作中，转移低洼地带、危房、内涝点、户外施工人员等危险区域人员及特殊群体群众4482人次，实现“零伤亡、少损失”目标。

【防灾减灾物资管理】 2023年，区应急局加强区级防灾救灾物资统筹管理，及时调拨救灾帐篷、折叠床、发电机、手电筒等救灾物资至各镇（街）及部分村（居），总值约92万元，保障群众正常生活；下达救灾资金150万元至各镇（街），及时做好群众救助工作。

【防灾减灾培训教育】 2023年，区应急局组织全区211名灾害信息员参加各级灾害信息员师资及业务视频培训，加强对《自然灾害情况统计调查制度》《特别重大自然灾害损失统计调查制度》和广东省高州市等地区优秀报灾样板的学习，提升报灾质量。联合区教育局在南春中学开展避震疏散

▲2023年10月，湘桥区森林消防队在意溪镇开展森林防火巡查

（区应急局 供）

应急演练，邀请市应急管理局地震监测与防御科负责人为南春中学高一年级学生上以“认识地震科学防范灾害风险”为主题的科普教育课。

【防灾减灾宣传教育】 2023年，区应急局推动防灾减灾救灾宣传教育进机关、进学校、进社区等活动，组织开展防汛防台风、防震救灾、森林防灭火等应急演练30场次。开展“5·12”全国防灾减灾日主题宣传活动，发放宣传资料约5000份，增强群众的风险防范意识和应急避险自救技能。

【森林防火】 2023年，湘桥区严格落实森林防火工作行政首长负责制，压实全区148个网格责任，做到“山有人管、林有人护、火有人防、责有人担”。加强形势分析、研判部署，推动各级主要领导带头落实好森林防火工作行政首长负责制，依托林长制压实区、镇、村三级529名林长责任，层层签订森林防灭火责任书。及时发布《森林高火险期禁火令》，明确严禁森林高火险期一切野外用火。在清明、秋冬季节等重要时间节点和高火险期，组织镇（街）、村干部和护林员在重点林区、重点路段及各进山主要路口，设立临时检查卡点110处，加大巡山巡护频度、野外火源管理力度；开展森林火灾隐患排查整治和查处违规用火行为、“五清”（清坟边、清林边、清地边、清隔离带、清旅游景区内可燃物）、猎火等专项行动，排查整治隐患332处。出台《湘桥区违规野外用火和森林火灾举报奖励办法（试行）》，强化社会监督机制。组织湘桥区2023年森林消防职业技能大比武活动，提升辖区森林消防队伍的应急处突和森林火灾扑救能力；森林特别防护期区森林消防队和各带农镇（街）扑火队全面进入临战状态，着力做好人员、机具装备和后勤保障等各项准备工作，严阵以待。以“森林消防宣传月”为主线，充分利用墙报、宣传栏、电子滚动屏、官方微信公众号等宣传媒介，持续开展森林防火“五进”（进农户、进社区、进学校、进机关、进企业）活动，发放手册、海报等宣传资料约5500份，切实增强全民森林防灭火意识。

（区应急局）

消　防

【消防概况】 2023年，潮州市湘桥区消防救援大队（以下简称区消防大队）通过强化执勤战备、前置执勤、消防宣传、监督执法、巡防巡查，圆满完成元旦、春节元宵、全国两会、清明五一、中秋国庆等消防安全保卫任务。全年接警395起，其中火灾扑救216起，抢险救援107起，社会救助40起，其他32起，出动队伍404队次，出动车辆780辆次，出动人员3717人次，确保全区消防安全形势平稳。

【消防宣传培训】 2023年，区消防大队开展消防宣传“七进”（进机关、进学校、进社区、进企业、进农村、进家庭、进网站）和消防救援站开放活动，发动消防志愿者深入辖区开展培训教育工作；在红桃粿APP等新媒体开设打通生命通道隐患曝光专栏，在潮州市电视台民生直播室播放消防新闻20余条；深入镇（街）、社会单位开展消防安全宣传教育培训。以“走出去、请进来”的方式开展消防站开放活动，全年开放消防站40多次；联合教育部门开展假期消防作业和开学第一课消防宣传活动，组织全区各学校参加全区消防安全管理教育培训；在重点单位开展消防安全“三提示”（公众聚集场所聚集人员较多，不要吸烟和使用明火；留意逃生路线和安全出口具体位置；留意消防设施器材、逃生设备放置位置和使用方法），在公共娱乐场所播放消防宣传片，深入辖区各类场所开展灭火和应急逃生疏散演练；紧紧抓住“破网开窗”、打通生命通道等各个专项行动以及基层消防安全治理的有利契机，持续加强对“三合一”场所（集生产、生活、储存为一体的场所）、燃气整治、电动车火灾等知识的宣传；组织区各有关部门通过大型户外广告、沿街消防宣传横幅标语、LED 宣传栏、手机短信、宣传手册、网络微信等载体开展消防安全宣传教育，全年发送宣传短信 3 万多条，发放张贴消防宣传画 4 万多幅；组织各类消防培训 50 多场次，通过开展灭火演练、实操技能、应急逃生等丰富多彩的互动体验活动，培训人员近万人，增强消防安全教育的针对性和实效性。

【消防专项治理】 2023 年，区消防大队着力推动消防责任体系建设，每季度提请区委常委会、区政府常务会专题研究消防工作；提升区消安委领导规格，由区长挂帅担任区消安委主任、常务副区长担任区消安委常务副主任。全年印发消防安全相关文件 43 份；对不同阶段的消防安全重点任务进行细化部署；细化党委政府、行业部门、社会单位责任清单，明确消防安全综合监管职能定位，创新制定《16 类重点场所消防安全自查检查指南》《加强生产车间、仓库消防安全标准化管理十项措施》，督促各系统、各行业单位开展自查自改；在全区推行文旅体、卫健等重点行业部门消防监管标准化建设，开展“约谈—评估—通报—整改”的工作闭环，打造许驸马府、区文化馆、西湖工业城、凯琪大厦婚纱厂房、宰柳希木雕工厂、快乐幼儿园（凤新园）等一批示范点。

【消防队伍建设】 2023 年，区消防大队下辖城西消防救援站和古城消防救援站、战勤保障消防站，共有人员 67 人，其中干部 12 人，消防指战员 24 人，政府专职消防员 23 人，消防文员 5 人，雇员 3 人。执勤消防车辆 17 辆（其中：70 米登高消防车 1 辆、53 米登高平台消防车 1 辆、压缩空气泡沫消防车 3 辆、38 米高喷消防车 1 辆、供气照明车 1 辆、器材运输消防车 1 辆、餐饮消防车 1 辆、运兵车 1 辆、城市多功能主战消防车 1 辆，15 吨消防车 2 辆，水罐（泡沫）消防车 2 辆、器材消防车 1 辆，抢险救援车 1 辆）。

【火灾防控综合治理】 2023 年，区消防大队紧跟市消防救援支队和区委区政府部署，以突出风险、重大隐患大检查大整治、“小火亡人”多发场所消防安全专项整治为主线，助推区委区政府部署“破网拆窗”“打通疏散通道，留出生命之路”等系列专项行动，针对“防盗网、铁栅栏”这一突出隐患，实施源头治理、靶向治理、常态治理，推动“破网拆窗”行动取得阶段性成效。全年全区累计拆除“防盗网”3606 个，开设“逃生窗”11572 个、拆除遮挡外窗的户外广告牌和灯箱 1088 个；打造“基层消防安全治理平台”，减少基层报表填数，推动消防救援所、派出所“联合协助”，重点围绕容易发生“小火亡人”的“三小”场所、出租屋、群租房开展整治，累计排查三小场所 9484 家，整改违规住人 1116 家，整改群租房 423 家，切实提升三小场所、群租房本质安全；全年挂牌督办整治 2 个火灾高风险区域和 7 家重大火灾隐患单位，下发处罚决定书 64 份、临时查封决定书 3 份，处理“三停”单位 29 家，罚款 95.7 万元，坚决消除火灾风险，严防“大火巨灾、小火亡人”，维护辖区消防安全形势平稳向好。

【公共消防基础设施建设】 2023 年，区消防大队全面提升火灾防控能力，积极推动社会资源200万元启动建设古城147个消火栓器材箱并融入古城风貌，因地制宜分三种类型配备40、65口径水带水枪及装换接口、扳手、灭火器、扩音器等。气改方面，对古城全部餐饮场所安装可燃气体探测装置，实现城市物联网远程监控。宣传设施方面，发动社会资源在古城东（观韩亭）、南（南门古）、西（古城站）、北（西湖）、中（旅客中心）建设5块专属宣传大屏，做到“一进古城之门，消防宣传先行”。

【消防服务】 2023年，区消防大队全力推进消防暖心行动，联合太平街道为古城区孤寡老人、困难群众及部分困难“三合一”场所改造电气线路、破网开窗、安装烟感、气感及简易喷淋装置，启动第一期改造24家。在重大节日期间，通过古城分队巡查，积极开展为民服务行动，帮助孤寡老人和困难群众，为平安古城贡献消防力量。

【古城区消防安全提升工程】 2023年，区消防大队为提升古城区消防安全工程，指导太平街道实施“古城改造到哪里，消防就同步到哪里”，古城房改、路改、电改、水改、气改均取得明显成效。房改方面，完成文物单位一期工程（8处国保文物单位）消防改造并配备消防车3辆，启动文物二期工程（11处国保文物单位）建设；联合区文旅体局对文博单位和工艺大师工作室进行“一家一策”评估式检查和技防提升。路改方面，在环城北路道路立面改造中同步打开愈600个救援窗；借助韩江西岸风貌提升工程对广济门到上水门400米距离的外纵三层立面实施改造，包括“破网开窗”、拆天面铁棚、三线落地等内容。电改方面，全覆盖开展入户用电检查，引入故障电弧探测预警在线监测（已安装61个），实现供用电一体化保护效果，建设电动自行车充装点19个。

【消防救援能力提升工程】 2023年，为切实提升消防救援能力，区消防大队高度重视实战练兵和灭火演练，组织开展重点单位、古城客栈灭火演练、微型站比武等实战练兵活动，开展全员执勤岗位练兵，落实每月考核制度，积极参加全市会操、演练；争优创先氛围浓厚，涌现出一批先进集体和个人，区消防大队被总队评为执勤训练先进大队和消防监督管理先进大队，城西站被总队评为基层建设先进消防站，荣获年度三等功1人，荣获年度政治嘉奖7人，被总队评为训练标兵1人，被总队评为优秀教练员3人。区消防大队切实指导镇（街）提升消防救援能力，举办专职消防队全员大轮训和全区微型消防站比武活动，推动镇（街）专职消防队、村（社区）微型消防站提档升级建设。

（区消防大队）

经济综合管理

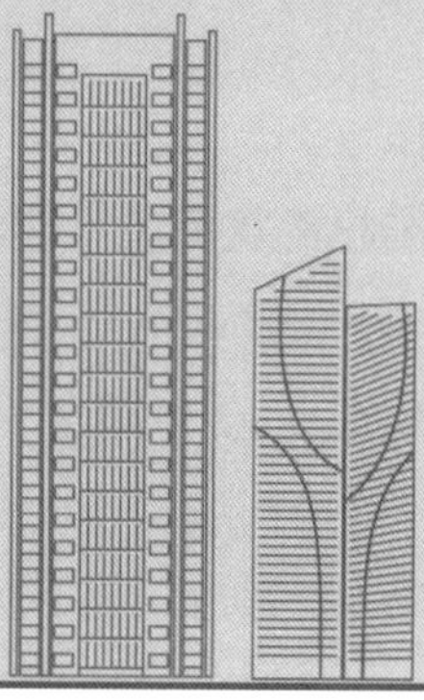

发展规划

【经济运行监测】 2023年，潮州市湘桥区发展和改革局（以下简称区发改局）科学编制区域年度计划草案。根据中央、省、市和区经济工作会议精神，结合湘桥区经济社会发展基础，通过广泛调研和横向衔接沟通，编制《潮州市湘桥区2022年度国民经济和社会发展计划执行情况与2023年计划草案的报告》，于3月经湘桥区第七届人民代表大会第三次会议审议通过。做好“十四五”规划中期评估。委托广东中科投资咨询管理有限公司进行评估报告编制工作，并于12月底顺利通过区人大常委会审议。加强经济运行调度分析。加强指标月度分析监测，根据年度目标任务，紧盯指标运行情况，及时分析研判，为宏观经济运行提供监测预警。

【省级重点项目完成情况】 2023年，湘桥区列入省级重点项目2个，分别为万年城潮州万达广场和枫江深坑国考断面达标攻坚工程湘桥段，总投资52.09亿元，年度计划投资4.95亿元。全年平均完成年度投资计划的100%，累计完成投资2.7亿元。其中，万年城潮州万达广场完成投资1.76亿，占年度计划的35.3%;枫江深坑国考断面达标攻坚工程湘桥段完成投资0.94亿，占年度计划的20.8%。

【市级重点项目完成情况】 2023年，湘桥区列入市级重点项目29个，比2022年减少项目1个，其中续建24个，新建5个，年度计划投资47.57亿元，年度计划投资额减少5.8亿元。全年完成投资额47.59亿元，超额完成年度工作目标。

【政府投资项目立项情况】 2023年，区发改局办理政府投资项目立项45个，总投资的金额约49.22亿元。主要包括潮州市湘桥区韩东片区污水管网项目（21.65亿元）、湘桥区产业园基础设施及周边配套项目（12.66亿元）、潮州市特色产业孵化基地及周边配套项目（7.21亿元）等。

【社会投资项目备案】 2023年，区发改局办理社会投资项目备案253个，总投资额约40.97亿元。主要包括湘桥区“百千万工程”美丽乡村建设项目（15.04亿元）、广东韩投工程建设有限公司湘桥区铁铺镇大坑矿区建筑用花岗岩矿矿产资源开发项目（4.18亿元）、五斗山征地湘桥区凤新街大新乡经济联合社划留用地项目（4亿元）等。

【项目策划生成情况】 2023年5月6日，湘桥区印发《潮州市湘桥区政府投资项目策划生成专班工作方案》，进一步明确各部门工作职责及相关工作流程、时限要求，提高项目谋划工作的效率和质量。全年策划项目55个，立项11个。

【社会信用体系建设】 2023年，湘桥区立足社会信用工作实际，将社会信用体系建设同优化营商环境、提升执法监管效能等工作有机结合，分级分类监管，推动行业领域开展行业信用评价和分级分类监管机制建设。根据不同信用等级，实施全过程差别化监管措施，在市场监管和公共服务中有效发挥信用监管的基础性作用，在税务、社保、自然资源、餐饮服务等领域开展信用监管，有效提升市场监管效能和服务水平。不断完善区公共信用信息平台，全年归集信息7769条，其中，行政许可4974条，行政处罚2795条。

【储备粮管理】 2023年，湘桥区管好地方储备粮。市下达辖区地方储备粮规模任务，均已足额储存且口粮比例高于70%。严格在规定的轮空期内完成轮换任务，各月末实际库存高于90%。结合粮食市场调控需要，在总储备量不变的前提下，增加全区成品粮储备。加强地方储备粮日常管理，定期组织粮情检查，开展科学保粮除虫行动，提高储粮工作质量。辖区所有在库地方储备粮数量足额，质量安全。新建的储备粮库竣工并投入使用。

（区发改局）

物价消费

【价格监测】 2023年，湘桥区23个价格监测定点单位密切关注价格形势变化，密切关注全区蔬菜及粮油肉蛋果奶等重要民生商品产销和价格变动情况，通过加强市场价格监测预警，研判市场价格形势，及时反映价格动态，确保及时、准确、真实报告价格监测相关数据，完成国家、省和市下达的应急价格监测任务，确保全区蔬菜等重要民生商品供应充足、价格稳定，切实保障人民群众基本生活需求。

【教育成本初审】 2023年，湘桥区根据区韩文实验学校、联正实验学校、兴华学校等3所民办学校的收费定调价申请及提供的资料，按照相关文件规定对教育培养成本进行初审，合理拟订收费标准，对湘桥区虹桥职业技术学校的住宿收费调价申请及相关资料进行初审，并按程序上报市局核定。

【价格认证服务】 2023年，区发改局严格按照认定工作的要求，坚持遵循独立、客观、公正的原则，认真做好涉刑涉纪和行政执法工作中涉及案件的价格认定工作。全年受理价格认定240宗，其中刑事案件价格认定232宗，标的额427万元；其他价格认定8宗，标的额6485万元，为纪检监察、司法行政等工作的顺利进行提供支持保障。

（区发改局）

统　计

【统计概况】 2023年，潮州市湘桥区统计局（以下简称区统计局）发挥统计职责，围绕经济发展，提升统计质量，优化统计服务。落实目标任务，围绕区委区政府中心工作和重大决策部署，加快统计数据资料的整理分析速度，增强对数据的解读能力，撰写统计分析15期，为区委区政府决策提供数据支持。进一步加强统计网络安全管理，定期在政府门户网发布数据，做好数据解读和舆情反馈，加大向上级和相关部门报送统计信息和分析的力度，全年发布统计信息12条，部门资讯20条。依法依规做好数据查询工作，做好全区妇女、儿童发展规划监测评估工作，为全区妇儿事业发展提供翔实参考依据。全年编印《统计月报》11期，系统全面向社会展现湘桥区经济社会发展成就。结合全区统计工作实际，印发《2023年度统计业务工作考核办法（试行）》，对镇（街）统计业务工作进行考核，提升基层统计业务水平。

【“四上”企业名录库建设】 2023年，湘桥区在库“四上”单位357家，新增入库63家，其中规上工业企业入库11家，限额以上批发零售住餐业企业入库33家，资质上建筑业10家，规上服务业企业入库8家，房地产开发经营业企业入库1家；全年“四上”单位退库24家。

【经济指标统计】 2023年，区统计局做好主要经济指标监测工作，加大对地区生产总值36个基础指标的核算以及主要行业部门经济指标的监测强度，坚持在报表期对上报数据即报即审，严格数据匹配性审核，及时纠偏，从各个环节夯实数据质量。

【统计执法检查】 2023年，区统计局制定2023年度湘桥区统计法治工作年度计划，明确统计法治宣传、统计执法检查等的目标任务、重点举措和工作保障。严格按照上级部门要求，开展统计专项执法检查35宗，涉及规上工业11家、限上商业6家、规上服务业5家、资质上建筑业2家、房地产企业2家和固投项目4个；联合区市场监管局对5家涉及市场调查业务的企业开展“双随机、一公开”执法检查。从制发执法检查通知书到现场调查取证，做到执法检查全流程文书格式规范化、程序合法化，推动执法信息化建设，实现无纸化办案率100%，做好执法平台资料上传工作。

【统计调查】 2023年，区统计局统筹推进第五次全国经济普查清查工作，选调普查“两员”（普查指导员、普查员），做好普查区划分，全方位开展宣传，为第五次全国经济普查正式登记工作顺利开展做好准备。有序推进2023年人口变动抽样调查工作，发挥统计参谋助手作用，为真实、准确、客观、全面反映区域经济运行提供统计支撑。

【统计年报】 2023年，区统计局扎实推进2022年统计年报和2023年定报工作。传达学习省、市统计年报工作会议精神，落实专业统计年报和定报制度，对专业报表中容易出现的问题加强分析研判，确保统计数据真实准确。注重上报数据质量监测分析，采取“随报随审”的工作方法，切实加强对源头数据的审核力度，及时检查发现数据质量问题，针对实际情况填写说明或返回修改，保证各专业年报数据质量的真实性和准确性。

（区统计局）

审　计

【审计概况】 2023年，潮州市湘桥区审计局（以下简称区审计局）坚持以习近平新时代中国特色社会主义思想为指导，全面贯彻党的二十大精神，认真落实习近平总书记关于审计工作的重要指示批示精神，聚焦主责主业，高质量谋划审计工作，服务保障湘桥经济社会高质量发展。全年完成审计项目7个，查出主要问题金额29442万元，非金额计量问题106个。审计处理处罚968万元，其中，上缴财政523万元，归还原渠道资金222万元、调账处理223万元。严格执行重大事项请示报告制度，加强区委审计办工作，向区委审计委员会提报审计专报、审计报告2篇。

【本级预算执行审计】 2023年，区审计局完成2022年度区本级预算执行、决算草案和其他财政收支情况审计，利用“数字政府”公共财政综合管理平台、广东非税收入征缴一体化系统、部门决算数据管理系统、广东省行政事业性国有资产管理系统和财政直达资金监控系统等系统的电子数据，采用抽查、审核、校对和电子数据分析利用等审计方法，对区本级预算执行的真实性、合法性进行审查，对财政制度建立健全、预算收入的真实完整和合规性、财政支出合规性、预算规范性、财政预算管理改革、盘活政府资金、行政事业性国有资产管理、财政直达资金分配下达使用、地方政府专项债券资金管理使用、社会保险基金预算执行和对2022年度审计查出问题的整改情况等11个方面开展审计。审计发现未及时修订区级财政专项资金管理办法等问题41个。撰写2022年度区本级预算执行、决算草案和其他财政收支情况审计的专题报告。

【任期经济责任审计】 2023年，区审计局组织对湘桥区退役军人事务局领导干部履行经济责任情况进行审计，重点关注本地区退役军人接收安置、服务管理工作，优抚对象专项资金分配、管理和使用效益情况以及任务完成情况，发现在贯彻执行各级重大经济方针政策及决策部署、重大经济事项决策和管理、财政财务管理和经济风险防范以及民生保障和改善等方面存在的11个问题。通过审计，促进领导干部进一步树立科学的发展观和正确的政绩观，增强科学执政、民主执政和依法执政意识。

【重大政策措施落实情况跟踪审计】 2023年，区审计局组织对辖区推进文化强区建设情况进行专项审计调查，重点关注《潮州古城提升行动计划（2020–2025年）》《潮州市推进文化强市建设工作方案》《潮州市湘桥区实施文化强区促进人民精神生活共同富裕行动计划（2022—2025年）》和《2022年潮州市湘桥区实施文化强区促进人民精神生活共同富裕工作任务清单》4份文件的落实及执行效果情况。通过审计，助推公共文化设施加快建设，“三馆一站”提质增效，文化消费进一步扩大，促进各部门各司其职，共同推进文化强区建设工作。

【公共投资审计】 2023年，区审计局组织对小型水库除险加固工程资金进行专项审计，重点关注小型水库除险加固工程政策落地落实、项目建设管理、资金使用管理等情况，审计发现未执行设计变更程序、施工图未经监理机构核查签发、工程尚未竣工验收等问题。通过审计，促进工程项目规范管理，财政资金发挥效益，助力辖区民生水利工程高质量发展，保障人民群众生命财产安全。

【财务收支审计】 2023年，区审计局组织对湘桥区铁铺镇铺埔慈云小学财务收支情况进行审计，重点关注学校内控制度执行、财务和资产管理及课后服务费等资金使用情况。审计发现慈云小学存在财务内控管理缺位、财务管理不到位、固定资产管理不规范、课后服务费管理不严等问题，移送线索1项。

【民生审计】 2023年，区审计局完成湘桥区加强基层医疗卫生服务能力建设资金管理使用情况专项审计调查，重点关注建设目标任务推进落实及建设成效情况、建设资金管理使用、疫情防控政策措施落实等方面。通过审计，促进政策和项目落地见效、财政资金规范高效使用，推动基层医疗卫生服务能力进一步提升。完成湘桥区2020至2022年落实养老服务体系建设情况及相关专项资金使用绩效审计，聚焦养老服务体系建设情况，关注相关资金使用绩效情况，助推养老服务体系资金规范高效使用，促进养老服务政策更好落地落实。

【“巡审结合”】 2023年，区审计局将区退役军人事务局领导干部经济责任审计作为“巡审结合”试点项目，与巡察组同时开展经济责任审计，探索“巡审结合”有效路径。通过“巡审结合”，实现一体谋划、同步开展、成果共享，审计发现的11个问题均被纳入该单位的巡察报告，问题整改率为100%。

【审计成果运用】 2023年，区审计局按照省审计厅统一部署，将省委审计办编印的《领导干部经济责任清单》和《领导干部履行经济责任风险防范清单》70份发放至区级经济责任审计对象手上，促进领导干部更好地履行经济责任、提高风险防范意识。召开经济责任审计结果反馈会，推动提高审计整改成效，区审计局主要负责人到党校讲授基层治理课程，切实增强领导干部的责任意识、底线意识和短板意识，增强经济责任审计监督效果，促进领导干部依法依规履职尽责。

【审计整改】 2023年，区审计局健全完善审计整改工作制度，出台《湘桥区审计局审计整改监督管理工作指引（试行）》，为做好整改工作提供制度保障。对区级审计查 问题实行清单管理，动态记录被审计单位的整改进度，强化整改指导服务，推动审计查出问题应改尽改、见底清零。5月，向区人大常委会报告2021年度区级预算执行和其他财政收支审计查出问题的整改情况。指导区有关单位做好上级审计机关审计查出问题整改工作，完成转办整改指导任务13项。

（区审计局）

市场监督管理

【商事制度改革】

市场主体服务　2023年，潮州市湘桥区市场监督管理局（以下简称区市场监管局）全面推行无纸化企业登记注册，鼓励引导辖区企业通过粤商通、企业开办一网通（无纸化）、全程电子化等电脑平台、手机APP平台申办企业营业执照。全年累计收到无纸化业务3127笔，同比增长411.1%。

市场主体培育升级　2023年，区市场监管局深化改革优化营商环境，持续推进助企纾困，积极开展政策推广，开展“全国个体工商户服务月”宣传活动，鼓励经营者做大做强，推进企业升级转型，全年推进“个转企”96户，超额完成全年任务。新发展各类市场主体9075户，同比增长19.4%，市场主体活力持续激发，各类市场主体期末实有共47936万户，同比增长10.2%，市场主体存量稳步提升。

【食品安全隐患排查】 2023年，区市场监管局推进食品每千人“5.5批次”监督抽检4226批次，其中不合格67批次，不合格率为1.6%。推动辖区30家农贸市场开展快检检测，完成食用农产品快检共11.52万批次，其中不合格585批次，合格率为99.5%，处理快检不合格产品420.49千克。

【食品安全监管】

食安水平有效提升　2023年8月，广东省食品药品安全与高质量发展委员会公布“广东省食品安全示范县”名单，湘桥区获评“广东省食品安全示范县”称号，成为全省首批获此殊荣的16个县（区）之一。

健全食品安全工作责任体系　2023年，区市场监管局落实落细食品安全“两个责任”（食品安全属地管理责任、企业食品安全主体责任），组织区、镇（街）主要领导签订《食品安全工作目标责任书》，开展镇（街）食品安全管理责任落实考核。其中凤新街道、太平街道、西新街道考核结果为“A”级。推动古城区13家餐饮服务单位，辖区50家校外托管机构参保食品安全责任保险。

古城区食品安全专项整治　2023年，区市场监管局制定《2023年促进湘桥区食品安全高质量发展工作方案》，以古城区为重点整治区域，以潮州三宝、牛肉丸、网红食品（城楼冰激凌、竹筒奶茶）、甘草水果、潮州生腌等六大类食品为整治重点品种，切实开展古城区食品安全专项整治工作，出动执法人员

▲2023年12月，湘桥区召开网络外卖食品安全社会监督员聘任大会
（区市场监督局　供）

416人次，检查古城区食品经营单位1756家，开展专项抽检200批次，出具限期整改文书214份，发放《限期办理食品经营许可证》41份，下达《当场行政处罚决定书》10份，有效提升古城区食品安全状况。

餐饮浪费专项整治　2023年，区市场监管局积极推广“小份菜”“半份菜”，以醒目方式提示消费者适量点餐。约谈辖区网络餐饮经营平台，向平台管理方宣传反食品浪费有关法律法规及相关政策，要求各平台切实履行主体责任。与经营单位签订《湘桥区餐饮服务单位“促消费、反浪费”自我承诺书》94份，对未严格按照要求设置防止食品浪费标识的违法行为，通过潮州电视台予以曝光。

餐饮环节食品监管　2023年，区市场监管局圆满完成2023年潮州功夫茶大会、国际陶瓷博览会、高考等重大活动期间食品安全保障工作。根据《重大活动餐饮服务食品安全监督管理规范》，积极主动，提前部署，严把食品安全关，对各接待供餐单位活动前及活动期间供餐过程进行全面监督指导，开展重大活动食品安全保障12场次，保障就餐人员饮食安全合计约4万人次。

食品安全多元共建共治　2023年，区市场监管局推进食品安全主体责任落实，推进智慧监管、信用监管、动态监管，实施食品经营风险分级管理，完成10087家食品经营单位评级工作，其中食品流通环节4598家，餐饮服务环节5489家。在校园食品安全全覆盖的基础上强化重点监管，将50家校外托管机构、26家古城食品经营单位、17家月单3000以上的网络平台餐饮服务单位、3家大型餐馆、1家养老机构纳入“互联网+明厨亮灶”智慧监管平台。全面推行社会共治，聘请20名网络外卖食品安全社会监督员，提升网络外卖食品安全整体治理水平，开展“查餐厅”直播4期，点击量9.4万余次，构筑食品安全社会监督网。

【农贸市场升级改造】

牵头推进农贸市场综合治理　2023年，区市场监管局立足“百千万工程”，重点突出粤潮、枫春市场综合整治，以诚信经营管理促进农贸市场规范提升，推进全区农贸市场计量器具检定2773台，严防缺斤短两情况。牵头开展11期创国卫“农贸市场争先促优”评比活动，压实农贸市场创卫主体责任，紧盯上级督查，及时落实整改。开展改造提升，建立农贸市场“一场一问题清单”，将北门市场、西门市场等8家农贸市场纳入提升行动计划，推动北门市场升级改造。

开展病媒生物防制行动　2023年，区市场监管局召开湘桥区农贸市场登革热防控工作会议，组织辖区农贸市场开展统一灭蚊行动，落实29家农贸市场开展每日统一全面喷杀灭蚊，按照“一日一消杀”要求，及时清理市场垃圾杂物，保持环境整洁卫生。

【药品安全监管】

推进“两品一械”流通领域监管　2023年，区市场监管局组织全区药品流通环节、医疗器械一类生产及经营使用环节共900余家企业及医疗机构开展自查自纠工作，有效加强企业自身质量管理，规范经营使用行为。加强日常安全监管，全年检查药品零售企业178家次、医疗机构167家次（其中疫苗全覆盖检查）；检查医疗器械生产经营企业127家次、医疗器械使用单位45家次、化妆品经营企业615家次，涉药、械、化案件立案63宗。

严查药械化安全隐患　2023年，区市场监管局开展药品化妆品医疗器械年度抽检，完成药品抽检100批次、化妆品抽检17批次、医疗器械抽检10批次。推进药械化安全监测，强化上报及时性和有效性，全年全区上报药品不良事件432例、医疗器械不良事件120例、化妆品20例，均超额完成任务。

药品安全监管改革推进　2023年，区市场监管局推进药品安全监管改革，获评省级创新立项“股室联动，一次通查”，整合执法资源，实现药品、医疗器械、化妆品、食品等内容“通查”监管。推进医疗器械经营企业分级监管，按照“风险分级、科学监管，全面覆盖、动态调整，落实责任、提升效能”工作原则，对在营270家医疗器械经营企业进行监管级别划分，全面落实医疗器械经营企业分级动态监管，实现监管精准化、科学化、实效化。

药品监管统计数据上报　2023年，区市场监管局组织实施药品监管统计工作，严格责任落实，健全工作体系，优化报送流程，强化工作保障。区市场监管局作为广东省三个县（区）局之一获评国家药监局“药品监管统计数据上报示范单位”；作为粤东唯一县（区）局获评“全省药品监管统计数据上报示范单位”。

【特种设备安全监管】

推进特种设备安全监管常态化　2023年，区市场监管局以学校、医院、商场等公众聚集场所的特种设备使用单位以及大型游乐设施使用单位、气瓶充装单位、快开门压力容器使用单位、涉危化品特种设备使用单位等为重点开展巡查监管，对检查单位主要信息进行采集、分析和建档，并跟踪落实隐患整改。全年出动检查人员520人次，检查单位224家，检查设备396台（套），发现一般安全隐患169宗，重大安全隐患14宗，已全面完成整改。

加强市场监管领域燃气安全监管　2023年，区市场监管局加强液化石油气瓶充装扫码联锁、数据上传监管工作，召开全区市场监管领域城镇燃气安全专项整治行动工作会议，部署专项整治行动工作；成立城镇燃气安全专项整治工作领导小组，建立健全燃气气瓶、燃气器具安全风险管控和隐患排查整治工作机制，切实加强燃气气瓶、燃气器具及配件市场的治理整顿。

【产品质量安全监管】　2023年，区市场监管局加强产品质量安全监管，开展各类专项监管整治行动。强化质量安全隐患排查，开展电动自行车、燃气安全、农村电气火灾等专项整治；强化流通领域烟花爆竹质量监管，不定期、不定时开展“回头看”，确保安全监管取得成效。印发《湘桥区市场监督管理局推进工业产品质量安全主体责任落实工作方案》，先行推动部分重点工业产品经营者落实“两个责任”（属地责任、主体责任），并做到企业情况档案应录尽录。

【标准化监管】　2023年，区市场监管局持续推进标准化建设，积极鼓励企业参与标准制的修订，全年新增25家企业，累计上报57项标准，涵盖22种产品。其中，潮州市庆发陶瓷有限公司、潮州市和德生物技术有限公司两家企业参与制定3项国家标准。引导潮州市荣德坊餐饮有限公司、潮州市湘桥区香得乐酒家、潮州市庆发陶瓷有限公司等3家企业就26项国家标准及团体标准进行专项资金资助项目申报，共获得资助资金4.08万元。

【市场信用监管】

企业信息公示　2023年，区市场监管局完成2022年度辖区年报企业8958户，企业年报率为96.8%，受到潮州市市场监督管理局通报表扬。依法将302户企业、16户农民专业合作社列入经营异常名录，将26户企业列入严重违法失信企业名单，依规申请将6户企业移出经营异常名录。

无证无照清理整治　2023年，区市场监管局深入推进无证无照经营整治工作。全年检查经营主体10042户，发出限期补办证照通知书432份，引导补办营业执照345份，补办食品经营许可证134份；立案查处无照经营案件54宗，罚没金额19.59万元；查处无证案件19宗，罚没金额30.78万元。清理连续2个年度未办理年报企业120户，经征询企业纳税申报情况及开展实地核查，依法对91户涉嫌长期停业未经营企业进行立案吊销。

“双随机、一公开”监管　2023年，区市场监管局牵头印发《潮州市湘桥区市场监督管理局随机抽查事项清单(第三版)》《潮州市湘桥区市场监督管理局2023年度双随机抽查工作计划》《潮州市湘桥区2023年度部门联合双随机抽查工作计划》，推进开展2023年度企业登记事项公示信息、网络餐饮经营者信息公示、广告制度情况等双随机抽查任务。完成本系统信息公示、网络餐饮等双随机抽查任务13个，联合烟草、公安、统计等部门开展部门联合双随机检查53户。

【公平竞争审查】2023年，区市场监管局健全公平竞争审查工作机制，加强公平竞争审查宣传，在区政府常务会议推进《公平竞争审查制度实施细则》学法宣讲。严格按照“谁起草、谁审查”的原则，对涉及市场主体经济活动的规章、规范性文件进行清理，确保各项有关政策措施符合公平竞争和相关法律法规要求，防止出现排除、限制竞争的情况。全年全区增量审查规范性文件1份，尚未发现排除限制竞争政策措施及违反公平竞争的文件。

▲2023年，湘桥区开展知识产权宣传周宣讲活动
（区市场监管局 供）

【价格秩序专项整治】2023年，区市场监管局地毯式、车轮式排查规范旅游市场价格秩序，推进民宿、餐饮等重点行业规范提升，约谈全区旅游经营服务商家，督促相关管理方和经营者严格落实“明码标价”主体责任，自觉维护价格秩序，做到守法经营、诚信经营、文明经营。

【消费者权益保护】

古城区消费维权巡街活动　2023年，区市场监管局以古城牌坊街巡街为重点，开展春节、五一和国庆期间古城区消费维权巡街工作，督促各市场主体严格落实明码标价、诚信经营，自觉维护市场价格秩序，助力提升潮州古城消费品牌。

消费者权益保护　2023年，区市场监管局稳步推进“放心消费粤行动”，培育放心消费承诺单位95家和线下无理由退货承诺店11家。开展“3·15”国际消费者权益日宣传活动，推进“3·15”消费维权工作深入基层、深入社会、深入群众。提高消费者举报投诉处理效能，消费投诉按时办结率为100%。全年受理消费者投诉举报8058件，为消费者挽回经济损失26.1万元。

【市场监管执法】

开展罚没物品销毁　2023年9月，区市场监管局举行侵权假冒商品集中销毁现场会，对近2年行政执法中依法查处并没收的70项约3吨物品进行无害化销毁。

持续完善依法行政　2023年，区市场监管局核审行政处罚案件231宗，其中申请听证3宗，案件法制核审率为100%。全面应用“粤执法”开展日常执法，粤执法平台办案8683宗，居全区部门首位。

强化案件查办　2023年，区市场监管局完善依法行政，严格规范公正文明执法，狠抓案件办理，强化对重点商品、重点区域、重点行业的监管，切实推进各项市场监管领域执法行动。全年查处各类经济违法案件322宗，罚没金额合计289.64万元，移送公安机关4宗，提供线索1条。围绕2023年度民生领域，将市场流通领域行业专项整治与民生领域案件查办紧密结合，依法严厉打击市场流通领域违法行为。

【知识产权保护促进】

知识产权创造运用　2023年，区市场监管局开展知识产权宣传周系列活动，营造尊重知识产权社会氛围。全区现有有效商标注册量13690件，累计有效发明专利302件，授权专利1084件，其中发明48件，实用新型244件，外观设计792件。全年全区每万人口有效发明专利拥有量5.23件，实现连续3年稳步增长。

知识产权保护　2023年，区市场监管局加强商标品牌、地理标志商标培育，推荐磷溪卤鹅、意溪膀饼等10件作为地理标志培育产品，打造“湘桥品牌”。开展非正常专利申请整治，切实抓好非正常专利申请的撤回工作，撤回非正常专利28件。接受涉嫌商标侵权投诉26宗，查处商标侵权案件4宗，其中移送2宗，罚没9.6万元。

知识产权促进　2023年，湘桥区有5家企业获批2023年知识产权项目6个，获得省级资金8万元、市级资金31.25万元。广东凯普生物科技股份有限公司被评为“2023年度国家知识产权示范企业”并获粤东西北知识产权创新创业大赛金奖；广东长兴生物科技股份有限公司获评广东省知识产权示范企业；金源光能纳入“广东省重点商标保护名录”。

【卫生城市创建】　2023年，区市场监管局重点推进农贸市场及其周边“两小”（小餐饮店、小食品店）点位，“三防”（防蝇、防尘、防鼠）设施提升改造，完成“三防”提升改造3946家，超额完成上级下达3783家提升任务。

（区市场监管局）

财税·金融

财　政

【财政概况】 2023年，潮州市湘桥区财政局（以下简称区财政局）坚持稳中求进工作总基调，一方面紧抓收入，以税源挖掘、财源建设为重点，扩大收入来源渠道，增加财政收入，推进积极财政政策落地见效。争取省级、市级一次性财力补助1.3亿元；加强与税务部门通力协作，强化税收征管，协调组织耕地占用税收缴；指导非税执收单位落实非税收缴政策，加大非税收入征缴力度，确保非税收入及时上缴国库；盘活国有资产（资源），通过资产出租、出让等方式增加非税收入；草拟并由区政府印发《潮州市湘桥区关于调整乡镇街道财政管理体制实施方案》，根据镇（街）实际情况进一步调整超收奖惩激励机制，深入挖掘各镇（街）增收潜力，协助做好辖区企业税收和非税收入征缴工作；建立湘桥区税源培植巩固工作联席会议制度，印发《湘桥区税源培植巩固工作实施方案》，协调税务部门加强各税种的联动管理和新业态税务监管，做好重点税源业户的协调工作，确保财税收入及时入库。另一方面严控支出，压减延缓一切非“三保”、非“急需”支出。优化财政支出结构，坚持“先基本、后项目”“先重点、后一般”的原则，腾出更多财政资金用于教育、社保、医疗卫生等民生领域，不折不扣落实“三保”支出及各项重点工作保障，提升人民生活品质。联合区审计局印发《关于开展预算单位实有资金账户存量资金清理工作的通知》，并成立存量资金专项清理工作专班，采取“自查自缴＋现场核查”相结合的方式开展全区全覆盖清理，进一步盘活财政存量资金，切实提高财政资金使用效率，保障“三保”等民生支出需要，清理存量资金5115.56万元；联合区教育局等6个单位开展全区重点民生资金专项整治行动，制定《重点民生资金专项整治行动实施方案》，强化民生领域财政资金使用管理。

【一般公共预算收入】 2023年，湘桥区一般公共预算总收入307669万元，其中区级一般公共预算收入完成61620万元，同比增长5.9%（税收收入40704万元，同比下降0.2%，占一般公共预算收入的66.1%；非税收入20916万元，同比增长20.3%，占一般公共预算收入的33.9%）。上级税收返还和转移支付补助收入183478万元，债务转贷收入4000万元，上年结转40988万元，动用预算稳定调节基金1235万元和调入资金16348万元。

【政府性基金预算收入】 2023年，湘桥区政府性基金总收入79186万元，其中上级补助收入

13456万元，上年结转5188万元，债务转贷收入54500万元和再融资债券收入6000万元。区级国有资本经营预算总收入429万元，其中上级补助收入158万元，上年结转271万元。社会保险基金总收入20273万元（机关事业单位基本养老保险基金收入20273万元）。

【财政支出】 2023年，湘桥区一般公共预算总支出257253万元，其中区级一般公共预算支出235715万元（同比下降9.7%），上解上级支出20377万元，安排预算稳定调节基金1119万元。政府性基金总支出74537万元，其中区级政府性基金预算支出57490万元，债券还本支出6000万元，调出资金11047万元。国有资本经营预算没有支出。社会保险基金总支出20073万元（机关事业单位基本养老保险基金支出20073万元）。

【年度预决算】 2023年，湘桥区组织做好全区年度预决算编制、公开工作。按照上级相关文件要求，对全区年度预决算编制工作进行统一部署和安排，明确工作要求、工作目标和工作措施，保障全区年度预决算编制工作有序推进。通过“数字财政”系统编报年初预算，实现预算单位基本支出数据系统自动计算提取，提高预算编制准确率，落实预算编制各项要求，做实做细预算编制。通过省财政厅预决算公开报告填报系统予以公开，完成103家单位2023年度部门预算公开、86家单位及16个部门汇总的2022年度决算公开和核查工作。

【直达资金预算执行】 2023年，湘桥区做好直达资金预算执行相关工作。全年收到直达资金预算总金额67111.93万元，其中中央资金33240.76万元，省级资金33871.18万元。辖区直达资金累计支出63890.42万元，支出进度95.2%。其中中央资金31137.65万元，省级资金32752.77万元。

【重点资金保障】

教育经费投入 2023年，区财政局争取按序时进度拨付教育公用经费等费用，全年全区教育支出68222万元，确保辖区教育支出完成“两个只增不减”考核目标，即教育总支出只增不减，各学阶生均经费支出只增不减；落实辖区教师收入“两不低”政策，完成各类学生资助资金拨付。

民生实事保障 2023年，区财政局做好社会保险基金、城乡居民养老保险和城乡居民医疗保险管理工作，密切配合地税、社保部门，切实采取有效措施，不断完善社会保险制度，提高社保资金使用效益。全年社保基金收入5.51亿元，支出4.16亿元。做好低保、五保供养、重点优抚对象保障、孤儿救助、残疾人补贴工作，确保应保尽保。发放各类保障救助补助金8046.85万元。

“百千万工程”助力 2023年，区财政局组织成立区“百千万工程”要素保障专班、绿美湘桥生态建设工作专班、财政局“百千万工程”工作专班3个工作机构，全力做好资金要素保障和项目谋划等方面工作，着力推进辖区“百千万工程”建设进程。全年统筹各类资金6.38亿元用于全区126个项目。其中涉农资金1.68亿元用于81个涉农项目，涉企资金0.55亿元用于35个涉企项目，债券资金3.9亿元用于全区7个重点项目。同时区级预算安排0.25亿元用于高质量发展工作经费、“百千万工程”建设和绿美湘桥项目建设。

【财政管理改革】 2023年，区财政局推动落实财政管理改革工作，实施预算指标管理全流程“顺向可控，逆向可溯”，强化预算指标和预算执行管理。深化国库信息化改革，加强预算执行动态监控。全力推进预算管理一体化建设，实现事前、事中、事后全流程全方位监控。开展财政总预算会计制度改革工作，建立健全以权责发生制为基础的总会计的财务管控功能，有效衔接总会计与政府单位会计，增强政府财政对预算收支、资产负债管理的统筹能力。

【财政监督】

行政事业单位内部控制规范建设 2023年，区财政局认真贯彻《财政部关于全面推进行政事业单位内部控制建设的指导意见》和《行政事业单位内部控制规范（试行）》，规范预算编制审核程序和资金拨付的审核审批规程，建立各股数据交叉校对，强化财政资金管理的内控约束。组织开展全区行政事业单位内控规范建设，指导各单位根据各自实际，排查权力运行的风险点，落实岗位职责，健全财务预算收支、政府采购、资产管理、建设项目管理、合同管理、民主决策、财务政务公开等规章制度，促进财政资金的规范安全运行。

存量资金清理收回制度 2023年，区财政局做好财政存量资金清理收回工作，促进财政存量资金清理收回盘活工作制度化、常态化。在全区各街道、镇和区直各部门及下属事业单位中开展结转结余资金清理、盘活财政存量资金工作。各镇（街）和区直部门及其下属事业单位预算结余资金以及结转2年以上的资金，由财政部门收回统筹使用。同时，成立检查小组对教育系统、卫生系统等事业单位清理上缴财政存量资金的工作开展监督检查，确保工作有效有序进行。

严肃财经纪律 2023年，区财政局认真执行《预算法》《会计法》《财政部门监督办法》等法律法规，组织开展会计信息质量检查、预决算公开检查、地方财经纪律重点问题专项整治、代理记账行业违法违规行为专项整治等检查活动。加强对财政资金收支流程，财经法规执行的全过程、全方位监督，及时整改存在问题，规范资金管理。

规范预算公开 2023年，区财政局认真做好财政信息公开工作，按照要求在广东省财政厅预决算公开报告填报系统以及广东政府网站集约化平台对财政预决算、部门预决算、“三公”经费预决算等信息予以公开，强化财政监督。

【政府购买管理】 2023年，湘桥区政府购买服务支出440.7万元。区财政局不断规范政府采购工作，加大对不当政府采购行为的监管力度，保护参与政府采购活动供应商的合法权益，提高政府采购工作质效。全年政府采购计划备案1315笔，政府采购总金额11907.91万元，其中，政府采购集中采购总金额7761.85万元，项目采购总金额4146.06万元。根据《广东省政府采购促进中小企业发展实施细则（试行）》文件精神，推进促进中小企业发展政策落地，加大对中小企业的扶持力度，优化营商环境。发挥“脱贫地区农副产品网络销售平台”在乡村振兴工作中的作用，推动区各预算单位通过平台采购食堂和日用物资。全区2023年初预留采购份额31.37万元，实际采购金额31.49万元，完成比例超100%。聚焦政府购买服务工作，不断提高政府购买服务支出数据采集的准确性、完整性和时效性。组织各单位加强政府购买服务在部门预算中的统筹安排，转发上级《关于建立健全政府购买服务信息采集和报送机制的通知》，组织补录政府购买服务相关信息。印发《潮州市湘桥区财政局关于开展政府购买服务实施情况专项整治工作的通知》和《潮州市湘桥区财政局关于开展政府购买服务实施情况专项整治复查工作的通知》，组建专项检查小组进行检查。

【财政投资评审】 2023年，区财政局探索财政投资评审改革，推行第三方审核机构现场驻点审核机制，完善第三方机构项目完成复核、稽核和考核机制，在审核的容缺机制和审核过程中实现线上同步交流的模式，推进“财政投资评审数字化管理平台”建设，项目审核效率不断提升。严明工作纪律，加强监督管理。完善投资审核内控体系建设，细化《财政评审“十不准”工作纪律》执行方式，建立健全投资审核监督管理机制，完善公开机制，定期通报政府投资项目预（结）算情况，建立阳光财审。全年受理委托送审项目165个，送审金额142996.21万元，同比增长5.5%。出具最高限价函或结算定案的项目135个，送审的金额79690.64万元，审定的金额75016.56万元，累计核减4674.08万元，项目综合核减率为5.8%。

【“数字财政”建设】 2023年，区财政局深化“数字财政”应用，做好监控模块运行工作，加强收入、支出、库款及“三保”（保基本民生、保工资、保运转）监测等管理，提升管财理财水平。通过“数字财政”管理平台动态监控库款和库款月报情况，每旬研判、按月分析，及时掌握财政库款的流入、流出和余额变动情况，准确掌握库款额度、构成等基本情况，根据库款余额、支出需求，合理控制库款规模和保障水平。依托“数字财政”综合管理平台监督域模块，实现线上监控规则设置、疑点查询、疑点核查等功能，扎实做好日常监控工作。优化监控预警规则，推动完善线上监控功能，强化监控结果分析运用，针对监控反映的问题和情况，以点带面推动改进管理、预防和减少违规问题的发生。强化过程监管，将日常监控与预算编制、预算执行、绩效管理结合，稳步推进常态化监控机制落地。

【政府债券管理】 2023年，区财政局加强地方政府债券管理，认真贯彻落实省、市关于用好地方政府债券带动扩大有效投资的决策部署，抢抓积极财政政策机遇，以项目实施为载体，加快债券资金支出使用进度。全区全年申报通过项目7个，通过年度需求19.05亿元，其中一般债券项目2个1.02亿元，专项债券项目5个18.03亿元。争取债券资金3.9亿元，其中一般债券项目2个0.4亿元，专项债券项目5个3.5亿元，全部实现实际支出。

【地方政府债务管理】 2023年，湘桥区发挥区政府性债务管理领导小组牵头抓总作用，加强对日常管理和风险应急处置的组织指挥和统一指导。及时做好地方政府债务管理系统和债务监测平台数据上报，对单位存量债务进行监控，杜绝违规新增政府债务，严格把控全区地方政府债务风险。合理分配转贷资金，发挥转贷债券的资金效益，做好资金统筹安排，确保足额兑现债务付息。全区全年无出现违规举债情况。

【“百千万工程”财政支持】 2023年，湘桥区精准把握最新政策动向，立足辖区实际提前谋划。印发《关于优化驻镇帮镇扶村资金支付流程相关事项的通知》等相关文件，优化驻镇帮镇扶村资金的支付流程，提升资金支付速度。组织相关单位开展衔接推进乡村振兴补助资金违法违规问题自查自纠行动，通过“前期自查自纠+后期抽查检查”的方式，重点抽查部分项目资金的使用情况，未发现在资金使用管理中存在虚报冒领、挤占挪用、贪污侵占、滞留闲置等问题。

【乡镇可支配财力增加】 2023年，湘桥区调整镇（街）财政体制，明确镇（街）职责，形成合力，充分发挥镇（街）一级协税护税作用。制定《潮州市湘桥区关于调整乡镇（街）道财政管理体制实施方案》，各镇（街）以2022年市、区共享税种形成以区级收入为基数实施奖励。通过实施奖惩激励机制，调动镇（街）一级的积极性、主动性和创造性，推动全区高质量发展取得扎实成效。

（区财政局）

国有资产管理

【国有资产管理概况】 截至2023年底，湘桥区纳入财政管理统计的企业国有资产、行政事业性国有资产二大类国有资产期末数总额315169.56万元（国有自然资源只统计实物量，暂不统计价值量）。其中：企业国有资产总额46941.8万元，占比14.89%；行政事业性国有资产总额268227.76万元（行政单位资产总额141914.24万元，事业单位资产总额126313.52万元），占比85.11%。

负债期末数总额124075.45万元。其中：企业的负债总额为14170.83万元，占比11.42%；行政事业性负债总额109904.62万元（行政单位负债总额55233.39万元，事业单位负债总额54671.23万元），占比88.56%。

净资产期末数（所有者权益）总额191094.11万元。其中：企业所有者权益总额32770.97万元，占比17.15%；行政事业性净资产总额158323.14万元（行政单位净资产总额86680.85万元，事业单位净资产总额71642.29万元），占比82.9%。

【国有资产监督】 2023年，区财政局全面贯彻落实《行政事业性国有资产管理条例》，进一步加强湘桥区行政事业性国有资产管理和监督，对《潮州市湘桥区行政事业单位国有资产处置管理暂行办法》进行修订，并于4月正式发布实行，进一步明确工作职责，理顺财政部门、主管部门和行政事业单位的管理权责；覆盖全链条，规范资产配置—使用—处置的全生命周期管理。

【国有资产清理盘活】 2023年，区财政局印发《潮州市湘桥区清理盘活行政事业单位国有资产工作实施方案》，明确资产盘活范围、盘活方式、时间安排及工作要求，从制度层面规范行政事业单位常态化落实国有资产清理盘活职责和任务，系统梳理行政事业单位资产底数，结合年度资产盘点工作开展专项清理，形成待盘活资产清单。要求全区45个部门单位严格落实过“紧日子”的要求，推动全区各行政事业单位制定盘活利用处置实施方案，对照资产财务，实物情况等逐项清理盘点并报送自查台账，有计划、有步骤开展清理盘活工作，最大可能发挥资产效能。为促进资产管理与预算管理、财务管理的有效结合，印发《湘桥区财政局关于做好清理盘活行政事业单位国有资产有关工作的函》《关于开展行政事业单位国有资产处置管理问题专项整治复查抽查工作的通知》，在全区开展国有资产专项清理及低效闲置资产盘活、建立健全相关资产管理制度和工作机制、资产清查、登记及日常监督管理等专项整治行动，对意溪镇政府、官塘镇政府、凤新街道办事处、区民政局、区教育局、区农业农村局等6个单位进行重点核查，进一步盘活存量，提高资产使用效率。为深入贯彻落实中央八项规定精神以及厉行节约有关要求，组织对全区房龄时间长、没有房产证、权属不清、租用借用、多部门合署办公等历史遗留问题资产进行清查，进一步掌握资产配置、保管、使用、处置等具体情况，做到底数清、责任明。

【国有资产划转】 2023年，区财政局做好机构改革国有资产管理工作，切实开展机构改革涉及的资产清查、划转、接收等准备工作，明确办理资产划转手续，提升办事效率。完成区农业农村局部分固定资产划转工作。前期委托第三方对涉及部门进行全面清产核资，制定资产划转方案，加强房屋、土地、公务用车等重点资产管理，督促指导划转单位及时进行账务处理，更新资产管理信息系统数据，确保资产随机构改革及时有序调整到位，保证国有资产安全完整。

【国有资产平台建设】 2023 年，区财政局进一步提升国有资产管理运营水平，制定《深化国有资本授权经营和监管体制改革方案》，结合国企改革发展实际，从企业发展战略和规划、产权管理、对外投资金额和选人用人等方面入手，建立健全国有资本授权经营和监管体制，规范国有企业经营行为，增强国有企业经济活力，提升国有企业公司治理现代化水平。完善优化区属国资平台体系，做大瀛洲平台公司体量，提高平台公司融资能力。成立潮州市瀛洲新型城镇化产业投资基金（有限合伙）等 7 家控股公司，形成以广东瀛洲控股集团有限公司为主体的多样化集团公司。

【公有物业资产管理】 2023 年，区财政局根据《潮州市湘桥区规范公有物业资产管理实施办法》，规范区公有资产的管理和经营行为，确保公有物业资产的保值增值。统一管理和经营区直行政事业单位闲置资产和经营性资产，同时接受区各街道（镇）、区国有企业和区集体企业的委托，将符合经营条件的物业资产纳入统一经营。截至 2023 年 12 月底，统一经营的物业共 84 处，取得租金收入 482.65 万元。其中属行政事业单位的物业 16 处，租金收入 196.17 万元；属企业资产的物业 66 处，租金收入 286.48 万元。

【“资源配置优化”战役】 2023 年，湘桥区认真落实市委市政府关于深入推进“资源配置优化”战役工作部署，明确资源配置优化方向，制订《湘桥区 2023 年深化“资源配置优化”战役工作方案》，将重点事项整合分解为 5 项大类任务、25 项分解任务和 28 项细化任务的战役任务清单。通过盘活闲置物业资产、整合公共服务资源、做大做强国有平台企业等举措，多渠道盘活做优区级资产资源，打好“资源配置优化”战役，以资源配置“一子落”带动经济“满盘活”。在 2023 年 3 月市阶段性总结评估中被评为“好”等次。

盘活文旅资源 2023 年，湘桥区以传统文化和非遗文化为载体，认定第七批 129 名区级非遗传承人和 10 家非遗项目大师工作室，发展文创商店约 300 多家。合作构建多元化文旅体系，打造福桥联动文化游和美丽乡村游等多条精品特色旅游路线，提升辖区旅游热度。依托辖区丰富红色资源，完成中央红色交通线红色教育基地建设工作。

盘活改造产业 2023 年，湘桥区盘活意溪镇坪埔村闲置祠堂，将其打造为网红打卡点“二队闲间”，发展“农家乐”60 间；改造桂坑村守源公祠内约 200 平方米空地，打造凉果食品加工厂和产品展销平台。实施“工改工”项目，推进桥东街道黄金塘村镇工业集聚区和铁铺镇工业集聚区升级改造，实施“工改工”面积 94.65 公顷，完成市下达的年度任务。在“工改工”项目建设过程中，加强部门联动，将工业园区项目中多余的部分砂石土公开处置，增加财政收入，充分发挥国有资源（资产）的使用价值。

（区财政局）

税　务

【税务概况】 2023年，国家税务总局潮州市湘桥区税务局（以下简称区税务局）以高质量发展为主题，以“强征管、实税基、控风险、促规范”为工作主线，聚焦“构建优化高效统一的税费征管新体系”关键任务，圆满完成全年各项工作任务，扎实推动税收现代化服务中国式现代化的湘桥实践。2023年，区税务局获得第九批广东省学雷锋活动示范点、广东十大“最美家庭”、湘桥区“五好”模范机关先进单位、湘桥区三八红旗集体、优秀青年志愿服务组织等集体及个人荣誉17项。

【组织收入】 2023年，区税务局建立重点税源收入监控机制，实现事前预测、事中入库、事后监控的全过程链条式收入管理。增加组织收入主动性，结合“三项清单”（土地增值税清算有税无资金项目清单、大额欠税企业清单、土地出让未缴纳契税项目清单）按月跟进当年新欠、土地增值税清算入库、土地契税申报等事项进度。依法依规抓好纳税纳统工作，制定纳税纳统专项工作方案，落实重点任务分工，成立古城区三大行业发票规范管理工作领导小组，组织开展多场牛肉产业经营主体座谈会，力促古城区三大行业及官塘牛肉火锅行业规范化管理，服务地方经济高质量发展。全年组织税费收入61.34亿元，其中，组织国内税收收入30.48亿元，同比增长4.5%。

【税种管理】 2023年，区税务局实施多税种联动网格化全链条管理，加强可清算房地产项目跟踪，合理制定清算计划，及时跟踪清算审核工作进度，全力推进土地增值税清算工作。制订本级房产税、城镇土地使用税管理办法，加强系统间数据比对分析，辅导纳税人补采集税源信息并补缴相关税款。落实机动车销售发票信息共享核查机制，加强与自然资源、财政等部门的常态化沟通，强化契税、耕地占用税等潜在一次性税源跟踪监控，推进及时足额入库。牢固树立“税费皆重”理念，加强与人社、医保、财政和金融等部门协同配合，统筹推进城乡居民基本养老保险费增员扩面、社保执法、数据传递、政策辅导、风险防控等各项工作，推动形成“纵向联动、横向交流、动态控制、整体推进”的工作格局。全年全区完成城乡居民基本养老保险征缴6万余人，在全市范围内率先完成年度征缴目标。

【减税降费】 2023年，区税务局成立并“提格升级”税费优惠政策落实工作领导小组，完善政策精准推送机制、问题快速反应机制，分级分类响应纳税人缴费人关切，切实为辖区企业纾困解难，全年全区新增减税降费及退税缓费3.97亿元。以税源培植服务“六大重点攻坚”，成立“一把手”为首席联络员的服务团队，依托网格化星级服务机制与重点企业建立直通交流群，搭建税企快速便捷的沟通交流和政策宣贯平台，推动惠企利民政策落实落地。全年通过中国税务报、中国报道、广东电视台、潮州+等媒体宣传报道42篇次。

【依法治税】 2023年，区税务局创新打造全市首批“枫桥式”税务所。聚焦党建引领、依法治税、税费服务等重点任务，健全“有问题，请找我”税费服务需求快速响应处理机制，设置潮汐窗口和“办不成事反映”窗口，把问题解决在基层、化解在萌芽状态。成立全市首个涉税争议调解分中心，组建专业法律人才服务团队，活用“茶文化六步调解法”，推动税费征缴争议快速化解，群众满意度为100%。全面提升行政执法“三项制度”（《行政执法公示实施办法（试行）》《执法全过程记录实施办法（试行）》《重大执法决定法制审核实施办法（试行）》）推行质效，及时更新26项公示信息，严格规范执法音像记录，审议修改重大执法决定法制审核事项清单，依法成立法制审核委员会，推行集体审核。落实落细两批12项税务证明事项告知承诺制。制发6项涉税事项推行非强制性执法方式工作指引。严格执行事前审批流程，推广应用大数据平台“进户统筹”模块。落实以5年为周期对所辖下一级单位实现层级督察全覆盖的工作要求，扎实推进执法督察发现问题闭环整改。落实“首违不罚”两批事项清单，运用“智能判”小程序，确保执法既有力度又有温度。

▲2023年4月24日，湘桥区税务局青年先锋队走进昌黎路小学为学生讲税收故事（区税务局 供）

【征管改革】 2023年，区税务局构建税费征管新体系，以“数据+规则”为驱动，加强基础监管，建立分工明确、运行高效的“一纵三横四面”（“一纵”是纵向贯通自上而下的落实链条，充分发挥工作专班承上启下的作用，重大问题由领导小组讨论决定；“三横”是横向聚合综合组、业务组、技术组的核心力量，确保责任层层分解；“四面”是稳步推进征管、服务、执法、监管等四个方面改革任务，通过建章立制和信息化建设支撑确保各项改革措施贯彻落实）工作机制。广泛调研税费征管数据、人力资源现状，绘制改革“路线图”，设置复杂事项、收入督导、风险管理、纳税服务四大团队。以税收大数据为驱动，以分类分级管理为基础，以统一规范执法、高效便捷服务、科学严密监管为核心，以协同社会共治为支撑，坚持问题导向和结果导向，一体推进税收重点领域改革工作，顺利完成新电子税务局双轨验证试点。全面推进电子发票服务平台1.5版用票试点扩围，完善简化业务操作指引，打造“一看就明、一用就会”的操作指南，降低纳税人业务操作门槛，提高全面数字化的电子发票在税控户中的覆盖率。建立上下联动、部门协同的智慧化运行体系，推广应用税警信息共享、市场主体用电实名制等工作，从源头上加强对辖区市场主体的监管，推进“智慧潮州+智慧税务”深度融合。

【税费服务】 2023年，区税务局持续开展“便民办税春风行动”，开通“税费服务直通车”，举办“互动体验日”“滴灌式”咨询答疑，深度挖掘企业历史申报数据，预判可能存在研发活动的企业名单，主动开展企业所得税汇算清缴精准辅导，助力企业充分享受政策红利。积极采取数据分析、政策一对一帮扶、送课进镇等服务举措，加大涉农优惠政策宣传辅导力度，推动湘桥特色农业现代化高质量发展。优化整合办税服务资源，推进办税服务厅升级改造。以“人工+智能”双模式进驻市政数局政务服务中心，拓展“非接触式”办税缴费事项至286项，打造“电子办税+远程协助+窗口服务”的智慧办税新模式，让纳税人缴费人充分享受到渠道多元、流程简洁、提速快办的办税缴费新体验。加强与社保经办机构、银行等的沟通协调，为医保急于报销的缴费人设置白名单；深入乡镇、村(居)委推广以三方签约扣费为主、其他缴费方式为辅的缴费模式，推进协同共治提升税费服务效能。

【以税资政】 2023年，区税务局充分发挥以税资政作用，服务地方经济高质量发展。结合发展县域经济等重大战略下沉到一线开展调查研究，聚焦税务主责主业积极建言献策，形成税收相关数据对比分析、促进湘桥区牛肉行业规范发展的建议、湘桥区餐饮行业规范管理工作情况等调研报告6份。

(区税务局)

金　融

【金融概况】 2023年，湘桥区金融机构年末存款余额1057.20亿元，比年初增长8.8%，其中住户存款717.8亿元，增长12.5%；贷款余额474.63亿元，增长6.2%。

【潮州农商银行凤城支行业务经营】 截至2023年末，潮州农商银行凤城支行（以下简称凤城支行）各项存款时点余额71.86亿元，较年初增加4.13亿元，增长6%。实质性贷款余额26.32亿元，较年初增加4.5亿元，增长20.62%；支持实体经济贷款共2218笔17.09亿元，其中，发放小微企业贷款1293笔，融资金额共计9.83亿元，同比增加1.16亿元，同比增长13.4%；发放涉农贷款1521笔，融资金额共计4.65亿元。不良贷款余额1869.43万元，不良贷款占比0.7%。

【政银金融合作平台推动构建】 2023年，凤城支行与湘桥区工信局开展合作，获取小升规培育企业对接名单，组织加快对接企业进队，并实现全覆盖逐户走访，为区优质企业提供个性化融资和优化提升金额方案，2023年为企业提供资金支持900万元；联合湘桥区工信局、枫溪区妇联开展金融宣传活动，扩大金融宣传辐射范围；联合韩江新城片区开展“服务民营经济高质量发展”政银企对接交流活动，同潮州新区管委会进行政银战略合作签约，并授信20亿元意向额度；联合湘桥区政府举办湘桥区政银村合作签约活动，与意溪镇开展“一镇一贷”助

▲2023年12月20日，潮州农商银行凤城支行与意溪镇政府联合举办“百千万工程”潮州农商银行金融服务站揭牌仪式暨金融服务政策宣讲会

（市农商银行凤城支行　供）

力“百千万工程”战略合作签约，授信金额2亿元；与湘桥区农业农村局达成政银合作助力“百千万工程”战略意向，整体意向授信金额20亿元。依托政银合作大平台，持续强化服务、业务水平，专班跟进定期走访，成功营销开立湘桥区农业农村局和深圳帮扶账户，营销落地2000万元。

【银镇村合作共建】 2023年，凤城支行结合意溪镇产业特色和文旅禀赋，与意溪镇强强联合，合作设立全市首个“百千万工程”金融服务站项目，在意溪镇政府和辖内28个村居铺设“百千万工程”金融服务站,实现全镇村居全覆盖。成功开立城西街道办事处账户，全年挖掘机构、村（社）他行存款约9700万元。全年新增签约行政村2个，分别是城西街道上埔村和厦三村，实现辖内整村金融签约全覆盖。同时，在全区各镇街、各行政村设立粤智助政务服务自助机，持续优化政务环境；设立乡村便民服务点、助农取款点，网点负责人组成乡村振兴特派员队伍定期驻村、指定专人专职参与驻镇帮镇扶村工作。

【银会合作】 2023年，凤城支行与江西、湖南商会进行银会合作签约；与潮州市民宿客栈行业协会、潮州茶叶行业协会举行战略合作授牌仪式；在潮州新区管委会的牵头下与2家企业代表举行授信签约仪式。截至2023年12月末，江西商会授信43人，授信49笔、金额2612万元；湖南商会授信22人，授信24笔、金额1410.5万元；民宿协会授信6人，授信6笔、金额360万元；茶叶协会授信2人，授信2笔、金额220万元。

【特色金融】

整村金融　2023年，凤城支行积极探索“整村授信+银村共建”服务模式，以开展“整村授信”为抓手，采取“以点带面、示范引领、整体推进”策略推进整村授信工作，推动“整村金融”赋能乡村振兴。截至2023年末，凤城支行“整村授信”发放金额（不含官磷铁三镇）超1.61亿元，同比增加0.59亿元，同比增长57.8%。累计签订“整村授信”协议行政村77个,覆盖率为100%,签约金额8.41亿元，完成32个行政村“百千万工程”倍增计划，增加授信金额4.71亿元，已用信956户，贷款余额1.55亿元。

美丽乡村金融　2023年，凤城支行创新推出“美丽家园贷”惠民产品，着力把“美丽家园贷”打造为乡村振兴特色产品，在资金安排、利率优惠、手续审批等方面给予倾斜，满足村民多元化需求，解决村民自建房屋装修资金缺口问题，改善农村人居环境，助力美丽乡村建设。截至2023年末，凤城支行“美丽家园贷”发放贷款金额超4800万元。

文旅金融　2023年，凤城支行推出“文旅贷”特色产品，精准对接文旅产业需求，助力打造“金融+文旅”融合发展新模式，充分发挥文化、旅游、金融三者融合的叠加效果。截至2023年末，发放支持文旅产业贷款金额超6400万元。

消费金融　2023年，凤城支行积极响应国家政策导向，顺应消费市场发展新趋势，以丰富多样的消费金融产品和服务，加大个人消费贷款投放力度,为消费引擎“加油”。截至2023年末，凤城支行通过“潮州市民贷”贷款产品，发放支持消费金融贷款金额超1.6亿元。

陶瓷金融　2023年，凤城支行实地走访调研陶瓷企业，摸底陶瓷产业市场，宣介政策，问询需求，通过特色授信产品，助力湘桥区陶瓷全产业链发展，进一步增强金融对陶瓷产业经济发展及转型升级的支持力度和质效。全年投向陶瓷行业423笔、金额3.87亿元，同比增加0.74亿元，同比增长23.6%。

（潮州农商银行凤城支行）

水利·公路

WATER AND ROAD

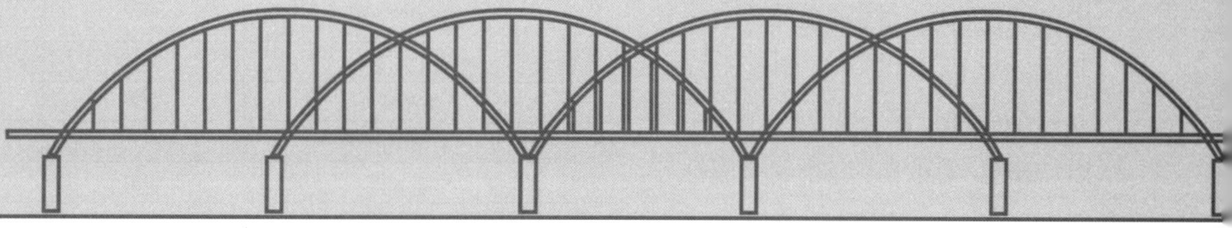

水利建设

【河道水系】 2023年，湘桥区境内主要河流有8条，分别为韩江干流、韩江北溪支流、韩江西溪、韩江东溪、文祠水截洪渠、文祠归槽河、桂坑河和金沙溪。

2023年湘桥区主要江河涌一览表

江河涌名称	起讫地点	长（千米）
意溪文祠水截洪渠	意溪钟厝桥至橡埔	6.9
桂坑河	意溪草岚武至桥东黄金塘温湖	20
韩江干流	凤新龙翔至仙洲岛上游	10
韩江西溪	仙洲岛至古美	3.9
韩江东溪	仙洲岛至急水	13.2
韩江北溪	北溪桥闸至铁铺小溪	20.9
文祠水归槽河	黄竹洋至石牌	4.5
金沙溪	溪口一村至厚洋堤	8.5

【水资源保护】 2023年，湘桥区实行最严格的水资源管理制度，在实行城乡涉水事务一体化管理的基础上，按照《潮州市城乡水环境综合整治工作方案》和“农村五治理、城镇六同创”的工作要求，编制《潮州市湘桥区江河渠塘综合整治工作方案》，依据控制“三条红线”实施方案等规范性文件，完善水资源保护机制，开展水环境综合整治。全年开展河湖“五清”“清漂”专项行动，韩江干支流累计投入资金484.19万元，清理河道总长685.91千米，清理水域面积70.8平方千米，清理水面垃圾漂浮物5952.87吨，有效改善水域环境。全区10多处饮用水源的水质保持良好，水质合格率达到100%，韩江水质更是常年保持Ⅱ类标准以上。

【水旱防御工作】 2023年，湘桥区水务局（以下简称区水务局）认真落实水旱防御工作，切实做好防灾、抗灾的各项准备，有效地把水旱灾害可能造成的损失减少到最低程度。落实各相关街道（镇）开展山洪灾害危险区域人员转移演练；对水利工程隐患点进行多次督查，落实相关单位及时整改；争取上级资金150万元用于水利工程修复，消除安全隐患，确保安全。湘桥区水旱灾害防御标准化体系建设工作通过省级验收，获得良好等次；指导相关镇（街）确保大中型水库移民项目按时按质完成。对辖区水库、水闸、堤防、山塘、农田灌溉等水利工程开展日常维修养护监督检查管理和汛前检查；组织对韩江南北堤湘桥段、六亩水闸和岗山水库及官塘桥闸灌区工程4宗大中型工程的标准化、规范化指导管理工作，截至12月底，岗山水库已完成任务。

【河长制实施】 2023年，湘桥区按照《贯彻落实〈关于全面推进河长制的意见〉实施方案》要求，严格执行《潮州市湘桥区全面推行河长制工作方案》《湘桥区全面推行河长制区级河长会议制度（试行）》等7项制度，成立区全面推行河长制工作领导小组，出台《潮州市湘桥区全面推行湖长制工作方案》，落实省第1号总河长令，压实压紧河湖长制责任链条。推动绿色发展，在全区开展“清漂”和“清四乱”专项行动，辖区水环境治理取得阶段性成果。全年完成整改“清四乱”专项行动问题84宗并销号。

【水利设施】

堤围　2023年，湘桥区有大小堤围25条（其中万亩以上堤围7条，即韩江南北堤、意东堤、文祠截洪堤、东厢堤东溪、东厢堤北溪、秋北堤、秋西堤），全长112.29千米。

山塘　2023年，湘桥区有山塘12个，即锡美鸡安岭山塘、荆山山塘、陈桥龙翔山塘、高厝塘山塘、大岭头池山塘、安公池山塘、响水山塘、牛牯岭山塘、葫芦塘山塘、吴内山塘、五角星山塘、横坑山塘。总蓄水量35.4万立方米。

水库　2023年，湘桥区有水库17个，其中：中型水库1个，即岗山水库（库容4611万立方米）；小（1）型水库2个，即白石岭水库（库容260.2万立方米）、樟厝堤水库（库容124

2023年湘桥区堤围情况简表

序号	堤围	堤长（米）	设防标准
1	韩江南北堤	7870	北堤城堤段长5.1千米，100年一遇，南堤段50年一遇
2	意东堤	5330	50年一遇
3	高厝塘堤	260	10年一遇
4	文祠截洪堤	4840	10年一遇
5	头塘围	1000	5年一遇
6	东厢堤（东溪）	12683	30年一遇
7	东厢堤（北溪）	8585	30年一遇
8	秋北堤	12190	20年一遇
9	溪口五村小堤围	2120	10年一遇
10	溪口四村小堤围	600	20年一遇
11	三村松脚堤	1200	10年一遇
12	仙洲岛围	5000	20年一遇
13	上埔堤	1064	30年一遇
14	古美堤	1071	10年一遇
15	社光堤	1916	10年一遇
16	卧石堤	1357	10年一遇
17	黄金塘堤	710	10年一遇
18	桂坑河堤（左、右岸）	17840	10年一遇
19	意溪文祠水归槽堤（左、右岸）	5360	5年一遇
20	莲花山截洪渠堤（左、右岸）	4900	5年一遇
21	秋西堤	8981	20年一遇
22	凤栖围	1000	5年一遇

2023年湘桥区水库一览表

水库名称	水库位置	总库容（万立方米）	行政区域	管理单位
岗山水库	湘桥区磷溪镇	4611	磷溪镇	湘桥区岗山水库管理处
白石岭水库	湘桥区铁铺镇	260.2	铁铺镇	湘桥区铁铺坎下电排站
樟厝堤水库	湘桥区铁铺镇	124	铁铺镇	湘桥区铁铺坎下电排站
顶庵水库	湘桥区凤新街道	38.84	凤新街道	湘桥区意溪镇锡美村委会
草岚武水库	湘桥区意溪镇	31.21	意溪镇	湘桥区意溪镇草岚武水电站
锡美水库	湘桥区凤新街道	36.48	意溪镇	湘桥区凤新街道东埔村委会
大雨洋水库	湘桥区铁铺镇	22.1	铁铺镇	湘桥区铁铺镇大坑村民委员会
凤泉水库	湘桥区铁铺镇	73.6	铁铺镇	湘桥区铁铺镇凤泉水厂
龙眼坑水库	湘桥区铁铺镇	19.2	铁铺镇	湘桥区铁铺镇嫌水坑村民委员会
坪坑水库	湘桥区铁铺镇	11.4	铁铺镇	湘桥区铁铺镇坑门村民委员会
石牌水库	湘桥区铁铺镇	10.7	铁铺镇	湘桥区铁铺镇坑门村民委员会
石棕岭水库	湘桥区铁铺镇	73.37	铁铺镇	湘桥区铁铺镇坑门村民委员会
田厝水库	湘桥区铁铺镇	16.7	铁铺镇	湘桥区铁铺镇詹罗田村民委员会
铁东水库	湘桥区铁铺镇	22.1	铁铺镇	湘桥区铁铺镇仙岩村民委员会
远坑水库	湘桥区铁铺镇	11.2	铁铺镇	湘桥区铁铺镇坑门村民委员会
寨后水库	湘桥区铁铺镇	13	铁铺镇	湘桥区铁铺镇嫌水坑村民委员会

万立方米）；小（2）型水库14个，即草岚武水库、锡美水库、顶庵水库、石牌水库、坪坑水库、远坑水库、石棕水库、铁东水库、大雨洋水库、龙眼坑水库、寨后水库、田厝水库、曾尾店水库、凤泉水库，小（2）型水库总库容679.77万立方米，担负233.33公顷耕地灌溉任务。

水陂　2023年，湘桥区有水陂31个，即西都陂、印石潭陂、锡美马厝陂、锡美吴厝陂、锡美石角陂、后径陂、河北陂、桂坑陂、白水带陂、莲上陂、龙翔陂、白石陂、银潭陂、鸭母陂、新陂、担水坑陂、苏石溪陂、坦盘陂、大陂肚陂、溪墘陂、崩坎陂、上路头陂、田尾陂、城格田陂、新沟陂、崩坑陂、大陂、大房陂、灰陂、凤山陂、大坑口陂，共担负407.3公顷耕地灌溉任务。

小水电站　2023年，湘桥区有小水电站10座，即岗山水库坝后电站、岗山水库渠首电站、官塘桥闸左岸电站、官塘桥闸右岸电站、草岚武一级水电站、草岚武二级水电站、草岚武三级水电站、草岚武白水带水电站、锡美水电站、樟厝堤电站，总装机18台容量4360千瓦。其中，岗山水库坝后电站、岗山水库渠首电站由湘桥区岗山水库管理处管理；官塘桥闸左岸电站、官塘桥闸右岸电站由湘桥区官塘桥闸管理所管理；铁铺樟厝堤电站由湘桥区铁铺坎下电排站管理；意溪镇的5座水电站，除锡

2023年湘桥区水闸工程一览表

序号	水闸名称	水闸位置	行政区域	工程管理单位	工程规模	
					过闸流量（m^3/s）	工程规模
1	官塘桥闸	官塘镇巷头村	官塘镇	官塘桥闸管理所	1300	大（二）型
2	六亩闸	桥东街道六亩村	桥东街道	意溪镇农业服务中心	452	中型
3	婆涵闸	意溪镇文祠截洪堤橡埔堤段	意溪镇	意溪镇农业服务中心	381	中型
4	永安闸	河内永安桥头	意溪镇	意溪镇农业服务中心	151	中型（北山路工程已拆除计划重建）
5	河内电排闸	意溪镇小陂村	意溪镇	意溪镇农业服务中心	15	小（二）型
6	黄竹洋退水闸	意溪镇黄竹洋村	意溪镇	意溪镇农业服务中心	38	小（一）型
7	意东堤宋厝岭穿堤闸	意溪镇橡埔村	意溪镇	意溪镇橡埔村委会	1.2	小（二）型
8	凤埔闸	意溪镇东郊村	意溪镇	意溪镇东郊村委会	86	小（一）型
9	三孔闸	意溪镇东郊村	意溪镇	意溪镇东郊村委会	25	小（一）型
10	团三灌溉闸	意溪镇团三村	意溪镇	意溪镇团三村委会	1.5	小（二）型
11	河北陂灌溉闸	意溪镇河北村	意溪镇	意溪镇河北村委会	1.2	小（二）型
12	石牌排涝闸	意溪镇石牌村	意溪镇	意溪镇石牌村委会	1.8	小（二）型
13	黄金塘湖尾穿堤闸	桥东街道黄金塘村温湖口	桥东街道	桥东街道黄金塘村委会	1.3	小（二）型
14	黄金塘大涵排涝闸	桥东街道黄金塘村	桥东街道	桥东街道黄金塘村委会	1.8	小（二）型
15	六亩穿堤闸	桥东街道六亩村	桥东街道	桥东街道六亩村委会	2	小（二）型
16	卧石下涵闸	桥东街道卧石村	桥东街道	桥东街道卧石村委会	1.8	小（二）型
17	社光下涵闸	桥东街道社光村	桥东街道	桥东街道社光村委会	2	小（二）型
18	西都韩师肚排涝闸	意溪镇西都村	意溪镇	意溪镇西都村委会	5.66	小（二）型
19	西都灌溉站闸	意溪镇西都村	意溪镇	意溪镇西都村委会	1.2	小（二）型
20	下津排涝闸	桥东街道下津村	桥东街道	桥东街道下津村委会	2.2	小（二）型
21	古美排涝闸	城西街道古美村	城西街道	城西街道古美村委会	2	小（二）型
22	云梯排涝闸	凤新街道云梯村	凤新街道	凤新街道云梯村委会	3.5	小（二）型
23	东埔排涝闸	凤新街道东埔村	凤新街道	凤新街道东埔村委会	2.5	小（二）型
24	高厝塘电排闸	凤新街道高厝塘村	凤新街道	凤新街道高厝塘村委会	2	小（二）型

续表

序号	水闸名称	水闸位置	行政区域	工程管理单位	工程规模	
					过闸流量(m^3/s)	工程规模
25	高厝塘穿堤闸	凤新街道高厝塘村	凤新街道	凤新街道高厝塘村委会	5	小(二)型
26	中津穿堤闸	意溪镇中津村	意溪镇	意溪镇中津村委会	1	小(二)型
27	中津砖厂穿堤闸	意溪镇中津村	意溪镇	意溪镇中津村委会	1	小(二)型
28	中津安塘山穿堤闸	意溪镇中津村	意溪镇	意溪镇中津村委会	1.5	小(二)型
29	黄金塘车头穿堤闸	桥东街道黄金塘村	桥东街道	桥东街道黄金塘村委会	0.5	小(二)型
30	上津西亭穿堤闸	意溪镇上津村	意溪镇	意溪镇上津村委会	5	小(二)型
31	钟厝桥穿堤闸	意溪镇四益村	意溪镇	意溪镇四益村委会	1.5	小(二)型
32	攀月头引韩	磷溪镇攀月头	磷溪镇	磷溪镇水利所	7.5	小(二)型
33	田心电灌涵	磷溪镇田心村	磷溪镇	磷溪镇水利所	0.2	小(二)型
34	先锋过堤涵	磷溪镇埔涵村	磷溪镇	磷溪镇水利所	1.2	小(二)型
35	后堤过堤涵	磷溪镇洄溪村	磷溪镇	磷溪镇水利所	1.5	小(二)型
36	顶厝洲过堤涵	磷溪镇顶厝洲村	磷溪镇	磷溪镇水利所	0.25	小(二)型
37	仙河电灌涵	磷溪镇仙河村	磷溪镇	磷溪镇水利所	0.4	小(二)型
38	急水引韩	磷溪镇急水村	磷溪镇	磷溪镇水利所	1.2	小(二)型
39	狗槽过堤涵	磷溪镇仙田山脚	磷溪镇	磷溪镇水利所	1.5	小(二)型
40	景成过堤涵	磷溪镇景成	磷溪镇	磷溪镇水利所	1.2	小(二)型
41	竹崎头过堤涵	磷溪镇竹崎头	磷溪镇	磷溪镇水利所	1.05	小(二)型
42	竹崎头电灌涵	磷溪镇竹崎头	磷溪镇	磷溪镇水利所	5	小(二)型
43	下洋关排水涵	磷溪镇溪口五村	磷溪镇	磷溪镇水利所	7	小(二)型
44	双分口水閘	磷溪镇攀月头	磷溪镇	磷溪镇水利所	3.5	小(二)型
45	仙河三閘	磷溪镇仙河村	磷溪镇	磷溪镇水利所	4	小(二)型
46	农科站闸	磷溪镇农科站	磷溪镇	磷溪镇水利所	3	小(二)型
47	旸山闸	磷溪镇旸山村	磷溪镇	磷溪镇水利所	3.5	小(二)型
48	柑园闸	磷溪镇仙旸路中段	磷溪镇	磷溪镇水利所	5	小(二)型
49	塘边东闸	磷溪镇塘边村	磷溪镇	磷溪镇水利所	2.5	小(二)型
50	林畔闸	磷溪镇仙田林畔	磷溪镇	磷溪镇水利所	3	小(二)型
51	巷下闸	官塘镇巷下村	官塘镇	官塘镇巷下村委会	6	小(二)型
52	元房闸	官塘镇元房	官塘镇	官塘镇元房委会	1	小(二)型
53	宫头闸	官塘镇宫头	官塘镇	官塘镇宫头村委会	0.5	小(二)型
54	苏二闸	官塘镇苏二村	官塘镇	官塘镇苏二村委会	0.5	小(二)型
55	堤边闸	官塘镇堤边村	官塘镇	官塘镇堤边村委会	1	小(二)型
56	奕东闸	官塘镇奕东村	官塘镇	官塘镇奕东村委会	1	小(二)型
57	奕湖闸	官塘镇奕湖村	官塘镇	官塘镇奕湖村委会	1	小(二)型
58	坎下电排	铁铺镇石坵头村	铁铺镇	铁铺坎下电排站	105	小(一)型
59	小溪截洪闸	铁铺镇小溪村	铁铺镇	铁铺镇水利所	125	小(一)型
60	巷口陂	铁铺镇巷口村	铁铺镇	铁铺镇巷口村委会委会	25	小(一)型
61	神宫山	铁铺镇坎下村	铁铺镇	铁铺镇坎下村委会	9.98	小(二)型
62	温头仔	铁铺镇坎下村	铁铺镇	铁铺镇坎下村委会	13.7	小(二)型
63	葫芦胫	铁铺镇坎下村	铁铺镇	铁铺镇坎下村委会	11	小(二)型
64	小溪潮澄闸	铁铺镇小溪村	铁铺镇	铁铺镇水利所	38	小(一)型
65	截洪退水闸	铁铺镇西陇村	铁铺镇	铁铺镇水利所	15	小(一)型
66	直流闸	铁铺镇小溪村	铁铺镇	铁铺镇水利所	15	小(一)型
67	一级跌水	铁铺镇尚书村	铁铺镇	铁铺镇水利所	98	小(一)型

美水电站由锡美村管理外，其余4座水电站均由意溪草岚武水电站管理。

水闸　2023年，湘桥区有上规模水闸67宗，其中：大型水闸1宗，即官塘桥闸；中型水闸3宗，为婆涵闸、永安闸、六亩闸；小(1)型和小(2)型水闸63宗。

机电排灌站　2023年，湘桥区有机电排灌站79座，即河内电排站、头塘电排站、高厝塘电排站、中津电灌站、上津电灌站、石牌电灌站、西都电灌站、锡美电灌站、团三电灌站、头塘电灌站、凤栖电排站、橡埔电排站、橡埔电灌站、下津电排站、大堤电排站、社光电灌站、下津电灌站、海鹅头电灌站、洗马桥电灌站、埔口电灌站、古美电排站、龙空电排站、鹿湖电排站、云梯电排站、高厝塘电灌站、西都电排站、下洲电排站、东埔电排站、仙洲岛电排站、奕东电排站、石湖电排站、奕东电灌站、石湖电灌站、巷头电灌站、元房电灌站、巷下电灌站、宫头电灌站、苏二电灌站、堤边电灌站、潭头电灌站、下底电灌站、奕湖电灌站、奕庵电灌站、尧里电灌站、攀月头低水头电灌站、攀月头高水头电灌站、攀月头应急电灌站、仙田一排涝站、饶砂排涝站、面前电灌站、三角目电灌站、鸿沟里山后电灌站、上溪电灌站、上溪后电灌站、竹崎头电灌站、内洋电灌站、顶厝洲电灌站、仙河电灌站、仙田二电灌站、仙田三电灌站、要堤电灌站、塘边电灌站、仙田一电灌站、岗湖电灌站、崩隙电灌站、岗湖电灌站、美堤面前电灌站、口美电灌站、打石电灌站、溪口一电灌站、北堤电灌站、后洋堤电灌站、急水电灌站、急水涵头电灌站、饶砂电灌站、仙美电灌站、福聚电灌站、铁铺坎下电排站、铁铺坎下村电排站。总装机108台3948千瓦，共担负6333.33公顷农田的灌溉和8666.67公顷土地的排涝任务。

（区水务局）

▲岗山水库　　（区水务局　供）

▲ 潮州东联络线　　（林文强　摄）

公路建设

【农村公路建设管养】 2023年，湘桥区做好“四好农村路”523.2千米的日常养护，并按年度计划开展安防工程精细化提升工作项目13个，合计12.51千米，完成施工图设计与审批等前期工作。2023年湘桥区农村公路攻坚任务为村道安全生命防护工程项目5.17千米。

【农村公路安全提升】 2023年，湘桥区印发《关于做好农村公路桥梁安全防护工程排查工作的通知》，督促各涉农镇街做好农村公路风险隐患排查自查整治工作。区住建局配合区交通整治办排查辖区内54个隐患点，完成整改53个，完成整改率为98%。多措并举抓好农村公路道路安全，对232.01千米农村公路路面技术状况进行自动化检测，并确定养护方案。同时，启动湘桥区非公路桥梁改造整治，全力保障群众出行安全。

【交通重大项目建设协调】 2023年，湘桥区抓好涉及辖区的5个交通重点项目（其中：高速项目1个、省道项目3个、市政道路1个）的建设进度。协调解决宁莞高速公路潮州东联络线项目遗留问题；完成省道S231线韩江大桥至外环南路改建工程涉及桥东街道社光段的征地补偿；完成省道S232线区段改外环大桥及连接道路新建工程征地拆迁工作，协调解决用地交地工作和建设过程中碰到的问题；完成砚峰路项目、意东三路拓宽工程征地工作。

（区住建局）

城乡建设

城乡建设

【美丽圩镇创建】 2023年，湘桥区全面衡量和客观评估各镇资源禀赋、区位条件、产业优势，引导各镇科学做好乡镇分类，确定官塘镇打造中心镇、磷溪和铁铺镇为专业镇、意溪镇为特色镇。突出官塘镇创建省级美丽圩镇示范点的带动作用，统筹指导各镇做好圩镇建设，围绕“七个一”建设美丽乡镇入口通道、示范主街、圩镇客厅、农贸市场改造等4处（个），完成沿街建筑立面风貌改造街道8千米，建设美丽河道23.4千米，建设绿美生态小公园5个，建设绿道6.4千米。印发《农房质量安全风貌提升和农房建设试点方案》，明确石板村、坪埔村、巷下村、塔后村作为农房建设试点村，发挥示范带动作用。转发《广东省美丽圩镇品质提升建设指引图集》，区住建局联合市规划设计院收集农房设计方案20套，联合磷溪镇开展“魅力乡村·和美磷溪”农房风貌设计作品征集大赛，收集参赛作品50余件，摸底培训乡村建设工匠41名，为农房风貌管控和建设质量安全提供技术支撑。加强对传统村落的摸排调查，推荐申报国家传统村落8个。

【企业帮扶建设】 2023年，湘桥区建立综合实力较强、建设经验丰富的优质企业名录10家，推动7家建筑企业与乡镇开展帮扶项目11个，投资额678.54万元，已完成8个项目投资额约576万元。磷溪镇仙河村村道黑底化改造项目入选2023年广东省建筑业企业投身“百县千镇万村高质量发展工程”项目范例名单。

▲ 潮州市湘桥区虹桥职业学校[含湘桥区老干部(老年)大学和教师发展中心]一期工程

（区委党校 供）

【潮州市枫江流域水环境整治二期工程（湘桥区段）】 2023年，潮州市枫江流域水环境整治二期工程（湘桥区段）建设内容3项，包括市政污水管道，河涌综合整治、城中村排水整治。枫江流域湘桥区段污水处理设施和管网规划建设工作专班充分发挥优势，积极参与协调辖区有关项目建设各项工作。通过建立“无障碍施工”指挥长制度，多级联动，畅通沟通机制。联合属地街道，对各自然村按区域进行划分，逐巷、逐户攻坚协调，截至12月底，全面完成市政污水管网169.3千米建设，通水率为100%。

【政府项目建设工程】 2023年，湘桥区着力打通“断头路”、疏通“微循环”，潮州市城区街道整修全覆盖一期湘桥区段项目、北站四路周边连接北站二路道路等项目先后完成。完善教育基础设施建设，潮州市湘桥区虹桥职业技术学校[含湘桥区老干部（老年）大学和教师发展中心一期工程]基本完工。赓续红色血脉，打造潮州交通旅社—中央秘密交通线中转站。

（区住建局）

建筑业

【建筑施工安全监管排查整治】 2023年纳入湘桥区监管的在建工程项目58项，监督竣工验收程序项目13个。潮州市湘桥区住房和城乡建设局（以下简称区住建局）全年组织开展工程质量安全、消防安全等大规模专项检查108项次，查出违章作业、违规操作及存在薄弱环节的建筑工程项目754项次，发出整改通知书108份，消除各类安全隐患754处，实施违规行为记分601分，向区城综局、各镇街提请涉嫌违法行为处罚19起。抽查建材产品97组，未发现不合格产品。

【建设行业规范化管理】 2023年，区住建局核发建筑工程施工许可证11份、消防设计审查意见书12份、消防验收意见书8份，发出建设工程验收备案通知书6份；检查混凝土生产企业43家次，发出整改意见51条，全部落实整改。完成绿色生产设计和改造预拌商品混凝土站6家。检查消防检测机构3家、招标代理机构2家、审图机构2家、质量检测机构2家。监督工程招投标活动4宗。强化保障工人工资支付工作，协调处理欠薪纠纷54宗，涉及金额约8895万元；已解决35宗，涉及金额约4872万元。

【自建房专项安全整治行动】 2023年，湘桥区排查自建房103943处，其中初步判定存在安全隐患的自建房1874处，已采取整治措施或经鉴定无安全隐患1002处。2022年至2023年6月29日，完成全区超12万栋自建房摸查工作，整治率为61%，提前完成年度任务。

【燃气安全专项大排查大整治行动】 2023年，湘桥区完成燃气安全专项整治工作系统4689家企业的排查工作，发现隐患3399个，整改3165个，整改率为93.1%。组织开展气站安全检查9次36家次，发出整改通知书36份，102项隐患均完成整改。开展餐饮行业用气安全检查9次146家次，工业企业安全检查3次29家次。推进居民用户橡胶软管更换工作，完成20700户居民的软管更换。向广大用气单位派发宣传资料超2万份，累计发送安全短信提示约20万条。

（区住建局）

市容环境卫生管理

【市容执法工作】 2023年，湘桥区城市管理和综合执法局（以下简称区城管执法局）成立中心城区流动机动车载货和临街铺户占道经营整治工作专班，实施定人定路段管理，强化薄弱区域和时段管控，持续开展节假日古城区小商贩串街走巷占道经营专项整治和市容环境卫生整治攻坚行动，对乱堆放、乱吊挂、乱摆卖、乱丢弃、乱搭建等不良行为进行全方位、多角度整治，有力遏制市容乱象，助力建设美丽新湘桥。全年累计出动执法执勤人员约31061人次，执法车约7294车次，整治占道经营行为约65152宗次，办理市容类案件1094宗，处罚金额36.13万元。

【市容精细管理】 2023年，湘桥区坚持精细管理，落实深能公司明确网格巡查责任人，实行定人、定岗、定责的保洁管理模式，适时根据现行一线作业情况调整环卫作业方案，明确清扫面积，实行保洁工作同时管理垃圾收集设施，形成“管卫生、管设施”责任制。在节假日等关键时段加大保洁力量投入，增加垃圾清运车次，并在部分路段实行人工“拉桶”模式进行巡回保洁。采取“一清、二洗、三刷、四冲、五擦”的模式全面加强对公厕、垃圾中转站内设施的检修和消杀，确保公厕达到“四净三无两通一明”（“四净”指的是地面净、墙面净、厕位净、周边净；“三无”指的是无溢流、无蚊蝇、无臭味；“两通”指的是水通、电通；“一明”指的是灯明）要求，城区环境品质得到明显提升。全年累计出动环卫作业人员约84.47万人次，作业车辆约22.22万车次，清洗消杀垃圾桶约19.86万个次，公厕约15.89万座次，压缩站约6643座次，清理“牛皮癣”约2.38万处，清运垃圾26.09万吨。

▲2023年，湘桥区数字城管平台实现线上线下互联互通
（区城综执法局 供）

【智慧城管】 2023年，湘桥区将数字城管平台作为提升精细化管理效能的重要载体，全天候24小时不间断对全城区市容市貌进行线上监管，对存在的各类问题及时进行处理，真正实现线上、线下管理互联、互通、互动。2023年，数字化城管平台累计受理及自主立案6620件，均及时批转处理，结案率为97.5%，同比增长8.4%。建立“错时制”巡查模式，填补线下执法的时间空白，实现城区全天候城管巡逻监控，确保管理无盲区、无盲

时，有力提升城区城市管理执法效能。

【垃圾分类工作】 2023年，湘桥区创建全省首个垃圾分类移动科普馆，通过进校园、进社区、进机关等形式巡展，让群众在互动体验中践行垃圾分类新时尚，逐步养成“减量、循环、自觉、自治”的行为规范。优化垃圾投放设施，按照应设尽设、因地制宜的原则分类分步推进一体化垃圾分类硬件设施建设，2023年累计投放垃圾分类设施点数729个。在天水路、牌坊街等10条道路创新推行“无桶化”，在古城区实行“撤桶并点”垃圾分类新模式，分类分步推进厨余垃圾收运处置；与227家机关企事业单位签订《湘桥区厨余垃圾收运协议书》，已收运146家，垃圾减量化、资源化、无害化处理水平逐步提升。

【机械作业节能降耗】 2023年，湘桥区投入智能环卫设备，实施道路机械化清扫保洁，采取吸尘、洒水、清扫一体化作业方式，对市政道路定期保洁；加大对泥土飘洒严重、粉尘多路段的清扫洒水频次，提高抑尘车巡回频次，确保各主次道路干净整洁，切实降低道路积尘扬尘负荷，从源头上减少人工投入，提升机械化作业效能。全年市城区主要道路机械作业里程9.12万千米，洒水作业里程7.2万千米。

（区城管执法局）

违法建设整治

【巡查督办控增量】 2023年，区城管执法局成立违建督查组，定期召开工作例会，全面加强对全区121个村的违建巡查管控和“一江两岸”、韩江新城东大道、滨江路沿途两侧等重点区域的管控查处力度，对督查发现的疑似违法建设通过书面形式反馈至相关镇街落实整改，确保违建“零增量、减存量”。全年全区累计开展在建工程巡查999宗次，发出疑似交办函73份，提醒函17份。外滩湾住宅小区商品楼已入住的50户未经批准擅自对外立面阳台违规搭建整改工作全部完成，31户涉及行政复议的已全部撤回，无发生不稳定因素和重大舆情。

【违法建筑整治处理】

存量违建处置工作 2023年，区城管执法局指导各镇街结合“小产权房”清查工作对存量违法建筑情况进行排查复核，压紧压实镇村日常巡查职责，推进省违建平台信息录入工作，加快形成全区违法建设治理“一张图、一本账”，实现动态监管。加快推进存量违建的处置工作，全年处置存量违法建筑案件323宗，并对可适用“房地一体”政策的，多途径、多方向推进处置进展。

违法建筑清拆工作 2023年，区城管执法局紧盯影响恶劣、群众反映突出问题，打击各类违建行为，特别是对潮州东大道两侧违法建筑、潮州大道和高新路交界违法建筑、羽田公司违规搭建钢结构、西荣路冷冻厂违规搭建等违法情节严重的行为进行强有力的打击，联合城西街道拆除粤潮市场违规搭建构筑物（铁棚）、多部门联合对磷溪镇溪口四村多宗违规占用一般农用地进行非农建设的建筑物进行依法拆除。全年全区完成违法建设治理量约20.5万平方米，治理完成率为136.7%，清拆违法建筑（违规搭建）165宗，拆违面积约31682平方米。

（区城管执法局）

农业·农村

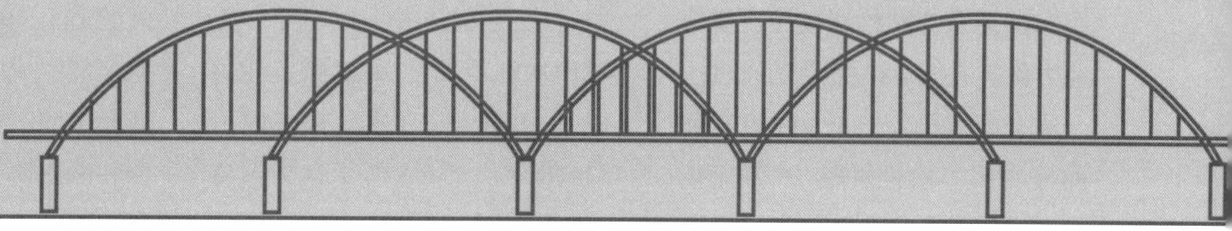

农　业

【粮食生产】 2023年，湘桥区全面落实粮食安全党政同责，以“一环不落、一招不让”的态度抓好粮食生产各项工作。出台《湘桥区发展粮食（油料）生产奖补实施方案》，统筹460万元用于粮油奖补，打造完成区级水稻育秧中心，落实100万元用于粮食烘干中心建设。统筹驻镇帮镇扶村资金202万元用于复耕复种的撂荒地、复垦后种植粮食作物的牛蛙地、低效残次果园奖励；完成零星撂荒地及低效残次果园和牛蛙池的复耕复种约47公顷；完成市下发“三调”耕地处于未耕种状态可复耕面积13.29公顷。全年全区粮食播种面积3807.66公顷、粮食产量25322.4吨，完成大豆播种面积28.53公顷，完成油料播种面积172.27公顷。

【“菜篮子”】 2023年，湘桥区坚持统筹发展和安全，多措并举推动农业规模生产发展，切实保障辖区“菜篮子”物丰价稳，守好供给“压舱石”。大力发展菜篮子基地。辖区现有省级菜篮子基地3家，市级菜篮子基地7家。蔬菜面积2057.87公顷，产量73420吨，水果面积2066.53公顷，产量86166吨，猪肉产量4054.9吨，禽肉产量3769.9吨。强化农产品质量安全检测工作，确保“菜篮子”产品供给安全。全年检测蔬菜、水果、茶叶等种植业样品976个（其中定量191个），合格数971个，合格率为99.5%。开展全区农产品质量安全监督抽检86批次（其中：种植业产品64批次、畜禽产品16批次、水产品6批次）。

【畜禽渔业生产】 2023年，湘桥区坚持以市场为导向，以科技为依托，加强良种繁育体系建设，推广家禽专业化、规范化、规模化养殖，大力发展狮头鹅产业，推动狮头鹅种苗培育产业化。广东万泰农牧控股有限公司获国家级及省级生猪养殖标准化示范场、广东省生猪稳产保供基地称号；潮州市开发区鸿浩家禽养殖场获省级狮头鹅养殖标准化示范场称号。湘桥区裕农养殖专业合作社、官塘镇的湘桥区怀和水产养殖专业合作社和湘桥区良栖水产养殖专业合作社获广东省水产绿色健康养殖示范区称号。全年全区生猪出栏48106头，同比增长7.5%；存栏25378头，其中能繁母猪存栏3266头。活家禽出栏1413963只，存栏647749只，同比分别增长7.1%和20.1%。水产品总产量约6038吨，其中淡水捕捞产量约417吨，淡水养殖产量约5621吨。

【强农惠农政策】 2023年，湘桥区落实落细耕地地力保护补贴、政策性农业保险、实际种粮农民一次性补贴、农机购置补贴等一系列强农惠农措施，确保各项补贴政策实实在在惠及农户，切实保护农户种粮积极性。耕地地力保护补贴484万元已通过一卡通全面拨付，中央及省级实际种粮农民一次性补贴29万元全部发放至种粮户。认真做好农业保险扩面、增品、提标工作，承保品种涉及生猪、岭南水果、蔬菜、玉米、茶叶、淡水养殖等，全年政策性农业保险（不含森林保险）保费10095015.77元，理赔金额586.56万元，其中水稻受灾面积94.52公顷，赔付518578.9元，有效提高农户抵御自然灾害能力。统筹不低于30%的驻镇帮镇扶村资金用于粮食生产及相关设施建设，对于相对集中连片种植粮食作物0.33公顷（含）以上的单位或个人，种植单季稻的给予400元/亩的补贴，种植双季稻的给予1000元/亩的补贴，种植玉米、大豆、甘薯、马铃薯等粮食作物及花生给予每造200元/亩的补贴。

【农田水利项目】 2023年，湘桥区加快推进农田水利、高标农田项目建设。全年上级下达辖区高标准农田建设任务66.67公顷，实际实施面积67.4公顷，项目区范围涉及铁铺镇坎下村、灰荣村、石垅头村3个行政村，完成建设工作并准备验收。开展第三次全国土壤普查，市下达辖区土壤普查样点位为表层样点121个点位（不包含市级14个剖面样点任务），至2023年底完成121个表层样点采集和61个表层样点检测。

【特色农业产业发展】 2023年，湘桥区把产业振兴作为乡村振兴的重中之重，依托湘桥农业农村特色资源，大力发展特色产业。佛手果产业园（扩容提质）19个项目全部开工建设；辖区4个市级现代农业产业园全部通过区级验收，19个村级优势特色产业全部完成验收工作；成立湘桥区狮头鹅产业协会，用活磷溪商会和卤鹅协会两大平台，举办首届潮州（磷溪）卤鹅文化周，发展卤鹅预制菜，带动全区狮头鹅产业发展，打造十亿级狮头鹅全产业链；推动“官塘牛肉”传统产业转型升级，谋划建设1个集约化肉牛养殖场、2个牛羊定点屠宰场并对接潮农投等合作伙伴，壮大“牛肉火锅”实体产业规模，强化牛肉火锅和牛肉丸行业规范管理；在桥东街道六亩村举办“首届桥东街道杨桃文化旅游美食周”活动，六亩村潮州市乐祥种植专业合作社分别与电商、餐饮企业进行助农签约，通过传统农业和现代营销方式的深度结合，为六亩杨桃发展提供更广阔的市场空间和更优质的服务

▲湘桥区狮头鹅论坛(区农业农村局　供)

保障；在磷溪镇仙美村举办“水菱角品鉴会暨水菱角剥壳亲子挑战赛”，通过政府搭台进一步打通潮州市餐饮协会与仙美农产品专业合作社“供—产—销”渠道。至2023年，全区有绿色产品3个，有机农产品2个。

【农业安全生产】 2023年，湘桥区落实“管行业管安全生产”，结合农业生产季节，组织开展渔业船舶、农机、农药、兽药等领域安全生产检查，全面排查整治各类风险隐患，防范发生重特大事故，确保农业生产安全。全力做好农资打假和农资监管工作，全年检查农药经营单位、种子经营户等22场次，出动执法人员56余人次，规范经营行为2起；开展养殖场、屠宰场、动物医疗诊所卫生监督检查、疫病排查及节前巡查，出动279人次，检查养殖场42场次，农贸批发市场1场次，屠宰企业33场次，动物诊疗机构17场次。强化工作部署，切实做好渔船安全生产隐患排查工作。全年开展渔船安全排查120次，检查渔船停泊点6处，出动人员80人次，对辖区注册在产的107艘渔船进行逐船记录，全覆盖检查。开展渔船安全生产培训等3场次，对船主和船员进行全覆盖培训，培训渔民120多人次。

【新型农业经营主体培育】 2023年，湘桥区加快推进农业龙头企业、专业合作社、家庭农场等新型农业经营主体培育工作。始终把培植发展壮大农业龙头企业作为推进农业产业化经营、促进农民增收的关键环节来抓，通过政策扶持、培大育强、优化环境和强化服务等措施，促进农业龙头企业健康发展、农产品加工水平提高、产业化经营带动能力增强，为全区农业结构调整和农民增收发挥积极作用。至2023年，全区拥有省级龙头企业5个、市级龙头企业6个，区级龙头企业2个、专业合作社129家（其中：国家级示范合作社3家、省级1家）。

【农业人才培育】 2023年，湘桥区进一步挖掘本土乡村人才，充分发挥其在乡村振兴中的带头作用。全年培育高素质农民91人，培育课程涵盖综合素养、专业能力及能力拓展教学，地方特色课程主要为狮头鹅繁育及深加工。认真做好乡村人才有关认定工作。2023年26人被认定为“广东省农村乡土专家”，61人被认定为“湘桥老农”，67人被认定为“茶技师”，64人被认定为“创业达人”，15人被认定为“种粮大户”。建立科技特派员队伍，定期深入田间地头为农户提供农业技术指导与服务，做好农技推广工作，2023年主推丝苗十九香优质品种，主推技术到位率为100%，为农民增收出谋划策。

（区农业农村局）

农　村

【脱贫攻坚成果巩固拓展】 2023年，通过“防贫救助保险”“民生综合责任险”双重保险，坚决守住不发生规模性返贫底线。累计防贫救助保险已赔付17人22.28万元；全区87名困难家庭大学新生得到资助56.4万元。纳入三类监测对象2户10人，落实“一户一策”跟踪帮扶。加强扶贫项目资产后续管理，确保扶贫项目资产持续发挥作用，通过设置公益性岗位，带动脱贫人口和监测对象参与村庄清洁等村内项目建设和发展。在就业帮扶上做到“送岗位”“送招聘会”“送技能”3个“送上门”，有劳力脱贫人口和监测对象540人，100%落实就业。顺利通过省巩固脱贫成果后评估实地核查。湘桥区“6·30”活动全年累计接受捐款、捐物、捐项目超2.77亿元，创历史新高。其中广东明发贵金属有限公司认捐1.26亿元，深圳市潮州商会认捐1.26亿元，创下湘桥区10年来单笔捐赠金额的新纪录。风新街道高厝塘村入选广东“千企帮千镇 万企兴万村”十大典型案例。

【农村综合改革】 2023年，湘桥区深入贯彻落实市委关于全面深化改革的工作部署，加强改革谋划，抓好措施落实，扎实推进农业农村高质量发展。开展农村集体资产监管提质增效行动，推进15个扶持壮大农村集体经济试点项目建设；辖区3个带农街道和4个镇共有121个经济联合社，全面消除年收入10万元以下的集体经济薄弱村。完善联农带农机制，落实省级产业园与官塘镇象山村、巷下村、磷溪镇芦庄村、铁铺镇大坑村、石板村等5个村签订联农带农协议书，进一步提高村集体收益，带动村集体经济收入。建立区镇村三级农业生产托管服务协办体系，遴选2家服务组织作为区农业生产托管服务中心服务主体，推选镇级托管员7名、村托管员62名。

【农村人居环境整治】 2023年，湘桥区积极开展农村人居环境整治提升行动，全区农村人居环境得到有效改善，农村群众生活满意度有效提升。全区120个村全部达到干净整洁村及以上标准，达到美丽宜居村及以上标准的有97个，占比80.8%，24个自然村基本完成生活污水治理任务，自然村生活污水治理率60.1%，完成纳入省民生实事任务自然村7个；开展农村厕所全面摸排，摸排户厕68985户、公厕537座；完成存量农房微改造累计9034户，磷溪镇举办首届“魅力乡村·和美磷溪”农房风貌设计作品征集大赛。

▲社光村航拍图 （社光村 供）

【乡村建设示范创建】 2023年，湘桥区围绕提升人居环境、培植发展优势等任务，奋力打造美丽乡村建设“新样板”。建成意溪镇涉及7个村范围的乡村振兴示范带，投入3500万元在官塘镇打造连片乡村风貌提升示范带。推进村庄分类工作，全区120个行政村分类情况分别为：集聚提升类村43个、城郊融合类村19个、特色保护类村29个、一般发展类村29个。巷下村、锡美村、八角楼村被授予第八批“广东省古村落”称号。

（区农业农村局）

工商业

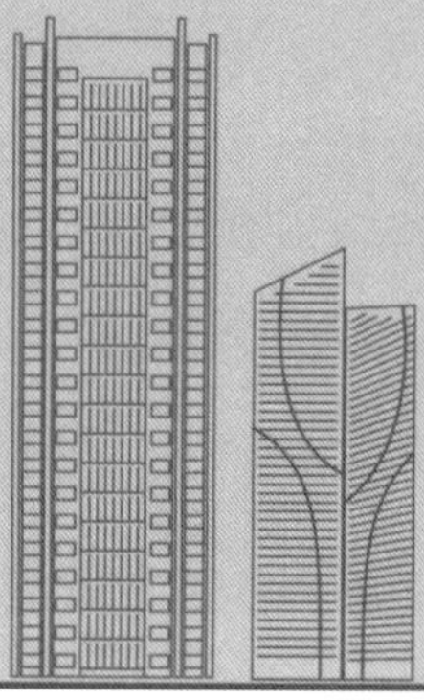

工　业

【工业概况】 2023年，全区规模以上工业企业实现工业增加值39.03亿元，同比下降16.9%；规模以上工业总产值209.08亿元，同比下降34.1%。6个主要行业中，3个行业实现正增长，分别为食品制造业，增长19.8%；电力生产和供应业，增长7.8%；燃气生产和供应业，增长46.7%。其余3个行业，化学原料和化学制品制造业、非金属矿物制品业、有色金属冶炼和压延加工业，分别下降61.1%、1.1%和32%。

【工业主要产业】 2023年，湘桥区规模以上工业主要行业有食品制造业、化学原料和化学制品制造业、非金属矿物制品业、有色金属冶炼和压延加工业、电力生产和供应业、燃气生产和供应业等。食品制造业实现增加值4.2亿元，占规模以上的10.7%；化学原料和化学制品制造业实现增加值4.32亿元，占规模以上的11%；非金属矿物制品业实现增加值10.38亿元，占规模以上的26.5%，其中陶瓷制品制造实现增加值7.75亿元，占规模以上的19.7%；有色金属冶炼和压延加工业实现增加值1.9亿元，占规模以上的4.8%；电力生产和供应业实现增加值4.39亿元，占规模以上的11.2%；燃气生产和供应业实现增加值3.44亿元，占规模以上的8.8%。

【产业结构优化】 2023年，湘桥区各产业有序协调发展，产业结构不断优化。全年地区生产总值317.59亿元，同比增长0.2%。其中，第一产业增加值10.46亿元，增长4.7%，拉动经济增长0.2个百分点；第二产业增加值83.33亿元，同比下降7.9%；第三产业增加值223.80亿元，同比增长3.0%，拉动经济增长2.1个百分点。三次产业增加值占GDP的比重分别为3.3%、26.2%和70.5%。

【传统产业转型升级】 2023年，潮州市湘桥区工业和信息化局（以下简称区工信局）推动庆发陶瓷、顺大食品、桦达陶瓷、广东翔鹭、广东长兴等17家企业开展技术改造项目并完成项目备案，通过实施技术改造促进产业提质升级。全年完成技改投资4.78亿元，同比增长23%。

【企业服务】 2023年，区工信局坚持以惠企服务为落脚点，以助企纾困为抓手，全力营造良好营商环境。落实好领导挂钩重点项目、“驻·聘联通”服务机制，积极解决包联企业存在的困难和问题。全年组织政策宣讲60余场次，不断加强政策扶持和资金落实，下达技改专项扶持资金、“专精特新”专项资金1622万元，惠及企业19家。以金融赋能产业发展，对接金融机构出台惠企产品30余种。

【工业投资】 2023年，区工信局加大对工业投资的挖掘力度，定期组织开展经济分析研判会，加强对在建、增资扩产项目的跟踪服务，动态优化区工业投资项目库，推动全区工业投资稳步增长。全年完成工业投资9.74亿元，同比增长2.7%。

【工业园区建设】 2023年，区工信局紧抓园区扩能增效，推动产业集约发展。着力推动官塘园区发展，加大园区基础及配套设施建设，进一步优化投资营商环境，重点推进官塘工业园区二期征地范围内基础设施工程实施和园区基础设施提升工程，构建支撑工业高质量发展的重要平台。做好铁铺瓷泥产业转移园项目跟踪服务，加快铁铺瓷泥产业转移园项目建设，该项目于11月实现开工建设。配合市级部门开展承接产业有序转移主平台规划建设工作，做好南山分园主平台建设的企业及土地等数据摸查工作，根据产业发展规划推动标准厂房建设，进一步增强平台要素保障。

【工业技改】 2023年，区工信局抓好新一轮工业企业技术改造。通过加强有关政策宣传，推动企业实施技术改造，促进企业实现内涵式发展。全年新增庆发、顺大、桦达等技改项目17项，计划总投资1.89亿元。全年完成技改投资4.78亿元，同比增长23%。

【互联网与传统产业融合发展】 2023年，区工信局针对不同行业需求，推动行业龙头骨干企业开展数字化改造，将数字化转型经验转化为标准化解决方案向行业企业辐射推广，推动中小型制造企业数字化普及应用。企业主要依托ERP管理系统对订单管理、生产流程、财务管理、人员管理等开展全面化数字化改造，助力企业提高工作效率、合理调配资源、降低成本。2023年，服装行业潮州市柏斯特时装有限公司实现全面使用ERP管理系统，广东恒创陶瓷有限公司等陶瓷企业依托ERP管理系统开展数字化改造并取得初步成效。

【“工业+旅游”】 2023年，湘桥区推动工商旅融合，创建工业旅游示范点。抢抓文旅市场强劲复苏的有利契机，探索湘桥“工业+旅游”发展新模式，着力打造立体多元、独具魅力的文旅新品牌。8月20日，区工信局联合区文旅体局在广东泽洲工艺品有限公司举办“聚焦高质量 畅游新湘桥”潮州市湘桥区工业旅游示范点授牌仪式，为首批23家工业旅游示范点授牌。

(区工信局)

能源管理

【成品油经营企业管理】 2023年，区发改局做好2022年石油成品油经营企业年度检查初审工作；加强成品油流通企业安全生产管理监督检查；督促各成品油经营企业建立健全成品油每日进销存台账并形成月台账。全年抽查企业38户次，要求企业对检查中发现的问题一一落实整改。

【供电企业监管】 2023年，区发改局牵头推行可供电证明“无纸化”工作，制定并印发方案，由供电部门组织实施，逐步实现可供电证明“无纸化”。设立新型电力负荷管理系统建设工作专班，推动用电负荷精准控制和需求侧常态化、精细化管理工作，确保电力供应安全稳定。牵头开展汛期城乡电力设施安全隐患专项排查整治工作，全年排查出电力设施安全隐患47个，已全部落实整改。

【节能管理】 2023年，区发改局制定节能监察年度工作计划，对辖区2家企业和1个公共机构开展节能监察。组织6家重点用能企业报送每季度能源利用状况，对重点用能企业的耗能情况及时跟踪监督，加强能源消耗全过程管理。

(区发改局)

开发型经济

【开发型经济概况】 2023年，区工信局积极落实各级扩内需工作部署，多形式开展促消费活动，充分挖掘消费潜力，推动消费市场稳中有升。全年全区社会消费品零售总额145.89亿元，同比增长3.2%。限额上批发零售业实现商品销售额119.01亿元，增长0.3%；限额上住宿和餐饮业实现营业额4.33亿元，增长62.2%。全年招商引资新设项目投资额完成26.14亿元，纳税额完成1.4亿元；增资扩产项目投资额完成29.55亿元，纳税额完成0.85亿元，超额完成招商引资年度目标任务。

【进出口信用保险】 2023年，湘桥区用足用好出口信用保险政策工具，支持外贸企业稳定发展，服务高水平开放，为企业在出口贸易、对外投资和对外工程承包等经济活动中提供风险保障。全年承保出口额0.63亿美元，同比增长35.4%。

【老字号品牌打造】 2023年，湘桥区研究制订《湘桥区2023年促进老字号创新发展实施方案》，着力推动老字号企业创新发展。组织企业按照《中华老字号示范创建管理办法》进行创建并积极申报。广东宏兴集团股份有限公司顺利通过“已评中华老字号”复核，广东名瑞（集团）股份有限公司进入“中华老字号”公示名单。

【辖区重点出口企业】 2023年，湘桥区货物进出口总额4861511万元，同比下降10.1%。其中，出口393067万元，同比下降7.8%，进口93084万元，同比下降18.8%。进出口额500万美元以上的企业26家。其中，全年进出口额1000万美元以上的企业13家，主要为广东翔鹭钨业股份有限公司、广东佳业食品有限公司、广东金源光能股份有限公司、广东明发贵金属有限公司等企业。从行业占比上看，陶瓷占30%，服装占26.67%，鞋类塑胶占10%，电子科技占6.67%，食品占3.33%，贸易占3.33%，其他占20%。

【商贸流通管理】 2023年，湘桥区成立推动商贸业高质量发展工作专班，全面统筹、协调区域落实商业体系建设工作。组织限额上住宿餐饮等企业开展促消费活动，展示推广牌坊街商圈、南门古集市、北关夜市和三利街、新桥东等传统商圈，进一步释放区域消费潜力，打造兴旺商业圈。全年新增入库限额上企业33家，净增25家，超额完成市下达年度净增任务。

【电子商务】 2023年，潮州市对各县（区）通过应用跨境平台开展跨境电商B2B业务规模折合人民币达到500万元以上的企业进行奖补，湘桥区有6家跨境电商企业业务达到500万元以上，共获得26.5万元的资金奖励。建立电商人才培训基地和实训基地，为电商人才提供多层次、全方位的服务和支持。开展“政—企—校”人才培育工作。联合企业和高校组队参加2023年中国跨境电商交易会活动，参展期间观摩展会现场和展会整个流程，协助企业做好参会工作。

【“五化建设”】 2023年，区工信局制订出台《湘桥区招商引资落地机制》《进一步规范区级合作框架协议相关工作的通知》等文件，实现辖区招商体系“五化建设”：精准化分拨，建立“派工单”机制，按照不同投资需求及时分拨项目；重点化调度，对重点推进项目由专班定期统筹调度、协同推进。严格化评审，落实评审、再审制度，严把项目准入关；信息化推广，结合互联网+，打造招商手册、惠企政策等资源展示一“码”分享，用好“省招商引资对接平台”等数字化展示平台，实现招商资源数字化、可视化、智慧化管理；擂台化竞赛，结合全市“六大攻坚”工作对各镇（街）完成情况实施排名，不断增热招商氛围，激发各镇（街）招商工作内生动力。全年全区各单位累计走访对接市外企业2452家，在谈项目472个；签约（注册和备案）项目98个。全年招商引资新设项目投资额完成26.14亿元，纳税额完成1.4亿元；增资扩产项目投资额完成29.55亿元，纳税额完成0.85亿元。

（区工信局）

旅游业

【旅游业概况】 2023年春节，潮州湘桥古城旅游创下最高单日客流量突破24万人次的记录，擦亮国家级“夜间文化和旅游消费集聚区”“旅游休闲街区”和省级“历史文化街区”“文物保护利用示范区”“文化生态保护区”等多张国字招牌和省级名片，湘桥旅游知名度不断攀升。全年全区无发生旅游安全事故和重大旅游投诉，旅游市场秩序良好。“活化潮州古城激发文旅消费”获评广东省2023年度文旅促消费优秀案例。

【文旅融合】 2023年，湘桥区加强与泉州市鲤城区的沟通对接，依托“湘”遇鲤城·文化走亲活动缔结丝路文旅发展合作联盟，开展2023年“丝路友城”合作发展交流活动并签订发展合作协议，共推区域文旅产业经济高质量发展；紧抓与深圳市福田区对口帮扶协作契机，推动“福桥联动文化游”，深化两地旅游产业合作；借助“深潮文化节”推动两地文旅融合，以“深潮集市”和“文化展览”的方式开展文化宣传和旅游展销；湘桥区文化旅游体育局（以下简称区文旅体局）联合区委宣传部组织“强国有我”2023福田青少年潮州文化研学游活动，积极推动两地文化交流；参加深圳“四海一家”非遗主题大巡演，潮剧+潮州花灯巡游方阵演绎潮剧《荔镜记》，展现潮州非遗独特魅力；加强旅游资源优势互补，探索旅游产业合作，积极引导客留潮州；依托文化生态资源禀赋，培育乡村旅游、红色旅游、研学旅行等新业态，打造深度互动的体验型项目，推动文旅产业高质量发展；社光村共享农场、佛手果文旅生态园等6家单位成功评为研学基地，丰富文化研学旅游品牌。

【文旅智库建设】 2023 年，区文旅体局深入实施“百千万乡土人才”工程，开展文旅乡土人才摸排评审，聘任一批文旅经济顾问、文旅推荐官等文旅领域专业人才，全面建立文旅人才智囊团，为文旅产业高质量发展提供智库支持。

【文旅品牌建设】 2023 年，湘桥区加大旅游文创产品宣传和品牌打造力度，潮绣世家作品“潮州抽纱耳环”获“2023 年中国特色旅游商品大赛”银奖；打造工业旅游示范点，推进工业旅游示范样板建设，构建湘桥“工业 + 旅游”发展新模式，着力打造立体多元、独具魅力的文旅新品牌，释放文旅消费新潜力。

【主题旅游路线打造】 2023 年，湘桥区串联 10 家乡村美食店，推出“乡村寻味”系列 2 条乡村美食线路，“寻味舌尖上的乡村味道”线路被评为潮州市乡村美食线路，并聘任地情史志专家、旅业精英高管、美食博主、专家、五星名厨、非遗传承人、全国优秀志愿讲解员作为首批“湘桥文旅推荐官”，进一步打响潮菜品牌，推动美食文化发展；以凤新街道高厝塘村为起点的广东·潮州“古寨乡韵 多彩非遗之旅”入选文化和旅游部“乡村四时好风光——游购乡村 欢聚过年”全国乡村旅游精品线

▲ 旅游线路（区文旅体局　供）

路；“潮州西湖公园—李厝祠—柯柏年故居—牌坊街—潮州交通旅社—滨江长廊—慧如公园—桥东街道社光村—桥东街道卧石村”线路和“潮州市韩江府城民俗馆—韩江金山大桥湿地公园—钟骞烈士故居—罗爱民故居—玉瑶山庄—石庵—紫莲森林度假村”线路被评为2023年度潮州市红色旅游精品线路，让游客在旅游中深度体验城乡红色文化魅力。

【旅游配套设施】 2023年，湘桥区上下联动建设“牌坊街商圈党群服务中心”并不断优化服务效能，打造集社区治理、文化传播、游客服务、科普教育于一体的综合服务阵地，全年举办党群服务活动33场次，营造牌坊街商圈共建、共治、共享格局；发动古城区沿街铺户和各单位积极加入“厕所开放联盟”，有效缓解古城节假日“如厕难”问题，不断提升公共服务能力；在牌坊街设计打造“中国民间文化艺术之乡（木雕）”“牌坊街——国家级旅游休闲街区”荣誉宣传景观小品和“潮州府”文化景观打卡点，提升旅游街景景观，聚集街区人气。

【旅游行业管理】 2023年，湘桥区开展文旅重点行业培训工作，举办民宿经营单位专题工作会议5场，培训412人次。召开重大事故隐患专项排查整治警示会，开展安全警示教育和知识宣讲培训，进一步筑牢安全生产“红线”“底线”思维；联合多部门对不符合登记条件仍顶风经营的住宿主体进行严肃查处，形成震慑效果；按照《潮州市民宿管理办法》规定，坚持监管和引导并重，实现民宿客栈精细化管理；培育优质精品酒店民宿品牌，颁发“湘桥佳居”流动红旗，促进湘桥精品酒店民宿规范化，营造创优争先、赶超进位良好氛围；主动送课下基层，开展民宿登记培训，联合多部门召开民宿酒店安全生产会议，及时完善民宿登记备案程序，规范民宿登记备案工作；推荐3家优质客栈获评“潮州人家”，全区在区文旅部门登记备案的民宿增至144家，旅游住宿配套日益完善。

【文旅宣传推介】 2023年，湘桥区发起以“游购乡村，好物迎春”为主题的宣传活动，向市民游客推荐2条乡村特色精品旅游路线和8个特色村庄。推出“湘”村探景等“五一去哪玩”系列旅游专题导览，宣传推介辖区文旅特色村、乡村景区和乡村美食资源；录制9期《遇见·湘桥》系列专题片在各数字平台上播放，全方位推介湘桥旅游资源特色，使“百千万工程”和绿美湘桥深入人心；举办“首届潮州（磷溪）卤鹅文化周”活动、“弘扬红色文化 振兴乡村产业”系列活动、首届乡村振兴嘉年华暨“中国美丽休闲乡村”授牌仪式，全面推动乡村旅游经济发展；制作一批古城旅游地图投放古城各景区景点、游客服务中心等点位供游客免费取阅，强化旅游宣传推介；开发建设“潮州古城”系列信息化宣传平台，多形式全方位宣传推广“古城文化”，讲述“湘桥故事”，提升潮州古城知名度和影响力；打造区博物馆志愿讲解服务品牌，“湘博说”服务为观众提供免费讲解，全年新招募录用60名志愿讲解员(其中小小讲解员38人、社会讲解员22人)，共有587个志愿讲解员为观众提供1905场次的免费讲解服务。

(区文旅体局)

文化建设

文　化

【文化概况】 2023年，湘桥区丰富高品质文化供给，依托区文化馆、区图书馆、区博物馆塑造“为你朗读”读书会、“邀你学艺”文化艺术欢乐营、“潮·乐玩”非遗体验、“音为有你”艺术沙龙、“博物求知”文博课堂等文化惠民品牌，推进城乡公共文化服务体系一体化。全年举办线上线下文化活动175场次，惠及受众超67.8万人次。2023年，湘桥区获评省级文物保护利用示范区、省级文化生态保护区。

【主题系列活动】

文化惠民　2023年，湘桥区举办新春、七夕、中秋国庆文化惠民活动、“5·18”国际博物馆日活动、“5·19”中国旅游日主题活动等节日文化活动；开展以“品古城文化 读美丽湘桥”为主题的“为你朗读”分享大会第五季活动2期和以“山水宋城 品味书香”为主题的“为你朗读”分享大会第六季活动3期，惠及线上受众超20万人次；联动区文化馆、区图书馆分馆举办2023年“邀你学艺”暑期文化艺术欢乐营活动，为近500名学员免费进行文化艺术培训。

全民阅读　2023年，湘桥区举办2023年“4·23”世界读书日全民阅读推广系列活动、“阅·分享”读书会8期、中华诗词分享会3期和“湘图悦读”线上新书推荐活动14期，营造浓厚读书氛围。

公益文艺　2023年，湘桥区开展诗意湘桥文学艺术沙龙活动3期、“音为有你”艺术沙龙5期、公益文化讲座10场、免费培训4场、文化文博线上知识竞答活动12场，线上线下群众活跃参与。选送节目在2023潮州全民才艺大赛暨“我最OK”广东全民才艺大比拼活动中获得一金、二银、三铜奖牌以及组织工作奖等荣誉，“潮州出花园”节目获“强国复兴有我”2023年岭南童谣征集传唱活动优秀奖。

【文化场馆建设】 2023年，湘桥区“三馆一站一中心”全面提质升级，区文化馆、区图书馆、区博物馆、区非遗中心设施日益完善，数字化场馆建设不断取得进展；区博物馆利用VR等先进技术增加数字化展示内容，推出“实景导览”功能和线上语音讲解，观众足不出户即可云游博物馆；区图书馆与市图书馆统一建立“粤读通”数字服务工程建设，新增两台AI光影阅读系统，让读者便捷获取图书资源，打造高质量公共文化便民服务品牌，提高公共图书馆的社会认知度；建设佛手果生态园等3个流动图书屋，推动全民阅读，以文化赋能乡村振兴；全区172个村（居）综合性文化服务中心提质增效建设达标率为66.3%，实现公共文化资源共建共享。

【文物保护管理】 2023年，湘桥区配合上级强化文物保护力度，修缮提升卓府、林宅、铁巷陈宅、廖厝祠、宰辅巷16号洋楼等多处文保单位；对各级文物点开展隐患巡查，进一步落实主体责任、监管责任、直接责任，对9个府城古井的环境卫生实施清理。区博物馆积极开展文物征集工作，全年征集藏品线索2条，对暂时无法入藏的石刻文物经报批后现场拓印，截至2023年底，馆藏文物共404件（套）；优化展览展示，增设石刻文物展台，推出馆藏明朝至民国石匾展，进一步丰富展陈内容；推进“博物馆之城”建设，“潮州卤鹅”技艺展览馆、意溪文史展览馆成功列入市博物馆之城系列馆。

【非遗传承保护】 2023年，湘桥区开展第七批区级非遗代表性传承人评选工作，认定民间文学等9大类129名区级非遗代表性传承人；开展第八批市级非遗代表性传承人推荐申报工作，推荐申报第八批市级非遗代表性传承人28名；举办非遗传承人培训班，致力非遗工美人才培育与传承；开展湘桥区省级非遗传承人记录工作，拍摄录制展播8名省级非遗传承人成果记录工作视频，促进保护与传承同步发展；成立青少年潮乐队，常态化开展文艺排练，推进文化文艺育苗计划；开展第十批区级非遗代表性项目申报工作，完善非遗代表性项目名录建设，开展非遗项目线索挖掘，拍摄《正月里来“穿蔗巷”，幸福乡村非遗美》视频并在各新媒体播放，宣传优秀民俗文化。

【文化旅游市场管理】 2023年，湘桥区强化文化旅游重大事故隐患排查整治工作，要求各单位开展自查自改，坚决将安全隐患消除在萌芽状态。全面做好春节、清明节、劳动节、中秋、国庆假日期间的文旅安全和服务接待工作，为游客提供安全舒适的旅游环境；在重要节日来临之际，部门联动对全区部分旅游企业和文化场所开展节前安全检查，确保各项安全工作落到实处。全年出动人力859人次，对文化场馆、KTV娱乐场所、网吧、景区景点、剧本杀、民宿客栈等场所开展检查115场次，检查文旅单位478家次，进一步筑牢文旅行业安全防线。

（区文旅体局）

体　育

【体育概况】 2023年，湘桥区体育公园、足球场、健身路径等公共体育设施建设日趋完善，城乡15分钟健身圈得以构建，群众体育健身空间不断拓展。打响“大美潮州·活力湘桥”一月一赛事品牌，成功举办武术展演、游泳、足球等40场体育赛事，惠及群众超6.1万人，全民健身理念日益深入人心。

【体育设施建设】 2023年，湘桥区进一步完善全民健身设施配套，为全区15个村（社区）配置健身路径8套、篮球架2副、乒乓球台7台等一批全民健身器材，有效改善体育健身环境，满足人民群众日益增长的体育健身需求；督促8家游泳场馆办理《高危险体育项目经营许可证》，全区持证游泳池增至22家，同时切实加强安全管理，规范经营秩序，为市民群众游泳健身提供安全保障。

【竞技体育】 2023年，湘桥区积极开展足球、篮球领域教育整顿工作，要求各体育类协会发挥带头作用，组织会员及从业人员开展思想教育整顿，进一步提高政治站位，抓好竞技体育文化培育和后备人才培养工作；指导区散打搏击协会、区乒乓球协会做好广东省青少年运动员注册登记工作，储备竞技体育人才。

【群众体育】 2023年，湘桥区新成立区武术协会、区乒乓球协会、区散打搏击协会和区游泳协会4个体育协会，进一步发挥体育协会聚集人才的作用，为辖区壮大体育行业发展提供人才动能；加强社会体育指导员队伍建设，新培训三级社会体育指导员29名，全区三级社会体育指导员增至800多人，为提升全民健身指导服务水平、促进社区体育活动的开展提供强大人才保障；常态化开展惠民群众体育活动，充分调动各体育协会和体育俱乐部的积极性，利用重要节日节点、依托乡土特色广泛开展一系列综合性、引领性强的群众体育运动。

【体育市场管理】 2023年，湘桥区高度重视体育领域风险管控，压实各镇（街）和各体育社会组织安全工作主体责任，进一步加强对各项赛事活动和体育场所的安全监管，减少意外事故发生；紧抓责任落实，加强属地监管，明确赛事主体责任，强化市场主体的法治观念、契约精神、经营理念和企业文化的正向引导，促进体育产业健康发展，保障消费者权益和休闲体育消费市场的可持续发展。

【全民健身运动会】 2023年，湘桥区高质量举办全民健身运动会，该运动会是建区以来参与人数最多的一次运动会。运动会分为农事运动会、欢乐运动会、中小学生运动会三大版块，涵盖95个集趣味性、健身性、竞技性于一体的比赛项目，吸引辖区机关事业单位和社会各界人士2.35万人参与，促进全民健身与全民健康深度融合，激发全民健身热情，以体育赋能“百千万工程”建设。人民日报客户端、新华网、学习强国、南方+等各级媒体平台刊发报道超86则，累计总传播量突破千万人次。

（区文旅体局）

档　案

【档案概况】 2023年，潮州市湘桥区档案局（以下简称区档案局）稳步推进档案资源质量管控。根据国家、省、市档案局的部署和要求，5月10日，召开辖区“三合一”制度（机关档案分类方案、文件材料归档范围和档案保管期限表三合一制度）工作专题培训会，加强机关、团体、企业事业单位各门类档案集中统一管理，提高归档文件质量。潮州市湘桥区档案馆（以下简称区档案馆）努力打造为民便民惠民的档案服务窗口形象，2023年获“2022年度湘桥区三八红旗集体”和“2022年度‘五好’模范机关先进单位”称号。

【档案综合管理检查】 2023年，区档案局开展档案行政执法检查。坚持依法治档，严格遵照《档案检查工作办法》《广东省行政检查办法》，科学制定年度检查工作计划，提前印发检查文件。全年对全区9个镇（街）、13个区直部门开展档案年度执法检查。围绕落实党委（党组）对档案工作的领导责任，把档案工作的组织管理、管护设施设备配置、基础业务建设等方面列入年度执法检查评价内容，推动各单位进一步强化档案工作的组织领导，完善各项档案管理制度，形成档案工作管理长效机制。同时首创对6个区直部门开展档案安全工作抽查。

【档案信息公开】 2023年，区档案局围绕区域档案工作，及时通过湘桥区政府网站发布档案工作动态，发布公告和开放档案目录，为社会公众提供丰富的档案信息资源。全年通过区政府门户网站主动公开信息24条，其中部门资讯20条，公示公告2条，政府信息公开工作报告1条；在“学习强国”同步推送工作信息1条。

【档案法治宣传教育】 2023年，区档案局紧紧围绕广东省档案“八五”法治宣传教育规划目标任务，坚持宣传教育“集中与经常相结合”，做好辖区档案法治宣传教育。区档案局、档案馆以第八个国家安全教育日为契机，于4月20日，在牌坊街开展以“筑牢保密防线 维护金融安全 护航经济高质量发展”为主题的保密宣传教育活动，现场提供档案法律咨询服务，宣传档案安全保密知识。区档案馆作为韩山师范学院历史文化学院的校外实习基地，乘合作东风持续发力，推动档案宣传进校园。6月9日，区档案局、档案馆联合韩山师范学院历史文化学院，在锡华中学举办以“奋进新征程·兰台谱新篇”为主题的“6·9”国际档案日宣传活动，活动由历史文化学院档案学专业4名学生进行宣讲。

【档案接收保管】 2023年，区档案馆接收全区45个立档单位2012年永久保管和2个立档单位2012—2013年形成的保管期限为永久和30年的文书档案共758卷以及2个立档单位的专业档案34卷；聚焦重点领域的档案接收工作，围绕党委、政府中心工作，落实专人收集、归档全区重要政务活动的影像资料，整理完成照片档案866张、视频光盘档案24张。截至2023年底，区档案馆馆藏档案共61个全宗18960卷，馆藏资料1225册，实物档案90件，编制各种目录索引949本。

【档案数字资源建设】 2023年，区档案馆推动全区各单位增配档案目录管理系统，逐步提升全区档案信息化基础设施建设水平。要求各单位配置档案目录管理系统，明确各单位7—8月向档案馆移交档案的电子目录应为通过档案目录管理系统导出的特定格式目录数据。同时稳步做好“存量数字化”工作。截至2023年底，馆藏纸质档案数字化累计完成16359卷128万页，数字化率达到86%。

【档案开放】 2023年，区档案馆坚持为民服务，推行档案开放工作。落实新修订的《档案法》期满25年档案开放要求，开展第二批馆藏期满25年文书档案的开放鉴定工作，开放鉴定档案涉及1个全宗170卷1612件。馆藏累计176卷913件文书档案面向社会公众开放并在区政府网站同步公开档案目录。

【档案查阅服务】 2023年，区档案馆推行节假日预约查档服务，满足公众节假日查档需求。全年接待线下查阅利用71人次，提供档案利用160卷（件），复印档案资料687页，为有关单位和个人保障权益、解决纠纷、工作查考等提供依据和凭证。回应人民群众期盼，全年在全国档案查询利用服务平台收到并受理查档咨询4条，查档利用申请11条，为社会公众提供更加优质、高效、广泛的档案服务。

【馆校协同育人】 2023年，区档案馆作为韩山师范学院历史文化学院实习基地，秉承“服务学生、馆校合作”理念，延续有效的实践模式，采用“每周半天”的社会实践方式，让档案学子在课余时间走进档案馆，提前体验档案收集、整理、录入、编目、数字化等工作，近距离接触档案业务。全年接收12批次45名档案学专业大学生实习实训。

（区档案局、区档案馆）

地方志·党史

【年鉴史书】 2023年，潮州市湘桥区地方志编纂委员会办公室（以下简称区志办）强化以文辅政，精心当好参谋助手。树立精品意识，高质量完成2023年《潮州年鉴》《广东年鉴》供稿任务。强化精品意识，把《湘桥年鉴》做出精品、做出特色，《湘桥年鉴（2022）》在全省优秀年鉴评审会上获三等奖，《湘桥年鉴（2023）》提前取得出版书号，顺利完成省志办年度任务要求；《全粤村情·湘桥卷》顺利出版，挖掘记录湘桥村落的人文根脉；组织编写《湘桥区党史大事记（1991—2022）》，记录和反映湘桥区在党的领导下取得的重大成就；编印《湘桥区红色廉洁故事》，深挖革命先辈廉洁事迹，展示革命先辈艰苦奋斗、廉洁奉公的精神风貌。完成《潮州市红色地图》编撰供稿任务，做好《广东省地方志事业40年图志》供图、《广东乡村经典菜肴》《广东乡村特色技艺》核稿等工作。

【史志活动】 2023年，区志办活动常办常新，品牌效应不断提升。开展“讲村史 展村史 传村史”2023年多彩乡村实践活动的宣传推介，征集上报优秀作品超200幅；与骄阳艺术学校承办“童眼看乡村 妙笔绘新颜”——“讲村史 展村史 传村史”潮州市多彩乡村教育实践活动作品展；与区委纪委联合在城南小学开展“党史故事宣传进校园 红色廉洁基因代代传”——潮州七日红主题党史宣传活动；与区退役军人事务局联合开展“讲述湘桥英烈故事 传承革命红色基因”主题教育进校园活动；与团湘桥区委（湘桥区少工委）、湘桥区妇联联合民生志愿者协会开展“学革命精神 传红色家风 当先进少年”——“故事妈妈”主题故事会；与团湘桥区委（区少工委）、区妇联联合开展《“左联”潮州英杰梅益的红色革命历程》主题讲座。通过形式多样的活动讲好新时代史志故事，让广大青少年厚植家国情怀，知史爱党，知史爱国。巧借粤港澳大湾区红色小讲解员活动，选优红色宣传苗子11人，以讲好湘桥红色故事推动红色基因薪火相传。

【史志宣传】 2023年，区志办多渠道开展史志主题宣传活动。3月17日，联合韩山师范学院图书馆古籍文献修复室开展“古籍修复参观体验”文化主题活动，生动有趣宣传地方志文化，使古籍修复技艺得到有效宣传推广。4月20日，在牌坊街商圈党群服务中心通过发放宣传材料、播放微视频等多种形式向广大市民介绍《地方志工作条例》《广东省地方志工作条例》及湘桥区地方志工作成果，增进广大群众对史志文化的了解，让史志文化贴近群众生活，弘扬湘桥史志文化。

【史志阵地建设】 2023年，区志办充分利用好史志资源，整合区域红色名人故居、革命遗址等资源加强红色阵地建设。参与罗爱民旧居、柯柏年（李春涛）旧居等布展内容的审核工作，把红色资源作为坚定理想信念、加强红色教育的生动教材。整合地情资源深化方志建设，开元社区书屋、社光村农家书屋等被评为潮州市方志驿站，打通地方志服务群众的“最后一公里”，让方志文化更好地服务乡村振兴。

（区志办）

教育·科技

教　育

【教育概况】 2023年，湘桥区有学校252所、学生98180人、中小学110所，其中，高中4所（完全中学2所，普通高中2所），学生9046人；11所九年一贯制学校，其中公办1所，民办10所，学生19381人；14所初中，其中公办13所、民办1所，学生13219人；79所小学，其中公办78所、民办1所，学生35060人；特殊教育学校1所，学生80人；职业技术学校1所，学生556人。幼儿园142所，学生20838人。全区师生在各级教学教研活动及各项竞赛中获得奖励443项，其中省级奖励64项，市级奖励224项，区级奖励155项。

【基础教育】 2023年，湘桥区多方面加大基础教育建设。推进桥东片区学校建设，完成城基实验中学整体搬迁工作；率先在意溪镇、官塘镇政府建设5G同步智慧教室并投入使用，项目覆盖意溪、官塘镇11所小学，信息化建设得到加强；做好招生工作，严格执行公、民同招，阳光招生，对报名人数超过招生计划数的学校，全部实行电脑随机摇号录取；搭建教育合作平台，深化教育集团化办学,推进桥东中心小学、社光小学2所小学与韩山师范学院共建为韩山师范学院附属实验小学；落实“双减”政策，引导学校为学生提供更优质的课后服务，对各义务教育阶段学校课后服务开展情况进行摸底统计，巩固课后服务两个“全覆盖”成果；整治校外培训机构隐形变异培训行为，联合区文旅体局、区工信局，制订非学科类培训机构审批细则。强化控辍保学工作；关爱农村留守儿童，建立档案摸清留守儿童情况，落实控辍保学工作责任，定期举办安全、法制、心理健康教育讲座，确保“留守儿童”健康成长；落实“立德树人”根本任务，推进“五育并举”；加强国家安全日宣传教育，开展中华优秀传统文化教育、理想信念教育、生态文明和劳动教育、心理健康教育、社会主义核心价值观教育。

【职业教育】 2023年，湘桥区推进潮州市湘桥区虹桥职业技术学校〔含湘桥区老干部（老年）大学和教师发展中心〕项目一期工程，虹桥职业技术学校正式更名为潮州市湘桥职业技术学校。潮州市湘桥职业技术学校与潮州市装饰行业协会、广东智信信息科技股份有限公司等10多家企业、学校深入拓展校企合作关系，落实产教融合工作，重视专业建设和技能培养，畅通就业渠道，提升职校办学水平。

【民办教育】 2023年，湘桥区做好公办民办义务教育结构调整。将全区民办义务教育在校生占比控制在5%以内。通过改扩建原有校舍、租用周边合适场所和向民办学校购买学位的方式，提高公办学位数，10所小学增设教室34间，全年增加义务教育阶段学位1530个；全区义务教育阶段学生共76797人（含市属4所学校7455人）,其中就读公办学校59013人，就读民办学校17784人。通过向民办学校购买（补助）的方式增加公办学位14328个，民办学校在校生（不含政府购买学位）共3456人，就读民办学校学生占比4.5%，完成占比控制在5%以内的目标任务。

【劳动实践教育】 2023年4月，湘桥区青少年劳动教育实践基地举行揭牌仪式。区委领导、区关工委负责人出席仪式并为基地揭牌。潮州市湘桥区教育局（以下简称区教育局）利用学校场地资源，开辟劳动种植区域，组织常态化劳动技能训练和劳动成果展示，促进"家校社"全方位培育学生的基本劳动能力。

【体育监测】 2023年，湘桥区紧抓体育锻炼，加强各学校体育工作监测。全区中小学学生体质达标优良率达到50%以上；完成省体质健康抽测工作，5所中小学学生高效完成体质健康抽测任务。下津博雅学校被广东省体能协会授予"广东省体能协会田径体能训练基地"。

【校园文化建设】

"育人铸魂行动" 2023年，区教育局以"大思政课"理念为根本，建强思政教育专兼职结合的"三支队伍"，抓好学校课堂、社会课堂、互联网课堂"三个课堂"建设，构建大德育体系。春、秋两季，区委书记分别到区阳光实验学校、磷溪中学上思政第一课《笃志奋斗担当，不负青春韶华》和《执奋斗之笔，书写青春华章》。

"心理赋能扬帆行动" 2023年4月，湘桥区教育关工委在官塘初级中学，开展主题为"插上自信的翅膀"心理健康讲座；5月，联合区妇联举行全省首场"关爱女童护苗成长"心理课堂剧，进一步加强中学生心理健康教育；7月18日，举办由区教育局主办、南春中学协办的湘桥区中学生心理健康教育研讨活动。

"法治护航强基行动" 2023年，区教育局推动各校党政主要负责人履行法治建设第一责任人职责，扎实开展依法治校创建，做学法用法表率，推进学校制度建设，健全学校章程，完善学校内部治理结构，实施聘任法治副校长工作制度和法律顾问制度。法治副校长和法律顾问积极发挥专业优势，定期为学校师生开展普法宣讲和培训。结合"国家安全日""民法典相伴"等重点时间节点开展演讲比赛、微视频比赛，扎实推进宪法网络学习和"宪法卫士"行动计划。截至12月底，全区参加第八届"学宪法讲宪法"宪法网络学习的学生人数近5万人，收到良好教育效果。12月，区教育系统联合区

▲2023年，湘桥区城南中学举办第十六届"谱青春华彰，展时代风采"校园艺术节活动
（区教育局 供）

司法局、区人民检察院在兴华学校举行湘桥区教育系统“国家宪法日·宪法晨读”活动暨德育副校长培训讲座。全区110所学校的德育副校长参加现场活动，6万多名学生同步开展教育部普法网宪法晨读活动。

【学校安全卫生】 2023年，湘桥区落实食品安全校长负责制，严把学校食堂食品准入关，定期做好食品安全检查工作。规范学校卫生室建设及管理，应建标准卫生室的39所学校中达标29所，配置专业执业资格技术人员29所，学校人数为600人（以上）及寄宿制学校全部完成自动体外除颤器（AED）配置。落实创卫工作要求，全区无烟学校创建110所，中小学体育与健康课程开课率为100%，学校眼保健操普及率为100%；多次组织各校参与防灭红火蚁、灭鼠、灭蟑、灭蚊蝇等活动，组织开展三轮中小学校、幼儿园“登革热”防控工作检查全覆盖，检出288个存在问题，均完成整改。

【中高考成绩】 在2023年中、高考中，湘桥区均取得良好成绩。高考方面，本科上线576人，同比增加67人，超额完成目标任务（本科420人）；中考方面，有407人被市金山中学录取，1092人被市高级中学录取，46名优秀学生达到高分屏蔽线。

【尊师重教】 2023年教师节期间，湘桥区开展尊师重教系列活动，表彰一批师德师风先进个人和集体。区委区政府表彰先进个人60名（其中，至善校长5名，优秀教育工作者8名，优秀班主任12名，优秀教师35名），“发展性绩效评价优胜单位”10个。

▲2023年，传承红色基因，奋进时代征程——湘桥区城基中学五四系列主题团日活动在西湖公园涵碧楼举办（区教育局　供）

【师资建设】

教育人才引进　2023年，区教育局通过“潮涌韩江”“湖南、兰州站”招聘活动和区外人才引进，招录重点本科及以上学历人才4名；通过社会公开招聘并录取教师46名。民办学校引进人才共36人次，其中研究生1人，本科生29人。

名教师培育　2023年，区教育局实施中青年后备人才队伍和省、市、区“名校长”“名教师”“名班主任”工作室建设，推荐3名教师为省名教师工作室新一期主持人。

“区管校聘”试点改革　2023年，区教育局合理分配城南中英文学校35名教师到市区、乡镇各中小学，参与暑期交流轮岗教师共134名，支教52人。

粤东西北教师全员培训　组织开展全区教师培训，组织400人次参加相应学科的专项培训，举办义务教育阶段语文、数学、英语“新课标”培训6场800多人次。组织省教育研究院、中山市教研室教研员和潮州市名教师等专家到乡村及城镇送教50多场次。指导各校开展课题实验。开展反映“双减”的市、区级课题共14项（其中市级课题4项，区级课题10项），覆盖义务教育所有学科，推动“双减”工作开展。

教师学历提升　2023年，湘桥区有4名教师完成研究生学历提升，6名教师报读在职研究生，20名教师完成本科学历提升。区教育局深化推进结对帮扶工作，用足深圳、中山对口帮扶政策，组织15名教师前往中山市各跟岗学校进行跟岗学习，16所学校与中山市16所学校深化合作。

【校长负责制改革】2023年，湘桥区稳妥推进党组织领导的校长负责制，在全市率先启动党组织领导的校长负责制改革工作，选拔党性强、懂教育、会管理、有威信、善做思想政治工作的优秀党员干部担任学校领导。截止12月底，14所需书记校长分设的学校完成13所，44所需配备专职副书记的学校完成12所，进度居全市前列。区委教育工委委员、区教育局副局长转任南春中学党委书记，打破机关事业单位干部的流转壁垒，实现辖区用人改革的重大突破。

【教育后备干部培养】2023年，湘桥区认真落实《潮州市湘桥区后备干部培养方案》，选拔6名党员后备干部担任学校专职副书记。实施《湘桥区教育系统加强后备干部建设的意见》，按每年培育100名后备干部的目标，全年培养30名校长助理及70名后备干部。开展“一月一主题”培养锻炼计划，有计划、有重点地组织后备干部开展岗位交流、挂职锻炼和跟岗培训，将后备干部补充进入各校的行政管理队伍，参加班子会或学校行政分工。通过参加学校行政事务，提升后备干部行政水平及管理能力。

（区教育局）

科　技

【创新平台建设】2023年，湘桥区新认定广东恒通达科技有限公司为市级工程中心。至2023年末，全区累计建成市级以上工程中心40个（其中省级工程中心13个）。围绕加快自主创新和科技成果推广应用，引导有条件的重点企业开展省部、省院全面战略合作，拓宽创新技术来源，实施创新成果转移转化，构建各类创新服务平台。

【科技创新】2023年，湘桥区坚持以科技创新为主导，加大科技型中小企业培育力度，严把企业培育质量关，全面激活企业科技创新积极性。推动科技型中小企业培育工作，全年认定科技型中小企业52家，完成上级下达的目标任务。

【科技服务】2023年，湘桥区加大高新技术企业培育工作力度，壮大高新技术企业力量。根据省、市二级统一工作部署，紧密结合湘桥区的产业结构、实体工业业态，大力推动高新技术企业认定申报。全区高新技术企业认定总数69家。

【科技合作拓展】2023年，湘桥区抢抓深圳对口帮扶机遇，推进反向飞地建设，探索建立“总部+基地”“研发设计+生产”等新模式。以“潮州—罗湖创享岛”反向研发飞地建设为契机，深化科技创新和产业拓展合作，遴选4家企业（科进、大业、联源、简绎）申报进驻创享岛设立研发机构，利用深圳创新资源，开展研发创新、工业设计和人才引进等工作。

（区工信局）

社会生活

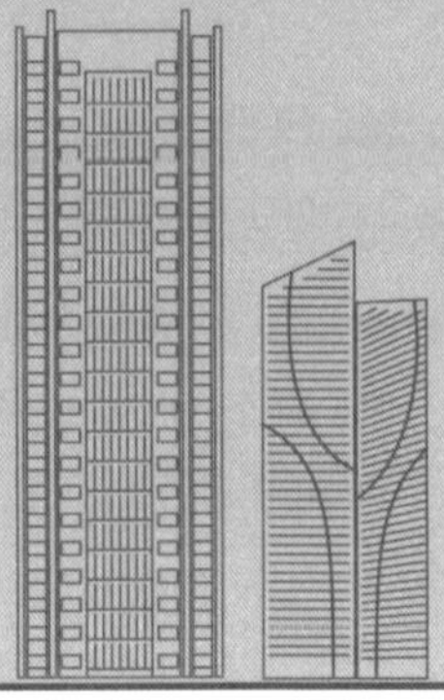

人力资源管理

【事业单位人事管理】 2023 年，根据《关于开展 2023 年广东省事业单位集中公开招聘高校毕业生工作的通知》精神，潮州市湘桥区人力资源和社会保障局（以下简称区人社局）组织相关事业单位上报 29 个岗位用于公开招聘高校毕业生，招聘事业单位工作人员 28 名。做好事业单位人员调动工作，全年全区调入区外事业单位工作人员 25 人，调出区外 15 人。做好全年区事业单位管理人员职级晋升工作，晋升九级职员 61 人。

【工资福利】 2023 年，区人社局着力规范工资福利日常管理服务，做好全区事业单位工作人员、机关工勤人员工资正常晋升和变动的审核审批工作。及时做好 2023 年事业单位绩效工资总量审批；按规定做好机关事业单位工作人员遗属生活困难补助标准调整；根据养老金及丧葬补助标准调整，及时对 2023 年度事业单位工作人员死亡一次性抚恤金进行重核补差；根据湘桥区事业单位绩效奖金分步实施方案，完成全区 2023 年度事业单位工作人员年度考核奖的申报备案，并由各单位报送区财政局发放。

【人才队伍建设】 2023 年，区人社局做好博士、博士后平台设立申报工作。鼓励、支持符合条件的单位申报设立博士博士后平台，加强博士博士后平台建设，新增设立 2 个博士工作站。通过广东省政务服务系统审核各层次职称申报，核准通过 446 人，其中初级 288 人，中级 58 人，高级 100 人。通过广东省乡村工匠专业人才管理系统核准通过乡村工匠专业技术人才 37 人，其中初级 17 人，中级 16 人，高级 4 人。

【公共就业服务】

对接帮扶企业　2023 年，为实现“不用企业吹哨，人社干部主动报到”，在市人社局带领下，区人社局开展“百名人社干部助百企”行动，班子成员带头对接联系具有代表性的规上企业和协会，主动服务、靠前服务、精准服务，帮助企业解决困难；开展“人社干部联系基层”活动，组成 9 个工作小组联系辖区 9 个镇（街），指导和督导基层完成上级下达的各项任务指标；区人社局与潮州新区管委会企业服务局联合建立湘桥区重点企业用工常态化服务机制，领导小组设立重点企业用工常态化服务机制人社服务专员，根据自身职能为重点企业提供用工服务，加大职业培训支持力度，加强对企业的用工指导。服务湘桥区企业 97 家，落实企业用工需求清单、问题解决清单和人社政策清单。

落实高校毕业生就业政策　截至 2023 年 12 月，湘桥区基层就业补贴，粤东、粤西、粤北地区就业补贴受理公示10批220人，就业见习补贴共受理公示4批51人。为做好高校毕业生和16—24周岁失业青年就业见习工作，全区设置就业见习单位49个，全年新增见习岗位333个，新吸纳见习人员84人。

完善覆盖城乡公共就业服务体系　2023年，区人社局组织举办各类重点群体专场、行业企业特色专场等，针对性开展线上线下招聘活动。区人社局全年举办招聘会14场，参加企业693家，提供就业岗位18857个，求职人员6183人，投递简历2970份，达成意向1040人，网络招聘会浏览数10120人次。全年全区城镇新增就业人数2641人、失业人员再就业733人、就业困难人员实现就业241人、扶持创业280人。

【就业创业政策落实】 2023年，中央及省就业专项补助资金下达湘桥区共两批就业资金640万元，全年全区支出资金569.1万元，惠及单位132家次、群众1197人次。组织75名学员参加创业培训班，提升创业者的创业能力。通过发放创业担保贷款贴息，帮助创业者缓解创业资金压力，全年发放创业担保贷款贴息资金15.18万元。

【“粤菜师傅”“广东技工”“南粤家政”三项工程实施】

开展技能培训　2023年，区人社局立足区域实际，发掘优势资源，牵头联系各相关单位协调配合，发挥“粤菜师傅”“广东技工”“南粤家政”三项工程技能培训、吸纳就业、产业培育效应，增设实用插花、小儿推拿与指导、产后康复、老年人照护、汤养指导师等更贴合劳动者技能需求的培训工种。全年培训“粤菜师傅”560人次、“南粤家政”1719人次、“农村电商”500人次、“广东技工”3354人次，均超额完成培训任务。面向企业、劳动者、脱贫劳动力、就业重点群体广泛开展多层次职业技能培训。以企业自主培训、市场化培训、政府补贴性培训为主要供给，依托职业院校、公共实训基地、职业技能培训机构等主要载体，开展就业技能培训、岗位技能提升培训和创业创新培训等技能培训，引导重点群体参与“粤菜师傅”“南粤家政”“广东技工”3项工程，组织有培训意愿的失业人员、退役军人开展“中式烹调师”技能培训，组织原建档立卡脱困劳动力参加“头颈肩保健按摩”技能培训，向有培训意愿的高校毕业生推送培训信息，提供技能培训，进一步提升劳动者技能水平。

▲2023年2月26日，区人社局在义安路凤城文化广场开展“2023年湘桥区南粤春暖暨就业援助月招聘活动”　（陈振文　摄）

落实职业技能补贴发放　2023年，区人社局发放个人技能提升培训补贴176.44万元、1215人次；发放新型学徒制结余资金70.1万元、287人次。

促进培训就业衔接　2023年，区人社局引导培训机构根据市场供求状态和产业发展需求设立培训项目，新增茶艺师、电子商务师、保育师、育婴员、人力资源管理师等培训工种，推动职业技能培训与市场需求协调变化联动，同时为城乡各类劳动者提供培训和就业信息咨询服务，鼓励指导劳动者自主选择培训项目，促进培训资源优化配置。

推行企业新型学徒制 2023年，为充分发挥企业主体作用，区人社局组织企业技能岗位在职职工参加学徒培训，通过企业和院校联合培训，加大企业技能人才供给。截至12月，潮州市粤运公交有限公司完成企业新型学徒制培训，培训近400名汽车维修工，缓解企业培训压力，进一步提升企业员工综合技能水平。

鼓励发动企业开展职业技能等级认定 2023年，为加快湘桥区技能人才队伍建设，发挥企业在技能人才培养、评价、使用、激励方面的主体作用，区人社局积极发动具有行业代表性的企业开展职业技能等级认定工作。潮州深能环保有限公司取得企业职业技能等级认定资质。

社保工作

【劳动信访保障】 2023年，区人社局突出源头治理，加强劳动监察，排查隐患，检查用人单位120余家，涉及劳动者1000余人。组织人员到碧桂园、万达城、华侨城等工地开展检查，了解员工工资支付情况。推动农民工工资专用账户、项目工资保证金、工程款支付担保、代发工资等制度的落实。主动约谈企业，督促企业落实工资支付，依法查处案件，巩固治欠成效。全年受理12345平台举报投诉件1588件，求助咨询件593件，国家欠薪线索平台488件，上级转办件70宗，全年立案63宗，行政处罚34万元。在重要节日期间做好安保维稳工作，主动化解纠纷，解决多宗集体讨薪事件，维护社会稳定。全年全区无因拖欠异地务工人员工资引发重大社会矛盾，劳资关系总体和谐稳定。依法开展劳动争议仲裁工作，规范仲裁程序，健全案件受理、立案、庭审、调解、裁决和送达等环节的操作流程，完善庭审规范和仲裁文书，提高办案质量。全年区仲裁机构立案受理113件，办结113件，法定期限内结案率为100%。

【各项待遇按时足额发放】 2023年，湘桥区有近9万人领取国家基本养老保险退休待遇。区人社局落实好上调职工养老、城乡居民养老、机关养老三大险种退休人员养老金，其中，企业养老保险人均增资114.55元，增幅为5.4%；居民养老保险人均增资10元，增幅为5.3%；机关养老保险人均增资187元，增幅为4%；发放失业定期待遇惠及4734人次，累计金额约524万元；发放定期工伤待遇惠及523人次，累计金额约107万元；全年被征地项目59个涉及金额

▲2023年9月25日，区人社局在区党政机关会堂开展2023年湘桥区城乡居民养老保险"镇村通"工程业务经办培训活动
（区人社局　供）

约4130万元，完成实名制分配项目58个，不断扩大被征地农民纳入社会保障体系的覆盖面；落实特殊人群代缴养老保险费4011人约48万元，做到“应保尽保”，持续巩固拓展社会保险扶贫成果，助力乡村振兴；全年为154人审核办理企业职工基本养老一次性补缴业务累计金额约908万元，让群众及时享受社会保障待遇。

【城乡居民养老保险“镇村通”工程实施】 2023年，区人社局重点做好辖区9个镇（街）170多个村（社区）全覆盖业务培训及常态化业务指导，推动群众社保服务就近办；实现城乡居民养老保险经办10项具体业务在全区9个镇（街）经办服务网点正常办理业务，在120个行政村投放“粤智助”自助终端机，方便群众查询、认证等自助办理，构建15分钟社保服务圈。

【机关养老保险改革深化】 2023年，区人社局严格落实省相关部署，对退休人员基础信息实施维护更新，完成2022年4月至2023年5月退休的中人职业年金补计息资金100万元；明确落实退休公务员职务职级并行后有关老办法待遇退休补贴标准。截至2023年底，全区退休中人约1200人，按新办法核定的有431人，完成老办法职业年金切分438人，保障辖区退休干部的社保权益。

【社保历史业务档案影像化工作完成】 2023年，区人社局完成湘桥区自1992年建制以来累积的社保历史档案影像化工作。社保历史档案数字化之后，查询、使用更加便捷高效，管理更加规范有序，为后续开展社保档案数字化经办转型奠定基础。

【社保暖心服务品牌打造】 2023年，区人社局开展“社保服务进万家”宣传活动，进村入户走访企业，广泛精准传递社保政策，切实推动惠民政策落地见效；利用大数据精准锁定所在村未参保、断缴对象，安排专人有针对性地进行一对一主动上门找群众精准宣传、靶向服务；深入企业了解生产经营情况、员工就职情况，宣传普及社保政策知识，拉近与企业的距离，用精准化服务推动企业高质量发展。

【社会保险扩面征缴】 2023年，区人社局通过提前谋划部署，提高城居保参保率和缴费率，扩面征缴工作成效显著。截至2023年12月31日，辖区扩面征缴参保任务数超额完成，完成比率为101.2%；缴费任务数完成比率为92.7%，其中凤新街道和铁铺镇超额完成年度缴费任务。

（区人社局）

卫生健康

【卫生健康概况】 2023年，湘桥区有各类卫生事业机构465个。其中综合医院1个，中医医院1个，专科医院1个，乡镇卫生院4个，社区卫生服务中心9个，社区卫生服务站2个，各类诊所、卫生所、医务室240个，村卫生室197个，专科防治站1个，妇幼保健院1个，门诊部8个，卫生机构拥有床位465张。有各类卫生技术人员1838人，执业医师和执业助理医师827人，注册护士576人。2023年，湘桥区被确认为广东省健康区；湘桥区慢性病防治站被评为广东省实施《遏制结核病行动计划（2019—2022年）》先进单位；磷溪卫生院在2023年度“优质服务基层行”活动中表现突出、服务优质被国家卫生健康委员会办公厅、国家中医药管理局综合司通报表扬。

【生育服务】 2023年末，湘桥区已婚育龄妇女77559人。全区常住人口出生3878人，出生率7.6‰，自然增长率为-0.6‰。

完善基本公共服务　2023年，湘桥区卫生健康局（以下简称区卫健局）开展妇女“两癌”筛查，提高两癌早发现率、早诊断率、早治疗率，促进妇女健康。全面实行免费婚前孕前“两检合一”健康检查。湘桥区免费婚前孕前检查点完成迁址工作并投入使用，全年婚前免费检查2506人，检查率为78.5%；孕前检查2650人，检查率为82.6%。规范产前筛查与诊断服务，减少严重出生缺陷儿的出生。继续推进新生儿遗传代谢性疾病和新生儿听力筛查工作，对筛查阳性病例及时予以诊治，转诊及随访，提高确诊病例的治疗率。

落实生育政策　2023年，区卫健局落实利益导向机制，完善计生奖励政策，严把计生审核关，落实“四项奖励扶助”逐月发放，并落实各街道、镇计生办对奖励对象的年审工作。全年全区投入计生奖励扶助金30597930元。组织开展中考加分对象资格审核工作，符合中考加分对象137人。

【妇幼健康】

儿童健康管理　2023年，湘桥区0—6岁儿童数32961人，管理人数31490人，儿童健康管理率为95.5%，辖区内接受1次及以上眼保健和视力检查的0—6岁儿童数31194人，0—6岁儿童眼保健和视力检查覆盖率为94.6%，接受中医药健康管理服务的0—36个月儿童13817人，管理服务率为89.9%，适龄儿童国家免疫规划疫苗接种率为89.7%。

产妇健康管理　2023年，湘桥区活产数4379人，辖区内孕13周之前建册并进行第一次产前检查的产妇4228人，早孕建册率为96.6%。产妇出院后28天内接受产后访视的产妇4138人，产后访视率为94.5%。

妇女“两癌”健康管理　截至2023年12月30日，湘桥区完成“两癌”信息建档及检查4932人，完成率为100.7%。

【老龄健康】 2023年，区卫健局推进“银龄安康行动”，全年投入资金66万元，为全区60周岁以上本地户籍老年人统一购买意外伤害综合保险。落实老年人优待政策，发放《潮州市老年人优待证》。开展老年健康宣传周活动，提高广大老年人的健康意识。

【职业健康】 2023年，区卫健局对辖区26家用人单位开展工作场所危害因素监测，并录入信息，为用人单位送上“政府买单，企业受益，劳动者有保障”的惠企服务。结合职业病宣传周，开展宣传咨询活动3场次，开展主题宣讲活动1次，出动宣传人员3人，印发宣传材料4000份。通过开展职业病宣传活动，增进公众对职业防治的认识，提高公众职业健康素养和能力，为预防和治理职业病提供保障。

【公共卫生服务】

持续推进各项服务　2023年，湘桥区常住人口577400人，建立居民电子健康档案546402份，电子健康档案率为94.6%，动态使用率为72%。老年人管理方面：接受老年人中医药健康管理服务60306人，管理率为77.5%；老年人健康管理数49040人，管理率为62.9%。慢性病管理方面：管理高血压病人数27977人，规范管理率为70.3%，管理糖尿病人数13055人，规范管理率为70.7%；活动性肺结核人数167人，管理率为100%。

适龄女生接种HPV疫苗　2023年，区卫健局在全区范围内的初级学校开展人乳头瘤病毒（HPV）疫苗接种工作6801针次。其中，2022届初一女生HPV第二针次已接种3681人；2023届初一女生HPV第一针次已接种3120人。

督查全区托育机构管理　2023年，湘桥区登记并开展实际业务的托育机构7家。区卫健局联合区消防救援大队、区市场监督管理局、公安湘桥分局、属地镇（街）、卫生院等单位针对卫生保健和安全管理工作开展督导培训5次，提高托育机构的卫生保健和安全管理水平。

【医药卫生体系建设】

依法执业管理　2023年，湘桥区受理医师执业注册251份，其中，首次注册54份，变更注册194份，注销注册1份，遗失补证2份；受理护士执业注册537份，其中，首次注册29份，变更注册192份，延续注册276份，注销注册19份，重新注册20份，遗失补证1份。

行业整顿管理　2023年，区卫健局严格准入制度，规范医疗机构设置审批，推进诊所备案管理工作。全年受理医疗机构执业登记注册申请5份，医疗机构变更登记25份，医疗机构注销110份，均审批完毕；受理中医备案诊所设置申请24份，均已核发证件；完成2023年度医疗机构校验216份；按照新施行的《诊所备案管理暂行办法》，对已取得《医疗机构执业许可证》的诊所直接予以备案，对新开办的诊所按照最新版诊所基本标准进行备案，全年新开办诊所备案67家，对已取得《医疗机构执业许可证》的诊所转备案72家，备案变动3家。对新设置的诊所自发放诊所备案凭证之日起45日内进行现场核查，对不符合备案条件的责令限期整改，逾期拒不整改或者整改后仍不符合条件的，撤销其备案并及时向社会公告。完善平安医院自评工作。持续开展2023年度平安医院建设考核自评，辖区3家二级医院均设立警务室，所有医院均与片区内派出所签订《警医联动协议》。推行第三方医疗纠纷调解机制，全年化解医疗纠纷27宗。

【医联体合作推进】　2023年，湘桥区中医医院与中山大学附属第八医院签订医联体合作协议，借助中山八院的优质资源，提升区中医医院的医疗服务能力。省妇幼保健院派专家到区妇幼保健院坐诊，将上级医疗资源下沉到湘桥区，支持区妇幼保健院生殖健康与不孕不育专科建设。抢抓与深圳市福田区对口帮扶契机，6月促成福田区4家医院结对帮扶湘桥区9家医疗机构，全年开展人才输送、联合义诊、观摩学习等交流14场次。

【无偿献血】　2023年，湘桥区完成无偿献血量99200毫升,其中，自愿献血78人次计24700毫升，计划内献血246人次计74500毫升。充分利用微信公众号等新媒体平台，LED屏幕滚动播放、宣传横幅、发放宣传资料等方式宣传无偿献血先进人物和典型事迹，持续提升公众无偿献血的知晓率和参与度，积极开展宣传动员，发动群众踊跃参与无偿献血活动。

【卫生健康人才发展】

人才招聘培训　2023年，湘桥区通过带院进校、带岗进校、“潮涌韩江·广济英才”等专题招聘活动以及省集中招考方式，组织参加人才招聘5场次，招录卫健系统人才50人，其中本科学历13人。探索定向培养医学大学生模式。针对基层医疗卫生单位临床医学、中医学专业紧缺的实际，提供15个编制供广东药科大学等3所定点院校招生，录取并成功签订就业协议14人。同时，选送8名学员参加全科医生项目培训，提升医务人员的专业技能和综合素质。

资格考试审核　2023年，湘桥区卫生专业技术资格考试报名审核305人，其中初级200人（初级师117人，初级士83人），中级105人。参与高级职称评审共13人，其中正高1人，副高12人。提交新项目、新技术推广应用申报7人，其中正高1人，副高6人，171名医师通过2022—2023年度定期考核。

人才政策完善　2023年10月，湘桥区印发《潮州市湘桥区医疗卫生人才引进培育实施方案》。补足补强人才短板，强化全区医疗卫生事业高质量发展人才支撑。

【创建省健康促进区】 2023年，湘桥区强化健康教育，构建健康湘桥体系，实施“将健康融入所有政策”策略，开展健康促进县（区）建设工作。全区有健康促进村（居）118个、企业32家、医院8家、机关46个、家庭36270户、学校63所，4个健康主题公园和3条健康步道，省无烟单位263个。10月12日，广东省级技术评估专家组到湘桥区全面评估省级健康区创建情况。12月6日，湘桥区顺利通过省考评组考核。

【区级医疗卫生服务能力提升】 2023年，湘桥区疾控中心挂牌成立，同时设立镇（街）疾病预防控制中心，实现村（社区）公共卫生委员全覆盖，基本建成区、乡镇、村三级公共卫生服务体系，进一步完善区域疾病预防控制体系，提升全区应对重大突发公共卫生事件的能力水平。推进区妇幼保健院改造提升项目，规划新建建筑面积约2万平方米的综合楼（可容纳妇、产、儿科的住院功能、相关医疗业务使用及停车需求）。截至12月底，完成项目设计方案。推进“优质服务基层行”。经市级评审，意溪卫生院、官塘中心卫生院、铁铺卫生院、城西社区卫生服务中心达到基本标准；经省级评审，磷溪卫生院达到国家推荐标准，在国家2023年度“优质服务基层行”活动中表现突出、服务优质，受到通报表扬。

【卫健民生实事】

“两癌”项目 2023年，湘桥区完成“两癌”筛查人数4932人，完成年度任务的100.7%。

出生缺陷疾病筛查项目 2023年，湘桥区完成地中海贫血筛查4077例，完成率145%；唐氏综合征筛查5611例，完成率为199.5%；结构畸形筛查6929例，完成率为246.4%。

医养结合项目 2023年，湘桥区接受医养结合服务人数36575人，65岁以上老年人87614人（全员人口系统），服务率为41.7%,完成年度任务的139.1%；湘桥区二级以上公立综合医院1家，设立老年医学科，完成率为100%。

老年人健康管理项目 2023年，湘桥区为48030名65岁及以上老年人提供城乡社区规范健康管理服务，管理率为61.7%，完成年度任务的102.8%。

【病媒生物防制工作】 2023年，湘桥区推动防制工作科学化专业化，与病媒生物项目中标单位广东卫康公司签订创建区域病媒生物消杀服务合同，全面开展病媒生物滋生环境治理、集中统一药物消杀行动等综合防治措施，全区安装防蚊闸12862套、毒鼠屋17756套，有效控制媒介传染病发生和传播，为创建国家卫生城市打下基础。

【中医药传承创新发展】 2023年，湘桥区所有社区卫生服务中心及乡镇卫生院均建成中医馆并实现全覆盖，7家中医阁建设工作基本完成。推进湘桥社区卫生服务中心开展中医角建设，由区中医医院实施指导，配备LED电子显示屏等宣传载体，广泛宣传中医药文化。做好省中医医术确有专长人员医师资格考核报名工作，成功通过省专家组审核取得考试资格5人。

【“暖心家园项目”实施】 2023年3月16日，省计生协确定湘桥区为2023年省计生协“暖心家园”项目点。家园地点设于太平街道计生协会员之家，迅速成立领导小组及志愿者队伍并组织协调各项活动的开展。4月17日，“暖心家园”项目在湘桥区太平街道正式启动。同时开展“粽叶飘香”“情暖夕阳”等活动6场，为计生特殊家庭提供生活照料、入户关怀、看病就医、精神慰藉和心理疏导等多种服务，营造全社会关怀计生特殊家庭的良好氛围，促进社会和谐稳定。

（区卫健局）

医疗保障

【医保概况】 2023年，潮州市湘桥区医疗保障局（以下简称区医保局）做好困难群体医疗救助、医保基金监管、城乡居民基本医疗保险参保缴费及基本医疗待遇保障工作。聚焦减轻困难群体重特大疾病医疗费用负担，强化基本医疗保险、大病保险、医疗救助三重制度综合保障，确保困难群体应保尽保、应助尽助，巩固拓展医疗保障脱贫攻坚成果，有效衔接乡村振兴战略。深化医保制度改革，推进区医疗保障事业管理中心成立和运作。

【职工基本医疗保险】 2023年，湘桥区职工基本医疗保险参保7.29万人。全年累计征收职工医疗保险基金21450.14万元，享受职工医疗保险待遇32843人，累计支出职工基本医疗保险基金8740.36万元。

【城乡居民基本医疗保险】 2023年，湘桥区城乡居民基本医疗保险参保345167人。全年累计征收城乡居民基本医疗保险基金13005.58万元，享受城乡居民基本医疗保险待遇117152人，累计支出城乡居民基本医疗保险基金12650.48万元。

【生育保险】 2023年，湘桥区生育保险参保5.44万人，全年享受生育保险待遇7003人次。根据《关于贯彻实施<广东省职工生育保险规定>开展生育医疗费用直接结算有关工作的通知》的规定，实现生育医疗费用直接结算,有效减轻职工生育保险参保人员“跑腿”“垫资”负担。

【医疗救助】 2023年，湘桥区资助53名困难群体参加2023年度城乡居民医保，资助6915位困难群体参加2024年度城乡居民医保，资助金额264.63万元。全年发放普通门诊定额救助75.39万元。推进困难群体住院和门特费用医疗救助托底保障，全年住院和门特费用医疗救助结算666.65万元，医疗救助支付金额共计1006.67万元，切实减轻困难群体就医负担，巩固拓展脱贫攻坚成果，有效减少“因病致贫、因病返贫”现象的发生。

【医保基金监管】 2023年，区医保局持续开展医疗保障领域突出问题自查自纠，开展对辖区内定点医疗机构医保基金监管专项检查，进一步规范医疗服务行为，维护医保基金安全高效运行。强化定点医疗机构巡查常态监管，采取部门联动综合监管和宣传发动社会监管的方式，共同织密医保基金安全监管网。

【医保经办职能划转】 2023年2月28日，经区委编委批复，成立湘桥区医疗保障事业管理中心。6月6日，湘桥区召开医疗保障经办工作移交协调会议，基本医疗保险、生育保险业务经办职能由区社保局划转至区医保中心。区医保中心不断规范医保经办流程，强化经办业务培训，迅速提升医保经办业务技能。至2023年底，医保经办业务基本实现平稳过渡交接。通过深化医保制度改革，不断优化全区医疗保障经办服务体系建设。

（区医保局）

社会事务

【社会事务概况】2023年，潮州市湘桥区民政局（以下简称区民政局）积极推进婚俗和殡葬改革，不断优化婚姻登记、社会组织登记，落实全区社会救助福利发放、行政区划和地名管理、基层治理建设、未成年人保护、儿童收养及慈善事业推动等社会事务，始终把改善民生作为一切工作的出发点和落脚点，认真做好民生兜底工作，维护社会稳定和谐，促进社会治理体系和能力现代化。

【未成年人保护】2023年，湘桥区召开未成年人保护工作领导小组第二次全体会议，强化多部门协调联动，织牢未成年人“六位一体”（家庭保护、学校保护、社会保护、网络保护、政府保护、司法保护）综合保障体系，推动辖区未成年人综合保护工作能力和水平的提高。区民政局开展未成年人保护、儿童福利和权益保护工作相关培训7场次，加强对未成年人、困境儿童的关爱，进一步夯实基层工作者的业务素质。全面落实各镇（街）开展农村留守儿童精准摸排。截至12月31日，辖区无农村留守儿童。

【收养登记办理】2023年，区民政局为2户三代以内血亲关系家庭办理收养融合、收养家庭能力评估以及收养登记手续。全年办理出具不符合收养登记证明8宗，配合公安部门解决儿童入户难问题，加强相关宣传，依法妥善处理私自收养子女问题，不断增强国内公民依法登记、依法收养的意识。

【社会组织管理】2023年，区民政局规范社会组织申报登记程序，强化社会组织监管。全区登记注册社会组织283家（其中新成立15家），其中社团78家，民非205家，于4—6月组织年度工作报告填报工作。

【行政区划】2023年，区民政局完成新设立社区居民委员（意溪镇万华社区、韩东社区居民委

2023年湘桥区社会组织（社会团体）情况表　单位：个

社会团体数	其中					民办非企业单位数	其中
	成立数	清理整顿数	注销数	转为法人社团数	非法人社团未转数		成立数
78	12	0	1	0	0	205	3

2023年登记湘桥区本级行业与专业社会团体一览表

序号	类别	名称	登记时间
1	一般性社团	潮州市湘桥区美术家协会	2023年2月21日
2	一般性社团	潮州市湘桥区溪口教育促进会	2023年6月17日
3	民办非企业单位	潮州市湘桥区快乐幼儿园(凤新园)	2023年6月27日
4	民办非企业单位	潮州市湘桥区快乐幼儿园(翰林园)	2023年6月27日
5	一般性社团	潮州市湘桥区乒乓球协会	2023年7月14日
6	一般性社团	潮州市湘桥区养老服务协会	2023年7月14日
7	一般性社团	潮州市湘桥区磷溪卤鹅协会	2023年7月20日
8	一般性社团	潮州市湘桥区书法家协会	2023年8月31日
9	民办非企业单位	潮州市湘桥区景山实验幼儿园第三分园	2023年8月31日
10	一般性社团	潮州市湘桥区游泳协会	2023年9月6日
11	一般性社团	潮州市湘桥区武术协会	2023年10月26日
12	一般性社团	潮州市湘桥区青年企业家联合会	2023年10月26日
13	一般性社团	潮州市湘桥区城西街道社会工作与志愿服务协会	2023年11月15日
14	一般性社团	潮州市湘桥区狮头鹅发展协会	2023年11月15日
15	一般性社团	潮州市湘桥区散打搏击协会	2023年11月22日

员会）选举工作和新社区的行政区划代码赋码工作。优化调整太平街道社区，撤销辖区19个社区居委会，优化调整为9个社区居委会，并于12月21日向社会公告，不断优化社区网格化服务管理。开展现有街路巷地名排查，对被确认为不属于历史地名的、未经合法程序命名的街路巷开展命名申请；同时对有路无名、有名未批、历史地名、有名无标、不规范地名等开展全面摸排。全区各镇（街）确认属于历史地名的街路巷5845条（公安第一批采集部分），排查出有路无名的街路巷24条、有名无标的街路巷46条。

【婚姻登记】 2023年，区民政局婚姻登记服务中心办理结婚登记2505对，离婚登记申请613对，离婚登记463对，异地业务409对；补领结婚登记86对，离婚登记13对。完成辖区16万份婚姻档案电子化录入工作。婚姻登记服务中心实施“跨省通办”“全市通办”，打造“服务好”婚姻登记先进单位，为群众提供便利。12月12日，湘桥区民政局婚姻登记服务中心搬迁至万德·云创园办公，同时主办“潮爱出发，湘亲相爱”集体婚礼活动，引导青年摒弃陋俗，树立婚事新办简办、文明向上的婚俗新风，践行社会主义核心价值观，共同为建设文明湘桥作出贡献。

【儿童福利】 2023年，潮州市集中供养孤儿最低基本生活保障标准调整为2037元/人/月，散居孤儿（含艾滋病病毒感染儿童）最低基本生活保障标准调整为1379元/人/月；事实无人抚养儿童基本生活补贴标准为1379元/人/月。截至2023年底，全区帮扶孤儿178人次，发放资金24.55万元；帮扶事实无人抚养儿童858人次，发放资金118.32万元。针对就读大学的年满18周岁孤儿，通过“福彩圆梦孤儿助学工程”发放助学金，全年发放福彩助学金3.5万元，帮助4名大(专)学生渡过难关。

【养老服务】 2023年，全区有123526名高龄老人，发放标准为80—89周岁每人每月20元；90—99周岁每人每月40元；100周岁以上每人每月400元。全年发放高龄津贴312.39万元，有效提升老年人生活品质。全区建成长者食堂10家，累计服务8000多人次；建成全市唯一品牌——长者发屋8家，累计服务1.2万人次；完成全区258户特殊困难老年人家庭进行居家适老化环境改造，方便老年人日常生活，避免人身伤害，切实提升老年人生活自理能力和居家生活品质。投入154万元用于意溪镇、城西街道、官塘镇三个镇（街道）级综合养老服务中心建设及投入240万元用于全区8个村级养老服务中心示范点建设，为老年人提供托养照料、助餐配餐和医养结合等多样性服务，增强老年人的获得感、幸福感、安全感。

【社会救济】 2023年，全区发放城乡最低生活保障金1759.61万元，特困供养补助金817.87万元，残疾人二项补贴2017.34万元，困境儿童保障金142.86万元。精准保障城市低保590人，农村低保2249人，特困供养656人，困境儿童96人；困难残疾人生活补贴1163人、重度残疾人护理补贴5123人。

低保特困供养人员救济　2023年，全区低保标准调整为城镇870元/月、农村662元/月，补差水平达到城镇697元/人/月、农村347元/人/月；全年为1544户低保户发放低保金1759.61万元。城镇、农村特困供养人员标准分别提高到1392元/人/月、1060元/人/月，全年为656名特困供养人员发放资金817.87万元。

残疾人两项补贴　2023年，全区困难残疾人生活补贴、重度残疾人护理补贴标准分别为215元、281元；全区享受困难残疾人生活补贴1163人，享受重度残疾人护理补贴5123人。全年发放补贴资金20173390元。

临时、慈善救助　2023年，全区救助困难对象49户125人次，发放临时救助金25.81万元；实施慈善救助95人，救助金9.5万元，及时帮助困难对象渡过经济难关。

【殡葬管理】 2023年，区民政局成立检查领导小组，开展全区范围内骨灰安放管理专项行动检查。建立死亡人员骨灰去向跟踪管理机制，强化骨灰安放常态化检查督办机制，整治规范“活人墓”等突出问题。为加快推进辖区公益性安葬（放）设施建设，下拨资金支持磷溪镇仙田二村新建公益性骨灰堂建设，支持磷溪镇福聚村骨灰楼堂修缮项目争取省级资金补助，稳步提高公益性骨灰存放覆盖率，不断推进绿色节约殡葬。

【慈善事业】 2023年，区民政局充分发挥慈善事业第三次分配作用，助力湘桥区高质量发展。

慈善救助 湘桥区慈善总会为湘桥区户籍因患严重疾病，遭受重大灾难、就学导致家庭困难的居民提供慈善救助。发放救助金15万元，为困难群体提供救急、救难、救实的救助服务。截至2023年12月，全区有150人享受“防返贫奔共富”计划慈善救助。

社会力量动员 2023年，区民政局携手湘桥区慈善总会发动爱心企业和爱心人士参与慰问帮扶活动，打造“大慈善”工作新格局。全年累计收到爱心捐款捐物333.78万元，全部用于公益事业。

乡村振兴助力 区民政局围绕“6·30”巩固脱贫成果、助力乡村振兴主题，以助推“百县千镇万村高质量发展工程”和“防返贫，奔共富”各项工作任务为中心，通过起草倡议书、召开多场座谈会，号召全区有关单位积极参与“6·30”捐赠活动，助力乡村振兴。慈善总会全年收到捐款2932.65万元，其中“6·30”捐赠金额2513.48万元，创历史新高。

【关爱包联制度深化】 湘桥区全方位开展独居困难老人关爱行动。一方面设立关爱小分队，扎实开展特殊老年人巡访，督促各社工站（点）、村（社区）健全包联关爱机制，为独居困难老人形成结对帮扶关系。另一方面把“长者发屋”“长者食堂”“困难老年人居家适老化改造”等养老为老服务项目，以及养老服务机构、志愿组织的资源链接给服务对象，开展心理抚慰、为老助老、健康保健、文体关爱、应急救助等服务，为独居困难老人提高生活质量。

【非法社会组织取缔】 2023年，区民政局聚焦规范管理，优化发展环境，开展打击整治非法社会组织专项行动，切实净化社会组织生态空间。全年注销社会组织8家，将50家社会组织列入“活动异常名录”和“严重违法失信名单”。按照5%的比例开展社会组织“双随机、一公开”检查工作，由局班子成员带领执法人员前往检查，对检查中发现的问题落实整改，并跟踪整改完成情况，进一步提高监管效能，营造公平竞争的发展环境，推动湘桥社会组织高质量发展。

（区民政局）

镇街概况

太平街道

【太平街道概况】 太平街道位于湘桥区中部，辖开元、义安、昌黎、太昌、分司、上西平路、西荣路、杏花巷、曾厝巷、悦园、北马路、北门外、金山巷、中山路、下东平路、砖亭巷、义兴、南门、下西平路共 19 个社区。区域面积 2.65 平方千米。2023 年末户籍人口 7.99 万人，常住人口 6.13 万人。2023 年，太平街道文明实践所被命名为“全国文明实践巾帼志愿阳光站”。

【党建工作】

理论学习　2023 年，太平街道党工委落实“第一议题”制度，充分发挥街道工委党校、干部培训网络学院等学习平台的作用，深入推进主题教育。在青年文创中心、唐伯元故居等地开展政策理论宣讲超 10 场次，筑牢信仰之基。推进街道党校规范化建设，全年举办培训班 62 场次，实现党员培训全覆盖，切实提高党员政治素养和综合素质。太平街道工委党校连续 3 年被授予五星荣誉。

作风建设　2023 年，太平街道党工委以打好打赢“干部思想作风转变”战役为契机，不定期开展工作纪律和值班纪律情况的明察暗访，加强对重点项目推进、“两违”整治、防风防汛、创文创卫等方面落实情况的监督检查，为重点工作推进保驾护航。将柯柏年旧居打造为红色家风教育点，加强廉洁宣传。开展纪检监察干部队伍的教育整顿，集中学习 71 场次，组织 269 人参加纪法知识测试，强化教育学习成果。

【经济发展】 2023 年，太平街道经济发展稳中有进，街道有规上工业企业 10 家、限上批零业 6 家、限上住餐业 6 家、在库项目 8 个。全年规上工业完成产值 28137.8 万元；限上批零业完成销售额 166893 万元，同比增长 11.9%；限上住餐业完成营业额 4867.2 万元，同比增长 88.3%。固定资产投资完成 13344 万元，同比增长 138.3%。地方税收收入 2680 万元。

【特色产业】 2023 年，太平街道发挥古城资源优势，因地制宜做优文旅产业。深入推进古城保育活化，发展古城“民居观光，非遗展示，工艺创作，民居客栈”文旅产业链，高效盘活闲置资源。鼓励引导居民将古民居修缮活化为体验型民宿客栈、茶舍茶馆等。2023 年，古城区有证有备案的民宿客栈 169 家。加强“景点 + 商圈”互联互通，结合古城特色大力推进招商引资，促成下东平名人故居文化综合体项目（潮州有熊酒店）落成，为古城保育活化树立新标杆；引进牌坊街新街头餐饮综合体项目，以综合体建设不断满足游客多元化

▲ 2023年，湘桥区“梦回宋城”非遗展示表演秀（太平街道 供）

消费需求。春节期间，古城共接待游客超122万人次。

【特色文化】 太平街道辖区遗存大量文物建筑和历史建筑，牌坊街、镇海楼、开元寺、西湖公园等是地标性旅游景点；涵碧楼、李厝祠、柯柏年旧居等革命遗址成为热门景点和红色教育新阵地；中山路“工艺一条街”成为非遗文化展示的重要窗口。至2023年，辖区有国家重点文物保护单位5处（18个点位）、省级文物保护单位5处、市级文物保护单位24处、民居代表性历史建筑100余处、4A级旅游景区(点)1处、国家级非遗传承人工作室5家、对外开放的非遗艺术馆等35家。《非遗里的中国·广东篇》《文脉春秋》等多档央视节目在古城拍摄并在黄金时段播出，进一步提升潮州古城知名度和美誉度。

【协税护税工作】 2023年，太平街道推进第五次全国经济普查工作，联合区税务局城西分局对商户分批开展座谈辅导，做到应统尽统、应纳尽纳。古城区三大行业累计申报销售营业额10.56亿元，同比增长130.5%；累计实现税收收入825.02万元，同比增长300.2%。街道全年实现税收入库2680万，完成全年达标数的111.1%，同比增长12.7%。

【服务企业工作】 2023年，太平街道深入贯彻落实湘桥区委政企“驻·聘联通”工作部署，积极发挥驻企服务员的作用，跟进企业每月用电、用工和税收情况，鼓励企业加大创新力度，提高市场竞争力，引导企业参加各类展销会，鼓励扶持企业转型升级，全年培育6家商业企业达到限上规模。

【红色资源保护利用】 2023年，太平街道推进柯柏年旧居修缮布展，开展革命传统教育和党员党性教育，丰富潮州作为国家历史文化名城的红色文化内涵。深化地校合作共建，与韩山师范学院合作共建课程思政实践教学基地，讲好红色故事。

【文商旅融合】 2023年，太平街道开展“盛世粤数 潮玩国庆”文创活动，以“数字文创＋实物赋能＋线上线下”结合的形式丰富游客体验。积极探索分流入巷，在南门＋巷选点打造巷内网红打卡点5处，以基础设施和服务水平的提升吸引更多市场主体入驻，成为年轻人的创新创业平台。多维度探索文旅发展路径，推进东平路美食休闲街区建设，策划打造“梦回宋城·非遗展示”表演秀，鼓励引导有条件的企业因地制宜发展工业旅游，以多元化的文旅体验催热古城经济。

【城区建设】 2023年，太平街道推进古城危旧房屋整治、韩江“一江两岸”建筑风貌提升项目，配合协调做好百花台民俗文化综合体等市级文旅项目，高质量推动古城区美化提升。完成2022年6个老旧小区改造提升，推进2023年老旧小区改造项目，进一步改善人居环境。因地制宜在街头巷道增绿添美，完成口袋公园建设5个，绿化提升环城西路西湖旁空地环境，新增绿化面积800多平方米；借助老旧小区改造契机种树植绿，鼓励引导古城居民房前屋后植绿近300户，提升人居环境。

【街区管理提档升级】 2023年，太平街道持续开展占道经营和流动摆卖专项整治行动，整治劝离流动摊档250宗，纠正店外经营500宗；探索疏堵结合，将流动摊贩转化为志愿者或表演队。做好开元广场停车场管理工作，全面摸底登记，严格引导车辆有序停放；规范古城核心区域停车秩序近100辆次。清拆违规设置店招、广告牌约500处，拆除镇海楼周边和古城防汛通道天台违搭违建物近70处、面积3000多平方米，还原古城风貌。开展“优质商户”评选活动，引导古城区文旅产业良性发展。

【社会事业发展】

社会民生实事　2023年，太平街道关注老年人生活，推进太平街道综合养老服务中心建设项目，探索“初老”服务“老老”志愿服务模式。与潮郡文化志愿者联合会联合打造共建驿站，积极链接社会资源，在“6·30”扶贫行动中共发动爱心捐款超200万元；广泛吸纳多元主体参与基层治理并取得成效。

基层公共服务　2023年，太平街道完善公共服务中心功能，实行“首问责任制”“一次性告知制”等制度，设置“办不成事”窗口，创新“社工代办”新模式，2023年累计代办约150件，真正做到便民利民；配备“粤智助”政务服务自助机，办理事项2723件，年完成率为209.5%，提高服务效率；受理“12345”服务热线、网友留言等多个平台反映问题约540件，切实解决群众急难愁盼问题。

【社会综合治理】

法治政府建设　太平街道强化法治建设，至2023年成功创建南门社区等4个“民主法治示范社区”，培育“法律明白人”114人，为基层治理提供法治保障。稳步承接下放事权，全年开展行政检查160宗、行政处罚271宗、非税收入36300元。围绕创建“平安湘桥”“平安太平”工作部署，构筑“一街道中心、十九个社区中心”的工作格局，驳入平安视频监控头46个，有力维护辖区和谐稳定。践行新时代“枫桥经验”，切实发挥居民议事厅作用，利用“茶文化六步调解法”探索共建、共治、共享的社会治理新模式，调解各类矛盾纠纷62宗，调解成功率为98.3%，做到“小事不出社区，大事不出街道”；开展“政商茶话会”，邀请经营主体参与，提供交流新平台。

安全生产整治　2023年，太平街道统筹推进各领域各行业的消防安全专项整治工作，高度关注电动车安全，联合上级部门对辖区近65处电动车租赁点进行联合查处，消除街区火灾隐患。推进智慧综合充电站建设，截至12月底已建设充电站12个。加大燃气安全宣传防范与检查力度，印发宣传资料3100多份，制作燃气橡胶软管更换倡议书6000份，检查餐饮场所270个、燃气配送点2个，排查整治隐患点30多处，消除燃气安全隐患。

台风防御　2023年，太平街道全力做好台风“杜苏芮”“苏拉”“小犬”防御工作，严格执行24小时值班值守制度，加强防风知识宣传，网格化、全覆盖排查危房、在建项目、地质灾害点等隐患点，扎实细致做好人员转移安置工作，全力保障人民群众生命财产安全。

【创文创卫工作】

常态化开展活动　2023年，太平街道推进爱国卫生运动，开展创卫进社区、健康教育等宣传活动超40场次；开展社区、各社区党群服务中心和牌坊街商铺创卫“互学互比”活动，形成创卫良好氛围。

病媒生物防制　2023年，太平街道全面强化病媒生物防制工作，开展登革热防控，落实多轮入户，消除蚊虫等病媒生物滋生隐患。在全市城镇创卫工作竞赛中，太平街道分别在第一期和第三期获得第一名。

净化社会文化环境　2023年，太平街道在潮州日报、“湘桥发布”等主流媒体发布推文超120篇。深入推进文明单位、文明社区创建，在潮州市创文模拟测评中，太平街道排名第二，昌黎社区等6个社区排名前十。统筹推进“扫黄打非”工作，太平街道于2023年2月成为潮州市首个入选第六批全国“扫黄打非”进基层示范点单位。

【“百千万工程”】　2023年，太平街道深入实施“百千万工程”，结合古城特色和街道建设，制定实施《太平街道“百千万工程”十大行动计划》，将各项重点工作任务具体化。以“六大重点攻坚”、绿美生态建设、创文创卫为主线，以古城秩序管理行动、古城风貌提升行动、古城文旅发展行动为突破口，以基层社会治理行动、民生实事工程行动、扶贫济困公益行动为着力点，稳步推进街道经济社会发展，助力“百千万工程”取得良好开局。

【人才资源盘活】　2023年，太平街道全面摸底登记非遗传承、美食小吃、古建研究等十大类型社区级乡土人才1515人、街道级336人。聚拢高校人才，成功对接2个项目、5支高校“三下乡”社会实践服务队伍，为高质量发展提供人才支撑。通过地校共建培育高素质、专业化的志愿讲解队伍，提升古城旅游服务水平。

【街区智慧化管理】　2023年，太平街道以推行铺户“一码通”为抓手，迈出谋划建设古城全域文旅综合管理平台新步伐，为游客提供“吃住行游娱购”全链条推介服务。通过科学管理的方式，刺激消费，不断提升街区智慧化管理水平和旅游收益。

（太平街道）

西新街道

【西新街道概况】 西新街道地处湘桥区中心区域，辖南春路、振德街、春城楼、南濠、城新、新桥、布梳街、西新、新合9个社区，区域面积1.67平方千米。2023年末户籍人口6.46万人，常住人口5.32万人。2023年，西新街道被省信访局评为“广东省信访工作示范乡镇（街道）”

【党建工作】

理论学习　2023年，西新街道党工委严格落实“第一议题”学习制度，组织学习党的二十大精神，全年组织党工委理论学习中心组学习14场次，党校专题学习培训8期，班子成员讲党课57次，引导党员干部以习近平新时代中国特色社会主义思想武装头脑。

主题教育　2023年，西新街道党工委把学习习近平新时代中国特色社会主义思想贯穿始终，把党性教育和理想信念教育贯穿始终，扎扎实实读原著、学原文、悟原理，开展集体学习16场次。班子成员围绕分管领域重难点工作深入调查研究，推动主题教育见行见效。向辖区党员发放《习近平新时代中国特色社会主义思想专题摘编》等498册，并分类施策做好年迈党员、流动党员等不同群体的教育学习，覆盖党员4126人次，讲好讲透党的创新理论。

基层党组织　2023年，西新街道党工委组织开展社区基层治理培训班，提升社区党组织书记履职能力。推进学历提升工程，3名社区干部被韩山师范学院录取，“两委”干部综合素质不断提高。成立潮州市高龄联谊会党支部；加强“两新”党组织建设，把党组织向“两新”领域延伸覆盖。优化提升社区党群服务中心环境，完成新桥社区、布梳街社区党群服务中心落地建设项目和西新社区党群服务中心修缮项目。

队伍建设　2023年，西新街道党工委严格落实平时考核、年度考核制度及考核结果运用，公道正派选人用人。全年提拔四级主任科员2名、正股级干部2名，事业单位八级职员3名、九级职员4名。推动年轻干部跟岗学习，对9名2022年招录的公务员落实新录用公务员导师制。深入实施“百千万乡土人才工程”，开展人才培训活动5场次，引导人才为街道发展建言献策20多条，参与相关活动10多场次。

作风建设　2023年，西新街道党工委采取集体领学、观看警示片、参观教育基地、举办廉政教育报告会等形式，结合“走听看思”方式，开展警示教育5场次。因地制宜打造“新时代廉洁文化”宣传阵地，持之以恒推进党风廉政建设和反腐败斗争。持续加强作风建设，开展机关作风督导检查6次，走读式谈话6宗；排查辖区违纪线索6条，立案5宗，结案4宗，干部作风向上向好转变。

群团组织　2023年，西新街道党工委加强党对群团工作的领导，充分发挥群团组织桥梁纽带作用，进一步团结广大职工、青年、妇女参与到“百千万工程”、基层社会治理、创文创卫等工作中，凝聚基层群团力量。春城楼社区工会爱心驿站获评省级“户外劳动者工会爱心驿站”。

【经济发展】

实体经济　2023年，西新街道规上工业企业完成产值19422.7万元，同比增长8.2%；限额以上批发和零售业销售额完成4514.5万元，同比增长8.4%；限额以上住宿和餐饮业营业额完成2344.8万元，同比增长222.9%；固定资产投资完成

7950万元，超额完成2023年指标任务。全年新增规上工业企业1家、限额上住宿餐饮业1家，经济结构不断优化。

招商引资 2023年，加大招商引资力度，西新街道党政主要领导带队到广、深一线城市考察学习城市旧改、养老服务、夜经济发展等先进经验和做法，扎实推进辖区有关项目落地和提档升级。全年招商引资储备项目14个，主要为文化产业园区打造、酒店公寓建设、夜市运营、智能停车场建设等项目。2023年底，完成投资项目4个。

文旅发展 2023年，西新街道借助文旅市场复苏契机，持续释放新桥路、三利街传统商圈消费潜力。依托南门古集市、南门古夜市、庙街夜市等的集聚效应，打造南邑消费新商圈，带动南春片区整体经济发展。搭建资源平台，在布梳街、南堤防汛通道墙体打造街头艺术通道，以潮州小吃、地标建筑、名言警句等为内容，形成无边界的连片艺术空间，使其成为具有“城市艺术地标”概念的文旅打卡点。

【文化建设】

弘扬时代新风 2023年，西新街道持续用好“西新广播站”阵地作用，聚焦理论政策重点、社会活动热点、群众关注焦点，向广大群众传递正能量，传播好声音。社区居民吴植桐上榜2023年第一季度“中国好人榜”；振德街社区唐学武、新桥社区邱舜卿获“潮州好人”称号；布梳街社区获“广东省最美志愿服务社区”称号。

精神文化生活 2023年，西新街道充分发挥新时代文明实践1所9站阵地作用，利用“学雷锋活动月”“爱卫月”等时间节点，用好新时代文明实践所、站、点开展教育讲座等多形式的宣传活动。全年开展宣传活动200余场次。搭建平台开展“文化进社区”活动。通过群众演、群众看的形式，展示百姓艺术风采，以群众喜闻乐见的活动形式弘扬文明新风。全年举办各类主题文化活动49场次。

【城区建设】

老城更新活化 2023年，西新街道推进老城更新活化，修缮破损巷道13条，辖区环境面貌得到进一步改善。其中，壮观楼老旧小区改造(楼内)项目已竣工，切实提高小区居民生活品质；布梳街文明街巷建设项目进入施工阶段；完成南春路中段健身小广场打造，成为社区党建、廉洁文化教育及群众健身休闲娱乐的好去处。

街景精细管理 2023年，西新街道持续推动市容街景精细管理，处罚未取得建设工程规划许可证进行建设3宗，执罚64752元；清理户外广告设施、招牌350余块；持续跟进辖区自建房排查工作，排查录入承灾体2905个，切实保障人民群众生命财产安全。

【社会事业发展】 2023年，西新街道抓实兜牢低保、残疾人、孤儿、各类重点优抚对象工作，及时足额发放各类保障资金；有效链接各类社会资源，爱心企业和团体长期帮扶辖区49户困难家庭，社会特殊人群生活得到进一步保障。城乡居民养老、医疗保险覆盖面不断延伸，实现应保尽保，辖区居民城乡居民养老保险和基本医疗保险征缴工作全面完成。落实60周岁独生子女奖励扶助工作，让独生子女家庭得实惠。推动要素配置、基本公共服务一体化，提升街道居家养老服务中心硬件建设，提高辖区居家养老服务水平。

【社会综合治理】

法治政府建设 2023年，西新街道深入贯彻习近平法治思想，加强新时代法治政府建设，发挥政府决策法律顾问作用，提高依法决策、民主决策、科学决策能力。充分发挥人大代表、政协委员监督协商职能,确保街道各项民生实事项目落地落实落细。通过说法释理、融情于理、法理结合的方式成功化解行政应诉和行政复议案件各1宗。运用好新下放的整治占道经营、乱堆

建筑垃圾和生活垃圾等执法权限，全年办理行政执法案件355宗，涉案总金额约11.15万元。

安全生产整治 2023年，西新街道认真履行安全生产工作责任制，清查辖区“三小”（小档口、小作坊、小娱乐）场所、沿街店铺、出租屋和经营性自建房共1934家，对检查存在的隐患逐项落实整改。创建新桥东路消防安全示范街，实现沿街铺户烟感全覆盖，灭火器材基本符合配备要求，楼房开设逃生窗口。全面推进食品安全“两个责任”（食品安全属地管理责任和企业食品安全主体责任）包保工作，定期对包保主体实施督导，确保食品安全企业主体责任落实，全年督导企业974家。

基层治理提升 2023年，西新街道坚持和发展新时代“枫桥经验”，统筹推进“1+6+N”基层社会治理工作体系建设，着力打造“24H社会治理志愿服务队”品牌。开展各类帮扶志愿服务1300场次；排查化解治安隐患140宗，接受游客群众咨询服务1700人次；处置应急事件8宗。

矛盾纠纷化解 2023年，西新街道坚持矛盾纠纷在一线化解原则，党政班子轮流接访、包案化解矛盾纠纷；依托居民议事厅运用“茶文化六步调解法”进行调解。全年受理各类矛盾纠纷62宗、信访案件36起，全部调处成功。

【创文创卫工作】

人居环境整治 2023年，西新街道以问题整改为导向，结合创文创卫行动持续推进人居环境整治。全年开展整治行动78场次，出动人员12200多人次，清理垃圾杂物1258吨。以创文创卫为抓手，紧盯群众反映的突出问题，大力整治市场周边环境；紧盯城市管理乱象，大力整治流动摊贩、占道经营、乱停乱放、私搭乱建等“顽疾”；紧盯文明创建中的短板弱项，对症下药，加强督查检查，加快整改进度，打造宜居西新。

植绿护绿美化 2023年，西新街道因地制宜在辖区小区空地、街巷花圃开展义务植树活动。引导群众开展“家门口”绿化美化，在门前屋角厝内等闲置场地种植常绿花木，或利用阳台天面种植盆花，全年鼓励居民天台增绿36处，门前有序摆放花盆335处。

【精神富裕示范点打造】 2023年，西新街道坚持把学习宣传贯彻党的二十大精神作为首要政治任务和全部工作的重心，贯彻落实湘桥区实施文化强区促进人民精神生活共同富裕行动计划，扎实推进“文化强区”建设。开展文化惠民活动，坚持每月一场文化进社区活动和每周一场群众自娱活动，借助活动广泛宣传辖区道德模范和好人事迹，营造良好文化氛围。全年举办各类主题文化活动49场次。

【南门古夜市开办】 2023年国庆节前夕，西新街道南门古夜市开业，签约入驻商户54家，经营涵盖小吃、文创商品等，吸引市民游客前来消费。作为西新街道新晋网红打卡点，南门古夜市承接古城旅游辐射，优化古城旅游配套服务，依托商圈“夜市经济”带动辖区南春片区整体经济发展。

（西新街道）

▲2023年国庆期间，南门古夜市人头攒动　　（西新街道 供）

桥东街道

【桥东街道概况】 桥东街道位于湘桥区东部。辖下津、六亩、黄金塘、社光、卧石5个行政村和桥东、涸溪、东湖、东山、韩东5个社区,2023年末户籍人口3.39万人,常住人口约10万人（包含韩山师范学院学生人数）。土地面积18.28平方千米,耕地面积98.26公顷，粮食播种面积65公顷，粮食产量452吨；林地面积170.4公顷，森林覆盖率为16.8%。

【党建工作】

政治理论学习　2023年，桥东街道党工委坚持高站位、高质量开展学习贯彻习近平新时代中国特色社会主义思想主题教育，引导党员干部坚定拥护“两个确立”，做到“两个维护”。全面落实“第一议题”“三会一课”制度，组织开展理论学习中心组学习14场次、集中学习42场次、专题红色教育8场次和“线上课堂”100期，引导广大党员读原著悟原理；推动街道党校蝉联五星党校荣誉，2个教育点获评市党史国史教育基地；打造现场教学、访谈教学、模拟教学等多样课堂，轮训党员超5000人次，推动全体党员以理论深刻保证政治坚定。班子成员带头查摆突出问题16项，全部完成整改，指导各党支部检视整改问题60个；收集群众建议24条，办结民生实事10多项，推动解决群众急难愁盼问题。

基层党建工作　2023年，桥东街道党工委紧扣“高质量党建推动高质量发展”主题，推动基层党建工作取得全面进步。打好基层党建三年行动收官战，深化实施“头雁”工程和南粤党员先锋工程，参加市、区比学活动6场次，社光村、涸溪社区被评为湘桥区“百千万工程比学标兵”。聚焦规范化建设，完成16个直属基层党支部换届选举，东湖社区党群服务中心“落地建设”，创建离退休“六好”党支部。完善街道“大工委”社区“大党委”工作机制，挂牌成立韩东社区党支部、裕华物业党支部，裕华小区获市“美好家园”称号，以高质量党建提升基层服务水平。优化党员发展结构，发展党员9名。推动社光村经验入选中组部先进典型案例,《阳光三务》党员教育片获评省级百部党员教育优秀电视片。

人才队伍建设　2023年，桥东街道党工委树立选人用人正确导向，调整提拔中层干部7名，提升干部培养精准性，选派5名党员干部“走出去”培训锻炼。注重村级干部队伍优化，培育储备干部26名，组织培训130余人次。扩宽引才渠道，吸纳8名韩师教授担任“百千万工程”专家组，与仲恺农业工程学院达成合作协议，为破解发展瓶颈引进高校智库。建立乡土人才信息库，挖掘村级乡土人才608名，选拔街道级人才347名，推荐区级人才60名，在非遗传承、技能培训等方面发挥作用。

作风建设　2023年，桥东街道党工委推进全面从严治党，严格落实执行党规党章，扎实推进纪律教育活动，及时纠正解决苗头性问题。常态化开展机关效能和机关作风突击检查，推动机关党员全覆盖开展自我检视、整改落实。落实落细中央八项规定及其实施细则精神，严管严控“三公”经费，扎实推进廉政建设。

【经济发展】 2023年，桥东街道坚持以实体经济为本、制造业当家，统筹推进招商引资、纳税纳统等工作。辖区8家规上企业累计完成工业总产值175200万元，同比增长13.1%；固定资产投资累计完成31100万元，同比增长18.0%；限额上批发零售额72000万元，同比增长12.5%；限额上住宿餐饮营业额2033万元，同比增长54%；完成国内税收17500万元，地方税收收入2346万元，一般公共预算收入2694万元。新增固投项目3个。招商引资引进项目15个，总投资额20.9亿元。扶持小升规企业2家、上限企业2家。选派6名年轻干部驻企服务，协助企业解决发展瓶颈问题。全面铺开第五次全国经济普查，摸清辖区939家企业单位、1894户个体户生产经营情况。

【村级优势特色产业】2023年，桥东街道以农村集体资产监管提质增效为着力点，依托地处韩江新城及古城区纽带位置的区位优势，坚持因村施策，培育村级优势特色产业，紧扣各村特色带动文旅发展。以“联农带农”为思路，打造社光共享菜园、天天庄园、卧石夜市、星空营地等新兴旅游“打卡点”；通过举办首届乡村振兴嘉年华、“百家美食百家味”大赛等活动，有效将人流量引到乡村。用好六亩、黄金塘果林资源，发展生态农业区，成立潮州市乐祥种植专业合作社、黄金塘温湖种养专业合作社，举办首届“桥东街道杨桃文化旅游美食周”，相关报道经“学习强国”、人民网等16家媒体转载，“翠玉杨桃”等农产品“一举出圈”，打响“卧石藕粉”“社光竹笋”等品牌，促进村（居）集体经济收入。全年街道五村一居集体经济收入超2700万元，同比增长52.4%。

【文化建设】2023年，桥东街道发挥新时代文明实践站（所）阵地作用，开展理论宣讲、文化服务等活动超70场次，丰富群众精神文化生活；常态化开展“周末环境卫生大整治”志愿服务活动近50期，参加服务8000多人次。各村（社区）便民惠民暖心行动形式丰富，潮乐培训、青少年篮球培训、“爱心书屋”托管服务、暖心下午茶、长者发屋、独居服务等特色服务持续升温；开展典型选树活动，获评省、市“最美庭院”各1户、市“最美政务人”1名、“潮州好人”1名。卧石村户外劳动者工会爱心驿站获2023年全国“最美驿站”称号。

【城乡建设】2023年，桥东街道加快推进城乡融合，打造宜学宜游宜居秀美桥东。抢抓建设韩江新城的有利契机，有序推进意东三路、S231延长线等交通要道征地拆迁工作，为有效构建“三纵三横”主干道格局、打造沿街经济带打下基础。配合做好宋窑遗址公园、北溪分洪桥闸“风雨廊桥”等项目建设，有序推进绿美潮州生态建设笔架山市级示范点、韩江东岸立面改造等工作的进展，充实沿江景观带“观赏点”。持续推进“三线”整治，社光村“三线”整治经验受市委区委主要领导批示肯定，在全市

▲2023年，桥东街道卧石村户外劳动者工会爱心驿站被评为“最美工会户外劳动者服务站点”（桥东街道 供）

推广。积极配合金山中学附属学校、卧石侨英学校等学校建设前期工作，进一步增强辖区教育资源优势。

【绿美建设】 2023年，桥东街道落实落细“林长制”“河长制”职责，完成街道林业工作站设立和林长办挂牌，实施植树增绿5.33公顷，除治松材线虫疫木约6800株，有序推进林分优化、森林抚育提升。针对省生态环保督察典型案例，落实截污应急处置和整治工程建设，健全长效工作机制，常态开展河道巡逻、清四乱等行动。深入推进瓷泥行业综合提升行动，以“三个一批”为抓手，关停淘汰“散乱污危”瓷泥企业33家，推动瓷泥产业集约、规范发展，多措并举守护辖区青山、绿水、蓝天。

【社会事业发展】 2023年，桥东街道紧扣“学、行、购、住”等民生需求，规划新建停车位767个，有序推进东湖老旧小区升级改造等项目。以“6·30”为契机，发动机关、村居、企业等踊跃捐款1亿多元，用于支持公共基础设施建设。探索“高校、商会——乡村学校”共建模式，推动桥东中心小学、社光小学升级为韩师附小；引导社会力量认捐1.26亿元用于建设博雅学校初中部。深入实施“防返贫奔共富”计划，2023年脱贫户年均人可支配收入均10420元；主动关爱老党员等特殊人群，累计送出慰问物资约16万元；卧石教育扶贫促进会全年累计发放奖助学金超13万元。涸溪社区光伏发电项目建成投入使用，“小群体”保障服务日益全面发展。

【法治政府建设】 2023年，桥东街道持续深化综合行政执法改革，做好第二批综合行政执法权项承接工作。紧盯重点领域办理行政执法案件338宗，实施行政处罚303宗，处罚金额214.67万元。以法律“六进”为抓手，全年开展各类普法宣传14场次；依托驻村（社区）律师，有效为群众提供法律服务70件。严格执行“四议两公开”（党支部会提议、“两委”会商议、党员大会审议、村民代表会议或村民会议决议；决议公开、实施结果公开）工作制度，推动村级事务实现处理透明化、办事议事公正化。进一步完善公共服务中心工作机制，及时处理回应群众投诉414件，有效提升公共服务质量。

【社会综合治理】 2023年，桥东街道统筹推进平安建设、综合治理、应急安保、安全生产、粮食生产等专项工作。组织入户推广“金钟罩”小程序，累计注册守护41553人，覆盖率为129.1%，在全区排名第一；联合派出所，加强重点区域巡查力度，开展铲毒踏查4场次；围绕反诈、禁毒、防盗窃等主题，开展宣传活动29场次，在规定期限内完成“重点治理地区”“摘帽”整治。持续做好涉稳风险防范化解，有效调解纠纷58宗，受理办结信访案件44宗。全面铺开房地一体登记发证工作，累计发证115宗。常态化开展各项安全检查，全年开展安全检查活动92场次，检查经营生产企业、铺户400多家，发现并落实整改一般事故隐患296处；落实食品安全包保制度，重点对辖区内各餐饮、超市、便利店等进行专项检查，有效守护群众生命财产安全。

【创文创卫工作】 2023年，桥东街道常态化开展人居环境整治行动，坚持以人居环境整治、星级文明户评比等为抓手，全面落实“路（巷）长制”“门前三包”责任制，各村（社区）推进“双创”工作取得新成效的积极性、主动性不断提升。生活垃圾纳入市场化管理，推动农村生活垃圾源头分类减量和资源化利用，推进垃圾处理规范化。分类分梯次推进农村生活污水治理，完成农村生活污水治理覆盖率70%。紧盯露天焚烧、一级水源保护区等点位，持续深入抓好污染防治攻坚。

（桥东街道）

城西街道

【城西街道概况】 城西街道位于潮州市区中心，辖北关、春光、吉街、厦一、厦二、厦三、上埔、古美、上洲、下洲10个行政村和北园、春荣、潮新、新利、新春园、信怡园、新南、上埠、厦寺、熙泰10个社区。区域面积12平方千米。2023年末户籍人口7.3万人，常住人口约15万人。耕地面积23.79公顷，粮食播种面积6.67公顷，粮食产量250吨。林地面积141.13公顷，森林覆盖率为12.3%。

【党建工作】

学习教育培训 2023年，城西街道党工委深入开展主题教育，召开理论学习中心组学习17场次，依托“三会一课”等形式开展集中学习260场次，观看党员教育优秀电视片10场次，受教育党员6600余人次。引导广大党员利用“学习强国”等平台开展个人自学，发放《专题摘编》等学习材料215套。创新培训形式载体，举办高质量发展专题、基层妇联“领头雁”、民主法治专题等培训班，开展党员教育新品牌“好好学堂”、新春园社区“送法进社区”现场教学点活动多次。

基层组织建设 2023年，城西街道党工委高标准完成23个党组织换届工作，狠抓组织生活制度落实，开展党群服务中心“清牌行动”、党群服务中心评比活动等，推进新春园、北园2个党群服务中心落地，推进基层党支部标准化、规范化建设。聚焦传统老旧类社区存在问题，将新春园社区、北园社区定为社区分类治理试点单位，探索解决党建引领社区“微更新”“微改造”问题。做好年度发展党员和党员转接工作，规范发展程序、档案管理等工作。全年吸收预备党员18名，转正25名。成立“两新”党支部2个，4个“两新”党组织与市委“两新”工委成员单位结对共建。

党风廉政建设 2023年，城西街道党工委严格执行“四议两公开”、农村集体“三资”管理制度及村级干部行为负面清单，进一步查摆问题，整顿纪律作风，净化政治生态。深入开展廉政提醒教育学习，组织党员干部学习违纪违法典型案例、观看警示教育片、参加庭审现场等80多人次。落实全面从严治党主体责任，开展党员干部谈心谈话5人次；提醒谈话7场、39人次。

【经济发展】 2023年，城西街道8家规模以上工业企业完成工业产值1.86亿元，同比下降8.5%；15家限额以上批零商品销售额完成4.25亿元，同比下降14.9%；18家限额以上住宿餐饮业营业收入完成1.73亿元，同比增长47.7%。固定资产投资项目5个，投资额完成7089万元，同比增长162.6%，工业投资完成3949万元，完成年度目标的123%。一般公共预算收入5257.22万元，同比下降7.5%，完成年度目标的85.6%。非税收入方面，全年处罚违建、城管、生态环境等案件302宗，处罚金额约93万元；房地一体落实处罚219宗，处罚金额327万元。街道结合第五次全国经济普查，深入开展企业走访和数据核查工作，完成清查单位数（含产业单位）2445个，个体户数8338个，合计10783个。

【项目入库纳统工作】 2023年，城西街道加强与上级部门沟通衔接，积极走访重点工业企业，抓实项目入库纳统工作。建立小升规培育库9家、商贸上限培育库28家，净增限上商贸企业3家。9月，新增潮州市南科电子实业有限公司扩产项目，项目总投资

5000万元，为辖区高质量发展积蓄后劲。

【招商引资工作】2023年，城西街道落实“一把手招商”制度，构建“全员招商”工作格局，积极培育经济增长点。街道党工委书记带头走访重点企业，结合城西区域实际，聚焦生态旅游、休闲康养等重点方向，加大项目洽谈和企业招商力度，争取更多优质产业项目落户。全年在谈投资项目17个，工业企业增资扩产项目6个，其他产业主要分布在酒店民宿、月子中心、幼儿园等领域，已签约10家，拟投资总额39810万元。

【营商环境优化】2023年，城西街道深化街道商会桥梁纽带作用，实行街道领导班子挂钩联系企业制度。召开企业家座谈会，构建亲清政商关系；用好“驻·聘联通”机制，驻企服务员主动下沉企业，把优惠政策送到企业家手上，及时为企业排忧解难；培优扶强服装产业龙头企业，协助鸿祥礼服有限公司申报高新技术企业，推进服装产业转型升级；拓展城市发展空间，完成11.73公顷土地收储任务，助力优化重构资源布局，推动企业在辖区形成总部经济，生产车间转入周边产业园区，解决用地难问题。协助康泓电器、裕业陶瓷分别在官塘二期产业园区拿到1.08公顷及1.33公顷的用地。

【特色产业培育】2023年，城西街道确定“优工业、强商贸、活农旅”的发展思路，谋划构建“一轴四区”（以工商业为发展主轴，将北关片区打造成临江夜景美食游览区，将春光、吉街、厦寺片区打造为商贸商务核心经济区，将古美片区打造为都市田园农旅度假区，将仙洲岛片区打造为江心生态康养休闲区）发展格局，倾力打造工商旅深度融合发展的“互融经济活力圈”。引导各村深挖优势特色产业，增强村级集体经济。积极盘活农村存量资源，规划建成春光村谢厝、北关村黄厝池路、上洲村东堤、下洲村内等停车场，新增停车位1200余个，以“停车经济”壮大村集体收入。北关村依托“村企合作”，改造盘活闲置土地3000多平方米，规划为商铺15间和流动摊位121个进行出租，打造成网红景点“北关集市”，充分释放夜间经济活力，带动村集体每年增收约30万元。古美村联合潮州市玉瑶山庄生态旅游有限公司打造“农文旅”融合项目，加强村庄规划编制，发展“共享农场”“农家小院精品闲间”等，成为辖区新增休闲打卡点，被列入省首批“百千万工程”典型村。春光、吉街、厦寺片区积极把握交通便利、人流集聚优势，推动市场、酒店、商超等做大做强，孵化综合“商贸圈”。仙洲岛片区积极把握生态红利，进一步活化农旅业态，民宿酒店、茶座客栈形成规模。

【“三大战役”深化】2023年，城西街道深化“干部思想作风转变”战役，发扬奋斗精神，紧扣中心大局，推动潮人公园项目11.79公顷征地清表任务顺利完成；粤东城际铁路城西段征地拆迁有序推进，顺利完成环岛路移交工作；想方设法化解上埔“三旧改造”项目等历史遗留问题。

【文体事业发展】2023年，城西街道做好春光村“仁里古庙”区级文物建筑保护工作。加强民宿、“剧本杀”“密室逃脱”等规范化管理。积极推动基层综合性文化服务中心提质增效，依托新时代文明实践站、所，联合妇联、社工站等组织开展志愿活动1300余场。举办“邀你学艺——湘桥区文化艺术欢乐营活动”、2023年潮州市湘桥区戏曲进乡村——走进城西街道等文化惠民活动，丰富群众精神生活。举办“大美潮州·活力湘桥”全民健身运动会，在古美村举办篮球“村BA”活动6场，满足群众体育需求。“启明星绿洲之关爱一老一小计划”获评潮州市2023年度“最佳志愿服务项目”；启明星社会工作综合服务中心获评潮州市

2023年度“最佳志愿服务组织”，新利社区获评潮州市2023年度“最美志愿服务社区”，熙泰社区获评广东省2022年度“最美志愿服务社区”。

【城乡建设】 2023年，城西街道聚焦“最差沟渠”“最差道路”等民生关切的痛点堵点，统筹用好乡村振兴驻镇扶村等财政配套资金，多方争取资源，完成吉地街雨污分流及配套设施改造提升、春光景山村景新巷路面及蔡厝池周边整治提升、北关村宫前沟整治提升、北美路提升改造、Y111（北龙线）农村公路等一批民生工程；购置消防车、消防器材等消防物资，完善春光、吉街、厦一、厦二、厦三等村级微型消防站建设；加快推进仙洲岛中心沟整治提升、仙洲岛雨污分流、2021年度新一轮生态宜居美丽乡村市级示范村建设、2023—2025年老旧小区改造、城中村“十个一”改造项目等11个重点项目；有序推进既有住宅增设电梯工作，全面夯实发展基础。

【“河长制”工作】 2023年，城西街道加强韩江流域综合治理，开展“五清四乱”整治行动，清除“四乱”图斑点；在重点河道（段）安装视频监控设备，常态化监控河道河岸情况，营造禁泳、禁钓和禁焚的震慑氛围。全年镇级河长巡河515余次，村级河长巡河483余次，巡河里程439.5千米，对巡河中发现的28个问题全部整治到位。排查疑似河湖四乱问题图斑52宗，核处51宗，已销号51宗，销号率为98%。结合人居环境整治提升，先后组织人员746余人次，出动挖掘机28台次，累积清理整治河道沟道106千米，清理清运河道漂浮物、垃圾、杂物536余吨，累计投入资金38万元。

【“林长制”工作】 2023年，城西街道完善街道村（居）林长制组织体系，夯实林长职责，落实绿美湘桥生态建设、森林防灭火、松材线虫病防治、野生动物保护等5道林长令工作要求。做好古树名木保护工作，排查登记辖区内古树名木2棵；积极开展林业有害生物防治，全面落实松材线虫防治工作，统筹资金49万元完成松材线虫防控的病疫木除治1749株，在全区率先实现动态清零；实施2023年森林质量精准提升工程，优化林地面积种植油茶21公顷，实现生态与经济效益“双赢”。广泛开展“乡贤晒佳木，万木竞芬芳”植树造林活动，完成种植面积950平方米，投入资金约50万元；积极创建绿美乡村、住宅小区、古树村庄、红色乡村；利用“四旁”（宅旁、村旁、路旁、水旁“四旁”绿化）“五边”（山边、水边、路边、镇村边、景区边）见缝插绿，创建绿色社区1个、绿色乡村2个、美丽庭院2个，打造“四小园”35个。

【农房风貌管控】 2023年，城西街道加强对农村自建房审批和施工安全管理，全年审批农村自建房95宗。全面铺开房地一体登记办证工作，完成“房地一体”处罚212宗，处罚金额约312万元。持续深入开展“两违”整治及“三线”治理等专项行动，做到“零容忍”“即查即拆”，累计完成历史违法建设查处19宗，处罚金额44.19万元。

【乡土人才工作】 2023年，城西街道以村（社区）为单位，根据不同区域发展、重点业态分布等情况进行“海选式”摸底排查，摸清潮菜师傅、乡村工匠等10个类型的乡土人才“底数册”，推动710个乡土人才纳入区级、街道信息库。将律师、法律顾问纳入“乡村和事佬”队伍，“手把手”开展现场说法，促使邻里纠纷顺利调处11宗；邀请潮菜师傅到北关夜市开展以“实训指导+美食评比”模式的美食评选活动，为经营美食的小创业达人献策把脉，扩大“北关夜市”品牌效应；组织乡村工匠学习社光村“三线”整治和古美村建设古派庄园经验，举办茶艺、种植、“茶文化六步调解法”等培训，促进各类人才为街道“百千万工程”献智献力。紧盯市场需求，依托南粤家政示范点开设月嫂、育婴、保洁、养老等技能培训246人次。

【社会事业发展】

社会救助　2023年，城西街道持续对42户脱贫户进行跟踪监测，对37户无劳动力户按“两不愁、三保障”（不愁吃、不愁穿；基本医疗保障、义务教育和住房安全保障）等继续实施兜底政策保障，守稳规模性返贫底线；严格落实低保申请制度，做好残疾人群体的调查摸底、两项补贴认证、救助救济工作；持续发挥社工“双百工程”作用，建立社区特殊困难老人和独居老人定期探访制度，对行动不便的低保高龄老人和特殊困难老人入户探访慰问，累计走访1760户，2605人次。全年发放低保金约111.52万元、特困供养金约3.85万元、特困人员护理补贴约5.59万元、事实无人抚养儿童基本生活保障资金28959元、残疾人护理补贴和生活津贴172.6万元、慰问金15.6万元、助学金2.4万元、大米6.1吨、食用油2661升及日常保暖用品一大批。

公共服务　2023年，城西街道全面推进社会保险参保扩面征缴，以“一村一策”推进潮人公园征地项目农民养老资金分配工作，应保尽保。推进“城乡居保镇村通”工程，建成城区步行15分钟、乡村辐射5千米的“社保服务圈”，提高基层平台服务能力。切实维护劳动者合法权益，积极稳妥调解劳资纠纷65件，召开调解会48场，涉及劳动者120多人，追回拖欠薪资约30多万元。搭建免费“健康检查”“义诊”和“送医下乡”等实体服务平台，加快推进居家养老服务中心项目，持续推进公共设施适老化改造和专业医疗机构服务向社区延伸，提升社区医养结合服务水平。依托湘桥区民政局智慧养老信息服务平台，设立长者食堂1个，为60周岁以上老年人提供就餐优惠，同时筹建枫春路香香快餐店长者食堂。聚焦高校毕业生、残疾人等重点人群，举办残疾人插花培训、“就业在凤城”职业指导进社区等活动；推动妇女小额贷款贴息发动工作，托稳就业民生底线。做好双拥工作，优抚政策落实到位，完成退役军人服务站“星级提升”创建工程。

社会力量融入　2023年，城西街道聚焦经济高质量发展、建设和美乡村等重点工作，广泛动员各类市场主体、社会力量积极投身参与。在“6·30”助力乡村振兴活动中，党员干部、社会组织、企业等同心合力，认捐项目和资金总额超800万元，创历史新高，主要用于Y111（北龙线）农村公路改造提升、辖区学校灯光改造、乡村微型消防站建设等。创新“内培＋外引”机制，为暑期返乡大学生提供实习岗位，对接广东金融学院学生到古美村开展墙画绘制；城西卫生院与广州中医药大学深圳医院（福田）签订帮扶结对协议，定期选派医护人员前往进修，进一步提升基层医疗机构服务能力。

【社会综合治理】 2023年，城西街道构建“1+6+N”基层社会治理工作体系，打造厦寺平安建设主题公园；开展禁毒、反邪反诈等普法宣传；常态化开展消防安全知识培训和演练“六进”活动。全年调处矛盾纠纷27宗，办结信访件92件。坚持“职能之外、职责所在”，情理法结合稳妥处理“10·17”吉街火灾事件。熙泰社区获评省级“民主法治示范社区”创建单位。扎实开展安全生产专项整治三年行动，严格落实安全生产十五条硬措施，以安全生产月、“敲门”“扫雷”“破网开窗”打通生命通道等专项行动开展城市安全和生产安全隐患排查治理，完成枫春路“三合一”治理示范路（街）创建。全年发放各种宣传知识资料1.4万余份，张贴宣传海报200余幅，出动约1652人次，检查生产经营单位267家，发现并全面完成整改重大事故隐患54个。坚持生命至上，有效防御台风“苏拉”等自然灾害，确保人员“零伤亡”。

【创文创卫工作】 2023年，城西街道持续开展创卫攻坚行动，深入实施“三清三拆三整治”，落实沿街商铺“门前三包”，枫春市场、粤潮市场及周边环境得到大力提升；着力解决城中村与重点路段历史遗留的卫生黑点问题，在吉街后沟村设立早市点并加强流动摊贩管理，有效解决道路拥堵和环境卫生问题。厦一村在湘桥区委农村工作领导小组考核中被评为农村人居环境卫生整治“优秀”等次。开展健康知识讲座、两癌筛查、“粤健康 粤幸福”公益赠险及老年人健康体检等活动，守护群众健康防线。科学开展“四害”等病媒生物消杀活动，安装毒鼠屋780个，开展消杀灭蚊6000场次。推进“六小”（小餐馆、小网吧、小旅馆、小浴室、小歌舞厅、小理发店）场所整治，持续规范公共场所环境和卫生设施卫生管理。切实做好登革热防控工作，通过入户宣传、翻缸倒瓮、喷药消杀三管齐下，最大限度消除蚊媒滋生环境，降低传播风险。全年发放登革热宣传资料12万多份、《致湘桥区广大市民朋友的一封信》8万多份，发布登革热防控宣传横幅（LED屏幕）400多条次，出动流动宣传车320台次。

（城西街道）

凤新街道

【凤新街道概况】 凤新街道位于湘桥区西部，地处新城区的中心地带，属城乡接合部，东与湘桥区城西街道相接；西与潮安区古巷镇毗邻；南临枫溪镇；北与潮安区的归湖、古巷镇接壤；东北与意溪镇隔江相望，辖区面积约26平方千米。辖陈桥、凤山、花园、高厝塘、大新乡、东埔、莲云、竹围、田中、大园、西塘、云梯12个行政村和奎元、宜园、万绿、宏天、凤北5个社区。2023年末户籍人口5.42万人，常住人口约11.87万人。林业用地面积1045.11公顷，森林覆盖率为42.6%。2023年，凤新街道办事处获评“2022年湘桥区‘五好’模范机关先进单位”“2023年度湘桥区征兵工作先进单位”，街道退役军人服务站获评“全市五星级退役军人服务站”。

【经济发展】 2023年，凤新街道指导各村以推动产业发展、物业增值、土地增效为重点，实施农村集体经济监管提质增效行动，街道农村集体经济总收入7000万元，12个行政村全面进入百万元村行列；76家规上工业企业实现产值129.72亿元；完成固定资产投资3.89亿元，其中工业固投1.27亿元；限额以上批零销售额86.53亿元；限上餐饮与住宿业销售额8505万元，同比增长31.3%；全年一般公共预算收入9244.03万元，地方税收收入8951万元，非税收入约293.03万元。辖区有规上陶瓷企业12家，规下陶瓷企业250家，全年陶瓷产业产值6.12亿元，与周边工业区形成一定规模的陶瓷产业聚集区。全年储备招商项目30个，预期投资约26亿元，其中签约新设项目6个；11个增资扩产项目的投资额和纳税额均超额完成任务。

【党建工作】 2023年，凤新街道党工委切实加强基层组织建设，推动奎元社区党群服务中心落地，指导成立2个“两新”党支部，推动与蒲公英慈善会、蓝天救援队等社会组织的党建共建。把好党员发展“入门关”，优中选优发展党员19名；注重干部队伍建设，建立村干部差异化绩效评价办法，加强优秀年轻干部培养锻炼，经上级组织部门考察进入党政领导班子的中层干部1人，晋升正股级干部3人，晋升事业职级2人。坚持“党校姓党”，开展8期主题班次培训，全年实现党员培训全覆盖。2023年10月，街道党校获评广东省“百个镇街党校示范点”荣誉称号，连续三年获评潮州市“五星级”镇街党校。为16名老党员发放“光荣在党50年”纪念章，增强党员荣誉感。扎实做好主题教育“后半篇”文章，深入推进南粤党员铸魂工程、先锋工程、提质工程。全面从严治党纵深推进，深入开展监督执纪，全年立案8件，结案7件。组织党员干部到廉政教育基地参观学习17场次，开展以“触初心、促说清”为主题的谈心谈话2轮，增强党员干部的拒腐防变能力。

【文化建设】 2023年，凤新街道文化建设丰富多彩。配合上级组织羽毛球赛、全民健身运动会等各项赛事和活动，获得“优秀组织奖”“体育道德风尚奖”以及区全民健身运动会团体第二名等荣誉。加强文化市场管理，辖区19家印刷企业顺利完成年审工作；开展娱乐场所规范经营检查；提高公共文化服务水平，联合区文化馆开展暑假免费培训班，开展“珍爱生命、预防溺水”安全教育讲座；指导村居完善综合性文化服务中心建设，凤山村、大新乡村完成综合性文化服务中心提质增效达标建设任务，群众文化生活日益丰富。

【城乡建设】

发展基础有效夯实 2023年，凤新街道积极推进市级基础设施项目征拆工作，外环大桥、银槐西路、粤东城际铁路等项目进展顺利，古城特色区防洪排涝设施提升工程征拆任务基本完成，枫江流域综合整治（雨污分流）二期工程进入收尾阶段；改善提升人居环境，老旧小区改造提升项目工程进入招投标阶段；推进第二批城中村“十个一”工程、美丽乡村项目等前期工作；全面实施农村（社区）人居环境综合整治，建立以陈桥村为先行点的人居环境网格化管理模式，实现从原来习惯突击型整治到日常化管理的有效转变。切实解决群众出行难问题，依托乡贤、村集体、专项资金等多种渠道，完成13条路2.6千米的硬底化。

“百千万工程”开局良好 立足“一镇一业”“一村一品”，因势利导，指导各村因地制宜，以推动产业发展、物业增值、土地增效为重点，以实施农村集体经济监管提质增效行动为抓手，促进农村集体经济不断壮大。全年街道农村集体经济总收入7000万元，12个村全面进入100万元村行列；充分发挥典型示范效应，推动高厝塘村、莲云村分别入选首批省级典型村、区级典型村，高厝塘村入选全国乡村治理示范村、全国民主法治示范村、省“美丽庭院”示范村；大力实施“百千万乡土人才工程”，建立涵盖10个类型超千人的乡土人才库，设立3家乡土人才工作室和2家乡土人才示范培育点；开展“6·30”活动，募得善款300多万元助力乡村振兴；绿美生态建设扎实推进，增绿、护绿成效明显，全年开展植树千株以上，完成松材线虫病防治发生面积约480公顷，砍伐清理病株数4200多株，防治率为100%。

【重点项目建设】 2023年，凤新街道领导干部干在一线、担当作为，倒排工期、挂图作战，坚守政策底线，积极主动上门与群众谈政策、话发展，推动各项重点项目取得突破性进展。顺利完成外环大桥及连接线道路新建工程项目（凤新段）征拆工作，为外环大桥及连接线道路新建工程项目创造无障碍施工环境；基本完成潮州市古城特色区防洪排涝设施提升项目（北站四路及恒大山水城片区二、三、四横路）征拆工作，协调完成征地范围内大新乡村和东埔村征地合同签订工作，确保项目按时组件报批；完成银槐西路道路建设工程征拆工作，协调提供施工作业面，确保项目连贯施工和无障碍推进。

【社会事业发展】 2023年，凤新街道全方位扎实做好民生保障。注重就业平台建设，以奎元社区居委会为工作先行点，开展"就业在凤城"凤新专场活动。抓好劳动保障工作，全年处理欠薪案件77宗、工伤2宗，为82名劳动者追回工资49.5万元。高厝塘村率先探索实施"积分制"，有效激发村民参与积极性。推动公共法律服务向基层延伸，广泛开展普法宣传活动，各村（社区）均配备法律顾问，努力形成知法、懂法、守法的社会氛围。

【社会综合治理】 2023年，凤新街道在全区率先建立"1+6+N"基层社会治理体系，有效把矛盾纠纷化解在基层，解决于萌芽状态，全年排查受理纠纷90宗。"两违"整治机制改革不断深化，"两违"行为基本得到遏制。深化镇（街）综合行政执法改革，完成行政案件804宗、行政检查391宗，行政处罚413宗，涉案金额1043174.86元，行政检查、行政处罚的案件总量居全区首位；执法"两平台"应用率为96.6%，行政检查、行政处罚案件量居全区首位。重大事故隐患专项排查、"破网开窗"等专项整治行动深入推进，全年无重特大安全事故发生。2023年11月，街道获评"2021—2022年度平安潮州建设先进集体"。

【创文创卫工作】 2023年，凤新街道纵深推进创文创卫工作。全年开展人居环境综合整治行动1000多场次，整治乱搭乱建、卫生死角5000多处，清理垃圾杂物近1万吨，辖区环境焕然一新。街道、村二级，河湖长制有效落实，全年二级河长巡河1220人次，落实整改问题358个；投入近10万元清拆韩江高厝塘段"四乱"点10处近1000平方米。扎实推进控烟行动，凤新街道办事处及大园村、莲云村、云梯村、花园村、东埔村、大新乡村、高厝塘村、竹围村、西塘村、凤山村、田中村11个村委会获评"广东省无烟单位"。街道以陈桥村为先行点，全面铺开人居环境网格化管理模式，建立网格141个，设置网格员186名，人居环境常态化管理得到落实。

【特色乡村创建】 2023年，凤新街道推进高厝塘村全方位打造提升工作。通过加强"党支部＋村组织"驱动，增强党支部的组织力；加强"自治＋文明"驱动，注重乡风文明的培育和文化传承，引导国家文化艺术人才库"一级人才"、中国非遗传承新锐人物许泽荣回乡建成窑变艺术博物馆，成为文化传承的"带头人"；推行积分"智"理模式和"星级文明户"评选，引领广大村民崇德向善；加强"发展＋创新"驱动，立足自身依山傍水的城郊特色，锁定建设"潮州古城美丽后花园"的发展定位，着力打造以"绿色红色相融合""生态生产生活三融合"为发展理念的乡村生态旅游观光业；2023年，高厝塘村被评为广东省"美丽庭院"示范村；与此同时，探索实施村民股份合作制，注册成立高厝塘村物业管理公司，实行资产股份制运作，步入"村民变股民、资源变资产"的良性发展轨道；加强"法治＋综治"驱动，加强"平安乡村"示范村建设，成立保安队，建设警务站，投资建设治安视频监控系统和消防工作站，实行保安日夜巡逻制度。2023年高厝塘村获评"全国乡村治理示范村"。

（凤新街道）

意溪镇

【意溪镇概况】 意溪镇位于湘桥区东北部。境内三面环山，西南面临韩江，东北与饶平的浮滨交界，北面连接潮安的文祠、归湖，东南与磷溪、桥东毗邻。下辖上津、中津、东郊、石牌、小陂、永安、书厝楼、头塘、橡埔、团三、埔东、东洋塭、河北、四益、坪埔、下坪、西都、四宁、古庵、莲上、后径、荆山、锡美、桂坑24个行政村和长和、坝街、寨内、万华4个社区，区域总面积约71.92平方千米。2023年末户籍人口4.95万人。

【党建工作】 2023年，意溪镇党委深入开展主题教育，开展"三会一课"等集中学习259场次，实现全镇1777名党员学习培训全覆盖。坚持党管人才原则，开展"百千万乡土人才工程"摸查工作，挖掘各类乡土人才1835人。实施"头雁工程"，圆满完成中津、东郊、寨内和长和4个村（社区）届中补选工作，新设立万华社区党支部，各村党组织书记储备人选均实现达标。成立意溪镇商会党支部和意溪镇社区物业管理服务中心党支部，进一步提升"两个覆盖"质效。投入30万元开展镇"五小"场所和周转房修缮工作，提高基层干部生活环境质量。投入约32万元修缮东郊等五个村级党群服务中心，推动镇域党建阵地提质增效。

【经济发展】 2023年，意溪镇10家规上工业企业规上总产值46677.0万元，比增8.60%；引入万潮酒店项目等7个项目，预计总投资额超11.8亿；助推9个企业意向增资扩产，预计投资额达3.69亿，并且其中3个项目已完成备案手续；培育规上企业2家，限额上商贸业1家，圆满完成年度任务。

深化"提质增效"。2023年，意溪镇完成"五经普"调查对象清查3426个。稳步开展农村集体资产监管提质增效行动，落实经联社整改规范挂牌5个，新增固定资产登记入账1.7万元，收回土地47.69公顷，收回承包欠款金额约111万元，23个村经济收入均超15万元，20个村集体经济收入增幅达10%以上。

"特色产业"持续提升。深化政银合作，在全市率先成立"百千万工程"金融服务站，与潮州农商银行签订金融服务乡村振兴战略合作协议，向乡村振兴产业和重点项目提供授信额度2亿元。支持西都村成立大米农民专业合作社，牵线搭桥引导和合玉贸易公司签订合作协议，推动建设60公顷大米种植基地和智慧农业园，进一步打响"西都大米"品牌。支持坪埔村完成"湘桥区设施蔬菜市级现代农业产业园"建设，辐射带动周边茶叶、蔬菜、黄皮等产业综合发展。

深化"政银合作"。在全市率先成立"百千万工程"金融服务站，与潮州农商银行签订金融服务乡村振兴战略合作协议，向乡村振兴产业和重点项目提供授信额度2亿元。支持西都村成立大米农民专业合作社，牵线搭桥引导和合玉贸易公司签订合作协议，进一步打响"西都大米"品牌。

【文化建设】 2023年，意溪镇开展群众喜闻乐见的文体活动，组织举办灯谜、象棋等各类文艺活动31场次，组织"电影下乡"活动68场次；参加2023年湘桥区全民健身运动，获评道德风尚奖和最佳分会场奖项。推动非遗项目活态传承，修建意溪文史展览馆并纳入第一批潮州"博物馆之城"体系，意溪镇莲上村木雕入选第一批全国"一县一品"特色文化艺术典型案例。

▲意溪镇航拍图 （意溪镇 供）

【城区建设】 2023 年，意溪镇推进房地一体工作，强化报建审批手续，受理宅基地报建审批 125 宗 1.08 公顷。有序推进意东三路拓宽工程、华侨城三条市政道路，加快推动中国工艺美术之都片区及周边基础设施配套工程和潮州市特色产业孵化基地及周边配套项目之间顺利衔接。建立班子成员挂钩联系 7 个典型（培育）村工作制度，引导各村立足资源禀赋谋划发展特色项目。以发展河内乡村振兴示范带为抓手，发挥省级新农村连片示范区、紫莲森林度假村和玉瑶山庄等景点引流效应，带动农家乐、民宿等行业茁壮成长。

【社会事业发展】

基础设施建设 2023 年，意溪镇投入约 650 万完成 2850 米道路硬底化、黑底化；铺设雨污管道近 2800 米，完成 2023 年度 5 个自然村生活污水治理任务。稳步推进意溪镇综合养老服务中心加固工程建设，东郊村等 7 个行政村的综合性文化服务中心完成提质增效达标建设。2023 年春节，外环大桥试通车，意溪区位优势进一步凸显。

群众保障体系 2023 年，意溪镇培育志愿者 204 人，组织“双百”社工服务活动 82 场次，持续加强防返贫监测机制，发放低保金等救助金额合计约 372 万元。推动城居保扩面征缴工作，城乡居民医疗保险参保 31821 人，城乡居民养老保险参保 7433 人。举办就业培训会、招聘会 3 场，惠及人数近 400 人。走访重点、困难等退役军人超 1100 人次，发放慰问金约 340 万元，进一步营造拥军优属的浓厚氛围。

【社会综合治理】

强化治安防控 2023 年，意溪镇常态化开展扫黑除恶工作，推广使用防范电信网络诈骗小程序“金钟罩”；组织 24 个村全覆盖建立治安联防队，配套安装治安监控视频 265 个，依托“派出所治安人员 + 村（居）治保组织人员 + 联防队员”群防队伍，着力构建辖区治安立体防控体系。

化解矛盾纠纷 2023 年，意溪镇坚持和发展新时代“枫桥经验”，有效化解绣衣厂职工及有关村民青苗补偿等一批历史遗留问题。全年受理各类矛盾纠纷90件，全部调处成功；上级交办和群众来访信访案件14件全部办结。

建设法治政府　2023年，意溪镇组织专题学法培训讲座2次，各村（社区）学法培训54场次。推荐培育“法律明白人”182名，实现28个村（社区）“法律明白人”全覆盖。发挥驻村律师“普法宣传、答疑解惑”专业优势，接受法律咨询285次，推动法治观念深入人心。

防范化解风险　2023年，意溪镇抓好安全生产，持之以恒强化燃气管网、危化品、道路交通、建筑施工和消防安全等重点领域安全监管，坚决遏制重特大事故发生；落实食品安全责任包保制及责任追究制，切实加强食品安全监管力度；积极对接配合上级部门，全力推进万达“保交楼”；结合打好“历史遗留问题解决战役”，解决竹器厂等一批“陈年积案”，积极做好信访件接待处理，加大建筑领域欠薪源头治理力度。

【创文创卫工作】 2023年，意溪镇成立镇、村（居）两级环卫监管领导机构和创卫督查小组，强化巡查监管，实行“错时制”与“日常制”双管齐下的管理模式，强化重点时段巡查；实行“六小”行业管理网格化、精细化、高效化，定期开展巡查整治，建立创卫督查评比机制。常态化开展爱国卫生运动周末攻坚，启动北桥路整治提升工程，开展北桥路环岛至意东三路红绿灯两侧范围内违章构筑物集中整治行动，对涉及140宗违规建构筑物进行拆除。开展“三线”整治专项行动，全镇23个村完成整治；深化“饮用水水源一级保护区禁泳禁钓以及禁止露天焚烧”专项整治行动。

（意溪镇）

磷溪镇

【磷溪镇概况】 磷溪镇位于湘桥区东南部。辖福聚、塘边、仙田一、仙田二、仙田三、凤美、埔涵、窑美、田心、顶厝洲、仙河、塔后、急水、饶砂、后洋堤、仙美、北堤、旸山、内坑、美堤、岗湖、溪口一、溪口二、溪口三、溪口四、溪口五、溪口七、溪口八、英山、西坑、芦庄31个行政村和磷溪社区。土地面积73.48平方千米。2023年末户籍人口89394人，常住人口71422人。粮食播种面积1193.6公顷，粮食产量8328吨。林地面积3210.2公顷。磷溪镇是“潮州卤鹅之乡”。全年全镇获评荣誉称号27项，其中省级荣誉7项，市级荣誉14项，区级荣誉6项。

【党建工作】 2023年，磷溪镇党委以习近平新时代中国特色社会主义思想凝心铸魂，开展党委理论学习中心组学习、党的二十大精神研讨会、《习近平著作选读》课后读书班约50场次。带领各基层党组织赴江西安远、福建古田等革命老区开展主题党日活动8场次，强化忠诚和党性教育；投入78万元整体推进4个党校现场教学点建设，优化提升仙美金吾第红色文化教育基地，打造湘桥区廉政教育馆“廉洁课堂”、尚顶香食品有限公司“产业课堂”；在卤鹅龙头企业成立党组织，进一步扩大“两新”党组织覆盖面。借助磷溪商会、卤鹅协会等力量，推进镇村两级乡土人才库不断扩容提质，服务“百千万工程”。

【经济发展】 2023年，磷溪镇坚持稳中求进工作总基调，抢抓城市东扩契机，全年全镇固定资产投资同比增长28.4%；税收收入约1.2亿元，同比增长71.3%，各项经济指标均实现正增长；全镇农村集体经济收入合计3123万元，同比增长20%，全年打造集体经济300万元以上村2个、100万元以上村10个，同比增长20%，其中，塔后村集体经济同比增长1615%，入选广东省“百千万工程”首批典型村，埔涵村集体经济同比增长280%；2023年度“六大重点攻坚”工作全区排名第一，获市政府通报表扬。

【特色产业】 2023年，磷溪镇卤鹅特色产业加速培育，举办首届潮州（磷溪）“卤鹅文化周”活动，培育卤鹅加工厂3家，卤鹅技艺展览馆入选市“博物馆之城”，《潮州卤鹅及其制品》团体标准发布，成功摘取“潮州卤鹅之乡”金字招牌。全年卤鹅产业年产值6亿元，同比增长50%。

【文化建设】 磷溪镇拥有农耕文化、卤鹅文化、“穿蔗巷”等民俗文化和美堤村等华侨文化，古有丁允元、陆秀夫、今有陈平原等名人文化，明德堂、革命母亲李梨英出生地旧址等红色文化，金吾第、世德寨、保定楼、长春寨等古建筑文化，潮州大锣鼓、铁枝木偶戏等八大乡土非遗文化。2023年，成功承办全民健身运动会，举办磷溪镇首届“村BA”篮球赛等活动，汇聚团结力量，厚植文明乡风。

【城乡建设】 2023年，磷溪镇聚焦美丽圩镇建设，“嵌入式”打造溪口公园、镇道Y249等“七个一”（一个美丽乡镇入口通道、一条美丽示范主街、一片房屋外立面提升样板、一处美丽圩镇客厅、一个干净整洁农贸市场、一条美丽河道、一个绿美生态小公园）项目。全年征收整备土地82.73公顷，公开出让12.6公顷，助力12个重点项目顺利推进；抓好农村风貌管控，强化首届“魅力乡村·

▲磷溪镇溪口生态小公园 （磷溪镇 供）

和美磷溪”农房风貌设计作品征集大赛成果运用，从中遴选乡村工匠，融入到规划设计、风貌管控的指导管理中，同时动员社会力量参与乡村建设。构建“党员干部带头、群众支持配合、社会力量参与”的大团结格局，“6·30”助力乡村振兴活动累计收到认捐项目和金额超 800 万元；实施建筑企业结对帮扶 4 家，帮扶项目 11 个，总投资额为 689 万元，其中仙河村村道黑底化改造项目入选 2023 年广东省建筑业企业投身“百千万工程”项目范例名单。

【社会事业发展】 2023 年，磷溪镇聚焦特殊群体，回应群众关切，全面落实社会救助体系各项政策，兜牢社会保障底线。成立溪口市场管理领导小组，盘活集体资产，发挥经济效益，强化规范管理，营造良好的市场经济秩序。补齐农村道路基础设施短板，全年完成 19 条道路约 10 千米的车道改造和 9 千米道路的黑底化工作，巩固提升交通安全。推进溪口大排沟整治，启动 4 个农村生活污水治理项目。完成 7 个村“中医阁”项目建设，提升基层医疗服务能力。着力完善村级养老服务，打造埔涵村、美堤村居家养老服务中心示范点，丰富老年人精神文化生活。

【社会综合治理】 2023 年，磷溪镇完善“1+6+N”基层社会治理工作体系，发挥乡村“和事佬”的桥梁作用，将矛盾纠纷化解在早在小，全年全镇信访件同比下降 17%。磷溪镇获评平安潮州建设先进集体；北堤村、塔后村、溪口七村、仙美村入选 2023 年广东省乡村治理示范村，北堤村获评省民主法治示范村。将镇消防救援队锻造成省执勤训练先进政府专职队，在潮州市消防救援支队冬季训练考核中获乡镇专职队团体第一名，2023 年度镇安全生产责任制及消防工作考核获评区“优秀”等次，全年实现安全生产“零事故”，市级挂牌火灾高风险区域顺利摘帽。完善溪口市场及镇区周边管理机制，通过划行规市实现规范经营、便民惠民。坚持运用法治思维和法治方式深化改革、推动发展、化解矛盾、维护稳定、应对风险，持续推进法治政府建设。坚持贯彻落实民主集中制，严格执行“三重一大”集体决策制度，切实保障各项决策决议科学、民主、合法，不断提高依法行政水平。

【创文创卫工作】 2023 年，磷溪镇发动社会力量捐赠 94 万元，认捐认种树苗 2.1 万株，推动“四旁”“五边”（宅旁、村旁、路旁、水旁；山边、水边、路边、镇村边、城边）绿化美化；各村深入开展“三清三拆三整治”[清理村巷道及生产工具、建筑材料乱堆乱放，清理房前屋后和村巷道杂草杂物、积存垃圾，清理沟渠池塘溪河淤泥、漂浮物和障碍物；拆除危房、废弃猪牛栏及露天厕所茅房，拆除乱搭乱建、违章建筑，拆除非法违规商业广告、招牌等；整治垃圾乱扔乱放，整治污水乱排乱倒、横流以及黑臭水体，整治“三线”（电力、电视、通信线）乱搭乱接]工作，腾挪空间 2.8 公顷，乡村角落“微更新”12 处，农村人居环境不断提升。全年有三期城区创卫获评全市前三名，磷溪镇获评市级文明示范镇，溪口七村获评全市文明示范村，和美乡村形象和绿美生态环境日益彰显。

（磷溪镇）

官塘镇

【官塘镇概况】 官塘镇位于湘桥区东南部，辖象山、秋溪、巷头、巷下、石湖、元房、城甲、顶乡、宫头、苏二、苏三、尧里、奕东、奕庵、奕湖15个行政村和官塘社区。区域总面积30平方千米。2023年末，户籍人口3.4万人；耕地面积640公顷，林地面积940公顷。2023年，官塘镇获省爱卫委授予的“广东省卫生镇”称号；获潮州市文明办授予的“潮州市文明示范镇”称号，获湘桥区“百千万工程发展标兵”比学活动第一期一等奖、第四期二等奖。

【党建工作】

主题教育　2023年，官塘镇党委对照“学思想、强党性、重实践、建新功”的总要求，分类施策筑牢思想根基。依托“1+19+3”党校教学矩阵，以“授课+领读+研讨”形式，举办专题党课5场、读书班8场；上门为80名老党员“送书、送学、送温暖”，创新举办两新组织“车间微课堂”，确保在职党员深学细悟、老弱党员不脱节，两新组织党员不掉队。强化学习成果转化，推动党建引领基层治理全面铺开，129项重点工作同步推进，回应解决民生诉求35件。

人才工作　2023年，官塘镇党委围绕“业以才兴”的发展理念，深入挖掘湘桥老农、电商达人等10个类型乡土人才563名；聚焦官塘文旅品牌打造，与韩山师范学院共建大学生“百千万工程”突击队项目；引导非遗技艺走“产品+精品”路线，4名牛肉丸、鱼生传统技艺艺人成功申报第七批区级非遗项目代表性传承人，以人才高效集聚为“百千万工程”蓄势赋能。

【经济发展】 2023年，官塘镇完成工农产值32万元，比上年增长4.1%；固定资产投资4.38亿元，同比下降4.5%，全年实现工业固投2.76亿元。壮大市场主体体量，新增限上企业1家。规上工业产值完成28.97亿元，同比增长4%。税收收入1.6亿元，同比增长36.8%。

【工业园区】 2023年，官塘镇加快园区基础设施和5大入园企业项目建设，依托“驻·聘联通”机制创优企业服务，3家企业博士站助力技术创新，恒洁智能卫浴生产线、顺大挂耳咖啡产线、翔鹭钨丝研发生产线项目全面完成，智能节水、食品萃取、钨料加工等技术取得突破性进展，“专精特新”发展再上台阶。

【特色产业】 2023年，官塘镇瞄准“牛肉火锅”产业和资源优势，从规范行业标准、提升营商环境、完善产业布局入手等方面

▲“牛肉火锅”品牌宣传　　（官塘镇　供）

▲文旅融合——日绅农业基地（官塘镇 供）

入手，做强做大牛肉特色品牌。由官塘镇主导制订牛肉火锅和牛肉丸两大标准，有效规范产业制作程序，推动生产标准化，完善余水工艺，培育切肉师傅35名，实现创收按年递增25%。投入超千万元打造“牛肉街”，完善营商环境，培育“兄弟”“有间”等牛肉商铺品牌，吸引央视、网易等媒体宣传报道超10次，牛肉丸制作技艺在央视“非遗里的中国”展示，“官塘牛肉”已成为来潮游客必打卡美食。截至12月底，官塘镇有牛肉火锅店28家，日均销售量超万斤。

【农旅融合】 2023年，官塘镇挖掘“美食之乡”“水果之乡”资源禀赋，推广佛手果产业园、日绅农业、南野露营等特色点位，佛手果研学路线累计接待研学及培训超2000人次，日绅农业以葡萄、无花果采摘为主题成为网红打卡点。全年全镇累计接待游客超10万人次，带动区域农家乐、农产品销售收入同比增加50%。

【文化建设】 2023年，官塘镇加强传统村落、历史建筑保育活化，巷下村获“广东省古村落”称号；强化阵地建设，镇级新时代文明实践所修缮提升及城甲、元房等四村新时代文明实践示范点建设全面完成；开展“高质量发展杯”篮球赛、戏曲进乡村、非遗进校园等活动近100次，“大美潮州·活力湘桥”全民健身运动会开幕式在全镇干群协助下，在官塘镇光正实验学校顺利举办，带动全民健身热潮，镇村两级参加活动超300人，官塘镇总分居全区榜首，并荣获“体育强镇”称号。

【城乡建设】

镇貌村容提升　2023年，官塘镇投资2400万完成5个村风貌提升项目，改造房屋外立面；完成巷下村栈道建设，常态化推进鹤塘公园绿美小公园管护，形成北溪水岸休闲观光走廊；加大“拆建管”力度，铁腕整治乱搭乱建，全面完成美丽圩镇“七个一”点位建设。

绿美工程建设　2023年，官塘镇科学谋划、高位推动绿美工程，召开乡贤、党员座谈会19场，积极动员社会力量参与绿美工程，形成党建引领、社会支持、群众参与的良好氛围。深入实施“四个一百”（百树园、百花园、百果园、百草园）绿化行动，重点围绕“四旁”“五边”绿化植树，“一村一花色树种”打造景观。截至12月底，投入约50万元增植树苗3500余株，开辟村庄公共休闲绿地18处和美丽庭院3处。

乡村基础设施建设　2023年，官塘镇启动农村水系综合整治项目，投资1450万元完成象山等5个村污水管网建设；以奖代补激励先行先试，全镇完成“三线”整治130千米；梅花村公园、榕树公园、象山村党群服务中心等8个村级项目建成落地，顶乡村、象山村被评为省“百千万工程”典型村。

【社会事业发展】2023年，官塘镇全面推动各类兜底政策，应享尽享。落实全镇263户脱贫户防返贫监测工作，巩固拓展脱贫攻坚成果。全年发放孤儿、残疾人等救助金830万元，同比增长6.8%；动员社会各界助力“6·30”捐款，实到账238万元用于扶贫济困，底线民生保障更加有力。优化“一老一小”服务，完成第一幼儿园主体建设，全年筹集超70万元用于奖教奖学，“长者食堂”投入使用，镇村两级养老服务中心项目加快推进，教育养老设施不断完善；开展党的二十大理论宣讲进企业、戏曲进乡村、非遗进校园等活动近百场次，精神文明建设走深走实，官塘镇获市文明示范镇称号。

【社会综合治理】2023年，官塘镇建立“一月一巡查”工作机制，规范村级“小微权力”运行；实施村集体资产提质增效行动，全镇15个村集体收入均超10万元；健全“1+6+N”基层治理体系，推动顶乡村创建平安乡村示范村，凝聚村干部、党员、村民代表等力量，划分三级精细化治理网格132个，扎实推进矛盾纠纷多元化解，镇村有2人被评为“平安潮州·优秀网格员”；推广使用防范电信网络诈骗小程序“金钟罩”总人数3.7万人，群众反诈意识显著提升。挖掘培育“法律明白人”124名、“乡村和事佬”150名，开展法律宣传64场次，奕庵村被评为省民主法治示范村。全面推进房地一体发证工作，完成权籍调查超1.9万宗；履行“三管三必须”职责，推进火灾高风险区域整治，聚焦“三合一”等场所开展消防安全检查722家次，完成隐患整改超900个。

【创文创卫工作】2023年，官塘镇抓好空气扬尘、农业面源污染治理，完善垃圾收运体系，垃圾转运站提升工程顺利完工，顶乡村等4村被定为垃圾治理示范村；争取上级帮扶资金约140万元改造、拆除问题公厕18个。持续推进村庄绿化、美化、亮化工程，结合卫生镇创建、登革热防控等节点开展卫生整治志愿活动100余次，办理行政处罚案件120宗，涉及金额4.56万元，处罚乱堆放垃圾、违规搭建等乱象，切实改善生态环境质量，官塘镇被授予“广东省卫生城镇”称号。

【农业现代化】2023年，官塘镇加快推进农业现代化发展。全力推动总投入约1.5亿元的农村水系连通项目，逐步解决灌溉难题；发力土地治理和特色培育，以垦造水田、土地流转、撂荒地复耕为抓手，全面完成巷头村高标农田建设20公顷，盘活撂荒地9.67公顷，流转土地累计超193.33公顷，农业集约化、规模化发展更有力；结合乡村特色农产品培育，逐步形成以牛肉+大米、水果、狮头鹅、甲鱼的“1+4”特色产业布局，牛肉产业年销售额近亿元；依托镇农科站推广新型农业种养技术，苏寨种养有限公司获“种粮大户”称号，“源升泉”狮头鹅养殖合作社通过省现代化美丽牧场验收，“怀和”甲鱼养殖合作社被评为省水产健康生态养殖示范区。10家百亩经营主体年收益超7500万元。2023年全镇农业总产值超2亿元。

（官塘镇）

铁铺镇

【铁铺镇概况】 铁铺镇位于湘桥区东部，距离潮州市区约15千米。辖坎下、灰荣、坑巷、山后、东山前、石坵头、桂林、溪美寨、小溪、西陇、溪头、五乡、尚书、巷口、仙岩、坑门、八角楼、石板、铺埔、梅州板、嫌水坑、詹罗田、大坑23个行政村和铁铺社区。区域总面积66.8平方千米。2023年末，户籍人口4.06万人，常住人口2.72万人；耕地面积286公顷，粮食播种面积759.73公顷，粮食产量6627吨；林地面积2731.26公顷，森林覆盖率为54.9%。大坑村入选中组部红色村组织振兴试点单位。

【党建工作】

强化阵地建设　2023年，铁铺镇党委健全完善组织制度体系，强化党建引领网格化治理，24个村（社区）全面完成党群服务中心规范化建设。配齐党建指导员，优化提升“两新”组织7个。持之以恒抓实软弱涣散党组织整顿工作，灰荣村顺利通过市委组织部验收。

推动支部共建　2023年，铁铺镇党委强化协作交流，灰荣村与官塘镇顶乡村开展“支部结对共建”活动，推动优势互补、资源共享；铁铺镇党委与广东省外语艺术职业学院党委携手结对，共建“革命母亲”李梨英旧居党建育人基地；创新政企联动模式，镇机关党支部与潮州第一健康综合门诊有限公司、潮州恒沃康复医院有限公司开展党支部共建，共同推动“党建联动、送医下乡”。

建强干部队伍　2023年，铁铺镇党委充分发挥镇委党校培训主阵地作用，举办专题培训班12场次，运用网络培训、送教上门等方式，实现党员干部教育培训全覆盖。全年择优发展党员14名，储备干部57名，充盈基层后备力量。动态优化村干部队伍5人，村干部参加学历提升50人，基层队伍整体素质不断提升。

开展主题教育　2023年，铁铺镇党委深入推动南粤党员三大工程，发挥干部挂片驻村机制优势，指导各党支部开展主题教育活动330场次，组织送学上门、结对帮学、向在外党员邮寄学习资料等86次，覆盖1453名党员。开展登革热防控、创文创卫等“立足岗位做贡献”活动483场。形成个人及支部检视问题839项，全部落实整改。

持续正风肃纪　2023年，铁铺镇坚持以零容忍态度加强监督执纪，全年办结线索14条，给予诫勉处理1人，批评教育4人；立案10宗10人，办结案件9宗，给予党内警告处分2人，党内严重警告处分7人。强化巡查监督，发出提醒函及纪律检查建议书6份，提醒谈话20人次，始终保持对违纪违法行为的高压态势。

【经济发展】 2023年，铁铺镇落实企业扶持政策，注重中小企业培育，加大服务管理力度，推动工业经济稳步发展。全镇21家规模上工业企业完成总产值14.32亿元，同比增长5.4%；11个固定资产投资项目累计投资4.92亿元，其中7个工业固定资产投资项目累计投资2.44亿元，同比增长13%；3家限额以上零售业商品销售额1.25亿元。全镇一般公共预算收入2442万元，国内税收9719万元，同比增长2.2%。至2023年末，全镇拥有省级农业龙头企业2家、市级农业龙头企业3家，“粤字号”品牌2个，村级优势特色产业7个。

【粮食生产根基夯实】2023年，铁铺镇严格落实粮食安全和耕地保护党政同责，全镇完成粮食种植面积759.73公顷，其中水稻种植面积同比增加18.33公顷。落实惠农政策，全年发放各类补贴156万元，维护农民切身利益。大力推进撂荒地复耕复种，实现连片流转承包地经营权面积96.67公顷。加快推进溪美寨村电灌站、小型农田水利设施和设备整治、高标准农田改造提升等项目建设，不断提高农田水利保障能力。

【特色产业做大做强】2023年，铁铺镇发挥“岭南水果专业镇”效应，成立水果专业合作社，搭建电商销售平台，推动特色水果出村进城。发挥龙头企业引领作用，整合茶叶资源168.67公顷和茶叶人才资源160名，促进茶叶产业发展。做大做强狮头鹅养殖业，全镇狮头鹅养殖户181家，存栏量约13万只，“鸿浩”家禽养殖场获评“2023年省级示范家庭农场”。

【重点项目建设】2023年，铁铺瓷泥产业转移园（一期）42.33公顷已完成征拆工作；二期扩园约74.8公顷，涉及的各行政村顺利召开村民代表大会。铁铺污水处理系统工程竣工验收，于1月18日顺利移交。凝聚镇、村合力，推进凤泉湖高新区周边道路、技师学院、配套小学、幼儿园等项目落地。

【村级集体经济提质增效】2023年，铁铺镇贯彻落实农村集体资产监管提质增效行动，重点抓好自然村三资清理，推动组财村管工作落实落地，提前实现23个行政村集体年收入超过15万元、增幅超10%的目标。

【文化建设】2023年，铁铺镇推进综合性文化服务中心提质增效，以春节等传统节假日为契机，依托新时代文明实践所（站），开展形式多样的实践活动。举办送春联、篮球赛等活动，倡导崇德向善的乡风民风。深入开展精神文明创建工作，举办文明实践活动154场次，招募志愿者3870人次，进一步丰富群众的精神文化生活。扎实开展好人评选活动，深入学习宣传道德模范、“最美志愿者”先进事迹，营造文明风尚良好氛围。石板村获评2023年度潮州市“文明示范村”。

【圩镇风貌提升】2023年，铁铺镇用好乡村振兴政策资金，改造提升“问题”公厕7个，完成铺灰路、新堤路道路硬底化，加快推进农村道路安防工程，保障群众出行安全。科学规划建设各村停车场，新增停车位1022个。争取多方支持，建成坑门村党建公园、桂林村文化公园等文体设施，惠及广大群众。“七个一”建设扎实推进，美丽圩镇客厅（石板村新时代文明实践站）、仙岩村绿美生态小公园、石板农贸市场、美丽河道（白石岭干渠八角楼段）完成建设，美丽圩镇入口通道、示范主街、房屋外立面提升、镇区主干道改造提升等项目，已完成立项和概算编制送审。桂林村入选省“百千万工程”首批典型村名单；八角楼村获评“广东省古村落”。

【社会事业发展】2023年，铁铺镇联合乡村振兴驻镇帮镇扶村工作队，落实建档立卡脱贫人口日常监测，守牢不发生规模性返贫底线。加大就业帮扶力度，城镇新增就业119人。落实居民生活保障制度，城镇居民基本养老保险缴费率为100%。全年发放特殊群体各类补贴超520万元，进一步兜牢社会救助底线。推动养老服务设施建设，建成长者食堂1个，村级养老示范点在建1个。联合广东潮州卫生健康职业学院和铁铺卫生院，常态化开展志愿医疗服务20场次，服务群众近1000人。开展拥军优属活动12场次，铁铺镇退役军人服务站获评“潮州市十佳服务站”。优化教学条件，提升教学质量，2023年高考、中考超额完成任务，顺利完成省教育强镇复评验收。规范殡葬管理，全镇火化率为100%。

【社会综合治理】

强化治安防控　2023年，铁铺镇坚持和发展新时代“枫桥经验”，贯彻“茶文化六步调解法”，全年化解矛盾纠纷24宗，办结信访件9宗，铁铺镇获评全省信访工作示范乡镇，桂林村获评广东省“民主法治示范村（社区）”。推进社会治安综合治理，通过对毒品问题重点关注地区、未成年人案事件多发频发问题、涉赌警情高发问题等挂牌整治验收工作，建成“1+6+N”基层社会治理示范镇（街），平安建设、法治建设工作迈上新台阶。强化严重精神障碍患者、吸毒人员、社区矫正对象等人群的服务管理工作，加大防范养老诈骗、电信反诈、扫黑除恶等宣传力度，提高群众法治观念，社会治理水平稳步提升。全年办理执法案件289宗，全镇执法“两平台”办案率为98.2%。

筑牢安全生产底线　2023年，铁铺镇着力抓好燃气、危化品安全防范，结合消防安全“扫雷”行动和“清人、拆违、破网、开窗、治电”专项行动，排查整治重大事故隐患42个，检查企业场所541家，清理“三合一”场所32家，建立问题清单并进行分类落实，开设紧急救援窗口500余个，顺利完成火灾高风险区域摘牌。

【绿美生态建设】2023年，铁铺镇持续推进人居环境整治，14个行政村达到美丽宜居村标准。大力推动“三清三拆三整治”行动，成功创建省卫生村23个。健全农村生活垃圾处理体系，镇村保洁覆盖率和垃圾处理率均为100%。美丽圩镇“七个一”建设有序推进，镇容村貌持续向好。开展村庄绿化、美化大行动，发动党员干部、乡贤认捐苗木，筹集资金25.07万元，投入资金196万元种植树木18548株，仙岩、石板等6个村获评湘桥区绿美乡村。全面推行林长制，加强松材线虫病防控，投入250多万元，防治26475株。整治非法占用林地行为，落实图斑点整改4个。

【污染防治攻坚战】2023年，铁铺镇开展重点场所督查，关停“乱污”企业6家，改造提升56家；开展扬尘防治专项检查，下达限期整改通知书16份；开展畜禽养殖排查，整治牛蛙非法养殖78家。建立健全露天焚烧常态化管理制度，遏制露天焚烧325宗。严格落实河湖长制，实施镇域河道疏浚整治，持续改善河道环境。

【土地巡查监管】2023年，铁铺镇扎实推进“两违”整治工作，完成土地卫片图斑点核查159宗，面积46.73公顷；完成历史存量及新增卫片图斑35宗，面积约11.33公顷；清拆非法占地、未批先建等违法建筑16宗，清拆面积约3570平方米。开展自建房安全专项整治工作，整改安全隐患6宗。做好土地整备保护工作，新增耕地2.25公顷，完成闲散用地整备6.07公顷。稳步推动“房地一体”农村不动产登记发证工作，处罚419宗，处罚金额135万；上报市不动产登记中心804宗，已发证9宗。

（铁铺镇）

附　录

文献转载

政府工作报告

——2024 年 3 月 2 日在潮州市湘桥区第七届人民代表大会第四次会议上

潮州市湘桥区人民政府区长　李树南

各位代表：

现在，我代表区人民政府向大会作工作报告，请予审议，并请区政协委员和其他列席人员提出意见。

2023 年工作总结

过去一年，是全面贯彻党的二十大精神的开局之年。在市委、市政府和区委的坚强领导下，在区人大和区政协的监督支持下，我们坚持以习近平新时代中国特色社会主义思想为指导，深入学习贯彻党的二十大精神和习近平总书记视察广东重要讲话、重要指示精神，围绕省委“1310”具体部署、市委“一大引领、三大战役、六大提升”工作部署和区委工作安排，团结带领全区党员干部群众，攻坚克难、苦干实干，凝心聚力拼经济、谋发展、惠民生、保稳定，全力以赴推动经济发展回稳向好，经济社会各项事业加快高质量发展。

一年来，我们以“头号工程”的力度推进“百千万工程”，城乡区域发展更加协调。优化提升 5 个现代农业产业园和 19 个村级优势特色产业，成立区狮头鹅发展协会、磷溪镇卤鹅协会，成功举办首届潮州（磷溪）卤鹅文化周、杨桃文化旅游美食周、“百家美食百家味”比赛等活动。持续深入开展农村集体资产监管提质增效行动，年收入 10 万元以下集体经济薄弱村“补短削薄”工作扎实推进。坚持“一镇一方案”建好美丽圩镇，4 个乡镇均达到“宜居圩镇”标准，12 个村入选首批省级典型村，97 个行政村达到美丽宜居村及以上标准。3 个村被认定为省古村落。凤新街道高厝塘村入选全国乡村治理示范村，获评省“美丽庭院”示范村。桥东街道社光村“三线”整治经验获全市推广。创新开展“百千万工程发展标兵”比学活动 7 期，选树“村居标兵”29 个。率先成立区级“百千万工程”专家智库。实施“百千万乡土人才工程”，建立超 1 万人的乡土人才库。推动 7 家建筑企业与镇街结对帮扶，建立合作项目 11 个，总投资额超 670 万元。磷溪镇仙河村道黑底化改造项目入选 2023 年广东省建筑业企业投身“百县千镇万村高质量发展工程”项目范例名单。“6·30”助力乡村振兴活动已募集认捐善款超3.37亿元，创历史新高。举办湘桥建制以来规模最大的全民健身运动会，吸引2.35万人次参与。实施绿美湘桥生态建设六大行动，制定“绿美住宅小区”“绿美乡村”等六大创建方案，在全市率先完成镇街林业工作站设立和林长办挂牌。提前完成林分优化提升2960亩、森林抚育提升3605亩年度任务。开展全民义务植树活动157场次，发动社会捐资430万元，购买和接受捐赠树苗超14.6万株，建设“同心林”“青年林”“模范林”等主题林7片。

一年来，我们全力以赴推进“六大重点攻坚”，经济综合实力稳步提升。全区实现地区生产总值317.59亿元，同比增长0.2%。工业投资、技改投资分别增长2.7%和23%，社会消费品零售总额增长3.2%，一般公共预算收入增长5.9%。高规格举办全区高质量发展大会暨招商引资项目签约仪式，构建“1+2+12+N”联动招商引资工作体系，全年洽谈招商项目472个，签约项目98个，总投资超55亿元，新设项目、增资扩产项目投资额和纳税额均超额完成市下达任务。新增入库规上企业9家、限上企业30家。国内税收收入增长4.5%，占全市比重超三成。规范住宿、餐饮等行业管理，古城区税收收入翻两番；官塘片区牛肉产业税费收入增长15倍。组建区项目策划生成工作专班，策划生成项目55个，总投资106.76亿元。湘桥区储备粮库完工投用，官塘桥闸重建工程等项目有序推进，29个市级重点项目超额完成年度投资计划，投资额达47.59亿元。统筹5000亩工业用地规模用于发展重点产业园区。实施“工改工”1420亩，完成农村闲散土地整备351.4亩、土地收储1886.2亩，均超额完成市下达任务。

一年来，我们坚持实体经济为本、制造业当家，现代化产业体系不断完善。全区实现规模以上工业增加值39.03亿元，其中先进制造业增加值10.34亿元，占比26.5%。制造业增加值54.96亿元，占地区生产总值的17.3%。新登记市场主体增长19.38%，市场主体总量超4.7万户，完成“个转企”96家，获评市“四梁八柱”企业15家，新认定科技型中小企业52家，高新技术企业增至69家，专精特新企业增至33家，省级企业技术中心企业增至9家。凯普生物被评为国家知识产权示范企业，荣获粤东西北知识产权创新创业大赛金奖，长兴生物获评省知识产权示范企业，金源光能纳入省重点商标保护名录。建成省级工程技术研究中心13个，认定省级工业设计中心1个。“五经普”清查法人单位和个体户较“四经普”分别增长71.0%和50.1%。产业平台不断提升，建立福田—湘桥合作共建产业园“五同”工作机制，用好福田区帮扶协作年度专项资金2000万元，推动产业园区扩容提质。官塘园区扩园工作持续推进，铁铺瓷泥产业转移园（一期）开工建设，南山分园承接珠三角地区产业转移项目3个，完成率在全市各县区排名第一。

一年来，我们致力深化体制机制改革，营商环境持续优化。实施“同心暖企”行动，落实领导挂钩联系重点企业、政企“茶话会”、企业直通车等机制，下大力气解决14家“有数有税”企业增资扩产用地难题。为4家企业提高工业用地容积率，增加建筑面积近10万平方米。创新实施“驻·聘联通”机制，141名优秀年轻干部驻企服务，协调解决企业“卡脖子”难题167项。“粤智助”办理业务超14万件，超额完成省“数字政府”均衡化建设指标要求。“零跑动”事项、即办事项分别占行政许可事项99.64%和94.23%，发布“一件事主题”事项清单47个，99.17%的事项实现最多跑一次，审批效能有效提高。深化镇街综合行政执法改革，办理执法案件2万多宗，无纸化办案率和平台累计办案量均居全市首位。深入开展“散乱污危”企业（场所）整治行动，关停取缔“散乱污危”企业101家。建立“两违”整治专项监督和问责机制，清拆违法建（构）筑物165宗，处置存量违法建筑案件323宗。

一年来，我们立足潮州文化特色禀赋，文旅融合成效凸显。以“绣花功夫”推进古城保育活化，配合市推进镇海楼复建，潮州交通旅社——中央秘密交通线中转站项目建成开放，下东平路名人故居文化综合体建成开业，古城花灯展等非遗展演成功举办，“活化潮州古城 激发文旅消费”获评省2023年度文旅促消费案例，我区获评省文物保护利用示范区、潮汕文化（湘桥）生态保护区。6个夜间集市等旅游“夜经济”持续升温，焰火秀、民俗文化巡演等文化盛宴火爆出圈，2023年春节期间古城区单日客流量创下超24万人次的历史新高。《非遗里的中国·广东篇》《京师列传·唐宋八大家（韩愈篇）》《文脉春秋》在湘桥拍摄并在央视黄金时段播出。培育发展“工业＋旅游”新业态，打造工业旅游示范点23家。与泉州鲤城等7个地区缔结丝路文旅发展合作联盟，推出“福桥联动文化游”，借助“深潮文化节”拓宽非遗产品的销售渠道。酒店客栈接待海内外游客161.1万人次，同比增长84.5%；限额以上住宿业、餐饮业营业收入分别增长56.6%和69.5%。

一年来，我们用心用情办好惠民实事，人民群众幸福指数节节攀升。坚持财力向民生倾斜，民生支出占地方一般公共预算支出超八成。市、区十件民生实事全面完成，居民人均可支配收入稳步提升。就业形势稳中向好，城镇新增就业2641人，“粤菜师傅”“广东技工”“南粤家政”累计培训超4800人次。启动广州新华学院潮州实验学校等3个学校项目建设计划，发动社会力量向城基实验中学捐赠办学场所。成立区疾病预防控制中心，实现村（社区）公共卫生委员会全覆盖，“食品安全副校长”创新机制获上级肯定并大力推广，我区获评省健康区、省食品安全示范区。社会保障体系不断健全，全区基本医疗保险参保率稳定在95%以上。完成特殊困难老年人家庭适老化改造258户，改扩建综合养老服务中心6家，建成长者食堂10家、长者发屋8家，发动爱心企业为276名听障人士捐赠助听器，低保、特困供养、残疾人、孤儿养育等底线民生保障更加有力。创建国家卫生城市工作持续推进，顺利通过省级现场评估，爱国卫生运动深入开展，人居环境持续改善。深入推进重大事故隐患专项排查整治，抓好道路交通、消防、森林防灭火、防灾减灾等领域工作，安全生产形势稳定。常态化推进扫黑除恶斗争，累计打掉涉恶犯罪集团2个、普通涉恶团伙13个，接报刑事警情数同比下降9.4%，刑事破案数、刑拘人数、治安案件查处数、行政处罚人数实现“四个同比上升”，社会治安形势持续向好。我区获颁平安广东建设“一星平安鼎”。在全市率先设立镇街“1+6+N”一站式矛盾纠纷调处工作室，1个人民调解委员会和1名人民调解员荣获全国模范。4个村（社区）获评省民主法治示范村（社区）。

一年来，我们全面加强作风和效能建设，政府执行力有效提升。深入开展学习贯彻习近平新时代中国特色社会主义思想主题教育，严格执行区委坚决落实“两个维护”十项制度机制，更加坚定自觉地坚持“两个确立”、做到“两个维护”。“干部思想作风转变”战役纵深推进，“四个一”工作机制全面落实，各级政府部门执行力明显增强，共落实市委、市政府领导交办事项180多项，督办重点事项120多项，完成区委、区政府重点工作75项。践行全过程人民民主，主动接受人大、政协和各方面监督，高质量办理人大代表建议33件、政协委员提案69件，满意率均为100%。纵深推进全面从严治党，落实中央八项规定及其实施细则精神，持续纠治“四风”，坚持常态化过紧日子，非急需、非刚性支出压减12%。审计、统计监督不断加强，政务公开扎实推进。

与此同时，信访、物价、打私、打假、地方志、民族宗教、外事、侨务、国防动员、退役军人服务保障、双拥创建、老龄、妇女儿童等工作扎实推进。

各位代表，同志们，过去一年的成绩来之不易。这是市委、市政府和区委坚强领导的结果，是全区人民团结拼搏、苦干实干的结果，是区人大、区政协监督支持的结果，也是市直各单位、驻潮部队、上级驻潮机构和海内外各界人士鼎力支持的结果。在此，我谨代表区人民政府表示衷心的感谢并致以崇高的敬意！

在看到成绩的同时，我们也清醒地认识到，我区经济社会发展仍存在一些困难和问题：经济总量较小，产业结构单一，经济韧性和抗风险能力偏弱；新兴产业仍处于引育阶段，传统产业转型升级动能不强，科技创新对经济增长的贡献率仍然较低；投资动能不足，项目谋划、推动、建设的质量和效率有待提高；污水治理、垃圾处理等环境基础设施存在短板，城中村乱象依旧突出；民生领域欠账较多，教育、医疗、文化、体育等优质公共服务供给不足；一些干部干事创业的精气神有待加强，抓执行、抓落实的能力还需进一步提升，等等。我们必须正视这些问题，采取有力措施加以解决。

2024 年工作安排

今年是新中国成立 75 周年，是实现“十四五”规划目标的关键一年，做好政府工作意义重大、责任重大。纵观国内外形势，我们既面临压力和阻力，也迎来诸多利好和机遇。当前，国内市场需求持续低迷，地方经济恢复基础尚不牢固，给我们带来多重风险和挑战。但也要看到，中央持续发出“拼经济”“撑经济”的重大信号，习近平总书记作出发展新质生产力的重大战略部署，省纵深推进“百千万工程”、绿美广东生态建设等重大战略；市实施“三大战役”、“优大强”重点攻坚等工作部署，各级政策同向发力，叠加效应将持续释放，为潮州经济借势发展、越坎突围带来新的风口和新的动能，也是湘桥赶上新一轮发展潮流的战略机遇期和窗口期。总的来看，湘桥发展面临的有利条件强于不利因素，经济回升向好、长期向好的基本趋势没有改变。我们必须抓住一切有利时机，利用一切有利条件，聚焦经济建设这一中心工作和高质量发展这一首要任务，坚持把“重大项目”作为高质量发展的最强动能，把“优大强”作为制造业当家的核心梁柱，把“有数有税”作为把经济搞上去的鲜明导向，把“开放发展”作为加快突围跨越的关键一招，把“马上就办”作为执行力建设的基本准则，以“再造一个新湘桥”的意志和劲头，全力拼经济、拼产业、拼项目、拼发展，不断提升中心城区首位度，为把潮州建设得更加繁荣美丽、为广东在推进中国式现代化建设中走在前列贡献湘桥力量。

今年政府工作的指导思想是：以习近平新时代中国特色社会主义思想为指导，全面贯彻落实党的二十大、二十届二中全会和中央经济工作会议精神，深入贯彻落实习近平总书记视察广东重要讲话、重要指示精神，全面落实省委“1310”具体部署及省委十三届四次全会暨省委经济工作会议、市委十五届七次全会暨市委经济工作会议精神，按照区第七次党代会及区委七届历次全会的部署要求，坚持稳中求进工作总基调，完整、准确、全面贯彻新发展理念，服务和融入新发展格局，着力推动高质量发展，坚持稳中求进、以进促稳、先立后破，全面深化改革开放，对接融入粤港澳大湾区，推动科技自主创新，统筹扩大内需和深化供给侧结构性改革，统筹新型城镇化和乡村全面振兴，统筹高质量发展和高水平安全，增进民生福祉，保持社会稳定，推动综合实力实现新跃升，奋力打造更加繁荣美丽的中心城区，谱写现代化湘桥新篇章。

综合考虑各方面因素，今年经济社会发展的主要预期目标是：地区生产总值增长 5%；固定资产投资增长 5%，社会消费品零售总额增长 5%，进出口总额增长 3%；规上工业增加值增长 6%；一般公共预算收入增长 8%，居民人均可支配收入增长与经济增长基本同步，居民消费价格指数上涨 3%左右；城镇新增就业人数 2500 人；粮食产量、空气质量优良天数比率和地表水水质优良率均完成市下达任务。

具体来说，要做好以下工作：

（一）下大力气推进“百千万工程”，铸强县镇村发展潜力板

纵深推进“百千万工程”，强化区级统筹协调，突出镇的优势、村的资源，全力推进新型城镇化和乡村全面振兴有机结合，在城乡区域协调发展上实现新突破。

增强镇域综合实力。突出“一镇一业”发展导向，大力发展优势产业和强区富民产业，推进镇街差异化、品质化、特色化发展。以古城为支撑拓展太平文旅消费新业态、培育西新商贸品牌，以乡村文化为纽带做好桥东农旅融合文章，以自然风光为底色发展意溪山水经济，加快城西服装、凤新陶瓷、官塘牛肉、磷溪卤鹅、铁铺佳果等优势特色产业集聚发展，不断激活镇域经济发展驱动力。紧抓中山市乡村振兴结对帮扶的有利契机，用好用足驻镇帮镇扶村政策和资金。实施“千企帮千镇、万企兴万村”行动，探索政府引导下的社会资本与村集体合作共赢的模式，进一步推动建筑企业与镇村结对帮扶。

发展乡村富民产业。坚持将“一村一品、一村多品”作为壮大乡村产业的“制胜招”，做深做实“土特产”文章，持续做强西都大米、仙美菱角、顶乡甲鱼、仙岩嘉宝果等特色优势产业，大力发展沉香、油茶、橄榄、狮头鹅等种植养殖，培育一批乡村特色产业发展基地、食品龙头企业，推动产业振兴、农民增收致富。坚持一、二、三产融合发展，促进农业与制造业、旅游、文化、康养等产业深度融合，培育壮大农村电商、现代民宿、乡村旅游、健康养生等新产业、新业态。大力发展农产品直播带货等新型营销模式，助力农产品打开销路、打响品牌。

建设宜居宜业和美乡村。加强传统村落和特色民居保护利用，持续开展“百千万工程”典型村培育，集中资源力量培育新一批 49 个典型村（社区）。突出“干干净净、整整齐齐、漂漂亮亮、长长久久”目标导向，启动实施“城乡风貌提升年”行动，持续开展“三清三拆三整治”，深入推进美丽圩镇“七个一”建设，每个镇街至少完成打造 2 条风貌提升示范街，带动全区圩镇整体提升。实施农房质量安全风貌提升行动，坚持“先规划后建设”“凡建必报、不批不建”，全面提升农房规划建设管控水平。严格落实整治标准，扎实推进“三线”整治工作。抓好农村厕所、垃圾处理、生活污水“三大革命”，实现自然村污水治理率达 75%。

推进绿美湘桥生态建设。全面落实“林长制”，深入实施绿美湘桥生态建设“六大行动”，完成林分优化 2960 亩、新造林抚育 2055 亩、森林抚育 2000 亩。抓好县镇村绿化工作，推进美丽家园、美丽田园、美丽河湖、美丽园区、美丽廊道“五美”建设，在每个镇街打造 1~2 个绿美精品示范点。聚焦创建国家森林城市，深入开展“四旁”、“五边”植绿护绿，高标准打造一批百花村、百果村、百树村、百草村，建设山地公园、湿地公园、郊野公园。依托“互联网 + 义务植树”，通过“绿美湘桥我参与”小程序，广泛发动党员干部、公职人员和社会各界认捐、认种、认养，多种树、种好树、管好树，打造各式主题林。加强生物多样性保护，实施古树名木保护提升行动，抓好松材线虫病防治、矿山生态修复等工作，严厉打击涉林违法犯罪行为。探索发展林下种植、林下养殖、采集加工、森林景观利用、森林碳汇等绿色经济，力争实现林下经济产值 3 亿元。

（二）下大力气壮大实体经济，夯实“制造业当家”根基

坚持“产业第一、企业为大”，突出“优大强”鲜明导向，加快培育新质生产力，优化升级产业体系，不断塑造发展新动能、新优势。

做强做大支柱产业。聚焦“3+3+2”现代化产业体系，统筹抓好传统产业转型升级和新兴产业培育壮大，因地制宜发展特色产业，打好“增品种、提品质、创品牌”组合拳，切实改变“小农经济”、“小散经济”发展模式。深入实施机器换人、生产换线、产品换代，改造提升陶瓷、食品、服装等传统优势产业，让传统产业不断焕发新活力。聚焦发展新质生产力，抢抓风口培育前沿新材料、生物医药、智能卫浴、新型储能、低空经济等新兴产业。依托潮州菜“最好中华料理”这一品牌，加快构建预制菜全产业链条，开发定制“牛肉丸”“狮头鹅”等潮式特色食品，助力“潮州味道”香飘四海。

培育壮大龙头企业。将“优大强”作为发展目标和鲜明导向，坚持质量提升、品牌塑造、文化创意一起抓，培育一批具有生态主导力的“链主”企业、单项冠军企业、专精特新企业。推进工业投资三年倍增行动，树牢“没有工业投资当家就没有制造业当家”理念，实施顺大新厂房建设、翔鹭光伏用超细钨合金丝生产项目等超20个增资扩产项目，推动高德斯、龙之源等60家以上企业实施技术改造，力争工业投资增长35%、技改投资增长20%。支持企业建设国家级、省级工业设计中心，加强高新技术企业认定，鼓励69家高新技术企业加大研发投入。用好福田区域协同创新孵化中心、“潮州—罗湖创享岛”等平台资源，以“深圳设计+潮州制造”推动陶瓷、食品等行业企业设计革新、工艺优化、品类创新。实施“个转企、小升规、规改股、股上市”培育计划，扶持“个转企”95家，新增规上工业企业10家、限上商贸企业10家，认定“优大强”工业企业10家。全面加强知识产权保护，探索创新“科技入股”“作价转让”等科技成果转化模式。

强化园区经济支撑。探索“园区托管”新模式，坚持“亩均论英雄”，推广工业地产和标准厂房，吸引中小微企业入驻，降低企业扩张成本。推动工业园区扩容提质，推进南山分园承接产业转移主平台优化提升、官塘工业园区（二期）“六通一平”工程，规划建设现代食品产业园区和湘桥区产业园。加快铁铺瓷泥产业转移园（一期）基础设施建设，采用“边供地、边建设、边招商”的模式，引导符合条件的瓷泥企业入园发展。

（三）下大力气推进重点项目建设，增创高质量发展新势能

聚焦本土传统制造业、文旅业、现代服务业产业需求，全链条改革完善项目策划生成、投资建设和招引落地等机制，推动项目建设量质并举，以高质量、有效益投资支撑经济提质发展。

实施全面精准招商。实施好招商引资“一把手”工程，力争新增招引项目总投资额超50亿元，其中市外新设项目投资超32亿元，增资扩产项目投资超18亿元。瞄准动力电池综合利用、新型储能、电子化学品、生物科技、现代食品等重点行业领域，深化以商招商、联合招商、驻点招商，招引一批科技含量高、税收贡献大的优质项目，健全完善“招商资源库”和“备选项目库”。对招商引资项目实行招引、落地、建设、投产等全链条闭环管理，加强服务对接，做实招商引资“后半篇文章”，力促2023年已签约项目开工率达75%，年度完成投资额17亿元以上。

强化项目策划生成。健全项目策划生成机制，力争全年策划生成项目数不少于20个，总投资额不少于40亿元。瞄准专项债用于资本金的“15个领域”，聚焦重点防洪工程、城市排水防涝，以及产业园区等重点方向，及时、精准掌握上级政策要求和项目申报时间节点，把握机遇高质量谋划储备一批针对性强、成熟度高、能立马组织实施的重大项目。积极开展前期区域评估、用地检测、规划协调、项目生成等策划组织实施过程，提高项目的质量与成色。

抓实项目投资建设。深化政府投资项目全过程管理改革，持续健全完善“质量第一、造价可控、廉洁高效”的管理体系，全面提升项目管控的能力和水平。继续按照“三年工程瞄准两年干”等工作部署，落实领导挂钩重点项目、一项目一专班等工作机制，以“清单式”管理抓落实的工作运转模式，推动年度计划投资23.02亿元的22个市级重点项目加快建设。推进粤东城际铁路湘桥段、意东三路拓宽改造工程、S231线韩江大桥至外环南路改建工程等项目征地拆迁工作，为全市完成“大动脉”工程奠定基础。

（四）下大力气推进“一江两岸”建设，绘就城市发展新图景

实施城市更新行动，加速韩江新城开发建设，坚持完善基础设施、拓展发展空间、改善公共服务、提升管理水平相结合，不断增强中心城区发展能级。

加快新城开发建设。高标准规划建设韩江新城，做好半岛广场、潮州东大道两侧、意溪片区以及北溪流域等重点片区土地开发利用工作，推进北山路拓宽工程、潮州市特色产业孵化基地周边市政道路拓宽提升工程等路网建设。探索新城农村开发建设新路径，以整体化规划、综合化开发、市场化运营“三化并进”新模式，推动磷溪镇埔涵村先行先试，实现村民增收、片区增值、城市增色。将韩江新城作为抓项目、促投资的主战场，实施总投资175亿元的19个韩江新城重大项目，引入高端酒店、会展场馆、商业综合体等商业配套，全面提升新城核心竞争力和吸引力。

提升城市发展品质。坚定“创建国家卫生城市铁定要拿下”的信心和决心，全面推广陈桥村创卫网格化管理经验做法，全域推进生活垃圾分类，持续打好创卫攻坚战。严管韩江、北溪沿线等重点轴线，推进“一江两岸”岸线管控和风貌整治，实现城市色彩和谐典雅、风貌环境协调美丽。推动房地产市场从“规模化”向“品质化”转型，引导房地产企业提高住宅开发品质，大力支持刚性和改善性住房需求，扎实做好万达城项目保交楼工作，持续推进在建楼盘建设，力争全年新建商品房销售面积超36万平方米、建安总产值增长5%。系统优化韩江新城新建社区周边中小学校、社区医院、肉菜市场、充电桩等公共服务配套，提高片区的“宜居品质”。实施城中村“十个一”工程，开工改造城镇老旧小区15个，补齐停车场、农贸市场等功能配套。

狠抓污染防治攻坚。深入落实河（湖）长制，整改落实环保督察反馈问题，加快完成韩东片区污水管网项目第一阶段（应急攻坚）工程建设，推进农村供水“三同五化”改造提升。抓好枫江流域综合整治，推进截污纳管、雨污分流、畜禽养殖污染防治等重点任务，坚决守护韩江秀水长清。加大耕地土壤环境保护力度，严格管控土壤重点监管企业。加大环保执法力度，强力取缔关停一批偷排乱排工厂作坊，深入开展瓷泥行业综合整治提升行动，分批次关停规下瓷泥企业303家。深化大气污染防治，确保空气质量稳定达标。

（五）下大力气推进改革扩大开放，增强发展活力和内生动力

大力发扬敢为人先、敢闯敢试的改革精神，从市场经营主体实际需求出发，用改革的思维谋划推动工作、破解发展难题，激发高质量发展活力动力。

深化营商环境改革。紧盯企业用地“关键点”，积极向上争取用地指标，整合优化闲置土地厂房，加快14家企业供地步伐，解决“有数有税”企业增资扩产用地需求。落实好领导挂钩联系重点企业、政企“茶话会”等工作机制，用好政企微信群，建立企业问题“征集—处理—反馈”闭环管理体系，及时帮助企业解决实际困难。加快数字政府建设，强化政务服务“一网通办”和数据资源“一网共享”，持续推动“粤智助”政府服务自助机推广应用，力促更多政务服务事项“零跑动”。

深化土地管理改革。推动区土地整备中心高效运转，围绕重大产业项目需求，不断加大土地整备攻坚力度，推动“生地”变成“熟地”。加快推进韩江新城核心区及东大道约2230亩、意溪河内湖片区约470亩已预征用地的报批工作。实施年度840亩“工改工”，完成工业土地收储1000亩。落实“违建即拆、违建必拆”“零增量、减存量”工作要求，严厉打击新增违法建设，完成存量违法用地整改200亩、占耕建设整改40亩。坚决落实耕地保护和粮食安全责任制考核“两考合一”“党政同责”要求，完成高标准农田建设750亩，新增垦造水田指标570亩，完成2021年度垦造水田验收388亩。抓好承包地、宅基地和集体经营性建设用地改革，严格落实“一户一宅”，系统梳理盘整农村集体土地留用地，多措并举盘活农村土地资源，提高土地利用效率。

深化对内对外双向开放。强化与深圳市福田区的对接协作，抓好促消费专项政策落地，支持重点商贸企业、大型商超通过发放优惠券、折扣券等方式引流促销，促进数字消费、绿色消费、健康消费。加强消费基础设施建设，加快打造西湖工业城美食集聚区，支持北关、南门古等夜市发展特色夜间经济。促进内外贸市场渠道对接，支持外贸企业打造内销品牌、开拓国内市场。持续打好“五外联动”组合拳，培育外贸型支柱企业，强化对外文化旅游经贸交流合作，探索“家门口”办展和“走出去”参展相结合，组织企业参加广交会、“粤贸全球”等境内外重点展会，深入挖掘会展经济潜力，助力企业抢订单、拓市场。

（六）下大力气推进文旅品牌建设，打造全域旅游发展格局

深入贯彻落实习近平文化思想，认真践行习近平总书记关于“两个结合”的重要论述，大力弘扬潮州特色文化，推动潮州文化实现创造性转化、创新性发展。

提升城市文明程度。广泛践行社会主义核心价值观，抓好全国文明城市创建工作，推进新时代文明实践活动常态化，完善志愿服务工作体系，大力宣传身边好人，弘扬社会正能量。持续完善公共文化体育设施建设，推动“三馆一站”提质增效。普及科学健身知识，广泛开展文化巡游、非遗集市、全民健身活动赛事等群众喜闻乐见、特色鲜明的文体活动。

守护潮州文化瑰宝。实施潮州文化探源工程，配合推进镇海楼续建工程、百花台民俗文化综合体等项目建设。以“文物＋保护＋创意”的模式，推进古建老宅保护修缮和活化利用，加强潮州交通旅社、李梨英故居、柯柏年故居等红色遗址、展馆的系统性保护和利用。加强非物质文化遗产保护与传承，健全非遗名录保护体系，走好“精品＋产品”的活态传承路线。

繁荣发展文化产业。壮大文旅产业规模，以市规划建设现代文旅产业园为契机，加快引进一批知名文旅运营企业、高端餐饮品牌和高档星级酒店进驻落户，建设一批高质量旅游餐饮街区。发挥“世界美食之都”品牌效应，打响特色文旅品牌，推动“美食＋旅游”“非遗＋旅游”“工业＋旅游”等深度融合，持续打造一批美食游、红色游、乡村游、工业游等精品线路。用好“府楼猴”等潮州文旅 IP，统筹好潮瓷、潮绣、潮雕等非遗资源，加大文创产品开发力度，打造适销对路的手信礼品、手工艺品。在古城主街区探索推广“一店一码”，强化批零住餐等重点行业监管，实现“有数有税、旺丁旺财”。加强旅游宣传推介，完善旅游配套服务设施，规范文旅市场秩序，让游客“高兴而来，尽兴而归”。

（七）下大力气推进民生保障工程，满足人民美好生活需要

始终把人民对美好生活的向往作为奋斗目标，坚持尽力而为、量力而行，扎实办好一批民生实事，让发展更有温度、民生更有质感、安全更有保障。

优化公共服务供给。用心、用情、用力办好省、市、区十件民生实事，深入实施教育、医疗卫生、民政三年提升计划，抓好韩江新城黄金塘片区学校和幼儿园、虹桥职业技术学校、阳光实验学校教学楼扩建等项目，持续优化城乡学校教育资源布局，努力办好人民满意的教育。深化医药卫生体制改革，推进区妇幼保健院“明礼楼”建设项目，进一步提升基层医疗卫生服务能力。深入推进养老、托育服务体系建设，办好长者食堂、长者发屋，改造提升镇街综合养老服务中心，加强母婴保健机构、托育机构监管，努力实现“老有所养”“幼有所育”。

兜牢民生保障底线。落实、落细就业优先政策，多措并举稳定和扩大就业岗位，深入推进广东技工等“三项工程”，做好高校毕业生、农民工等重点群体就业服务，实现城镇新增就业 2500 人、失业人员再就业 600 人。持续推进社保扩面提质，完善基本医保、大病保险、医疗救助三重保障，加强特殊困难群体动态监测、精准帮扶、协同救助，稳步提高低保、特困等群体供养救助标准，加大因灾遇困群众临时救助力度，健全多层次社会保障体系。强化法律援助服务，让公平正义充分彰显。

维护社会和谐稳定。全面落实安全生产责任，深入排查整治城镇燃气、自建房、建筑施工、危旧房屋、消防、道路交通、森林防灭火等重点领域安全隐患，坚决防范遏制较大及以上生产安全事故发生。健全应急指挥体系，加强应急管理和消防救援等队伍建设，完善防灾减灾基础设施。深化基层治理网格化、精细化、信息化建设，严防发生重特大群体性事件和个人极端案事件。推进常态化扫黑除恶斗争，加强社会治安综合治理，严厉打击黄赌毒、盗抢骗以及涉电诈、涉税、涉养老诈骗等各类违法犯罪。

与此同时，加强双拥和退役军人保障，支持国防和军队建设，进一步做好民族宗教、侨务、外事、统计、审计、物价、地方志、档案、红十字等工作。

（八）下大力气提升政府系统执行力，打造现代化高效能政府

坚持不懈用习近平新时代中国特色社会主义思想凝心铸魂，牢固树立和践行正确政绩观，忠诚履职尽责，努力建设人民满意的法治政府、廉洁政府和服务型政府。

坚持把政治建设摆在首位。全面深入学习贯彻落实党的二十大精神和习近平总书记重要讲话、重要指示批示精神，巩固拓展主题教育成果，以实际行动坚定拥护“两个确立”，坚决做到“两个维护”。始终把党的全面领导贯彻政府工作全过程各方面，认真落实新时代党的建设总要求，严明政治纪律和政治规矩，完善中央、省、市和区委重大决策落实机制，确保政府工作始终沿着正确方向前进。

坚持把法治建设推向纵深。践行习近平法治思想，深入开展“八五”普法、法治政府建设示范创建活动，全面加强法治社会建设。严格执行“三重一大”议事规则和政务公开制度，认真执行人大及其常委会各项决议决定，办好人大代表建议和政协委员提案，自觉接受人大法律监督、政协民主监督和社会各界监督。深化司法体制综合配套改革，强化司法制约监督，提升司法质效和公信力。接好市委托、下放事权，用好市下放镇街的行政执法职权，促进严格规范公正文明执法。

坚持把作风建设抓实抓好。纵深推进“干部思想作风转变”战役，坚持把执行力作为政府工作生命线，突出“效率意识”“有解思维”，认真落实“心中有数、执行有力”工作要求，深入实施“四个一”工作机制，完善各负其责的责任体系、协调高效的执行体系、步步为营的推进体系，让“马上就办”“办就办好”成为政府系统新标尺、新风尚。坚持干在实处、务求实效，全面压实镇街抓项目、抓产业、抓征拆主体责任，健全督查督导、实绩考核、比学考评、跟踪问效等监督机制，坚决当好贯彻上级决策部署的执行者、行动派、实干家。

坚持把廉政建设贯彻始终。严格履行全面从严治党主体责任，强化党风廉政建设“一岗双责”，锲而不舍落实中央八项规定及其实施细则精神，持续深化纠治“四风”，推动作风建设常态化、长效化。构建亲清统一的新型政商关系，严肃查处重点领域腐败问题，持续强化关键岗位廉政风险防控。习惯过紧日子，严控一般性支出，按12%的比例压减非急需、非刚性支出。

各位代表，发展惟实干，奋进正当时。让我们更加紧密地团结在以习近平同志为核心的党中央周围，深入贯彻党的二十大精神和习近平总书记视察广东重要讲话、重要指示精神，在市委、市政府和区委的坚强领导下，坚定信心、鼓足干劲，苦干实干、勇毅前行，奋力打造更加繁荣美丽的中心城区，谱写现代化湘桥新篇章！

名词解释

1. 省委“1310”具体部署：“1”是锚定“走在前列”总目标。“3”是激活改革、开放、创新“三大动力”。“10”是奋力实现“十大新突破”，具体包括：纵深推进新阶段粤港澳大湾区建设，在牵引全面深化改革开放上取得新突破；始终坚持实体经济为本、制造业当家，在建设更具国际竞争力的现代化产业体系上取得新突破；一体推进教育强省、科技创新强省、人才强省建设，在实现高水平科技自立自强上取得新突破；深入实施“百县千镇万村高质量发展工程”，在城乡区域协调发展上取得新突破；全面推进海洋强省建设，在打造海上新广东上取得新突破；深入推进绿美广东生态建设，在打造人与自然和谐共生的现代化广东样板上取得新突破；扎实推进文化强省建设，在努力交出物质文明和精神文明两份好的答卷上取得新突破；用心用情抓好民生社会事业，在推动共同富裕上取得新突破；扎实推进法治广东平安广东建设，在构建新安全格局上取得新突破；坚定不移加强党的全面领导和党的建设，在营造良好政治生态上取得新突破。

2. 市委“一大引领、三大战役、六大提升”工作部署：“一大引领”指坚持加强党的全面领导和党的建设；“三大战役”指“干部思想作风转变”战役、“历史遗留问题解决”战役、“资源配置优化”战役；“六大提升”指全面提升改革开放水平、全面提升产业发展水平、全面提升文化兴盛水平、全面提升城乡建设水平、全面提升低碳发展水平、全面提升社会建设水平。

3.“六大重点攻坚”：推进工业投资、招商引资、升规上限、纳税纳统、空间拓展、重点项目建设等六大领域重点攻坚工作。

4. 1+2+12+N联动招商引资工作体系：由区“大招商”工作领导小组办公室负责统筹协调，2支招商先锋队按职能分工开展上门招商，各镇街及南山分园、官塘园区、铁铺园区等承载主体加快打造招商主平台并根据自身资源禀赋开展差异化招商，其他部门做好招商对接及项目落地服务，构建起资源一体化、产业协同化的招商新格局。

5.“三项工程”：“粤菜师傅”“广东技工”“南粤家政”。

6.“1+6+N”一站式矛盾纠纷调处工作：“1”指综治中心，“6”指综合网格及法院、检察院、公安、司法等基层政法力量和“粤平安”社会治理云平台等信息化支撑平台，“N”指其他综治力量。

7. 政府执行力建设“四个一”工作机制：一局一表格、一事一清单、一周一例会、一人一笔记。

8. 绿美湘桥生态建设“六大行动”：森林质量精准提升行动、城乡一体化绿美提升行动、绿美保护地提升行动、绿色通道品质提升行动、古树名木保护提升行动、全民爱绿植绿护绿行动。

9.“四旁”：宅旁、村旁、路旁、水旁。

10.“五边”：山边、水边、路边、镇村边、景区边。

11.“3+3+2”现代化产业体系：现代轻工纺织（陶瓷、印刷包装、纺织服装）、现代农业与食品、新一代电子信息3个主导产业，前沿新材料、生物医药与健康、新能源3个战略性新兴产业，文旅和茶2个特色产业。

12.“三清三拆三整治”：“三清”指清理村巷道及生产工具、建筑材料乱堆乱放；清理房前屋后和村巷道杂草杂物、积存垃圾；清理沟渠池塘溪河淤泥、漂浮物和障碍物。“三拆”指拆除危旧房、废弃猪牛栏及露天厕所茅房；拆除乱搭乱建、违章建筑；拆除违法商业广告、招牌。“三整治”指整治垃圾乱扔乱放；整治污水乱排乱倒；整治水体污染。

13. 美丽圩镇建设“七个一”工程：一个美丽乡镇入口通道、一条美丽示范主街、一片房屋外立面提升样板、一处美丽圩镇客厅、一个干净整洁农贸市场、一条美丽河道、一个绿美生态小公园。

14. 城中村“十个一”工程：建设一个村口牌坊、利用宗祠公共场地打造一个文化广场、建设一个村民公园、美化一条主路、建设一个消防站、建设一个停车场、维修开放一个文史建筑、清理一个池塘或水系、整理一片可供开发地块、建设一个肉菜市场。

15.“五外联动”：打好外贸、外资、外包、外经、外智“组合拳”。

规范性文件

2023年湘桥区规范性文件目录表

标　　题	文　号
中共潮州市湘桥区委关于深入学习贯彻党的二十大精神加快推进高质量发展奋力谱写现代化湘桥新篇章的决定	潮湘委发〔2023〕1号
中共潮州市湘桥区委办公室关于印发《中共潮州市湘桥区委巡察工作领导小组办公室职能配置、内设机构和人员编制规定》的通知	湘委办发〔2023〕5号
潮州市湘桥区人民政府关于印发《潮州市湘桥区村级动物防疫员管理办法（修订）》的通知	潮湘府规〔2023〕1号

统计资料

潮州市湘桥区
2023 年国民经济和社会发展统计公报

潮州市湘桥区统计局
2024 年 4 月 15 日

2023 年，是全面贯彻党的二十大精神的开局之年，在区委区政府的坚强领导下，湘桥区坚持以习近平新时代中国特色社会主义思想为指导，深入学习贯彻党的二十大精神和习近平总书记视察广东重要讲话、重要指示精神，围绕省委“1310”具体部署，坚持稳中求进总基调，沉着应对各种挑战，始终坚持实体经济为本、制造业当家，着力推动高质量发展，向全面建设美丽的中心城区迈出坚实步伐。

一、综合

经潮州市统计局统一核算，2023 年，湘桥区地区生产总值 317.59 亿元，比上年增长 0.2%。其中，第一产业增加值 10.46 亿元，增长 4.7%；第二产业增加值 83.33 亿元，下降 7.9%；第三产业增加值 223.80 亿元，增长 3.0%。第一产业增加值占全区生产总值比重为 3.3%，第二产业增加值比重为 26.2%，第三产业增加值比重为 70.5%。分季度看，一季度全区生产总值同比增长 0.1%，二季度增长 0.8%，三季度增长 0.1%，四季度增长 0.2%。人均地区生产总值 55009 元（按年平均汇率折算为 7806 美元），比上年增长 0.1%。人均地区生产总值约为全国水平的 61.6%、全省水平的 51.4%。

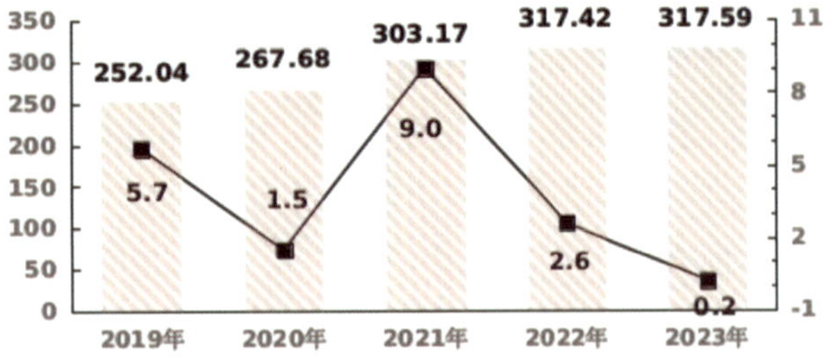

图1：2019—2023年湘桥区地区生产总值及增长速度

生产总值（亿元） 增长速度（%）

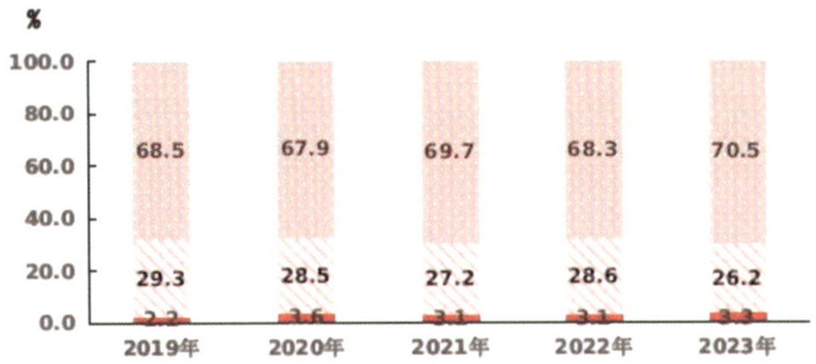

图2：2019—2023年湘桥区GDP三次产业占比情况

第一产业 第二产业 第三产业

年末全区户籍人口51.84万人，比上年末增加0.03万人；常住人口57.84万人，比上年末增加0.09万人，常住人口城镇化率89.07%。出生人口3878人，出生率7.63‰，死亡人口4193人，死亡率8.24‰，自然增长率为−0.62‰，比2022年下降0.09个千分点。

表1：2023年末湘桥区户籍人口及构成

指标	年末人数（万人）	比重（%）
全区户籍总人口	51.84	100
按城乡分：		
城镇人口	43.51	83.8
乡村人口	8.33	16.2
按性别分：		
男性人口	25.59	49.4
女性人口	26.25	50.6

全年城镇新增就业2641人，比上年增加276人。全区登记失业人员数1191人。

2023年，全区居民消费价格指数（CPI）上涨0.1%。各类消费价格中，食品烟酒类、教育文化和娱乐类、其他用品和服务类价格分别上涨0.5%、2.6%和0.9%；衣着、居住、生活用品及服务、交通和通信、医疗保健类价格分别下降0.6%、0.4%、0.9%、2.2%和0.2%。工业生产者出厂价格同比下降0.9%。

表2：2023年湘桥区居民消费价格主要指标表

指标名称	2023年同比指数
居民消费价格总指数	100.1
#服务项目价格指数	101.0
#消费品价格指数	99.7
1. 食品烟酒	100.5
#食品	100.7
#烟酒	99.0
2. 衣着	99.4
3. 居住	99.6
#水电燃料	99.4
4. 生活用品及服务	99.1
5. 交通和通信	97.8
6. 教育文化和娱乐	102.6
7. 医疗保健	99.8
8. 其他用品和服务	100.9
工业生产者出厂价格指数	99.1

二、农业

2023年，全区农林牧渔业总产值16.49亿元，比上年增长4.8%。全区粮食作物播种面积5.71万亩，比上年增长1.8%；粮食产量2.53万吨，比上年下降0.5%；蔬菜及食用菌产量7.34万吨，同比增长1.0%；水果产量8.62万吨，增长0.8%。全年肉类总产量0.79万吨，比上年增长9.2%，其中，猪肉产量0.41万吨，增长11%；牛肉产量0.01万吨，下降4.6%。禽肉产量0.37万吨，增长7.7%；禽蛋产量0.09万吨，下降4.6%。年末生猪存栏2.54万头，下降11.1%；生猪出栏4.81万头，增长7.5%。

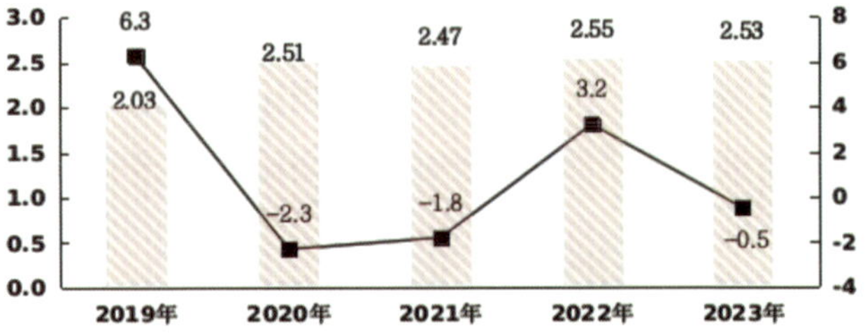

图3：2019—2023年粮食产量及其增长速度

粮食产量（万吨） 增速（%）

三、工业和建筑业

2023 年，全区工业增加值 63.20 亿元，比上年下降 9.1%，其中，规模以上工业增加值 39.03 亿元，同比下降 16.9%。分经济类型看，国有控股企业增加值增长 20.1%，股份合作企业增长 19.0%，股份制企业下降 20.1%。主要行业中，规模以上六大主要行业实现增加值 28.63 亿元，同比下降 17.1%，食品制造业增长 19.8%，电力生产和供应业增长 7.8%，燃气生产和供应业增长 46.7%，化学原料和化学制品制造业、非金属矿物制品业、有色金属冶炼和压延加工业分别下降 61.1%、1.1%和 32.0%。

全年规模以上 165 家工业企业实现利润总额 7.01 亿元，比上年下降 67.1%。分经济类型看，国有控股企业利润 1.09 亿元，增长 202.8%；股份制企业 5.15 亿元，下降 72.4%；外商及港澳台商投资企业 1.54 亿元，下降 40.5%；私营企业 2.17 亿元，下降 57.9%。分门类看，制造业 5.65 亿元，下降 72.7%；电力、热力、燃气及水生产和供应业 1.35 亿元，增长 121.3%。全年规模以上工业企业每百元营业收入中的成本为 87.06 元，比上年增加 0.37 元；营业收入利润率为 3.40%，下降 3.34 个百分点。

表3：2023年湘桥区规模以上工业主要行业增加值完成情况

指标	1-12月累计（亿元）	同比增长（%）	占规模以上比重（%）
合计	28.63	−17.1	73.0
有色金属冶炼和压延加工业	4.20	19.8	10.7
非金属矿物制品业	4.32	−61.1	11.0
其中：陶瓷制品业	10.38	−1.1	26.5
化学原料和化学制品制造业	7.75	−0.7	19.7
电力生产和供应业	1.90	−32.0	4.8
食品制造业	4.39	7.8	11.2
燃气生产和供应业	3.44	46.7	8.8

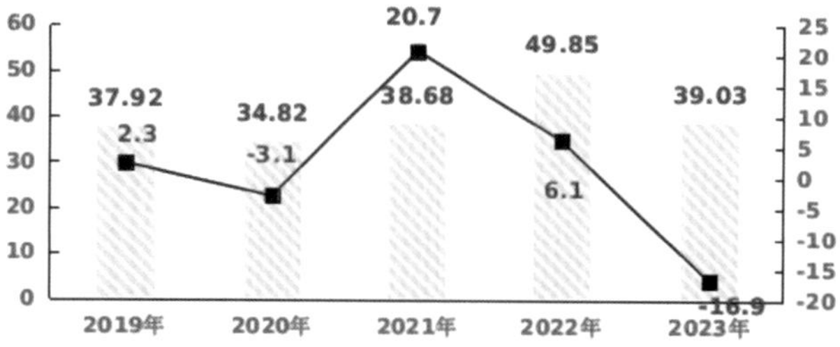

图4：2019-2023年规模以上工业增加值及其增长速度

全年建筑业增加值 20.22 亿元，比上年下降 3.6%。全区在库资质等级以上总承包和专业承包建筑业企业 31 家，建筑业总产值 48.06 亿元，比上年增长 16.1%；2023 年建筑业房屋建筑施工面积 443.15 万平方米，下降 0.1%，竣工产值 18.43 亿元，增长 12.0%。

图5：2019-2023年资质上建筑业总产值及其增长速度

四、服务业

全年批发和零售业增加值 44.85 亿元，比上年增长 3.2%；住宿和餐饮业增加值 6.60 亿元，增长 14.2%；交通运输、仓储和邮政业增加值 15.63 亿元，增长 13.1%；金融业增加值 34.94 亿元，增长 4.2%；房地产业增加值 26.72 亿元，下降 3.3%；信息传输、软件和信息技术服务业增加值 10.15 亿元，增长 6.8%。现代服务业增加值 123.63 亿元，增长 2.1%，占第三产业增加值比重 55.2%，比上年降低 0.1 个百分点，占 GDP 比重 38.9%。

全年规模以上服务业企业实现营业收入 47.47 亿元，比上年增长 4.6%。分行业看，交通运输、仓储和邮政业下降 0.2%，信息传输、软件和信息技术服务业营业收入增长 8.5%，租赁和商务服务业增长 4.9%，科学研究和技术服务业增长 4.4%，水利、环境和公共设施管理业增长 34.1%，居民服务、修理和其他服务业增长 53.1%，卫生和社会工作下降 44.0%。

全年货物运输量 0.07 亿吨，增长 6.2%；货物周转量 10.06 亿吨千米，增长 9.5%。全年旅客运输量 0.003 亿人，增长 73.0%；旅客周转量 1.16 亿人千米，增长 124.6%。

1—11 月，全区邮政业务总量 19.87 亿元，增长 25.4%，通信业务总量 7.98 亿元，增长 9.1%。

五、国内贸易

全年社会消费品零售总额 145.89 亿元，同比增长 3.2%。限额上批零业商品销售额 119.01 亿元，增长 0.3%，其中，粮油、食品类商品销售额增长 2.2%，饮料类商品增长 17.1%，烟酒类商品增长 3.1%，日用品类增长 24.5%，书报杂志类增长 16.4%，家用电器和音像器材类增长 11.5%，中西药品类增长 0.6%，文化办公用品类下降 35.2%，石油及制品类增长 3.2%，化工材料及制品类下降 8.4%，建筑及装潢材料类下降 16.5%，机电产品及设备类增长 22.7%，汽车类下降 24.9%。限额上住餐业营业额 4.33 亿元，增长 62.2%。其中，客房收入增长 86.0%，餐费收入增长 53.5%。

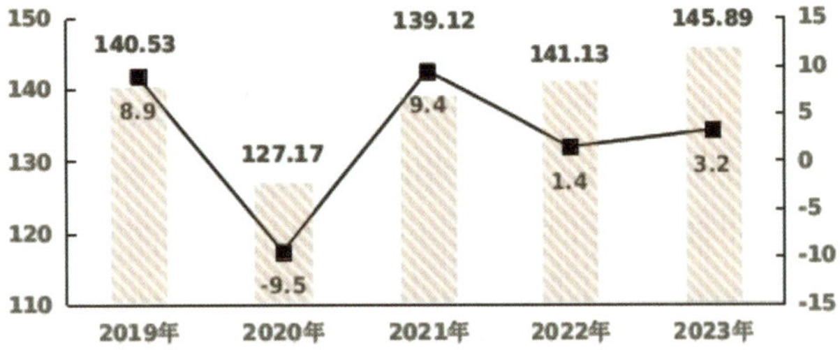

图6：2019–2023年社会消费品零售总额及增长速度

社会消费品零售总额（亿元） 增速（%）

六、固定资产投资

全年固定资产投资额 68.94 亿元，同比下降 19.2%，其中，5000 万元以上项目投资额 38.04 亿元，下降 0.1%；民间投资额 34.65 亿元，下降 32.2%；基础设施投资额 25.92 亿元，增长 1.1%。从投资结构来看：第一产业投资 0.02 亿元，下降 93.7%；第二产业投资 9.74 亿元，增长 2.7%，其中工业技改投资增长 23.0%；第三产业投资 59.18 亿元，下降 21.6%。

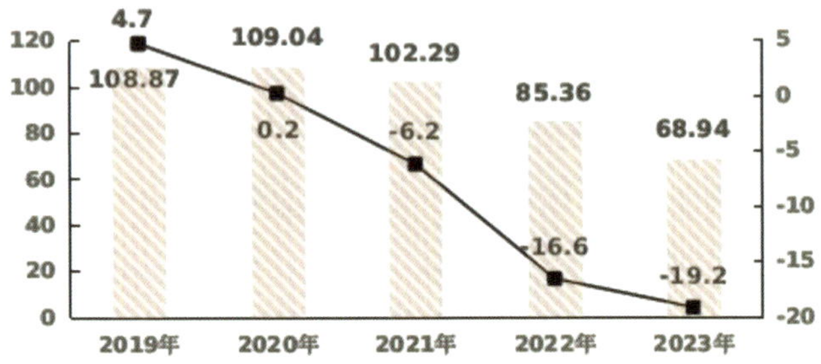

图7：2019年–2023年固定资产投资额总量及增长速度

固定资产投资额（亿元） 增速（%）

全年房地产开发投资 25.30 亿元，下降 38.8%，全年商品房施工面积 451.74 万平方米，下降 8.2%，商品房销售面积 69.59 万平方米，下降 7.9%。

七、对外经济

全年货物进出口总额 6.75 亿美元，同比增长 3.4%，其中进口 1.29 亿美元，增长 264.3%。年末拥有“三资”企业 113 家。

八、财税金融

2023 年全区一般公共预算收入 6.16 亿元，同比增长 5.9%，一般公共预算支出 23.57 亿元，下降 9.7%。民生领域投入资金 19.21 亿元，下降 9.8%，占一般公共预算支出的 81.5%，其中，教育支出增长 1.0%；文化旅游体育与传媒支出下降 39.6%；社会保障和就业支出下降 5.0%；卫生健康支出下降 3.2%；节能环保支出下降 3.8%；城乡社区支出下降 68.3%；农林水支出增长 1.1%；交通运输支出增长 46.9%；住房保障支出下降 15.8%；粮油物资储备支出下降 74.7%。

2023 年全区税收收入 30.48 亿元，比上年增长

4.5%。

市辖区金融机构年末存款余额 1057.20 亿元，比年初增长 8.8%，其中住户存款 717.80，增长 12.5%；贷款余额 474.63 亿元，增长 6.2%。

九、居民收入消费和社会保障

全年全区居民人均可支配收入 34632 元，比上年增长 5.7%，其中，城镇居民人均可支配收入 36031 元，增长 5.6%；农村居民人均可支配收入 23584 元，增长 6.6%。城乡居民人均可支配收入比值为 1.53：1。

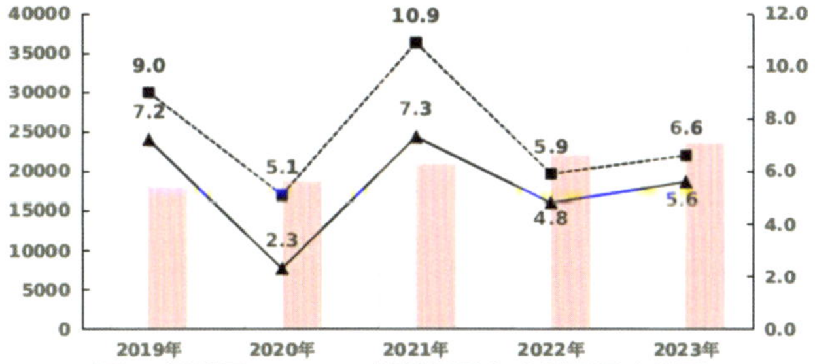

图8：湘桥区2019–2023城镇居民和农村居民人均可支配收入增速情况

年末全区城乡居民基本养老保险参保人数 16.25 万人，下降 1.0%；城乡居民基本医疗保险参保人数 34.52 万人，下降 2.5%；城镇职工基本养老保险参保人数 7.39 万人，增长 1.7%；城镇职工基本医疗保险参保人数 7.31 万人，增长 3.6%，其中，失业保险参保人数 5.24 万人，工伤保险参保人数 6.14 万人，生育保险参保人数 5.44 万人。

表4：2023年湘桥区社会保险主要指标

指标名称	2023年（人）	比增（%）
城乡居民社会养老保险参保人数	162456	-1.0
城乡居民基本医疗保险参保人数	345167	-2.5
城镇职工基本养老保险参保人数	73920	1.7
城镇职工基本医疗保险参保人数	73098	3.6
失业保险参保人数	52423	2.3
工伤保险参保人数	61405	0.7
生育保险参保人数	54405	1.6
年末离休、退休、退职人员数	38880	3.3

年末在册低保人数 2839 人，其中，城镇居民最低保障已保人数 590 人，农村居民最低保障已保人数 2249 人，低保人数占全区户籍人口的 0.5%；农村五保供养人数 656 人。困难残疾人生活补贴 1156 人；重度残疾人护理补贴 5053 人。救助困难对象 47 户 120 人次；实施慈善救助 95 人。年末全区共有镇办敬老院 3 所，床位数 74 张。

十、教育和科学技术

年末全区拥有各类中小学校 110 所。其中，完全中学 2 所，普通高中 2 所，中等职业技术学校 1 所，初中 14 所，小学 79 所，九年一贯制学校 11 所，特殊教育学校 1 所。在校学生总数为 7.73 万人。其中，高中 0.74 万人，中等职业技术学校 0.06 万人，初中 1.49 万人，九年一贯制 1.94 万人，小学 3.51 万人，特殊教育学校 80 人。全区专任教师 0.37 万人（含民校）。幼儿园 142 所，专职教师 0.17 万人,在园幼儿 2.08 万人。

年末全区拥有专业技术人员 1.74 万人，比上年增长 2.6%。其中，高级技术职称 0.09 万人，中级技术职称 0.43 万人，初级技术职称 1.21 万人。全年专利申请授权量 1343 项，比上年下降 7.8%，其中，发明专利 68 项，增长 13.3%。全年申报科技项目 6 个，立项科技项目 3 个；全年新认定高新技术企业 26 家，比去年多 3 家。年末省、市工程技术研发中心 41 家，累计建成省级工程中心 13 个，市级工程中心 28 个。加强科技型中小企业培育，2023 年共认定科技型中小企业 78 家。

十一、文化旅游、卫生和体育

2023 年末全区拥有国家二级文化馆 1 个、国家三级图书馆 1 个。全区 9 个文化站均达到省二级文化站以上等次，其中特级站 1 个，一级站 3 个，二级站 5 个。年末公共图书馆图书藏量 18.22 万册（含电子书），其中少儿文献 3.14 万册。

年末全区拥有各类卫生事业机构 453 个。其中，综合医院1个，乡镇卫生院4个，社区卫生服务中心11个，各类门诊部、所234个，专科防治站5个，卫生防疫站197个，其他卫生事业机构1个。卫生机构拥有床位465张，拥有各类卫生技术人员1838人，执业医师和执业助理医师827人，注册护士576人。

截至2023年，全区共有文体公园15座，社区体育公园3座、五人制和七人制足球场8个。大力推动全民健身运动和校园体育。全年全区共举行赛事活动40场，带动体育锻炼人数约6.18万人次；全年全区校园体育项目获得全国奖项2项，获得省级奖项56项。

2023年全区实名注册志愿者人数3.41万人，比上年增加17.6%。拥有志愿服务组织及团体数451个，全年参加过活动的志愿者数2.26万人，累计发布志愿活动数18607个，全年人均志愿服务时长11.6小时。

十二、资源、环境和安全生产

全年全区造林面积197公顷，同比增长405.1%。全区现有森林公园7个，其中省级森林公园3个，市级森林公园2个，区级森林公园2个。

全年总用水量1.29亿立方米，比上年增长1.6%，其中工业用水增长9.0%。万元GDP用水量42.6立方米，增长0.7%。万元工业增加值用水量10.4立方米，增长20.0%。

初步核算，2023年全区能源消费总量比上年增长3.1%，单位GDP能耗增长2.9%。市区用电量27.76亿千瓦时，增长5.0%。

2023年全区没有发生较大以上生产安全事故。发生生产安全事故11起（均为道路运输事故），死亡9人，受伤2人。全年发生火灾事故215起，没有人员死亡。没有发生森林火灾。全年刑事案件立案数482件，民事案件立案数2857件，刑事犯罪人数643人，其中青少年人数（14—25岁）133人。

说明：

1. 公报中2023年数据为初步统计数，统计口径为在地统计。部分数据因四舍五入的原因，存在总计与分项合计不等的情况。常住人口数含凤泉湖开发区。

2. 地区生产总值、三次产业及相关行业增加值绝对数按现价计算。

3. 规模以上工业统计口径为为年主营业务收入2000万元及以上的工业企业。

4. 固定资产投资统计口径为计划总投资500万元及以上项目，增速为可比口径。

5. 基础设施投资是指建造或购置为社会生产和生活提供基础性、大众性服务的工程和设施的支出。公报中的基础设施投资包括交通运输、邮政业，电信、广播电视和卫星传输服务业，互联网和相关服务业，水利、环境和公共设施管理业投资。

6. 民间固定资产投资是指具有集体、私营、个人性质的内资企事业单位以及由其控股（包括绝对控股和相对控股）的企业单位建造或购置固定资产的投资。

7. 限额以上批发和零售业、住宿和餐饮业统计标准为：年主营业务收入2000万元及以上的批发业法人单位、年主营业务收入500万元及以上的零售业法人单位；年主营业务收入200万元及以上的住宿和餐饮业法人单位。

8. 规模以上服务业范围是：（1）年营业收入2000万元及以上服务业法人单位。包括：交通运输、仓储和邮政业，信息传输、软件和信息技术服务业，水利、环境和公共设施管理业三个门类和卫生行业大类；（2）年营业收入1000万元及以上服务业法人单位。包括：租赁和商务服务业，科学研究和技术服务业，教育三个门类，以及物业管理、房地产中介服务、房地产租赁经营和其他房地产业四个行业小类；（3）年营业收入500万元及以上服务业法人单位。包括：居民服务、修理和其他服务业，文化、体育和娱乐业两个门类，以及社会工作行业大类。

9. 2012年四季度，国家统计局实施了城乡一体化住户调查改革。2013年起按照新的调查口径对外发布城乡一体的居民人均可支配收入和分城镇、农村常住居民人均可支配收入数据。由于新老调查方案在调查范围、调查对象、城乡划分标准、样本抽选、计算和汇总方式、指标口径等方面变化较大，改革后新口径数据和旧口径数据存在不可比的差异。

10. 万元地区生产总值用水量、万元工业增加值用水量按2020年价格计算。

11. 财政、教育、卫生、文化数据不包含市直单位。

资料来源：林业数据来自区农业农村局；对外经济贸易数据、科技数据来自区工信局；文化、旅游和体育数据来自区文旅体局；水资源数据来自区水务局；财政数据来自区财政局；税收数据来自区税务局；金融数据来自市人行，包含市辖区数据；教育数据来自区教育局；出生、死亡人口数据和卫生数据来自区卫健局；户籍人口数据来自区公安分局；社会服务数据来自区民政局；社保数据、人才数据来自区人社局；志愿者及志愿服务数据来自共青团湘桥区委；林业数据来自区自然资源局；生产安全事故数据来自区应急管理局；火灾数据来自区消防大队；案件立案数来自区人民法院；其余数据来自区统计局。

先进单位、先进个人名录

2023年湘桥区获全国、国家部委、省委和省政府授予的先进单位名录

单位名称	授予单位或出席会议名称	称号	授予时间
湘桥区凤新街道高厝塘村	司法部、民政部	全国民主法治示范村	2023.1
湘桥区太平街道	全国“扫黄打非”工作小组办公室	全国“扫黄打非”进基层示范点	2023.2
湘桥区医疗纠纷人民调解委员会	国家卫生健康委员会、中央政法委、最高人民法院、最高人民检察院、公安部、司法部、市场监管总局、中国银保监会、国家医保局、国家中医药局、中央军委后勤保障部卫生局	2020—2021年度全国平安医院建设表现突出集体	2023.2
湘桥区意溪中学	中国航空学会	全国航空特色学校	2023.3
潮州市柏斯特服装有限公司研发部	中华全国总工会	全国工人先锋号	2023.4
黄晓漫家庭	中华全国妇女联合会	2023年全国“最美家庭”	2023.5
湘桥区意溪中学	共青团中央青年发展部、中高青少年发展基金会	小平科技创新实验室	2023.6
湘桥区城南小学	全国少工委	潮州市湘桥区城南小学四（1）中队被命名为2023年度全国红领巾中队	2023.6
湘桥区兴华学校	全国少工委	潮州市湘桥区兴华学校507中队被命名为2023年度全国红领巾中队	2023.6
湘桥区城西中学	教育部中央军委政治工作部	全国国防教育示范学校	2023.7
湘桥区城南中英文学校	中国共产主义青年团中央委员会	申报示范类小平科技创新实验室建设学校	2023.7
湘桥区医疗纠纷人民调解委员会	司法部	全国模范人民调解委员会	2023.10
湘桥区凤新街道高厝塘村	农业农村部、中央宣传部、司法部	全国乡村治理示范村	2023.11
湘桥区市场监督管理局	国家药品监督管理局	药品监管统计数据上报示范单位	2023.12
湘桥区桥东街道卧石村	全国总工会	全国最美工会户外劳动者服务站点	2023.12
湘桥区太平街道文明实践巾帼志愿阳关站	中华全国妇女联合会宣传部	全国文明实践巾帼志愿阳关站	2023.12

2023年湘桥区获全国、国家部委、省委和省政府授予的先进个人名录

姓名	性别	所在单位	授予单位或出席会议名称	称号	授予时间
廖 莎	女	湘桥区城市管理和综合执法局	中华全国妇女联合会	全国巾帼建功标兵	2023.2
吴植桐	男	西新街道布梳街社区居民	中国共产党中央委员会宣传部（中央精神文明建设办公室）	2023年第一季度“中国好人”	2023.6
朱桂曼	女	湘桥区太平街道开元社区	司法部	全国模范人民调解员	2023.10

相关表格

2023年湘桥区各级文物保护单位情况表

级别	年代	名称	地址	公布时间
全国重点文物保护单位	宋代	笔架山潮州窑遗址	潮州市湘桥区桥东笔架山西麓	2001
	宋—明	广济桥	潮州市湘桥区广济楼外横跨韩江之上	1988
	宋	许驸马府	潮州市湘桥区中山路葡萄巷东府埕4号	1996
	唐—清	潮州开元寺	潮州市湘桥区开元路32号	2001
	清	己略黄公祠	潮州市湘桥区义安路铁巷2号	2001
	宋	韩文公祠	潮州市湘桥区桥东笔架山中峰西麓中轴	2006
	明—清	潮州老城古居民建筑群（14个点位）		2013
		辜厝巷林宅	潮州市湘桥区太平路辜厝巷1号	2013
		郑厝巷蔡宅	潮州市湘桥区太平路郑厝巷12号	2013
		甲第巷外翰第	潮州市湘桥区太平路甲第巷12号	2013
		甲第巷大夫第	潮州市湘桥区太平路甲第巷18号	2013
		德里旧家	潮州市湘桥区太平路辜厝巷7号	2013
		辜厝巷王宅	潮州市湘桥区太平路辜厝巷22号	2013
		兴宁巷大夫第	潮州市湘桥区太平路兴宁巷24号	2013
		红栏杆	潮州市湘桥区太平路辜厝巷10号	2013
		东府埕儒林第	潮州市湘桥区中山路葡萄巷东府埕2号	2013
		卓府	潮州市湘桥区中山路22号	2013
		马使埕闫宅	潮州市湘桥区中山路葡萄巷马使埕8号	2013
		青亭巷大夫第	潮州市湘桥区北马路青亭巷24号	2013
		黄尚书府	潮州市湘桥区上西平路2号	2013
		铁巷陈宅	潮州市湘桥区义安路铁巷20号	2013
广东省文物保护单位	明	凤凰塔	潮州市湘桥区桥东街道洇溪临韩江东北溪分叉之东南岸上	2002
	明	海阳县儒学宫	潮州市湘桥区昌黎路与文星路交界处	2003
	明	广济门城楼	潮州市湘桥区太平路东门街东端	1989/2002
	中华民国	涵碧楼	潮州市湘桥区环城西路西湖公园内	2002
	宋、中华民国	葫芦山摩崖石刻（20个点位）	潮州市湘桥区环城西路西湖公园内	2002
		葫芦山雷台石摩崖石刻		2002
		葫芦山玄武洞摩崖石刻		2002
		葫芦山青牛洞摩崖石刻		2002
		葫芦山寿安岩摩崖石刻		2002
		葫芦山栖霞亭摩崖石刻		2002
		葫芦山活人洞摩崖石刻		2002
		葫芦山艺苑摩崖石刻		2002
		葫芦山普同塔摩崖石刻		2002
		葫芦山芙蓉池摩崖石刻		2002
		葫芦山四望楼摩崖石刻		2002
		葫芦山文山亭摩崖石刻		2002
		葫芦山芙蓉池西面山麓摩崖石刻		2002

续表1

级别	年代	名称	地址	公布时间
广东省文物保护单位	宋、中华民国	葫芦山新苏亭摩崖石刻	潮州市湘桥区环城西路西湖公园内	2002
		葫芦山垂钓亭摩崖石刻		2002
		葫芦山地震办摩崖石刻		2002
		葫芦山雁塔摩崖石刻		2002
		葫芦山辟云洞摩崖石刻		2002
		葫芦山南岩南侧摩崖石刻		2002
		葫芦山高隐泉摩崖石刻		2002
		葫芦山龙舌坡摩崖石刻		2002
		刘嵩家族墓（4个点位）		2015
	唐	刘嵩墓	潮州市湘桥区桥东街道下津村桃坑	2015
	宋	刘允墓	潮州市湘桥区桥东街道下津村桃坑	2015
	宋	刘昉墓	潮州市湘桥区桥东街道下津村桃坑	2015
	宋	刘景墓	潮州市湘桥区桥东街道下津村绵德中学内（原桃坑村）操场南侧	2015
	宋	丁允元墓	潮州市湘桥区磷溪镇英山村	2015
	明	丁官大宗祠	潮州市湘桥区磷溪镇仙田三村	2022
	清	外江梨园公所	潮州市湘桥区太平路上水门街5号	2022
	中华民国	柯柏年故居（李春涛烈士故居）	潮州市湘桥区上西平路刘察巷15号	2022
	中华民国	黄埔军校潮州分校旧址—李厝祠	潮州市湘桥区中山路44号	2022
潮州市文物保护单位	中华民国	扶轮堂（潮安第一次工人代表大会旧址）	潮州市湘桥区太平路英聚巷20号	2011
	清	古大士庵	潮州市湘桥区义安路府仓内16号	2011
	清	葫芦山腰城遗址	潮州市湘桥区西湖街道西湖公园葫芦山上	1987
	中华民国	义井巷吴宅	潮州市湘桥区太平路义井巷25号	2011
	清	李宅祖墓	潮州市湘桥区凤新高厝堂村双篮山	2011
	明	上津方伯第	潮州市湘桥区意溪镇上津村向西路	2011
	新石器时代	海角山贝丘遗址	潮州市湘桥区意溪镇头塘村海角山	2011
	中华民国	文昌祠	潮州市湘桥区官塘镇苏二村新埠	2020
	清	娘祠古渡口	潮州市湘桥区铁铺镇石坵头村	2016
	明	石坵头陈氏家庙	潮州市湘桥区铁铺镇石坵头村	2020
	唐	北关窑址	潮州市湘桥区城西街道北关村	1987
	清	别峰古寺	潮州市湘桥区意溪镇橡埔村凤栖山别峰	2011
		刘氏祖墓群（3个点位）	潮州市湘桥区桥东街道下津村	2011
	明	陆川知县刘垓墓	潮州市湘桥区桥东街道下津村	2011
	明	化州推官刘默墓	潮州市湘桥区桥东街道下津村	2011
	明	登仕郎巡检刘枢墓	潮州市湘桥区桥东街道下津村	2011
	宋	陈增陈坦墓	潮州市湘桥区官塘镇巷下村狮山	2020
	明	谢氏世族宗祠	潮州市湘桥区南春路大宗祠巷口	2011
	宋	陈氏大宗祠	潮州市湘桥区官塘镇巷下村	1987
	清	安济王庙	潮州市湘桥区南堤路	2011
	清	英聚巷郑宅	潮州市湘桥区太平路英聚巷3号	2011
	明	石庵	潮州市湘桥区意溪镇桂坑村	1987
	元	刘英发墓	潮州市湘桥区意溪镇东洋堀村凤埔	2016
	清	八角楼寨	潮州市湘桥区铁铺镇八角楼村	2016
	明	凤凰台	潮州市湘桥区城西街道上洲村	1987
	清	凤凰洲天后宫	潮州市湘桥区仙洲岛凤凰洲公园内	2020

续表2

级别	年代	名称	地址	公布时间
潮州市文物保护单位	中华人民共和国	刘察巷曾宅	潮州市湘桥区上西平路刘察巷8号	2011
	中华民国	柯国泰烈士故居	潮州市湘桥区上西平路刘察巷12号	2020
	中华民国	铺埔儒林第（中共潮澄饶中心县委机关旧址）	潮州市湘桥区铁铺镇铺埔村	2020
	中华民国	叩齿庵（南昌起义军三师政治部旧址）	潮州市湘桥区下西平路道后巷16号	1987
	宋	马发墓	潮州市湘桥区城北金山顶	1987
		金山摩崖石刻（4个点位）	潮州市湘桥区金山上	1987
	宋	金山北阁佛灯摩崖石刻	潮州市湘桥区金山上	1987
	宋	金山陈厝楼摩崖石刻	潮州市湘桥区金山上	1987
	宋	金山南麓摩崖石刻	潮州市湘桥区金山上	1987
	宋	金山一览亭摩崖石刻	潮州市湘桥区金山上	1987
	清	潮州府城墙遗址	潮州市湘桥区环城西路西湖公园葫芦山上	1987
	明	忠节坊	潮州市湘桥区北马路忠节坊巷巷口	1987
	中华人民共和国	潮州革命烈士纪念碑	潮州市湘桥区环城西路西湖公园内	1987
	明	仙田旧家	潮州市湘桥区上东平路丁厝内	2011
	明	西马路庄宅（庄静庵宅）	潮州市湘桥区西马路22号	2011
	清	廖厝祠	潮州市湘桥区太平路旧县巷中段	2011
	宋	许驸马墓	潮州市湘桥区桥东下津村洗马桥埔	2011
	清	时钟楼（环城西路天主堂）	潮州市湘桥区环城西路市中心医院内	2011
	中华民国	陈桥大夫第	潮州市湘桥区凤新街道陈桥村	2011
	中华民国	下东平黄宅（黄宅庭园）	潮州市湘桥区下东平路305号	2011
	中华民国	猷巷46号陈宅	潮州市湘桥区太平路猷巷46号	2011
		府城古井（9个点位）	潮州市湘桥区古城区	2011
	清	开元古井	潮州市湘桥区湘桥街道开元居委会太平路与开元路交界处	2011
	清	广源街井	潮州市湘桥区湘桥街道开元居委会西马路广源街18号门口	2011
	清	弥勒佛井	潮州市湘桥区湘桥街道开元居委会义安路甘露井巷	2011
	宋	东门大井	潮州市湘桥区湘桥街道分司居委会太平路东门街	2011
	清	目镜井	潮州市湘桥区湘桥街道太昌居委会太平路梁厝巷口	2011
	清	古莲花井	潮州市湘桥区西湖街道杏花居委会西马路164号	2011
	明	太平路义井	潮州市湘桥区太平街道义兴居委会太平路义井巷口	2011
	清	四目古井	潮州市湘桥区太平街道砖亭巷居委会太平路南段郑厝巷口	2011
	清	子母泉	潮州市湘桥区西新街道布梳街居委会环城西路17号	2011
	清	梅益故居	潮州市湘桥区打银街小卞厝巷4号	2016
	明	黄府马房	潮州市湘桥区中山路葡萄巷东府埕	2016
	中华民国	潮汕铁路意溪站旧址	潮州市湘桥区西荣路	2019

2023年湘桥区省级历史文化保护街区情况表

序号	名称	位置	公布时间	简　　介
1	许驸马府历史文化街区	潮州古城北部	2021.3.12	许驸马府历史文化街区拥有保持宋代民居格局的国保文物建筑许驸马府、清代总兵府第卓府以及黄埔军校潮州分校旧址李厝祠等一批重要文物建筑，集中体现古城“北贵”的历史布局特征。许驸马府历史文化街区居多为传统府第民居与宗祠建筑，私家住宅主要建于明代和清代，系古代贵族官宦聚集地
2	太平路历史文化街区	潮州古城东部	2021.3.12	太平路旧称大街，历史上是潮州城的南北中轴线。太平路历史文化街区是潮州古城内风貌保存最完好的近代骑楼街，并且沿街分布二十三座石牌坊，集中展示潮州古城的传统文化和近代商业文化，体现古城“东财”的历史布局特征。如今的太平路，牌坊与骑楼相得益彰，保护和展示潮州历史文化名城的文化内涵和历史风貌
3	旧西门街历史文化街区	潮州古城西部	2021.3.12	旧西门街历史悠久、街巷两侧汇聚包括“竹竿厝”“趴狮”“下山虎”“反照”“四点金”等各类传统民居样式以及多样的入口装饰、山墙脊头、门窗铺地等建筑细部与装饰，是潮州历史文化遗存的重要组成部分，其中呈“驷马拖车”形式的黄尚书府更是潮州明代末期建筑的典范。街区内存留的打银街、小鱼市巷等传统街巷是历史上手工作坊汇聚之地，集中体现古城“西丁”的历史布局特征
4	南门义兴甲历史文化街区	潮州古城南部	2021.3.12	南门十大历史街巷包括猷巷、灶巷、义井巷、兴宁巷、甲第巷、家伙巷、石牌巷、辜厝巷、郑厝巷及庵巷，是潮州古城内保存文物建筑、历史建筑以及传统风貌建筑数量最多、分布最密的街区，集中体现古城“南富”的历史布局特征。其中又以义井巷、兴宁巷、甲第巷三大街巷最为盛名，2011年6月，“太平街义兴甲巷”被评为“中国十大历史文化名街”

2023年湘桥区非物质文化遗产项目情况表

序号	年度	项目类别	项目名称	级别
1	2006	传统音乐	潮州音乐	国级
2	2006	传统戏剧	潮剧	国级
3	2006	传统戏剧	潮州铁枝木偶戏	国级
4	2006	传统美术	潮绣	国级
5	2006	传统美术	潮州木雕	国级
6	2006	传统美术	潮州花灯	国级
7	2008	曲艺	潮州歌册	国级
8	2008	传统美术	潮州剪纸	国级
9	2008	传统技艺	潮州彩瓷烧制技艺	国级
10	2008	传统技艺	潮州瓷烧制技艺	国级
11	2008	民俗	潮州工夫茶艺	国级
12	2014	传统美术	潮州抽纱	国级
13	2022	传统美术	珠绣	国级
14	2022	传统技艺	潮州菜烹饪技艺	国级
15	2007	传统舞蹈	潮州鲤鱼舞	省级
16	2009	民俗	潮州出花园	省级
17	2009	传统美术	潮州麦秆剪贴画	省级
18	2009	民间文学	陈三五娘传说	省级
19	2012	民俗	潮州青龙庙会	省级
20	2013	传统技艺	潮州金银錾刻技艺	省级
21	2015	传统技艺	潮州传统建筑木结构技艺	省级
22	2015	民间文学	潮州歌谣	省级
23	2015	传统美术	潮州推光金漆画	省级
24	2018	传统音乐	潮州佛乐——禅和板	省级
25	2018	传统技艺	潮州佛手果（老香黄）制作技艺	省级
26	2018	传统医药	潮州暑茶	省级

续表

序号	年度	项目类别	项目名称	级别
27	2022	传统音乐	潮州大锣鼓演奏技艺	省级
28	2022	传统技艺	潮州腐乳饼制作技艺	省级
29	2022	传统音乐	潮州畲歌	省级
30	2022	传统美术	潮州玉雕	省级
31	2017	曲艺	潮州讲古	市级
32	2023	传统美术	潮州粉塑技艺	市级
33	2011	传统技艺	潮州蜡石造型技艺	市级
34	2015	传统技艺	潮州玉雕（鼻烟壶）制作技艺	市级
35	2018	传统技艺	潮州菜头粿制作技艺	市级
36	2018	传统技艺	潮州草粿制作技艺	市级
37	2018	传统技艺	潮州春饼制作技艺	市级
38	2018	传统技艺	潮州反沙芋制作技艺	市级
39	2018	传统技艺	潮州甘草水果制作技艺	市级
40	2018	传统技艺	潮州糕粿制作技艺	市级
41	2018	传统技艺	潮州粿汁制作技艺	市级
42	2018	传统技艺	潮州蚝烙制作技艺	市级
43	2018	传统技艺	潮州红桃粿制作技艺	市级
44	2018	传统技艺	潮州金钱酥柑制作技艺	市级
45	2018	传统技艺	潮州腐饼制作技艺	市级
46	2018	传统技艺	潮州落汤钱（糯米糍）制作技艺	市级
47	2018	传统技艺	潮州牛肉丸制作技艺	市级
48	2018	传统技艺	潮州糯米猪肠制作技艺	市级
49	2018	传统技艺	潮州沙茶粿制作技艺	市级
50	2018	传统技艺	潮州鼠壳粿制作技艺	市级
51	2018	传统技艺	潮州虾饼制作技艺	市级
52	2018	传统技艺	潮州咸水粿制作技艺	市级
53	2018	传统技艺	潮州鸭母捻制作技艺	市级
54	2018	传统技艺	潮州鱼饺制作技艺	市级
55	2018	传统技艺	潮州鱼生制作技艺	市级
56	2018	传统技艺	潮州糟肉制作技艺	市级
57	2018	传统技艺	潮州粽球制作技艺	市级
58	2023	传统技艺	潮州鼓制作技艺	市级
59	2023	传统技艺	潮州卤鹅	市级
60	2023	传统医药	黄氏正骨中医疗法	市级
61	2023	民俗	潮州挽面	市级
62	2009	传统技艺	潮州小食	区级
63	2022	传统技艺	潮州手拉壶制作技艺	区级
64	2022	传统技艺	潮州姑嫂香腐制作技艺	区级

2023年湘桥区非物质文化遗产项目代表性传承人情况表

序号	年度	项目分类	项目名称	传承人资料			级别
				姓名	性别	出生	
1	2023	民间文学	潮州歌册	许瑾英	女	1967	区级
2	2018	民间文学	潮州歌谣	林朝虹	女	1970	省级
3	2015	民间文学	潮州歌谣	丁丽曼	女	1963	市级
4	2018	民间文学	潮州歌谣	丁怀宇	男	1977	市级
5	2020	民间文学	潮州歌谣	余冬毅	女	1979	区级
6	2020	传统音乐	潮州音乐	庄楷伟	男	1987	市级
7	2022	传统音乐	潮州音乐	陈邦煌	男	1961	市级
8	2023	传统音乐	潮州音乐	林　纯	女	1967	区级
9	2023	传统音乐	潮州音乐	丁泽楷	男	1988	区级
10	2020	传统音乐	潮州音乐	杨森谋	男	1975	区级
11	2023	传统音乐	潮州音乐	郑树丰	男	1978	区级
12	2023	传统音乐	潮州音乐	陈妙璇	女	1982	区级
13	2023	传统音乐	潮州音乐	丁纯峻	男	1989	区级
14	2023	传统音乐	潮州音乐	陈　平	男	1973	区级
15	2023	传统音乐	潮州音乐	许灿纯	男	1989	区级
16	2012	传统音乐	潮州大锣鼓	杨俊成	男	1965	市级
17	2014	传统音乐	潮州大锣鼓	施绍春	男	1959	市级
18	2018	传统音乐	潮州大锣鼓	王茂标	男	1952	市级
19	2018	传统音乐	潮州大锣鼓	谢楚伟	男	1974	市级
20	2012	传统音乐	潮州大锣鼓	黄义孝	男	去世	区级
21	2012	传统音乐	潮州大锣鼓	陈镇锡	男	1945	区级
22	2015	传统音乐	潮州大锣鼓	黄少杰	男	1984	区级
23	2018	传统音乐	潮州大锣鼓	王春声	男	1964	区级
24	2018	传统音乐	潮州大锣鼓	陈育灿	男	1988	区级
25	2023	传统音乐	潮州大锣鼓演奏技艺	丁双树	男	1963	区级
26	2023	传统音乐	潮州大锣鼓演奏技艺	陈政忠	男	1967	区级
27	2023	传统音乐	潮州佛乐——禅和板	李丰斌	男	1982	区级
28	2023	传统舞蹈	潮州鲤鱼舞	文英烈	男	1975	区级
29	2023	传统舞蹈	潮州鲤鱼舞	刘少明	男	1975	区级
30	2023	传统舞蹈	潮州鲤鱼舞	谢培贤	男	1982	区级
31	2023	传统戏剧	潮剧	许佳娜	女	1977	区级
32	2023	传统戏剧	潮剧	陈晓霞	女	1982	区级
33	2023	传统戏剧	潮剧	颜志伟	男	1982	区级
34	2023	传统戏剧	潮剧	丁佩虹	男	1975	区级
35	2023	传统戏剧	潮州铁枝木偶戏	丁梓铭	男	1990	区级
36	2018	曲艺	潮州讲古	庄明炯	男	1950	市级
37	2017	曲艺	潮州讲古	余　真	女	1970	区级
38	2020	曲艺	潮州讲古	洪银浩	男	1986	区级
39	2023	曲艺	潮州讲古	李礼钊	男	1982	区级
40	2011	传统美术	潮州麦秆剪贴画	林利飞	男	1947	省级
41	2012	传统美术	潮州麦秆剪贴画	方志伟	男	1956	省级
42	2014	传统美术	潮州麦秆剪贴画	李光荣	男	1954	省级
43	2012	传统美术	潮州麦秆剪贴画	刘桂荣	男	1957	市级

续表1

序号	年度	项目分类	项目名称	传承人资料			级别
				姓名	性别	出生	
44	2014	传统美术	潮州麦秆剪贴画	蔡小尹	男	1956	市级
45	2014	传统美术	潮州麦秆剪贴画	李两丰	男	1967	市级
46	2018	传统美术	潮州麦秆剪贴画	郑　和	男	1961	市级
47	2018	传统美术	潮州麦秆剪贴画	石敬潮	男	1950	市级
48	2020	传统美术	潮州麦秆剪贴画	郑烨娃	女	1985	区级
49	2023	传统技艺	潮州麦秆剪贴画	李　媛	女	1991	区级
50	2023	传统美术	潮州推光金漆画	陈　淇	男	1989	区级
51	2023	传统美术	潮州鼻烟壶制作技艺	蔡荣祥	男	1982	区级
52	2023	传统美术	(粤绣)珠绣	许允荃	男	1981	区级
53	2023	传统美术	(粤绣)珠绣	林　阳	男	1972	区级
54	2023	传统美术	(粤绣)珠绣	黄晴文	女	1964	区级
55	2023	传统美术	潮绣	张佩霞	女	1974	区级
56	2020	传统美术	潮绣	周　溢	女	1985	区级
57	2023	传统美术	潮绣	丁春莲	女	1970	区级
58	2023	传统美术	潮绣	黄雪玲	女	1979	区级
59	2023	传统美术	潮绣	孙天诚	男	1995	区级
60	2023	传统美术	潮绣	佘旭垒	女	1993	区级
61	2023	传统美术	潮绣	詹惠娜	女	1985	区级
62	2023	传统美术	潮绣	董碧蝉	女	1969	区级
63	2023	传统美术	潮绣	林楚罡	男	1995	区级
64	2023	传统美术	潮绣	谢秀华	女	1980	区级
65	2023	传统美术	潮州抽纱	张哲翰	男	1991	区级
66	2023	传统美术	潮州抽纱	许碧纯	女	1981	区级
67	2023	传统美术	潮州粉塑技艺	章楚鑫	男	1963	市级
68	2009	传统美术	潮州花灯	林汉彬	男	去世	国家级
69	2018	传统美术	潮州花灯	刘耀生	男	1962	国家级
70	2012	传统美术	潮州花灯	沈增华	男	1955	省级
71	2014	传统美术	潮州花灯	林　衡	男	1967	市级
72	2018	传统美术	潮州花灯	林　瑜	女	1965	市级
73	2018	传统美术	潮州花灯	黄　韬	男	1986	市级
74	2018	传统美术	潮州花灯	黄秋权	男	1970	市级
75	2023	传统美术	潮州剪纸	洪　蕊	女	1984	区级
76	2023	传统美术	潮州剪纸	庄喜娇	女	1973	区级
77	2007	传统美术	潮州木雕	陈培臣	男	1951	国家级
78	2007	传统美术	潮州木雕	李得浓	男	去世	国家级
79	2012	传统美术	潮州木雕	辜柳希	男	1956	国家级
80	2012	传统美术	潮州木雕	金子松	男	1958	省级
81	2012	传统美术	潮州木雕	陈绍明	男	去世	市级
82	2013	传统美术	潮州木雕	陈素民	男	1970	市级
83	2013	传统美术	潮州木雕	卢臣杨	男	1946	市级
84	2014	传统美术	潮州木雕	陈培希	男	1964	市级
85	2014	传统美术	潮州木雕	卢进文	男	1974	市级
86	2015	传统美术	潮州木雕	郑庆明	男	1957	市级

续表2

序号	年度	项目分类	项目名称	传承人资料			级别
				姓名	性别	出生	
87	2018	传统美术	潮州木雕	郭少俊	男	1967	市级
88	2018	传统美术	潮州木雕	辜培东	男	1983	市级
89	2017	传统美术	潮州木雕	陈树典	男	1982	区级
90	2020	传统美术	潮州木雕	陈　嘉	女	1993	区级
91	2020	传统美术	潮州木雕	陈树远	男	1987	区级
92	2020	传统美术	潮州木雕	卢庆合	男	1976	区级
93	2023	传统美术	潮州木雕	陈标楠	男	1989	区级
94	2023	传统美术	潮州木雕	陈　锚	女	1991	区级
95	2023	传统美术	潮州木雕	陈　湘	男	1997	区级
96	2023	传统美术	潮州木雕	辜培加	男	1990	区级
97	2023	传统美术	潮州木雕	卢壁芹	女	1968	区级
98	2023	传统美术	潮州木雕	李照一	男	1981	区级
99	2023	传统美术	潮州木雕	陈湘煌	男	1988	区级
100	2022	传统美术	潮州玉雕	杨绍武	男	1949	市级
101	2022	传统美术	潮州玉雕	谢湘明	男	1974	市级
102	2020	传统美术	潮州玉雕	柯玉昭	男	1982	区级
103	2023	传统美术	潮州玉雕	谢丹杰	男	1985	区级
104	2023	传统美术	潮州玉雕	蔡雪莹	女	1975	区级
105	2023	传统技艺	潮州彩瓷烧制技艺	张热云	女	1971	区级
106	2023	传统技艺	潮州彩瓷烧制技艺	叶树朋	男	1994	区级
107	2023	传统技艺	潮州彩瓷烧制技艺	郑金发	男	1956	区级
108	2023	传统技艺	潮州彩瓷烧制技艺	曾陈耿	男	1964	区级
109	2023	传统技艺	潮州彩瓷烧制技艺	谢伟丹	男	1984	区级
110	2023	传统技艺	潮州彩瓷烧制技艺	陈潮辉	男	1965	区级
111	2023	传统技艺	潮州彩瓷烧制技艺	郑俊波	男	1970	区级
112	2023	传统技艺	潮州彩瓷烧制技艺	陈纯弟	女	1979	区级
113	2023	传统技艺	潮州彩瓷烧制技艺	余秀华	女	1973	区级
114	2023	传统技艺	潮州彩瓷烧制技艺	林绍兵	男	1990	区级
115	2023	传统技艺	潮州彩瓷烧制技艺	谢洁莉	女	1970	区级
116	2023	传统技艺	潮州彩瓷烧制技艺	黄岸然	男	1973	区级
117	2023	传统技艺	潮州彩瓷烧制技艺	谢俏洁	女	1970	区级
118	2023	传统技艺	潮州彩瓷烧制技艺	谢绍泉	男	1969	区级
119	2011	传统技艺	潮州菜烹饪技艺	方树光	男	1955	省级
120	2012	传统技艺	潮州菜烹饪技艺	刘宗桂	男	1967	省级
121	2014	传统技艺	潮州菜烹饪技艺	吴前强	男	1959	省级
122	2012	传统技艺	潮州菜烹饪技艺	郑著阳	男	1955	市级
123	2015	传统技艺	潮州菜烹饪技艺	陈俊生	男	1968	市级
124	2015	传统技艺	潮州菜烹饪技艺	苏培明	男	1967	市级
125	2018	传统技艺	潮州菜烹饪技艺	孙文生	男	1968	市级
126	2022	传统技艺	潮州菜烹饪技艺	苏和伟	男	1968	市级
127	2023	传统技艺	潮州菜烹饪技艺	邹　奇	男	1976	区级
128	2013	传统技艺	潮州菜烹饪技艺	王邦强	男	1951	区级
129	2017	传统技艺	潮州菜烹饪技艺	彭湘群	男	1974	区级

续表3

序号	年度	项目分类	项目名称	传承人资料			级别
				姓名	性别	出生	
130	2020	传统技艺	潮州菜烹饪技艺	陈奕镇	男	1965	区级
131	2020	传统技艺	潮州菜烹饪技艺	方泽生	男	1989	区级
132	2020	传统技艺	潮州菜烹饪技艺	谢海平	男	1973	区级
133	2023	传统技艺	潮州菜烹饪技艺	张　生	男	1960	区级
134	2014	传统技艺	潮州金银錾刻技艺	许秋泉	男	1952	省级
135	2018	传统技艺	潮州金银錾刻技艺	李楚良	男	1946	市级
136	2015	传统技艺	潮州金银錾刻技艺	郑先永	男	1968	区级
137	2020	传统技艺	潮州金银錾刻技艺	黄煜榆	男	1982	区级
138	2023	传统技艺	潮州金银錾刻技艺	郑先保	男	1977	区级
139	2012	传统技艺	潮州蜡石造型技艺	林仰青	男	去世	市级
140	2014	传统技艺	潮州蜡石造型技艺	杨树雄	男	1965	市级
141	2014	传统技艺	潮州蜡石造型技艺	陈伟华	男	1960	市级
142	2018	传统技艺	潮州蜡石造型技艺	曾荣文	男	1963	市级
143	2018	传统技艺	潮州蜡石造型技艺	王小荣	男	1958	市级
144	2015	传统技艺	潮州蜡石造型技艺	朱旭佳	男	1963	区级
145	2023	传统技艺	潮州蜡石造型技艺	许俊生	男	1972	区级
146	2023	传统技艺	潮州朥饼制作技艺	范丽文	女	1964	区级
147	2023	传统技艺	潮州朥饼制作技艺	范娇银	女	1983	区级
148	2023	传统技艺	潮州红桃粿制作技艺	龙素明	女	1974	区级
149	2023	传统技艺	潮州红桃粿制作技艺	林静卿	女	1975	区级
150	2023	传统技艺	潮州鼠壳粿制作技艺	刘宗楷	男	1959	区级
151	2023	传统技艺	潮州鼠壳粿制作技艺	池淑娴	女	1973	区级
152	2023	传统技艺	潮州粽球制作技艺	谢小明	男	1965	区级
153	2023	传统技艺	潮州粽球制作技艺	龙素玲	女	1980	区级
154	2023	传统技艺	潮州牛肉丸制作技艺	丁伟忠	男	1970	区级
155	2023	传统技艺	潮州牛肉丸制作技艺	方永忠	男	1977	区级
156	2023	传统技艺	潮州牛肉丸制作技艺	陈锐彬	男	1980	区级
157	2023	传统技艺	潮州牛肉丸制作技艺	陈锐海	男	1987	区级
158	2023	传统技艺	潮州鱼饺制作技艺	余　辉	男	1986	区级
159	2023	传统技艺	潮州糕粿制作技艺	范少灿	男	1988	区级
160	2023	传统技艺	潮州春饼制作技艺	胡梓斌	女	1992	区级
161	2023	传统技艺	潮州鸭母捻制作技艺	胡小鸿	男	1964	区级
162	2023	传统技艺	潮州鸭母捻制作技艺	刘春炎	男	1981	区级
163	2023	传统技艺	潮州鱼生制作技艺	傅旭良	男	1970	区级
164	2023	传统技艺	潮州鱼生制作技艺	陈喜武	男	1981	区级
165	2023	传统技艺	潮州菜头粿制作技艺	刘宗伟	男	1968	区级
166	2023	传统技艺	潮州糟肉制作技艺	陈明宏	男	1965	区级
167	2023	传统技艺	潮州虾饼制作技艺	卢银华	男	1978	区级
168	2023	传统技艺	潮州金钱酥柑制作技艺	林钊炜	男	1974	区级
169	2023	传统技艺	潮州金钱酥柑制作技艺	陈楚杰	男	1990	区级
170	2023	传统技艺	潮州蚝烙制作技艺	陈绍武	男	1976	区级
171	2023	传统技艺	潮州反沙芋制作技艺	张传凯	男	1973	区级
172	2023	传统技艺	潮州反沙芋制作技艺	罗喜亮	男	1976	区级

续表4

序号	年度	项目分类	项目名称	传承人资料			级别
				姓名	性别	出生	
173	2023	传统技艺	潮州卤鹅	刘喜泉	男	1985	区级
174	2023	传统技艺	潮州卤鹅	刘培群	男	1974	区级
175	2023	传统技艺	潮州卤鹅	陆彦彬	男	1986	区级
176	2023	传统技艺	潮州卤鹅	刘楚敏	男	1976	区级
177	2023	传统技艺	潮州鼓制作技艺	叶散辉	男	1964	区级
178	2023	传统技艺	潮州鼓制作技艺	陈国生	男	1967	区级
179	2015	传统技艺	潮州传统建筑木结构技艺	肖楚明	男	1950	省级
180	2023	传统技艺	潮州传统建筑木结构技艺	肖淳圭	男	1983	区级
181	2023	传统技艺	潮州瓷烧制技艺	吴建伟	男	1968	区级
182	2023	传统技艺	潮州佛手果制作技艺	陈名福	男	1982	区级
183	2023	传统技艺	潮州佛手果制作技艺	范钰淳	女	1986	区级
184	2023	传统技艺	潮州腐乳饼制作技艺	陈建伟	男	1965	区级
185	2023	传统技艺	潮州腐乳饼制作技艺	陈博文	男	1985	区级
186	2023	传统技艺	潮州落汤钱（糯米糍）制作技艺	翁 群	男	1981	区级
187	2023	传统技艺	潮州落汤钱（糯米糍）制作技艺	颜杰辉	男	1979	区级
188	2023	传统技艺	潮州手拉壶制作技艺	郑 颖	男	1979	区级
189	2023	传统技艺	潮州手拉壶制作技艺	章泽伟	男	1984	区级
190	2023	传统技艺	潮州手拉壶制作技艺	章炜勤	男	1982	区级
191	2023	传统技艺	潮州手拉壶制作技艺	谢思逸	男	1987	区级
192	2023	传统技艺	潮州手拉壶制作技艺	钟贵河	男	1990	区级
193	2023	传统技艺	潮州手拉壶制作技艺	罗文锐	男	1987	区级
194	2023	传统技艺	潮州手拉壶制作技艺	江流松	男	1972	区级
195	2015	传统技艺	潮州牛肉丸制作技艺	阮荣辉	男	1968	区级
196	2017	传统技艺	潮州姑嫂香腐制作技艺	陈宏耀	男	1951	区级
197	2023	传统医药	潮州暑茶	吴树铎	男	1979	区级
198	2023	传统医药	黄氏正骨中医疗法	黄芪波	男	1991	区级
199	2023	民俗	潮州挽面	李炯燕	女	1982	区级
200	2023	民俗	潮州工夫茶艺	叶青青	女	1992	区级
201	2023	民俗	潮州工夫茶艺	林秀玲	女	1971	区级
202	2020	民俗	潮州工夫茶艺	郑 榕	女	1982	区级
203	2023	民俗	潮州工夫茶艺	黄灼琳	女	1993	区级
204	2023	民俗	潮州工夫茶艺	洪丽纯	女	1990	区级
205	2023	民俗	潮州工夫茶艺	黄金婉	女	1981	区级
206	2023	民俗	潮州工夫茶艺	林清绚	女	1986	区级
207	2023	民俗	潮州工夫茶艺	林 涛	男	1994	区级
208	2023	民俗	潮州工夫茶艺	杨 丹	女	1990	区级
209	2023	民俗	潮州工夫茶艺	周 爽	女	1978	区级
210	2023	民俗	潮州工夫茶艺	郑丹蓉	女	1990	区级
211	2023	民俗	潮州工夫茶艺	陈禧凡	男	1983	区级
212	2023	民俗	潮州工夫茶艺	余妙芳	女	1986	区级
213	2023	民俗	潮州工夫茶艺	吴定明	女	1990	区级
214	2023	民俗	潮州工夫茶艺	李 炯	男	1983	区级
215	2023	民俗	潮州工夫茶艺	方云帆	男	1972	区级

2023年湘桥区体育设施情况表

序号	属地	名称	地址	运动项目	面积（m^3）
1	桥东	下津村足球场	桥东街道下津村	足球	480
2	桥东	黄金塘村卢厝小广场	桥东街道黄金塘村卢厝	综合性	800
3	桥东	卧石村党建文化广场	桥东街道卧石村大队埕	综合性	2300
4	桥东	卧石村党建文体广场	桥东街道卧石村四队埕旁	综合性	3000
5	桥东	卧石村龟山埕小广场	桥东街道卧石村龟山路	综合性	1400
6	桥东	卧石村象鼻小广场	桥东街道卧石村象鼻	综合性	230
7	桥东	社光村党建公园	桥东街道社光村四亩头	综合性	300
8	桥东	社光村文化公园	桥东街道社光村北溪下路	综合性	2600
9	桥东	社光村小广场	桥东街道社光村北溪上路后沟埔	综合性	100
10	桥东	六亩村文化公园	六亩村委前	综合性	1200
11	桥东	黄金塘何厝山公园	黄金塘何厝山	综合性	40000
12	桥东	黄金塘民俗文化公园	交警旁	综合性	1500
13	桥东	黄金塘村文化公园	黄金塘球场	综合性	1000
14	城西	雷龙篮球运动中心	城西街道北美路	篮球	1800
15	城西	北关健身广场	城西街道北关村	综合性	5000
16	城西	下洲健身广场	城西街道下洲村	综合性	200
17	城西	前街文化活动中心	城西街道吉街前街村	综合性	300
18	城西	新乡健身小广场	城西街道吉街新乡大池顶	综合性	120
19	城西	古美篮球场2个	城西街道古美村	篮球	2000
20	城西	坤辉家园健身中心	城西街道新南社区坤辉	综合性	150
21	城西	上洲篮球场	城西街道上洲村宫前	综合性	1500
22	城西	北园健身广场	城西街道北园社区玉兰园后面兰花一街	综合性	500
23	城西	老人活动中心	厦寺直街老人活动中心	综合性	200
24	凤新	博武体育馆	凤新街道立信路	篮球、羽毛球、散打	2400
25	凤新	云梯村体育公园	凤新街道云梯村	综合性	10000
26	凤新	大园村足球场	凤新街道大园村	足球	470
27	凤新	竹围村足球场	凤新街道竹围村	足球	500
28	凤新	富丽公园足球场1	凤新街道外环北路	足球	2500
29	凤新	富丽公园足球场2	凤新街道外环北路	足球	1500
30	凤新	陈桥文体广场	凤新街道陈桥村	综合性	6000
31	凤新	凤山文体广场	凤新街道凤山村	综合性	2400
32	凤新	花园文体广场	凤新街道花园村	综合性	600
33	凤新	高厝塘文体广场	凤新街道高厝塘村	综合性	800
34	凤新	大新乡文体广场	凤新街道大新乡村	综合性	2500
35	凤新	云梯文体广场	凤新街道云梯村	综合性	2500
36	凤新	东埔文体广场	凤新街道东埔村	综合性	1500
37	凤新	莲云文体广场	凤新街道莲云村	综合性	4000
38	凤新	竹围文体广场	凤新街道竹围村	综合性	900
39	凤新	西塘文体广场	凤新街道西塘村	综合性	1200
40	凤新	田中文体广场	凤新街道田中村	综合性	600
41	凤新	大园文体广场	凤新街道大园村	综合性	2000
42	凤新	奎元文体广场	凤新街道奎元社区	综合性	6600
43	凤新	万绿文体广场	凤新街道万绿社区	综合性	800
44	凤新	宜园文体广场	凤新街道宜园社区	综合性	600
45	凤新	宏天文体广场	凤新街道宏天社区	综合性	1200
46	意溪	中津村体育公园	意溪镇中津村	综合性	3000

续表1

序号	属地	名称	地址	运动项目	面积（m³）
47	意溪	永安村足球场	意溪镇永安村	足球	800
48	意溪	坪埔村足球场	意溪镇坪埔村	足球	280
49	意溪	金山大桥湿地公园	意溪镇寨内、坝街社区	综合性	15000
50	意溪	中津村文体广场	意溪镇中津村	综合性	1000
51	意溪	石牌村文体广场	意溪镇石牌村	综合性	1200
52	意溪	锡美村文体广场	意溪镇锡美村	综合性	2000
53	意溪	坪埔村文体广场	意溪镇坪埔村	综合性	800
54	意溪	桂坑村文体广场	意溪镇桂坑村	综合性	1200
55	意溪	荆山村文体广场	意溪镇荆山村	综合性	800
56	意溪	后径村文体广场	意溪镇后径村	综合性	1000
57	意溪	小陂村文体广场	意溪镇小陂村	综合性	1200
58	意溪	书厝楼村文体广场	意溪镇书厝楼村	综合性	660
59	意溪	头塘村文体广场	意溪镇头塘村	综合性	1500
60	意溪	下坪村文体广场	意溪镇下坪村	综合性	365
61	意溪	上津村文体广场	意溪镇上津村	综合性	780
62	意溪	古庵村文体广场	意溪镇古庵村	综合性	800
63	意溪	西都村文体广场	意溪镇西都村	综合性	1500
64	意溪	樟埔村文体广场	意溪镇樟埔村	综合性	1800
65	意溪	永安村文体广场	意溪镇永安村	综合性	200
66	意溪	长和社区文体广场	意溪镇长和社区	综合性	200
67	意溪	寨内社区文体广场	意溪镇寨内社区	综合性	300
68	磷溪	仙河村足球场	磷溪镇仙河村	足球	1600
69	磷溪	福聚村活动场地	磷溪镇福聚村	综合性	2000
70	磷溪	塘边村活动场地	磷溪镇塘边村	综合性	600
71	磷溪	仙田一村活动场地	磷溪镇仙田一村	综合性	2400
72	磷溪	仙田二村活动场地	磷溪镇仙田二村	综合性	1300
73	磷溪	仙田三村活动场地	磷溪镇仙田三村	综合性	2000
74	磷溪	凤美村活动场地	磷溪镇凤美村	综合性	200
75	磷溪	埔涵村活动场地	磷溪镇埔涵村	综合性	500
76	磷溪	窖美村活动场地	磷溪镇窖美村	综合性	2000
77	磷溪	田心村活动场地	磷溪镇田心村	综合性	400
78	磷溪	顶厝洲村活动场地	磷溪镇顶厝洲村	综合性	100
79	磷溪	仙河村活动场地	磷溪镇仙河村	综合性	2000
80	磷溪	塔后村活动场地	磷溪镇塔后村	综合性	400
81	磷溪	急水村活动场地	磷溪镇急水村	综合性	400
82	磷溪	饶砂村活动场地	磷溪镇饶砂村	综合性	200
83	磷溪	后洋堤村活动场地	磷溪镇后洋堤村	综合性	200
84	磷溪	仙美村活动场地	磷溪镇仙美村	综合性	1100
85	磷溪	北堤村活动场地	磷溪镇北堤村	综合性	500
86	磷溪	旸山村活动场地	磷溪镇旸山村	综合性	3000
87	磷溪	内坑村活动场地	磷溪镇内坑村	综合性	800
88	磷溪	美堤村活动场地	磷溪镇美堤村	综合性	600
89	磷溪	岗湖村活动场地	磷溪镇岗湖村	综合性	250
90	磷溪	溪口一村活动场地	磷溪镇溪口一村	综合性	500
91	磷溪	溪口二村活动场地	磷溪镇溪口二村	综合性	1300
92	磷溪	溪口三村活动场地	磷溪镇溪口三村	综合性	1200

续表2

序号	属地	名称	地址	运动项目	面积（m³）
93	磷溪	溪口四村活动场地	磷溪镇溪口四村	综合性	1000
94	磷溪	溪口五村活动场地	磷溪镇溪口五村	综合性	1200
95	磷溪	溪口七村活动场地	磷溪镇溪口七村	综合性	600
96	磷溪	溪口八村活动场地	磷溪镇溪口八村	综合性	400
97	磷溪	英山村活动场地	磷溪镇英山村	综合性	1000
98	磷溪	西坑村活动场地	磷溪镇西坑村	综合性	850
99	磷溪	芦庄村活动场地	磷溪镇芦庄村	综合性	300
100	官塘	元房村体育公园	官塘镇元房村	综合性	1000
101	官塘	巷下村体育公园	官塘镇巷下村	综合性	1800
102	官塘	顶乡村足球场	官塘镇顶乡村	足球	950
103	官塘	巷头村足球场	官塘镇巷头村	足球	700
104	官塘	奕东村文化广场	官塘镇奕东村	综合性	5000
105	官塘	象山村文化广场	官塘镇象山村	综合性	4666
106	官塘	巷头村文化广场	官塘镇巷头村	综合性	2333
107	官塘	苏三堤边文体广场	官塘镇苏三村	综合性	2200
108	官塘	苏二文昌祠小公园	官塘镇苏二村	综合性	2666
109	官塘	顶乡村文化广场	官塘镇顶乡村	综合性	2000
110	官塘	石湖村文化广场	官塘镇石湖村	综合性	1700
111	官塘	宫头村文化广场	官塘镇宫头村	综合性	900
112	官塘	城甲村文化广场	官塘镇城甲村	综合性	1000
113	官塘	元房村文化广场	官塘镇元房村	综合性	1500
114	官塘	奕湖村文化广场	官塘镇奕湖村	综合性	1600
115	铁铺	坎下健身广场	铁铺镇坎下村	综合性	1600
116	铁铺	灰荣健身广场	铁铺镇灰荣村	综合性	1200
117	铁铺	坑巷健身广场	铁铺镇坑巷村	综合性	1301
118	铁铺	石垅头健身广场	铁铺镇石垅头村	综合性	1250
119	铁铺	山后健身广场	铁铺镇山后村	综合性	1803
120	铁铺	桂林健身广场	铁铺镇桂林村	综合性	2200
121	铁铺	东山前健身广场	铁铺镇东山前村	综合性	1100
122	铁铺	溪美健身广场	铁铺镇溪美村	综合性	2000
123	铁铺	小溪健身广场	铁铺镇小溪村	综合性	920
124	铁铺	溪头健身广场	铁铺镇溪头村	综合性	1450
125	铁铺	西陇健身广场	铁铺镇西陇村	综合性	2600
126	铁铺	五乡健身广场	铁铺镇五乡村	综合性	3200
127	铁铺	尚书健身广场	铁铺镇尚书村	综合性	980
128	铁铺	巷口健身广场	铁铺镇巷口村	综合性	1400
129	铁铺	仙岩健身广场	铁铺镇仙岩村	综合性	1350
130	铁铺	坑门健身广场	铁铺镇坑门村	综合性	2000
131	铁铺	八角楼健身广场	铁铺镇八角楼村	综合性	3500
132	铁铺	石板健身广场	铁铺镇石板村	综合性	1600
133	铁铺	铺埔健身广场	铁铺镇铺埔村	综合性	3784
134	铁铺	梅州板健身广场	铁铺镇梅州板村	综合性	430
135	铁铺	詹罗田健身广场	铁铺镇詹罗田村	综合性	700
136	铁铺	嫌水坑健身广场	铁铺镇嫌水坑村	综合性	850
137	铁铺	大坑健身广场	铁铺镇大坑村	综合性	1700

2023年湘桥区幼儿园情况表

序号	幼儿园名称	地址	开办时间	幼儿数（人）	教学班级(个)	教职工数(人)	占地面积（m²）	建筑面积（m²）	级别	体制
1	湘桥区中心幼儿园	太平街道太平路122号	2020.1	325	11	32	3836	3836	市一级	公办
2	湘桥区中心幼儿园娃哈哈中英文分园	凤新街道绿榕北路中段浮陇山工业区	2020.12	328	13	35	2160	6600	市一级	公办分园
3	湘桥区中心幼儿园娃哈哈西荣分园	西湖街道西荣路10号	2020.12	260	11	37	2030	3992	市一级	公办分园
4	湘桥区中心幼儿园娃哈哈枫春分园	城西街道枫春南路361号	2020.12	518	21	60	2500	2968	市一级	公办分园
5	湘桥区中心幼儿园娃哈哈环城分园	太平街道环城西路32号	2020.12	508	19	56	2532	6000	市一级	公办分园
6	湘桥区中心幼儿园娃哈哈凤园分园	凤新街道凤园路凤山管区	2020.12	388	13	32	1850	6014		公办分园
7	湘桥区中心幼儿园娃哈哈新城分园	桥东街道东山路中段	2020.12	544	21	51	2350	4667	市一级	公办分园
8	湘桥区中心幼儿园娃哈哈新桥分园	城西街道新桥西路376号	2023.3	232	9	22	2217.41	1839.96		公办分园
9	湘桥区中心幼儿园快乐（春荣）分园	凤新街道春荣路兰花四街	2017.12	181	7	28	2437	2800		公办分园
10	湘桥区小太阳幼儿园	西新街道西新路15号	1988.5	35	4	5	500	940	区一级	集体办
11	湘桥区快乐幼儿园	西新街道趣春路一横一巷	2006.5	268	10	32	600	2106.76		公办
12	湘桥区快乐幼儿园（恒大园）	桥东街道黄金塘村山地头	2021.9	148	5	23	2000	4850		民办普惠
13	湘桥区快乐幼儿园（枫春园）	城西街道枫春路中段吉园街高峰楼	2021.12	285	11	39	2067.53	2434.77		民办普惠
14	湘桥区快乐幼儿园（凤新园）	凤新街道大园社道路（大园学校路北侧）	2022.12	120	6	22	6169.82	7685		民办普惠
15	湘桥区快乐幼儿园（翰林园）	桥东街道金碧路2号碧桂园翰林府二期六幢东侧	2023.1	123	6	25	2501.92	2577.47		民办普惠
16	湘桥区娃娃乐幼儿园	南春街道南较路春福街春福园	1996.11	42	3	11	566.76	510.95		民办普惠
17	湘桥区娃娃乐中心幼儿园	潮州市湘桥区永春北路丽春街综合楼中艺大厦(潮州市花园湘桥工业楼)第1-3层	2022.7	122	5	19	2033.09	2347.52		民办普惠
18	湘桥区六一幼儿园	新桥东路新馨里九幢3楼十幢3楼	1996.6	105	5	15	1200	1000		民办普惠
19	湘桥区娃哈哈幼儿园	凤新街道花园村站园路	1993.9	530	20	52	2508	3086		民办普惠
20	湘桥区童星幼儿园	太平街道开元广场B幢16-17	2002.9	74	4	10	648.38	648.38		民办普惠
21	湘桥区建筑总公司幼儿园	南春街道建兴街建安花园内20号	1985.2	92	5	15	150	500		民办普惠
22	湘桥区明星幼儿园	南春街道南较路8号	1985.9	95	5	18	400	1250		民办普惠
23	湘桥区丝绸中心幼儿园	西新街道城新路8号	2016.4	198	7	25	1000	2600		民办普惠
24	湘桥区江楠幼儿园	西新街道城新路35号	2018.8	182	7	26	1497.31	1500		民办普惠
25	湘桥区东方幼儿园	西新街道城新路56号一至二层	2016.4	33	3	5	350	350		民办普惠
26	湘桥区新星幼儿园	西新街道新桥东路新桥花园76幢	2011.8	44	4	12	2212.45	1029.45	区一级	民办普惠
27	湘桥区阳光中英文（新洋）幼儿园	凤新街道新洋路新阳楼乙幢1-4层	2011.8	66	4	9	1820	1500	区一级	非普惠
28	湘桥区玉兰幼儿园	西新街道南较路春福街水产新村	1995.9	587	24	112	1034	3144.38		非普惠
29	湘桥区博思实验第二幼儿园	凤新街道外环北路	2014.8	310	13	40	2800	5000		非普惠
30	湘桥区精博中英文幼儿园	凤新街道立信尾路	2018.1	234	9	48	16869.69	9556		非普惠
31	湘桥区瓷都实验幼儿园	凤新街道高新路D4-1-3-5号	2019.8	227	10	39	3047.58	6000		非普惠
32	湘桥区城西中心幼儿园	城西街道上埔村	2020.9	172	7	21	630.19	1623.27	区一级	公办

续表1

序号	幼儿园名称	地址	开办时间	幼儿数（人）	教学班级（个）	教职工数（人）	占地面积（㎡）	建筑面积（㎡）	级别	体制
33	湘桥区城西中心幼儿园快乐（南较）分园	城西街道南较路南榕园	2000.9	73	3	20	847	1200		公办分园
34	湘桥区城西中心幼儿园快乐（西荣）分园	城西街道西荣路春光上铺凤园路28号	1997.9	114	0	17	464	928		公办分园
35	湘桥区城西中心幼儿园威尼斯分园	城西街道潮枫路三利溪28幢	2012.9	96	4	11	350	1500		公办分园
36	湘桥区城西中心幼儿园信怡分园	城西街道城新路9号外经贸综合楼	1993.9	277	11	24	860	1680		公办分园
37	湘桥区城西中心幼儿园坤辉分园	城西街道新南社区潮州大道南153号坤辉家园会所	1993.9	51	4	11	650	1650		公办分园
38	湘桥区北关幼儿园	城西街道北关村北大巷	1985.9	58	3	7	800	600		集体办
39	湘桥区春光中心幼儿园	城西街道绿榕路春光谢厝村委会办公楼	1997.12	80	4	12	1124	800		集体办
40	湘桥区欢乐实验幼儿园(一园)	城西街道前街下园三巷	1996.9	68	4	10	202	1010		集体办
41	湘桥区彩虹幼儿园	城西街道吉街新景花园楼下	1997.8	45	3	8	400	600		集体办
42	湘桥区新乡幼儿园	城西街道吉街新乡村	1984.3	78	4	9	240	240		集体办
43	湘桥区金山幼儿园	城西街道北关金山大桥前三横一号	1995.9	82	4	15	183	900		民办普惠
44	湘桥区维多利亚幼儿园	城西街道绿榕北路58号	2011.1	385	13	41	2080	1550		民办普惠
45	湘桥区小能人幼儿园	凤新街道后埔顶5号	2015.9	150	7	26	1500	3110		民办普惠
46	湘桥区景山实验幼儿园	凤新街道丽春路区实对面	2013.2	177	7	21	2500	3000		民办普惠
47	湘桥区欢乐实验幼儿园	城西街道前街下园三巷	1996.9	210	8	21	202	1010		集体办
48	湘桥区红苹果幼儿园	城西街道北关村北美路纸厂4号门市	2013.2	49	3	9	200	600		民办普惠
49	湘桥区吉怡幼儿园	城西街道新桥西路287号	2000.7	158	6	22	500	1500	区一级	民办普惠
50	湘桥区福春幼儿园	城西街道后沟村中二巷7号	2003.9	41	3	12	300	900		民办普惠
51	湘桥区爱苗幼儿园	城西街道吉街前街村前新西片一排一号	2000.1	75	3	14	230	900		民办普惠
52	湘桥区育艺幼儿园	城西街道新春南路23号	2016.9	196	8	26	1200	1200		民办普惠
53	湘桥区晨光实验幼儿园	城西街道枫春南路40号	1996.2	58	3	13	350	2100		民办普惠
54	湘桥区英华实验幼儿园	城西街道沙洲商业街上洲小学对面	2014.1	90	4	14	220	660		民办普惠
55	湘桥区新利园幼儿园	城西街道城新西路金田花园39-41号铺面	1998.8	43	3	12	208	800		民办普惠
56	湘桥区饼干厂幼儿园	城西街道景山村池西中路3号	1995.9	20	3	6	100	300		民办普惠
57	湘桥区沙洲幼儿园	城西街道上洲村凤洲商业街47号	2015.8	106	7	12	300	650		民办普惠
58	湘桥区贝贝乐幼儿园	城西街道春光村谢厝三片下工业区一楼	2018.8	62	3	9	1050	1050		民办普惠
59	湘桥区金山实验幼儿园	城西街道绿茵路8号	2011.12	461	16	65	4000	4355	区一级	民办非普惠
60	湘桥区凤新中心幼儿园	凤新街道东埔村垢坜村道旁东埔小学校内	2022.9	91	4	13	1825.4	717	区一级	公办
61	湘桥区凤新中心幼儿园小太阳分园	凤新街道陈桥十亩妈宫前工业区二期1号	2016.7	208	8	24	720	2600	区一级	公办分园
62	湘桥区凤新中心幼儿园新星分园	凤新街道春荣路安居楼13幢3号	1993.11	15	1	7	200	1600	区一级	公办分园
63	湘桥区凤新中心幼儿园兰英三分园	凤新街道潮州大道红树林1/1.8.9.10.11号铺面及二层	2011.8	158	9	22	604	2365		公办分园
64	湘桥区陈桥中心幼儿园	凤新街道陈桥村泰安路2号	1978.8	238	9	27	3358	2580	区一级	集体办
65	湘桥区云梯幼儿园	凤新街道云梯村山前鱼池下3巷4号	1989.9	80	4	12	1500	800		集体办
66	湘桥区凤新街道莲云中心幼儿园	凤新街道莲云村宫前巷	1990.9	80	4	12	750	420		集体办

续表2

序号	幼儿园名称	地址	开办时间	幼儿数（人）	教学班级(个)	教职工数(人)	占地面积（㎡）	建筑面积（㎡）	级别	体制
67	湘桥区花园幼儿园	凤新街道花园村委会左侧.	1980.5	76	4	10	1170	870		集体办
68	湘桥区凤新街道大新乡幼儿园	凤新街道大新乡村	1994.12	160	5	19	1330	830		集体办
69	湘桥区景山实验幼儿园第三分园	凤新街道花园管区上埔路北侧四横3号	2023.1	174	6	18	2197	1578		集体办
70	湘桥区希望幼儿园	凤新街道绿榕北路陈桥管理区浮陇山片列19西（6巷9号）	2003.9	94	3	10	700	1400	区一级	民办普惠
71	湘桥区博思实验幼儿园	凤新街道凤园路中段李厝宫前	2010.2	324	12	43	450	3000	区一级	民办普惠
72	湘桥区凤新文欢幼儿园	凤新街道花园村东园路一巷8号	1996.7	70	3	10	138.15	800		民办普惠
73	湘桥区芳欢实验幼儿园	凤新街道西塘管理区社道南片九巷1号	2016.1	92	4	11	450	900		民办普惠
74	湘桥区花蕾幼儿园	凤新街道丽春街	2004.7	38	4	9	559	1060		民办普惠
75	湘桥区安贝尔实验幼儿园	凤新街道泰安路云梯路段	1999.2	106	5	19	200	800		民办普惠
76	湘桥区新艺幼儿园	凤新街道大新乡村竹下18号	1997.4	120	6	10	150	600		民办普惠
77	湘桥区伶俐幼儿园	凤新街道陈桥村	1995.3	88	4	12	425	1120		民办普惠
78	湘桥区华星幼儿园	凤新街道陈桥村永安路陈桥工业楼43号	1996.6	63	3	12	936	2800		民办普惠
79	湘桥区恒大贝尔幼儿园	凤新街道五斗山片区潮州恒大名都二期七幢东北侧	2021.4	49	3	14	2400	2222.9		民办普惠
80	湘桥区智慧树幼儿园	凤新街道大道北站西路D5-7-3-1	2019.1	154	4	15	1790	1100		民办普惠
81	湘桥区凤新街道非凡幼儿园	凤新街道莲云村头社三横一号	2012.5	63	3	8	220	500		民办普惠
82	湘桥区长豪宏天幼儿园	凤新街道外环北路交汇处西北侧宏天广场35幢1-3层	2021.3	197	7	24	4143.03	4029.09		民办普惠
83	湘桥区城南中英文幼儿园	凤新街道绿榕北路榕华园E7栋	2018.9	189	6	18	2594.31	1260		民办非普惠
84	湘桥区博思实验第三幼儿园	凤新街道田中向南路	2020.8	154	6	24	1830	3060		民办非普惠
85	湘桥区心乐阳光幼儿园	凤新街道潮州大道富丽广场后侧	2021.5	76	4	27	4000	2426.8		民办非普惠
86	湘桥区恒星实验幼儿园	凤新街道宾园路中段	2017.4	132	6	23	2200	3300		民办非普惠
87	湘桥区欢乐实验幼儿园(潮枫园)	凤新街道潮枫路中段云梯村B幢综合楼一至四层	2017.9	142	6	24	1820	1353		民办非普惠
88	湘桥区奂华幼儿园	凤新街道莲云村莲云心片	2017.9	222	10	33	1800	3500		民办非普惠
89	湘桥区森海幼儿园	凤新街道经济开发试验区地号D2-4-3-3 A幢	2022.1	168	7	27	3682.8	3321		民办非普惠
90	湘桥区美伦乐贝幼儿园	凤新街道外环北路五斗山片区潮州碧桂园六幢附属楼	2022.1	55	4	16	2307.45	4860		民办营利性
91	湘桥区桥东中心幼儿园金色童年分园	桥东街道东湖路中段	2017.9	156	7	20	1800	2800		公办分园
92	湘桥区桥东中心幼儿园下津星星分园	桥东街道下津村	1999.9	101	4	15	220	640		公办分园
93	湘桥区社光幼儿园	桥东社光村北溪下路2号	2003.3	109	4	20	690	2800		集体办
94	湘桥区下津幼儿园	桥东下津村廖厝祠后	1993.9	50	4	10	500	1500		集体办
95	湘桥区东湖幼儿园	桥东街道东湖新村十四幢旁	1985.9	89	3	14	630	710		集体办
96	湘桥区卧石实验幼儿园	桥东街道东卧石村新园路西十横2号	1977.8	35	3	11	220	780		民办普惠
97	湘桥区恒大福达幼儿园	桥东街道金碧路189号	2018.1	379	11	51	3069	3015.29		民办普惠
98	湘桥区爱加幼儿园	桥东街道东东山路中段	2019.9	508	18	76	3515	5581		民办非普惠
99	湘桥区意溪镇中心幼儿园	意溪镇意东一路443号	2011.9	268	9	23	4571	1202	市一级	公办

续表3

序号	幼儿园名称	地址	开办时间	幼儿数（人）	教学班级(个)	教职工数(人)	占地面积（㎡）	建筑面积（㎡）	级别	体制
100	湘桥区中心幼儿园意溪实验分园	意溪镇意东一路中段563号	2015.9	344	12	38	2600	3300		公办分园
101	湘桥区中心幼儿园东津实验分园	意溪镇中津裴厝前	2017.2	231	8	37	3000	2200		公办分园
102	湘桥区意溪镇中心幼儿园桂花园分园	意溪镇金山大桥下东引道南侧	2012.2	259	9	30	850	2000		公办分园
103	湘桥区意溪镇中心幼儿园童乐分园	意溪镇中津村向阳路中段	2011.2	125	5	18	433	1200		公办分园
104	湘桥区意溪镇中心幼儿园中津分园	意溪镇中津村向阳路31号	2020.9	48	4	8	500	350		公办分园
105	湘桥区意溪团结幼儿园	意溪镇埔东学校路原埔东学校	2018.8	56	3	11	1200	1800		集体办
106	湘桥区意溪镇东郊育苗幼儿园	意溪镇东郊村	1998.3	101	5	19	680	800		集体办
107	湘桥区意溪镇后径幼儿园	意溪镇后径村	2020.9	34	3	6	1500	600		集体办
108	湘桥区意溪镇启蒙幼儿园	意溪镇东和路原酒厂楼二楼	2018.8	39	3	7	400	360		民办普惠
109	湘桥区意溪海楠幼儿园	意溪镇古庵村	2019.12	121	5	15	1800	2000		民办普惠
110	湘桥区磷溪第一幼儿园	磷溪镇溪口七村下厝园1号	2021.9	185	9	22	5400	693	区一级	公办
111	湘桥区磷溪第一幼儿园娃娃乐分园	磷溪镇凤美村	2016.7	186	7	24	1518	2010		公办分园
112	湘桥区磷溪第一幼儿园向上实验分园	磷溪镇凤美工业区	2014.8	279	11	34	922.64	1865		公办分园
113	湘桥区磷溪第一幼儿园韩城实验分园	磷溪镇溪口三村	2016.2	89	4	14	1200	1800		公办分园
114	湘桥区磷溪镇中心幼儿园	磷溪镇溪口二村	2003.8	168	6	20	828	938		集体办
115	湘桥区磷溪镇溪口一村幼儿园	磷溪镇溪口一村	1998.9	19	3	7	600	300		集体办
116	湘桥区磷溪镇娜娜实验幼儿园	磷溪镇溪口三村	1996.9	103	5	14	960	680		集体办
117	湘桥区磷溪镇溪口八村幼儿园	磷溪镇溪口八村	2003.9	20	3	7	700	550		集体办
118	湘桥区磷溪镇星光幼儿园	磷溪镇仙田三村	2005.2	62	3	5	660	400		集体办
119	湘桥区磷溪镇星星幼儿园	磷溪镇仙田一村	1990.9	72	3	8	950	400		集体办
120	湘桥区磷溪镇星华幼儿园	磷溪镇仙田二村	1998.2	60	3	5	1300	400		集体办
121	湘桥区磷溪镇仙河幼儿园	磷溪镇仙河村	2011.9	137	6	17	4010	4580		集体办
122	湘桥区磷溪镇美堤幼儿园	磷溪镇美堤村	2014.1	13	1	3	200	200		集体办
123	湘桥区磷溪镇田心星星幼儿园	磷溪镇田心村	1996.9	79	3	9	250	300		民办普惠
124	湘桥区磷溪镇埔涵幼儿园	磷溪镇埔涵村	1989.9	75	3	9	153	610		民办普惠
125	湘桥区磷溪镇韩城实验幼儿园第二分园	磷溪镇内坑塗潭	2019.3	85	4	13	1200	2400		民办普惠
126	湘桥区磷溪镇金沙幼儿园	磷溪镇内坑塗潭	2019.8	105	5	18	2500	2300		民办普惠
127	湘桥区磷溪镇迪贝儿实验幼儿园	磷溪镇凤美村	2020.11	226	8	29	1300	4500		民办普惠
128	湘桥区官塘第一幼儿园赛恩小太阳分园	官塘镇石湖村	2019.6	99	4	13	560	1250		公办分园
129	湘桥区官塘第一幼儿园苏寨分园	官塘镇苏二村	1997.9	45	3	7	514	645		公办分园
130	湘桥区官塘镇奕东幼儿园	官塘镇奕东村	1986.8	31	3	6	400	240		集体办

续表4

序号	幼儿园名称	地址	开办时间	幼儿数（人）	教学班级(个)	教职工数(人)	占地面积（㎡）	建筑面积（㎡）	级别	体制
131	湘桥区官塘镇育苗幼儿园	官塘镇元房村	1999.9	64	3	10	680	380		集体办
132	湘桥区官塘镇真娜幼儿园	官塘镇巷头村	1977.9	87	3	8	840	360		集体办
133	湘桥区官塘镇象山幼儿园	官塘镇象山村	2001.9	33	3	6	650	358		集体办
134	湘桥区官塘镇奕湖幼儿园	官塘镇奕湖村	1978.9	24	3	11	300	150		集体办
135	湘桥区官塘镇中心幼儿园	官塘镇苏三村	2002.9	45	3	8	660	1200		民办普惠
136	湘桥区官塘镇供销社幼儿园	官塘镇巷下村	1997.9	61	3	10	740	340		民办普惠
137	湘桥区铁铺镇中心幼儿园	铁铺镇铺埔村	2006.9	229	9	21	1390	1830		集体办
138	湘桥区铁铺镇新苗幼儿园	铁铺镇铺埔村	1998.9	54	3	11	780	450		集体办
139	湘桥区铁铺镇金钥匙幼儿园	铁铺镇八角楼村	1998.9	187	7	18	1200	700		集体办
140	湘桥区铁铺镇西陇幼儿园	铁铺镇西陇村	2016.9	124	5	14	890	540		集体办
141	湘桥区铁铺镇小天使幼儿园	铁铺镇仙岩村	2002.9	100	4	11	500	980		集体办
142	湘桥区铁铺镇松下幼儿园	铁铺镇石垅头村	2001.9	84	4	11	1050	750		集体办

2023年湘桥区中小学情况表

序号	学校名称	地址	学生数（人）	教学班数(个)	教职工数（人）	占地面积（㎡）	建筑面积（㎡）	级别	体制
1	湘桥区南春中学	南春路444号	2944	77	234	20994.71	21264	省一级	公办
2	湘桥区意溪中学	意溪镇永安村中学路8号	2779	54	168	39960	16396	市一级	公办
3	湘桥区磷溪中学	磷溪镇仙田一村	1684	31	80	35989	13195	市一级	公办
4	湘桥区铁铺镇铁铺中学	铁铺镇铺埔村	1639	33	94	72039	14547	市一级	公办
5	湘桥区城南中学	下西平路道后巷	1291	29	100	8260	9962	省一级	公办
6	湘桥区锡华初级中学	北门外灰路头	239	7	25	5655	3055		公办
7	湘桥区太平初级中学	太平路571号	244	7	36	4100	3027		公办
8	湘桥区城基初级中学	环城南路10号	1550	31	118	19928	13417	市一级	公办
9	湘桥区城西中学	南较西路	2382	48	159	43290	19736	市一级	公办
10	湘桥区铮蓉中学	新洋路中段陈桥新埔	836	18	54	10000	6300		公办
11	湘桥区凤新中学	凤新街道田中村	306	8	30	13306	7186		公办
12	湘桥区阳光实验学校	桥东街道恒大城	中:1161小:2917	中:24小:64	184	29674	20224		公办
13	湘桥区磷溪镇金沙中学	磷溪镇阳山村	217	6	26	28089	3678	区一级	公办
14	湘桥区磷溪镇联侨中学	磷溪镇溪口二村	318	8	34	17318	3820	区一级	公办
15	湘桥区磷溪镇侨光中学	磷溪镇仙田二村	509	12	47	24018	8935	区一级	公办
16	湘桥区官塘初级中学	官塘镇石湖村	483	12	41	23333	8411		公办
17	湘桥区城南实验中学	新洋路中段凤园路	1985	40	146	10353	15851		公办
18	湘桥区城基实验中学	凤新街道莲云村	1779	36	122	6087	16019		公办
19	湘桥区城南中英文学校	绿榕路	中:869小:3466	中:18小:77	268	34151.74	39505		民办
20	湘桥区凤城中英文学校	绿榕路万绿花园后面	中181小594	中:6小:16	36	3333	8070		民办
21	湘桥区韩江实验学校	凤新街道莲云村后头工业区	中:107小:261	中:3小:10	33	5924	4741		民办
22	湘桥区金华学校	市开发区西塘村工业区	中:144小:222	中:4小:7	22	8600	5660		民办
23	湘桥区阳光国华实验学校	潮州大道北端富丽广场	中:331小:756	中:8小:24	93	33300	16865		民办
24	湘桥区韩山实验中学	市开发区北片工业区	1080	23	66	15800	28336		民办
25	湘桥区联正实验学校	潮州大道	中:791小:1018	中:19小:25	122	29271.27	29249.03		民办
26	湘桥区韩文实验学校	潮州大道	中:918小:731	中:21小:19	116	44199.7	54513		民办

续表1

序号	学校名称	地址	学生数（人）	教学班数(个)	教职工数（人）	占地面积（m²）	建筑面积（m²）	级别	体制
27	潮州市光正实验学校	官塘镇	中:1067小:645	中:23小:16	111	56920	28226		民办
28	湘桥区同仁新世纪实验学校	凤新街道	中:433小:378	中:12小:9	52	55846.14	20005.11		民办
29	湘桥区昌黎路小学	昌黎路70号	2200	50	103	20546	12195	省一级	公办
30	湘桥区来宜小学	环城北路杨成新村	363	9	17	2106.6	1096		公办
31	湘桥区城南小学	环城西路38号	3191	71	151	13054	12792	省一级	公办
32	湘桥区培英小学	太平路石牌巷6—8号	1275	29	71	3842	5560		公办
33	湘桥区振德街小学	南春路振德街新兴巷22号	1475	33	70	2160	8530	区一级	公办
34	湘桥区南春路小学	南春路220号	536	13	25	722	1619		公办
35	湘桥区新桥路小学	西新路东二巷尾	1121	25	54	18408	6411	区一级	公办
36	湘桥区铮蓉小学	环城西路57号	1615	36	73	4166	7464	区一级	公办
37	湘桥区桥东中心小学	东兴南路伯爷头	533	12	29	5325	3120	区一级	公办
38	湘桥区东湖小学	桥东街道东湖新村	83	6	10	4000	1600		公办
39	湘桥区下津博雅学校	桥东街道下津村	909	20	47	15338	3693		公办
40	湘桥区黄金塘小学	桥东街道黄金塘村	201	6	13	2926	1391		公办
41	湘桥区卧石侨英学校	桥东街道卧石村	101	4	11	3420	1380		公办
42	湘桥区社光小学	桥东街道社光村	266	8	14	4106	1102		公办
43	湘桥区城南阳光实验学校	花园开发区兰花三街	1401	39	90	5700	16684		民办
44	湘桥区城西中心小学	城新路吉园街中段	1502	33	68	19800	6897	区一级	公办
45	湘桥区厦寺小学	城西街道厦一村	1088	24	45	10005	5596	区一级	公办
46	湘桥区北关小学	城西街道北关村田中园中段	863	19	31	6870	4440	区一级	公办
47	湘桥区春光小学	城西街道春光谢厝村	803	18	36	7260	3375		公办
48	湘桥区上洲小学	城西街道上洲村商业街	322	10	14	6670	3976		公办
49	湘桥区古美小学	城西街道古美村	84	6	11	3333	1200		公办
50	湘桥区新春园小学	绿茵路中段	856	19	35	2743	2592		公办
51	湘桥区八一学校	凤山部队军营内	81	2	13	13770	1424		公办
52	湘桥区凤新中心小学	凤新街道陈桥村	1133	25	67	10346	6345		公办
53	湘桥区凤山小学	凤新街道凤山村	370	11	16	6475	2996		公办
54	湘桥区大新乡小学	凤新街道大新乡村	322	9	17	8004	1986		公办
55	湘桥区莲云小学	凤新街道莲云村	536	12	25	4000	3000		公办
56	湘桥区竹围小学	凤新街道竹围村	159	4	8	4500	1400		公办
57	湘桥区田中小学	凤新街道田中村	320	8	14	5980.36	2524.25		公办
58	湘桥区云梯小学	凤新街道云梯村	253	6	11	5120	1761		公办
59	湘桥区东埔小学	凤新街道东埔村	79	6	10	5125	2685		公办
60	湘桥区实验学校	春荣路丽春街	2782	62	135	8400	10000	省一级	公办
61	湘桥区意溪中心小学	意溪镇寨内书院池	981	23	56	10656	5626		公办
62	湘桥区意溪镇华侨学校	意溪镇东洋堀周厝前	501	12	25	5994	2603		公办
63	湘桥区意溪镇橡埔基础小学	意溪镇橡埔村麻厝堆	113	6	12	9914	1857		公办
64	湘桥区意溪镇上津小学	意溪镇上津村江厝	276	7	13	6000	2390		公办
65	湘桥区意溪镇中津小学	意溪镇中津村	165	6	14	4200	1820		公办
66	湘桥区意溪镇西都小学	意溪镇西都村	166	6	11	10000	1888		公办
67	湘桥区意溪镇后径小学	意溪镇后径村宫池路1号	121	6	10	3500	1725		公办
68	湘桥区磷溪镇中心小学	磷溪镇溪口一村	213	6	15	6300	2500		公办
69	湘桥区磷溪镇溪口二祥杰学校	磷溪镇溪口二村	274	9	12	3669	2687.6		公办

续表2

序号	学校名称	地址	学生数（人）	教学班数(个)	教职工数（人）	占地面积（m²）	建筑面积（m²）	级别	体制
70	湘桥区磷溪镇溪口三小学	磷溪镇溪口三村	164	6	13	5600	1388		公办
71	湘桥区磷溪镇溪口四小学	磷溪镇溪口四村	220	6	16	7200	2200		公办
72	湘桥区磷溪镇溪口八小学	磷溪镇溪口八村	45	5	10	3330	1300		公办
73	湘桥区磷溪镇岗湖小学	磷溪镇岗湖村	13	2	5	4000	985		公办
74	湘桥区磷溪镇美堤小学	磷溪镇美堤村	26	4	8	2397	800		公办
75	湘桥区磷溪镇英山学校	磷溪镇英山村	7	2	5	2650	783		公办
76	湘桥区磷溪镇星光小学	磷溪镇仙田三村	164	6	12	4000	1389		公办
77	湘桥区磷溪镇星星小学	磷溪镇仙田一村	73	6	13	3930	1700		公办
78	湘桥区磷溪镇星华小学	磷溪镇仙田二村	200	6	14	4500	1618		公办
79	湘桥区磷溪镇塘边华侨学校	磷溪镇塘边村	129	6	14	5300	1500		公办
80	湘桥区磷溪镇福聚小学	磷溪镇福聚村	44	6	9	5355	1469		公办
81	湘桥区磷溪镇凤美小学	磷溪镇凤美村	68	6	11	4910	1116		公办
82	湘桥区磷溪镇埔涵华侨学校	磷溪镇埔涵村	231	7	15	5336	1715		公办
83	湘桥区磷溪镇窖美小学	磷溪镇窖美村	17	5	8	5000	1250		公办
84	湘桥区磷溪镇田心学校	磷溪镇田心村	184	6	14	10920	2238		公办
85	湘桥区磷溪镇仙河华侨学校	磷溪镇仙河村	757	19	41	10909	5540		公办
86	湘桥区磷溪镇饶砂华侨学校	磷溪镇饶砂村	40	4	9	3960	1284		公办
87	湘桥区磷溪镇后洋堤小学	磷溪镇后洋堤村	17	3	7	3960	985		公办
88	湘桥区磷溪镇仙美小学	磷溪镇仙美村	22	3	6	3650	1150		公办
89	湘桥区磷溪镇旸坑华侨学校	磷溪镇阳山村	159	6	14	10126	2660		公办
90	湘桥区官塘镇秋溪小学	官塘镇秋溪村	17	4	6	5336	1276		公办
91	湘桥区官塘镇象山小学	官塘镇象山村	87	6	8	4206	2638		公办
92	湘桥区官塘镇时术小学	官塘镇巷头村	124	6	11	5678	1607		公办
93	湘桥区官塘镇元房小学	官塘镇元房村	45	5	7	2670	1083		公办
94	湘桥区官塘镇巷下中心小学	官塘镇巷下村	334	11	16	5230	3265		公办
95	湘桥区官塘镇石湖小学	官塘镇石湖村	258	8	13	6699	2172		公办
96	湘桥区官塘镇苏寨小学	官塘镇苏二村	155	6	12	4937	1470		公办
97	湘桥区官塘镇奕东小学	官塘镇奕东村	88	6	11	2892	2138		公办
98	湘桥区官塘镇育智学校	官塘镇奕湖村	25	5	9	5295	2055		公办
99	湘桥区铁铺镇笔山小学	铁铺镇笔山村	156	6	12	4860	2108		公办
100	湘桥区铁铺镇坎下小学	铁铺镇坎下村	105	6	10	3335	1450		公办
101	湘桥区铁铺镇育英小学	铁铺镇育英村	167	6	11	6335	1832		公办
102	湘桥区铁铺镇西陇小学	铁铺镇西陇村	269	7	15	5669.17	2446		公办
103	湘桥区铁铺镇溪头小学	铁铺镇溪头村	90	6	10	100307	5816		公办
104	湘桥区铁铺镇石板小学	铁铺镇石板村	250	7	12	2300	1701		公办
105	湘桥区铁铺镇仙岩小学	铁铺镇仙岩村	115	6	9	4000	1025		公办
106	湘桥区铁铺镇坑门小学	铁铺镇坑门村	38	6	7	2960	707		公办
107	湘桥区铁铺镇铺埔慈云小学	铁铺镇铺埔慈云村	442	12	21	14244	4934		公办
108	湘桥区兴华学校	潮州大道	2391	57	148	14327.84	14327.84		民办

2023年湘桥区中等职业技术教育学校情况表

学校名称	地址	开办时间	学生数（人）	教学班数（个）	教职工数（人）	占地面积（㎡）	建筑面积（㎡）	办学体制
湘桥区虹桥职业技术学校	中山路打银街中段	1994.4	556	12	52	3951	3596	公办

2023年湘桥区特殊教育学校情况表

学校名称	地址	学生数（人）	教学班数（个）	教职工数（人）	占地面积（㎡）	建筑面积（㎡）	办学体制
湘桥区集德启智学校	中山路北槐德里4号	80	9	24	6333.3	8132.49	公办

2023年湘桥区公立医疗卫生服务机构情况表

名称	地址	面积(平方米)	医技人员数	病床数	级别
湘桥区人民医院	城西街道绿茵路绿茵二街4号	11048	108	120	二级乙等
湘桥区妇幼保健院	凤新街道绿榕北路483号	8398	158	52	二级
湘桥区中医医院	凤新街道绿榕北路390号	3145	94	50	二级
湘桥区慢性病防治站	太平街道西马路100号	470	12	0	未评级
湘桥区疾病预防控制中心	凤新街道莲花园C幢7-8号门市	200	5	0	未评级
湘桥社区卫生服务中心	太平街道太平路307号	1069	21	0	一级
西湖西新社区卫生服务中心	太平街道西马路240-244号	1226	28	0	一级
金山社区卫生服务中心	太平街道西马路100号	1600	15	0	一级
太平社区卫生服务中心	太平街道太平路473号	1048	25	0	一级
南春社区卫生服务中心	西新街道南春路171号	357	21	0	一级
城西社区卫生服务中心	城西街道新春路123号	2360	59	0	一级
桥东社区卫生服务中心	桥东街道东兴北路思韩楼	2100	16	0	一级
凤新社区卫生服务中心	凤新街道泰安路文教卫综合楼	2054	42	0	一级
意溪卫生院	意溪镇东园工业区北侧	2685	52	26	一级
磷溪卫生院	磷溪镇府前路127号	6544	90	100	一级
官塘中心卫生院	官塘镇府前路25号	5136	63	57	一级
铁铺卫生院	铁铺镇松下路12号	2671	49	40	一级

索 引

说 明

1.本索引采用主题分析方法，款目按汉语拼音字母(同音字按声调)顺序排列。

2.本索引中的类目标题、分目标题用黑体字标明，其余用宋体字排版。

3.索引款目后面的数字表示内容所在页码，数字后面的英文字母(a、b、c)表示栏别(即版面的一、二、三栏)。

4.同一主题的内容在文中多处出现时，在其款目后用不同页码标明。

5.本刊的“年度关注”“大事记”“附录” 等不做内容主题分析。

A

B

C

D

E

F

G

P

Q

R

S

W

Z